房地产企业会计与税务实务操作全书

邢铭强 编著

人民邮电出版社

北京

图书在版编目（CIP）数据

房地产企业会计与税务实务操作全书 / 邢铭强编著. -- 北京：人民邮电出版社，2022.4
ISBN 978-7-115-57707-8

Ⅰ. ①房… Ⅱ. ①邢… Ⅲ. ①房地产企业－会计－中国②房地产企业－税收管理－中国 Ⅳ. ①F299.233.3②F812.423

中国版本图书馆CIP数据核字(2021)第217204号

内 容 提 要

房地产开发企业是以营利为目的、从事房地产开发和经营的企业。本书根据新的会计法规和税收政策，对房地产开发企业实际经营过程中涉及的税务与会计事项进行分析，涵盖房地产开发和经营的各个阶段。本书内容丰富，逻辑性强，包含房地产开发企业的税务与会计实务处理案例，通俗易懂，实用性强，旨在让读者全面把握房地产开发企业税务与会计理论和实际操作。

本书适合房地产开发企业财税工作人员、房地产开发企业管理者、会计师事务所工作人员，以及高校研究学习房地产税务与会计的师生阅读和使用。

◆ 编　著　邢铭强
　　责任编辑　李士振
　　责任印制　周昇亮

◆ 人民邮电出版社出版发行　北京市丰台区成寿寺路 11 号
　　邮编　100164　电子邮件　315@ptpress.com.cn
　　网址　https://www.ptpress.com.cn
　　天津翔远印刷有限公司印刷

◆ 开本：700×1000　1/16
　　印张：27　　　　　　　　2022 年 4 月第 1 版
　　字数：528 千字　　　　　2022 年 4 月天津第 1 次印刷

定价：128.00 元

读者服务热线：(010)81055296　印装质量热线：(010)81055316
反盗版热线：(010)81055315
广告经营许可证：京东市监广登字 20170147 号

前言
PREFACE

本书写作目的

多年来，房地产行业一直是我国经济增长的支柱行业之一。房地产开发企业在设立、经营过程中涉及的税务事项繁多，税务、会计处理较为复杂。具体来说，企业设立阶段、获取土地使用权阶段、开发建设阶段、销售（预售）阶段、利润形成及分配阶段均涉及多个税种的税务处理和会计处理。同时，由于房地产开发企业的业务流程与税收操作具有特殊性，很多税务、会计工作人员对这种特殊性了解不够，在会计科目运用、会计账户设置、会计核算与税务处理的差异等方面常常出错。

企业财税工作人员不熟悉相关税收法律法规和会计处理规定，不能依法合理纳税，将极大影响房地产开发企业的会计核算和会计信息质量。这样不仅会影响企业的正常纳税活动，还会影响企业根据税收政策的变化及时调整经济业务的结构、合理节税，长此以往将使企业在激烈的竞争中处于劣势地位。可以说，房地产开发企业能否正确进行税务、会计处理，关系到企业进行投资、战略管理、资本运作的基础是否扎实，正确进行税务、会计处理是一项至关重要的工作。

本书根据新的会计法规和税收政策，对房地产开发企业实际经营过程中涉及的税务与会计事项进行分析，涵盖房地产开发和经营的各个阶段，并通过列举大量案例，很好地将实务和理论相结合，有利于房地产开发企业财税工作人员深入掌握相关知识，融会贯通。

本书主要内容

本书通过对房地产开发企业税务与会计相关知识的讲解和具体案例的分析，结合企业实际工作特点以及新的税收法律法规和会计准则的变化，全面介绍了房地产开发企业税务与会计处理，深刻阐述了不同税种的纳税基本原则和具体的税务、会计处理，使房地产开发企业的财税工作人员能够更好地运用政策、学会方法、依法纳税，正确进行会计核算。

本书立足于现行有效的会计准则和税收政策，整体上按照房地产开发企业设立阶段、取得土地使用权阶段、开发建设阶段、销售（预售）阶段、利润形成及分配阶段的顺序，对不同阶段房地产开发企业的税务与会计处理进行理论介绍与案例分析；同时，考虑到房地产开发企业税务、会计实际工作中涉及的重点环节，增加了土地增值税清算、企业所得税的预缴与汇算清缴、房地产企业特殊业务的税务与会计处理等章节，力求内容全面、主次分明。

本书主要特色

第一，全面系统。本书按照房地产开发企业业务流程讲解税务、会计处理，坚持理论与实际相结合的原则，对重点、难点问题答疑解惑，旨在帮助财税工作人员举一反三，融会贯通。

第二，实用性强。本书的税务、会计案例全部来自房地产企业的实际工作，有利于引导读者进行实践操作，具有非常强的实用性。

第三，与时俱进。我国税法处于不断成熟阶段。本书以国家新颁布和修订的税收法律、法规及相关政策为依据，紧扣改革目标，联系实践前沿，做到了所有的内容及时更新、与时俱进，具有较强的可读性与可操作性。

本书使用收获

本书全面、有针对性地介绍了房地产开发企业不同阶段的税务与会计事项，并通过大量案例、引用现行有效的法律法规，让读者轻松掌握房地产开发企业的税务与会计处理方法。本书体系完整，内容全面，并与新的企业会计准则、税收法规保持同步。通过阅读、查询本书，具有不同需求的读者将会有不同的收获。

房地产行业财税工作者：领会企业会计准则的精髓，了解新的税收法律法规，做好房地产开发企业的税收和会计实务工作。

房地产开发企业经营管理者：了解企业纳税、会计核算工作的基本流程和具体要求，把握企业实务工作的关键点。

企业培训及咨询人员：了解房地产开发企业新的会计、税收法津法规，满足业务需要。

高校研究房地产开发企业的税务和会计的学生：了解房地产行业税收、会计新法律法规，掌握房地产开发企业开发经营过程中税务、会计的理论知识和实际操作。

编写本书的过程中，笔者得到了多位企业财务人员的热情支持，在此一并表示感谢。由于笔者水平有限，书中疏漏在所难免，恳请广大读者不吝指正。

编者

目录
CONTENTS

第1章 房地产开发企业税务与会计实操概述

1.1 房地产开发经营概述 ……… 1
1.1.1 房地产开发企业的类型与主要业务 ……… 1
1.1.2 房地产开发业务的主要特征 ……… 3
1.1.3 房地产开发经营的主要流程 ……… 3
1.2 房地产开发企业税收概述 …… 6
1.2.1 房地产开发企业的税收体制演进 ……… 6
1.2.2 房地产开发涉及税费概述 … 11
1.3 房地产开发企业会计基础理论 ……… 22
1.3.1 房地产开发企业的主要业务及经营特点 ……… 22
1.3.2 房地产开发企业会计概述 … 25

第2章 企业设立阶段的税务与会计处理

2.1 企业设立条件 ……… 35
2.1.1 内资房地产开发企业的设立要求 ……… 35
2.1.2 外商投资房地产开发企业的设立要求 ……… 38
2.1.3 注册资本与利息的税前扣除 ……… 39
2.1.4 项目资本金的要求 ……… 40

2.1.5 新设立房地产开发企业的备案程序 ……… 42
2.2 企业设立阶段的税务处理 …… 42
2.2.1 房地产开发企业设立阶段涉税问题 ……… 42
2.2.2 房地产开发企业设立阶段的纳税计算 ……… 56
2.2.3 开办费的开支范围 ……… 58
2.3 房地产开发企业筹办期的界定与开办费的税务处理 …… 58
2.3.1 筹办期的概念 ……… 58
2.3.2 开办费的税务处理 ……… 58
2.4 房地产开发企业设立阶段会计处理 ……… 59
2.4.1 实收资本的核算 ……… 59
2.4.2 资本公积的核算 ……… 65

第3章 取得土地使用权阶段的税务与会计处理

3.1 我国土地制度 ……… 69
3.1.1 土地管理的基本制度 …… 70
3.1.2 土地的承包经营 ……… 71
3.1.3 土地征收和建设用地供应制度 ……… 72
3.2 取得土地使用权的途径 ……… 76
3.2.1 以出让方式取得国有土地使用权 ……… 76
3.2.2 以划拨方式取得国有土地使用权 ……… 78

1

- 3.2.3 以转让方式取得国有土地使用权 ……………………………… 79
- 3.2.4 购买在建工程 …………… 80
- 3.2.5 合作开发 ………………… 81
- 3.3 取得土地使用权阶段的税务处理 ……………………………… 82
  - 3.3.1 城镇土地使用税 ………… 83
  - 3.3.2 契税 ……………………… 97
  - 3.3.3 耕地占用税 …………… 109
  - 3.3.4 印花税 ………………… 112
  - 3.3.5 其他税种 ……………… 114
- 3.4 拆迁补偿的税务及会计处理 ……………………………… 116
  - 3.4.1 拆迁补偿的形式 ……… 116
  - 3.4.2 拆迁补偿的基本程序 … 117
  - 3.4.3 拆迁补偿的税务及会计处理概述 ……………………… 117
  - 3.4.4 搬迁补偿的税务及会计处理具体内容 ……………… 120
  - 3.4.5 拆迁过程中的其他典型问题 …………………………… 122
  - 3.4.6 "三旧"改造九种模式的税务处理规定 ……………… 126
- 3.5 取得土地使用权阶段的会计处理 ……………………………… 132

第4章 开发建设阶段的税务与会计处理

- 4.1 开发建设阶段业务概述 …… 139
  - 4.1.1 项目策划设计环节 …… 139
  - 4.1.2 项目准备环节 ………… 140
  - 4.1.3 项目施工环节 ………… 140
  - 4.1.4 项目竣工验收环节 …… 141
- 4.2 开发建设阶段的税务处理 … 141
  - 4.2.1 主要税种的处理 ……… 141
  - 4.2.2 合作开发模式下的税务处理 …………………………… 142
  - 4.2.3 开发建设阶段典型问题 … 153
- 4.3 开发产品成本的核算和分配 ……………………………… 161
  - 4.3.1 开发成本及其核算概述 … 161
  - 4.3.2 成本费用的归集与分配 … 172
- 4.4 公共配套设施费的会计核算 ……………………………… 179
  - 4.4.1 成本对象的核算和确定 … 179
  - 4.4.2 会计核算方法 ………… 181
- 4.5 土地开发成本与代建工程成本会计核算 …………………… 186
  - 4.5.1 土地开发成本会计核算 … 186
  - 4.5.2 代建工程成本会计核算 … 188

第5章 销售（预售）阶段的税务与会计处理

- 5.1 销售（预售）阶段业务概述 ……………………………… 189
  - 5.1.1 土地使用权转让 ……… 189
  - 5.1.2 商品房销售 …………… 202
  - 5.1.3 精装修房销售 ………… 207
  - 5.1.4 其他建筑物销售 ……… 208
  - 5.1.5 代建工程 ……………… 208
  - 5.1.6 其他业务 ……………… 209
- 5.2 销售（预售）房款的税务与会计处理 ……………………… 209
  - 5.2.1 会员费、诚意金的税务与会计处理 …………………… 210
  - 5.2.2 定金的税务与会计处理 … 210
  - 5.2.3 代收款项的税务与会计处理 …………………………… 211
- 5.3 商品房销售收入的税务与会计处理 ……………………… 213
  - 5.3.1 收入的确认与计量 …… 213
  - 5.3.2 税法关于收入的确认与计量

的规定 …………………… 216

5.3.3 房地产销售收入的会计
处理 …………………… 219

5.3.4 商品房面积差的会计
处理 …………………… 220

5.3.5 委托销售收入的会计
处理 …………………… 220

5.3.6 销售退回的税务与会计
处理 …………………… 221

5.3.7 打折促销和首付打折销售的
税务处理 ……………… 222

5.3.8 违约金收支的税务处理 … 224

5.4 商品房销售成本的税务与会计
处理 …………………… 227

5.4.1 开发产品的税务与会计
处理 …………………… 227

5.4.2 开发产品销售时的税务与会
计处理 ………………… 227

5.4.3 成本差异的税务与会计
处理 …………………… 228

5.5 社会保障性住房政策优惠及税
收实践应用 …………… 229

5.5.1 配建社会保障性住房税务
处理 …………………… 229

5.5.2 公共租赁住房建设和运营的
税收优惠 ……………… 231

5.5.3 棚户区改造的税收优惠 … 233

5.5.4 开发经济适用住房的政策
优惠 …………………… 235

5.6 商品房转让及销售的会计
处理 …………………… 238

5.6.1 商品房销售收入的会计
核算 …………………… 238

5.6.2 土地使用权转让的会计核算 … 251

5.6.3 配套设施转让的会计
核算 …………………… 253

5.6.4 销售周转房的会计
核算 …………………… 253

5.6.5 代建工程收入的会计
核算 …………………… 254

5.6.6 其他业务收入的会计
核算 …………………… 254

第6章 其他业务的税务与会计处理

6.1 出租和自营物业的税务
处理 …………………… 257

6.1.1 出租和自营物业税务处理
概述 …………………… 257

6.1.2 出租和自营物业后续支出的
会计核算 ……………… 259

6.1.3 出租和自营物业处置的会计
核算 …………………… 259

6.1.4 自营物业对外投资的税务
处理 …………………… 260

6.2 旧城改造项目税收政策实践
应用 …………………… 261

6.2.1 拆迁基本程序 ………… 261

6.2.2 拆迁相关政策 ………… 262

6.2.3 应关注的问题 ………… 263

6.3 代建开发房地产的税务与会计
处理 …………………… 267

6.3.1 代建模式应符合的条件 … 267

6.3.2 代建模式的税务与会计
处理 …………………… 268

第7章 房地产企业涉及税种的税务处理

7.1 增值税的税务处理 …… 269

7.1.1 纳税人 ………………… 269

7.1.2 基本政策 ……………… 269

7.1.3 征税范围 ………… 270
7.1.4 税率、征收率和预征率 … 271
7.1.5 应纳税额的计算 … 271
7.1.6 征收管理 ………… 276
7.1.7 税收优惠与发票开具规定 … 277
7.1.8 案例分析 ………… 291
7.2 城市维护建设税及教育费附加的税务处理 ……… 297
7.2.1 城市维护建设税的税务处理 … 297
7.2.2 教育费附加的税务处理 … 304
7.3 土地增值税的税务处理 … 307
7.3.1 增值额与适用税率 … 307
7.3.2 旧房销售的土地增值税的税务处理 ………… 310
7.3.3 企业重组过程中涉及的土地增值税的税务处理 …… 314
7.3.4 案例分析 ………… 316
7.4 房产税的税务处理 …… 319
7.4.1 征收方法 ………… 319
7.4.2 纳税义务发生时间 … 323
7.4.3 缴纳时间 ………… 324
7.4.4 税收优惠 ………… 324
7.4.5 案例分析 ………… 327
7.5 城镇土地使用税的税务处理 ……… 328
7.5.1 纳税人 …………… 328
7.5.2 征税范围 ………… 329
7.5.3 计税依据 ………… 329
7.5.4 税率及应纳税额的计算 … 330
7.5.5 减免税规定 ……… 331
7.5.6 纳税义务发生时间 … 335
7.5.7 纳税地点 ………… 337
7.5.8 纳税期限 ………… 337
7.5.9 计征城镇土地使用税的期间及计税方法 ……… 337

7.5.10 案例分析 ……… 339
7.6 企业所得税的税务处理 … 342
7.6.1 纳税人 …………… 342
7.6.2 征税范围 ………… 343
7.6.3 税率及应纳税额的计算 … 344
7.6.4 减免税规定 ……… 350
7.6.5 纳税义务发生时间 … 354
7.6.6 纳税地点 ………… 355
7.6.7 纳税期限 ………… 356
7.6.8 案例分析 ………… 356

第8章 土地增值税清算

8.1 土地增值税清算概述 …… 360
8.1.1 土地增值税的清算对象、清算条件及土地增值税清算常见问题 …… 360
8.1.2 土地增值税清算的时点 … 361
8.2 土地增值税清算成本的确认 ……… 362
8.2.1 计算增值额的扣除项目 … 362
8.2.2 土地增值税与企业所得税税前扣除项目差异分析 …… 364
8.3 旧房转让的土地增值税计征 ……… 368
8.3.1 什么是旧房 ……… 368
8.3.2 转让旧房确定应纳税额的四种情形及对比分析 … 371
8.4 土地增值税清算案例分析 … 374

第9章 利润形成及分配阶段税务与会计处理

9.1 利润形成阶段的税务处理 … 379
9.1.1 利润的构成 ……… 379
9.1.2 企业所得税的计算 … 380
9.2 利润分配阶段的税务处理 … 386
9.2.1 利润分配的流程 … 386

9.2.2 利润分配的税务处理 …… 386
9.3 利润形成及分配的税务与会计处理 …… 387
9.3.1 案例分析 …… 387
9.3.2 利润形成及分配的会计处理 …… 390

第10章 企业所得税的预缴与汇算清缴

10.1 企业所得税的预缴与汇算清缴概述 …… 393
10.1.1 企业所得税的预缴 …… 393
10.1.2 企业所得税的汇算清缴 …… 396
10.2 企业所得税汇算清缴的纳税调整 …… 404
10.2.1 收入确认的纳税调整 …… 404
10.2.2 视同销售的纳税调整 …… 405
10.2.3 业务招待费、广告费和业务宣传费的纳税调整 …… 405
10.2.4 利息支出的纳税调整 …… 406
10.2.5 罚金、罚款和被没收财物损失的纳税调整 …… 406
10.2.6 税收滞纳金的纳税调整 … 406
10.2.7 准备金的纳税调整 …… 407
10.2.8 销售未完工开发产品取得收入的纳税调整 …… 407
10.2.9 未取得发票及其他不合规票据的纳税调整 …… 408
10.2.10 因土地增值税清算而退还企业所得税的纳税调整 …… 408
10.3 企业所得税预缴与汇算清缴案例分析 …… 409

第11章 房地产企业特殊业务的税务与会计处理

11.1 企业分立的税务处理 …… 412
11.1.1 企业分立的类型 …… 412
11.1.2 企业分立的流程 …… 413
11.1.3 企业分立的税务处理 …… 414
11.2 企业合并的税务处理 …… 416
11.2.1 企业合并及其特征 …… 416
11.2.2 企业合并的流程 …… 416
11.2.3 企业合并具体税务处理 …… 417
11.3 特殊业务税务处理案例分析 …… 419

第1章
房地产开发企业税务与会计实操概述

1.1 房地产开发经营概述

房地产是房产与地产的总称。房地产开发企业是以营利为目的、从事房地产开发和经营的企业。房地产开发和经营指房地产开发企业进行的基础设施建设、房屋建设,并转让房地产开发产品或者销售、出租商品房的活动。

1.1.1 房地产开发企业的类型与主要业务

(一)房地产开发企业的类型

房地产开发企业是指依法设立、从事房地产开发和经营、具有独立法人资格的经济实体。不同的房地产开发企业具有不同的经营模式,但总体上可以概括为以下两类。

1. 销售开发产品模式

房地产开发企业通过购买土地使用权、规划设计、组织施工、竣工验收、产品销售等五个阶段,将开发完成的房地产移交给购买者,并一次性取得销售收入。房地产开发企业销售开发产品是为了回收资金、实现盈利。

2. 自持物业模式

房地产开发企业将开发完成的房地产留作自用,通过出租、联营、自营等方式分期取得经营收入,持有房地产的目的在于获取长期的租金或增值收益。2015年以来,越来越多的房地产开发企业选择自持物业模式,并完成了从开发商向不动产商的转变。

(二)房地产开发企业的主要业务

房地产开发企业可以将土地和房屋合在一起开发,也可以将土地和房屋分开开发。房地产开发企业既是房地产产品的开发者,又是房地产商品的经营者。

1. 土地的开发与经营

拥有土地使用权是城市建设及房地产开发的前提和首要条件。土地开发和建设是指对征用或受让的土地按城市总体规划进行地面平整,建筑物拆除,地下管道铺设和道路、基础设施的建设,将生地变为熟地,以便扩大对土地的有效使用范围,增加土地的利用程度,满足不断发展的社会生产和人民生活的需要。

房地产开发企业利用有偿获得的土地使用权完成开发后,既可将土地使用权再次有偿转让给其他单位使用,也可自行组织建造房屋和其他设施,然后作为商品作价出售,还可以开展土地使用权出租业务。

2. 房产的开发与经营

房产的开发指房产的建造,房产的经营指房产的销售与出租。企业开发完成房产后,可将其作为商品作价出售、自持使用或对外出租。房地产开发企业开发的房产,按用途可分为商品房、出租房、安置房和代建房等。

3. 城市基础设施和配套公共设施的开发和建设

房地产开发企业既开发可以有偿转让的城市配套设施,也开发不能有偿转让的、为开发产品服务的公共配套设施。总之,房地产开发企业越来越多地为城市开发和建设服务。

此外,代建工程项目的开发也是房地产开发企业的重要业务。代建工程项目指房地产开发企业接受政府和其他单位委托,代为开发的各种工程项目,包括土地开发工程,房屋建设工程,道路铺设工程,供水、供气、供热管道以及其他市政公用的设施等。房地产开发企业可以接受政府和其他单位委托,代为开发建设工程项目。

这里的代建项目,必须同时符合下列条件:

(1) 以委托方的名义办理房屋立项及相关手续;
(2) 与委托方不发生土地使用权、产权的转移;
(3) 与委托方事前签订委托代建合同;
(4) 不以受托方的名义办理工程结算;
(5) 受托方不垫付资金。

有的房地产开发企业除了开发经营以上各项业务外,还从事工业、商业、饮食业、旅游服务业以及商品房售后服务等多种经营业务。

1.1.2 房地产开发业务的主要特征

1. 开发产品类型多，投资成本巨大

开发产品按类型可划分为商品房、配套设施、代建工程、车库等，按用途可划分为销售产品、出租产品、自用产品。

开发产品的项目开发时间长，多以分期滚动开发方式进行，成本项目分摊复杂，项目清算前难以精确计算成本。开发前期应按项目成本对象编制开发成本预算，开发过程中按预算执行或根据变化情况及时修订预算并执行，实际开发成本在项目完工办理成本决算后才能确认。

2. 销售收入种类多，销售行为受到政府监管

房地产开发企业的收入主要包括土地使用权转让收入、房屋销售收入、配套设施销售收入、车库销售收入、代建工程开发收入、出租商品房租金收入等。

预售商品房首先要获得房屋的销售许可证（预售许可证），然后签订统一格式的销售（预售）合同并在房产管理部门备案。竣工后经建设管理部门验收合格之后，按实际测量面积结算房款，交付业主后须办理房屋的产权过户手续，完成房屋的最终销售。所以，房地产开发企业的收入确认相对于普通的生产型企业的收入确认具有一定特殊性。

1.1.3 房地产开发经营的主要流程

房地产开发企业在开发过程中涉及土地管理、城市规划、建设管理、市政管理、房地产管理等政府部门，房地产开发流程与各政府部门的职能如图 1-1 所示。

房地产开发企业将自有资金投资于具体的房地产项目，其主要开发流程包括企业设立阶段、取得土地使用权阶段、前期准备阶段、建设施工阶段、房产销售（预售）阶段、项目清算阶段、物业服务阶段。

（一）企业设立阶段

为满足开发项目的需要，房地产开发企业既可以以现有公司为主体直接立项开发，也可以设立二级非法人分支机构或者直接设立子公司进行开发，还可以通过参股、控股、股权收购等重组方式取得项目开发权。项目开发主体的确立方式直接影响开发项目后续各个阶段的纳税实施方案。

（二）取得土地使用权阶段

土地是所有建筑的基础，没有土地储备，房地产开发就无从谈起。目前直

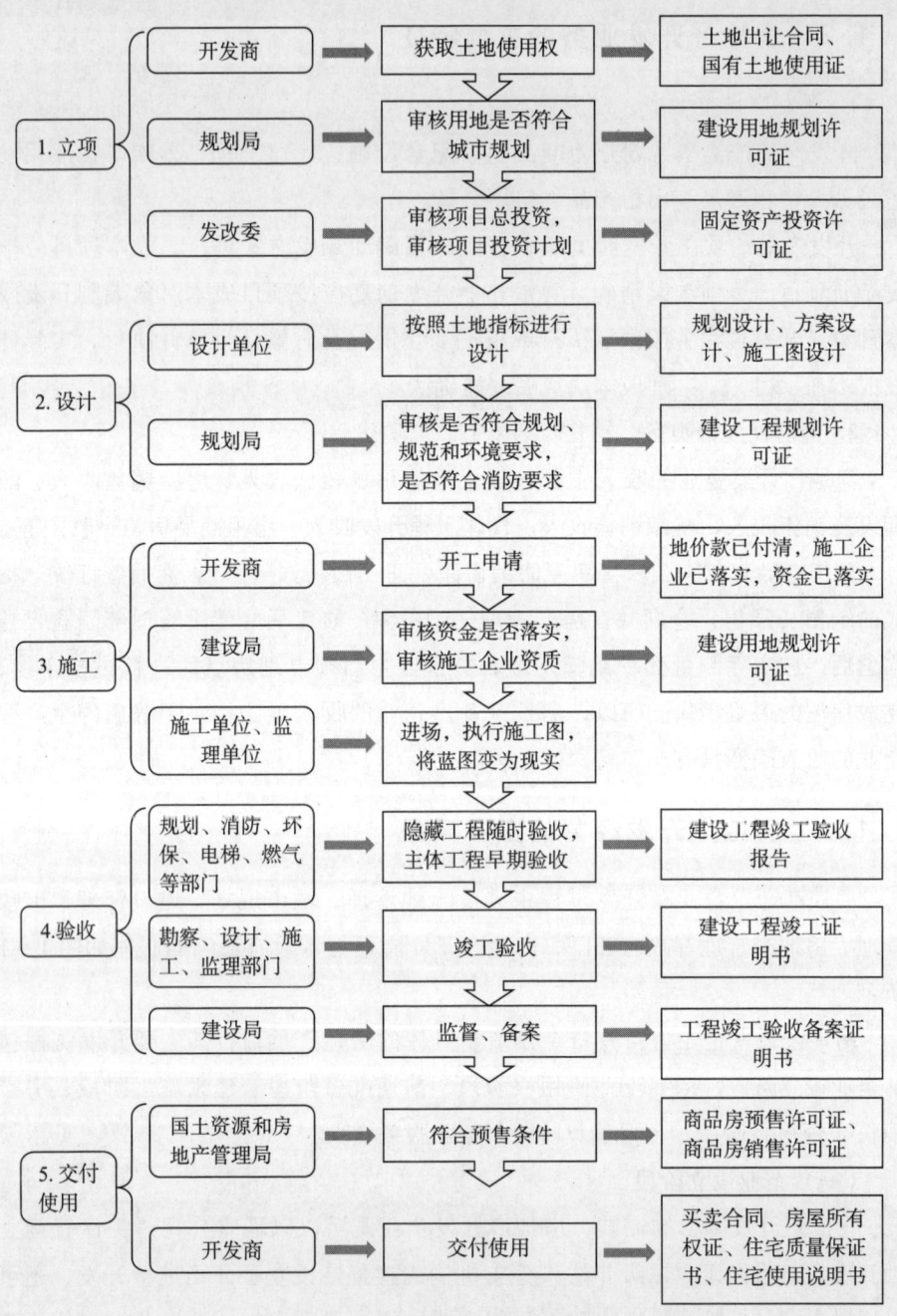

图1-1 房地产开发流程与各政府部门的职能

接拿地的方式仍然以"招拍挂"方式为主。除此之外,拆迁改造、联合开发、公司合并、股权收购等也是常见的拿地方式。拿地渠道和方式不同,适用的房地产纳税政策也必然不同,既影响拿地成本,也影响税负。

取得土地使用权阶段的主要工作是通过各种方式获得土地,以拿到土地使用权为目标。取得土地使用权的方式有多种,包括购入方式、置换方式、接受土地使用权投资方式、非货币性资产换入方式等。

(三)前期准备阶段

前期准备阶段的工作主要包括房地产项目的立项及可行性分析、项目设计等。同时,房地产开发企业要根据具体情况对投资来源、建设方式、经营模式等方面进行详细的规划和战略决策。战略决定成败,前期准备阶段是项目运作的重要环节,也是房地产开发项目取得成功的关键环节。

(四)建设施工阶段

在建设施工阶段,房地产开发企业要根据已经确定的规划和设计方案,通过自建、委托代建、发包等方式完成开发产品的建造过程,并使其达到验收标准。该阶段是房地产项目开发的中心环节,决定着开发产品的质量与档次。

(五)房产销售(预售)阶段

在房产销售(预售)阶段,房地产开发企业通过出售房产回笼资金,获取利润。这个阶段一般会采取房产预售方式获取现金流。

通常情况下,房地产开发项目完工之前即已开始预售。小规模纳税人销售自行开发的房地产项目,应在纳税义务发生时,以当期销售额和5%的征收率计算当期应纳税额,抵减已预缴税款后,向主管税务机关申报纳税。未抵减完的预缴税款可以结转下期继续抵减。一般纳税人销售自行开发的房地产项目适用一般计税方法计税的,应在纳税义务发生时,按照取得的全部价款和价外费用,扣除当期销售房地产产品对应的土地价款后的余额计算销售额,以9%的适用税率扣除可抵扣进项税额计算当期应纳税额,抵减已预缴税款后,向主管税务机关申报纳税。未抵减完的预缴税款可以结转下期继续抵减。

房地产开发项目完工后,房地产开发企业取得建筑工程竣工验收备案证,进行面积确权、权属登记、物业交割后,项目开发即进入尾声。完工后开发产品应当核算计税成本和项目的实际毛利率。

(六)项目清算阶段

项目清算阶段一般涉及土地增值税的清算、企业所得税的汇算清缴工作。这一阶段是形成最终财务、税务结果的阶段,其过程比较复杂。

(七)物业服务阶段

物业服务,又称自持物业,此阶段房地产开发企业通过招商、招租、开办新企业、拓展新项目等方式，取得租金或经营收入。

1.2 房地产开发企业税收概述

1.2.1 房地产开发企业的税收体制演进

（一）房地产开发企业的财税管理特征

1. 多元化业务需要精细的财税管理

房地产开发企业的开发、经营活动主要包括：规划设计、征地拆迁、工程建造、房产销售、物业管理、自持物业经营等。房地产开发企业的业务横跨生产和流通两个领域，房地产开发企业经营范围广，经营业务多元化，投资主体复杂，需要精细的财税管理与之相适应。

2. 融资需求及财务风险很大

房地产开发企业项目前期开发现金开支大，现金流入发生在中后期，融资需求大，贷款利息支出相应也大。因此，保持现金流稳定、合理调配现金流是房地产开发企业财务管理的重要内容。

3. 开发产品成本核算复杂

房地产开发企业开发产品种类多，成本组成项目复杂，开发成本占销售收入的比重较大；再加上成本核算的时间跨度长，成本核算及分摊方法对成本结果、会计利润以及税负有重大影响。

4. 存货和预收账款核算具有特殊性

一般情况下，房地产开发企业取得的土地使用权计入开发成本，在竣工之前作为存货核算，未完工的开发成本投入部分也全部计入存货价值。房地产开发企业采取预售制度，在确认收入之前会形成较大的预收账款余额，且税款采取预缴方式，造成了收入确认与税款核算的不同步。

5. 开发周期长，会计方法对损益的影响直接且明显

房地产开发周期长（我国商品房的平均开发周期为4~5年），这一特点决定了会计核算的跨期摊配较为常见，收入和成本的确认、费用的摊销会直接影响各期损益的计量。

6. 房地产开发企业涉及税种繁多，税务风险大

房地产开发企业涉及的税种有增值税、企业所得税、土地增值税、城市维护建设税、契税、房产税、城镇土地使用税、印花税、个人所得税等。房地产

开发企业在取得预售房款时，应按预售房款预先计算缴纳增值税、企业所得税、土地增值税等；交付项目时确认房地产销售收入及利润，并清算项目涉及的各种应交税金；在开发期间要缴纳城镇土地使用税；自用、出租房地产时要缴纳房产税等。

7. 区分资本性支出与收益性支出

划分资本性支出与收益性支出原则是指会计核算应严格区分收益性支出、资本性支出的界限，以正确计算各期损益。若支出的效益仅基于本会计期间（或一个营业周期），应当作为收益性支出；若支出的效益基于几个会计期间（或几个营业周期），应当作为资本性支出。只有正确划分收益性支出与资本性支出的界限，才能真实反映企业的财务状况，正确计算企业当期的经营成果。

《中华人民共和国企业所得税法实施条例》（以下简称《企业所得税法实施条例》）第二十八条规定："企业发生的支出应当区分收益性支出和资本性支出。收益性支出在发生当期直接扣除；资本性支出应当分期扣除或者计入有关资本成本，不得在发生当期直接扣除。"

（1）分期支付土地出让金的利息未作为资本性支出。

笔者在对房地产开发企业的调研过程中发现，企业与国土资源管理部门签订的《国有土地出让合同》中经常有这样的约定：如果企业选择分期支付土地出让金，对于分期支付的部分按照银行同期贷款利率支付利息。根据合同约定，房地产开发企业因分期支付土地出让金而支付给土地出让人的利息，属于分期取得土地使用权约定的支付价款的一部分，会计上应计入"取得土地使用权支付的金额"，属于房地产开发企业的资本性支出。但是，房地产开发企业经常把"分期支付出让金而产生的利息"作为调节利润的工具。如果当期预售房款很多，毛利额调整后应纳税所得额很高，有的房地产开发企业会把"分期支付出让金而产生的利息"调整计入当期"财务费用"，从而达到当期少交企业所得税的目的。

（2）房地产开发过程中开发项目的融资顾问费未作为资本性支出。

《房地产开发经营业务企业所得税处理办法》（国税发〔2009〕31号）第二十一条第一款规定：企业为建造开发产品借入资金而发生的符合税收规定的借款费用，可按会计准则的规定进行归集和分配，其中属于财务费用性质的借款费用，可直接在税前扣除。

《企业会计准则第17号——借款费用》规定：企业发生的借款费用，可直接归属于符合资本化条件的资产的购建或者生产的，应当予以资本化，计入相关资产成本；其他借款费用，应当在发生时根据其发生额确认为费用，计入当期损益。

借款费用同时满足下列条件的，才能开始资本化：

（1）资产支出已经发生，资产支出包括为购建或者生产符合资本化条件的资产而以支付现金、转移非现金资产或者承担带息债务形式发生的支出；

（2）借款费用已经发生；

（3）为使资产达到预定可使用或可销售状态所必要的购建或者生产活动已经开始。

购建或者生产符合资本化条件的资产达到预定可使用或者可销售状态时，借款费用应当停止资本化。在符合资本化条件的资产达到预定可使用或者可销售状态之后所发生的借款费用，应当在发生时根据其发生额确认为费用，计入当期损益。

《中华人民共和国企业所得税法实施条例》第三十七条规定：企业在生产经营活动中发生的合理的不需要资本化的借款费用，准予扣除。

企业为购置、建造固定资产、无形资产和经过 12 个月以上的建造才能达到预定可销售状态的存货发生借款的，在有关资产购置、建造期间发生的合理的借款费用，应当作为资本性支出计入有关资产的成本，并依照本条例的规定扣除。

根据上述规定，房地产开发企业借款费用资本化开始的时间，应当是取得开发项目并开始建造日，截至时间应当为开发项目达到预定可使用状态日。

综上所述，在房地产开发过程中，开发项目的融资顾问费应该予以资本化，而不能计入当期财务费用。

（二）房地产开发企业税务工作总览与缴纳的主要税种

面对复杂的开发业务，房地产开发企业的税务工作是复杂多变的。房地产开发企业涉及多个纳税环节，与其他行业企业相比，纳税活动更加复杂。房地产开发企业涉及的主要税种如表 1-1 所示。

表 1-1　　　　　房地产开发企业涉及的主要税种

序号	涉税环节	税种	纳税对象	计税依据	税率（额）或征收率	纳税时间
1	前期准备阶段	契税	转移不动产权属	不动产的价格	3%~5%	签订不动产权属转移合同当天或者纳税人取得其他具有土地、房屋权属转移合同性质凭证的当天

续表

序号	涉税环节	税种	纳税对象	计税依据	税率（额）或征收率	纳税时间
2	建设施工阶段	城镇土地使用税	国有土地	纳税人实际占用的土地面积	0.6~30元/平方米	新征用的耕地满一年实际占用土地的次月
3	预售阶段	增值税	预收款	销售预收款及与销售有关的款项（如定金、订金、会员费、看房费等）	3%	取得预收款的次月（定金、订金一般计入预收款；会员费、看房费在实务操作中很多企业未计入预收款而是计入其他应付款，按实质重于形式原则，也应计入预收款）
4	销售阶段	增值税（一般计税）	房产	全部价款和价外费用，减去向政府部门支付的土地使用权价款和在取得土地使用权时向其他单位或个人支付的拆迁补偿费用的余额	9%	确认销售额的次月
		增值税（简易计税）	房产	销售额	5%	确认销售额的次月
5	自持阶段	房产税	房产	自营：房产余值；出租：房产租金收入	自营：1.2%；出租：12%或4%	房产投入使用的次月
6	预缴、清算阶段	企业所得税	生产经营所得和其他所得	应纳税所得额	25%	分月或分季预缴，年终汇算清缴
7		土地增值税	转让房地产	转让房地产取得的增值额	30%~60%	未达到清算条件前预缴，符合清算条件的，进行土地增值税清算

（1）房地产开发企业除了缴纳增值税、土地增值税、企业所得税、个人所得税外，还要缴纳城市维护建设税、教育费附加和地方教育附加，即以增值税

为计税依据,依所在地区分别适用7%(城区)、5%(县城、镇)、1%(城区或者县、镇以外的地区)的税率缴纳城市维护建设税,依照3%的征收率缴纳教育费附加,依照2%的征收率缴纳地方教育附加。

(2)城镇土地使用税按年计算,分期向土地所在地主管税务机关缴纳。《国家税务总局关于房产税城镇土地使用税有关政策规定的通知》(国税发〔2003〕89号)第二条第三款规定:出租、出借房产,自交付出租、出借房产之次月起计征房产税和城镇土地使用税。

(3)土地增值税采用四级超率累进税率(见表1-2),计算公式如下:

增值额=转让房地产总收入-扣除项目金额

表1-2 土地增值税四级超率累进税率

级次	增值额占扣除项目金额的比例	税率	速算扣除系数
1	50%以下的部分	30%	0
2	超过50%,未超过100%的部分	40%	5%
3	超过100%,未超过200%的部分	50%	15%
4	超过200%的部分	60%	35%

(三)"金税三期"上线对房地产开发企业的影响及税务稽查重点

1."金税三期"上线对房地产开发企业的影响

"金税三期"就是在"以票控税"的指导思想下,建设的覆盖各级税务机关、所有税种、所有工作环节的全国性税收信息系统。2018年8月,"金税三期"系统已升级为"自然人税收管理系统扣缴客户端",功能更加强大。应用网络发票系统可以杜绝虚开、代开、开具"大头小尾"发票的违法行为,帮助企业规避不法分子利用假票骗税所带来的财务风险,保护企业的合法经济利益。"金税三期"具体的作用如下。

(1)"金税三期"产生的数据会成为税务稽查和纳税评估的数据来源,政府税收管理的针对性更强。

(2)"金税三期"使得发票开具与发票数据上传实现即时性,会时刻提醒纳税人可能存在的涉税问题。

(3)"金税三期"对增值税专用发票采用全要素认证,包括企业之间业务关联性、货物或劳务与本企业产品或服务的相关性、滞留票等,会对税收监管产生巨大影响。

(4)"金税三期"将职工的工资薪金税前扣除金额与个人所得税申报情况,以及"五险一金"的缴纳情况实现相互监督和关联,税务稽查的针对性更强。

（5）"金税三期"上线后，对企业应当进行调整而没有申报调整的大多数事项能够自动提示，可以提高税收管理的效率。

（6）"金税三期"上线后，国税、地税合并数据完成对接，原来漏掉的涉税问题可能会被梳理出来。

（7）"金税三期"上线后，费用与生产经营活动的相关性分析会加强，包括费用发生地点与交易对方是否相关、费用资本化与收益化的处理是否匹配、货物的进出相关性等。

（8）"金税三期"上线后，税务机关的自由裁量权受到限制，税收征管更为公平。

（9）"金税三期"上线后，税务机关对失控发票及异常凭证的管理措施更加严格。

（10）"金税三期"上线与电子发票推广对税务稽查提出了新的要求。

（11）"金税三期"上线后，股权转让成为税务关注点且暴露在税收监管下。

（12）"金税三期"上线后，企业必须关注财税风险防范，从事后控制转到事前控制，建立财税风险事前防范机制。

2. 税务稽查重点

（1）税务机关充分利用现有的征管软件基础数据，对纳税零申报、低税负、长亏不倒以及易发生涉税问题的行业确定年度常规检查计划。

（2）税务机关的专项检查包括房地产业务、建筑安装业务和股权转让业务。税务机关指导性检查项目为高收入者个人所得税、营改增行业。

（3）税务机关加大检查重点税源企业的力度，注重对多年未查过的重点税源企业进行轮查。

（4）税务机关的发票检查重点：一是在日常检查、专项检查、重点税源企业检查、税收自查、专项整治工作中，认真核查发票使用情况，对不符的发票认真查找源头，对受票方和开票方实行"双打"机制，属于异地发票的及时发出协查函；二是对发票违法犯罪线索及时立案查处；三是继续配合公安机关、财政、审计、监察等有关部门做好虚假发票的整治工作。

1.2.2 房地产开发涉及税费概述

房地产开发涉及契税、城镇土地使用税、耕地占用税、印花税、增值税、城市维护建设税、教育费附加、地方教育附加、房产税、土地增值税、企业所得税、个人所得税等诸多税费。

（一）契税

（1）纳税人：在中华人民共和国境内转移土地、房屋权属，承受的单位和个人。

（2）计税依据：不动产的价格，计征契税的成交价格不含增值税。

（3）税率：3%~5%。

（4）征收机构：土地、房屋所在地的主管税务机关。

（5）房地产开发企业纳税义务：除农村集体土地承包经营权的转移外，不论是国有土地使用权出让还是土地使用权转让，房地产开发企业作为土地受让者时，都要缴纳契税。

（6）涉税阶段：主要是土地取得环节。

（二）城镇土地使用税

（1）纳税人：在城市、县城、建制镇、工矿区范围内拥有土地使用权的单位和个人。

（2）计税依据：实际占用的土地面积。

（3）适用税额：每平方米年税额如下。大城市 1.5~30 元；中等城市 1.2~24 元；小城市 0.9~18 元；县城、建制镇、工矿区 0.6~12 元。各市、县人民政府要结合本地经济发展水平、土地利用状况和地价水平等，合理划分本地区的土地等级，在省、自治区、直辖市人民政府确定的税额幅度内制定每一等级土地的具体适用税额标准，报省、自治区、直辖市人民政府批准执行。经济发达地区和城市中心区，原则上应按税额幅度的上限确定适用税额标准。经济发达地区如需突破税额幅度上限进一步提高适用税额标准，须报经财政部、国家税务总局批准。各省、自治区、直辖市人民政府根据本地区实际情况，以及宏观调控需要确定，对增值税小规模纳税人可以在 50% 的税额幅度内减征城镇土地使用税。房地产开发企业取得土地使用权后缴纳城镇土地使用税，要首先了解当地政府制定的土地等级适用税额标准及征收方式。

（4）征收机构：土地所在地的主管税务机关。

（5）房地产开发企业纳税义务：房地产开发企业使用土地，都要缴纳城镇土地使用税。

（6）涉税阶段：购置房产环节、建设环节、销售环节。

（三）耕地占用税

（1）纳税人：在中华人民共和国境内占用耕地建设建筑物、构筑物或者从事非农业建设的单位和个人。占用耕地建设农田水利设施的，不缴纳耕地占用税。耕地，是指用于种植农作物的土地。

（2）计税依据：耕地占用税以纳税人实际占用的属于耕地占用税征税范围的耕地面积为计税依据，按照规定的适用税额一次性征收，应纳税额为纳税人实际占用的耕地面积（平方米）乘以适用税额。

（3）适用税额。

人均耕地不超过1亩（1亩约为666.67平方米）的地区（以县、自治县、不设区的市、市辖区为单位，下同），每平方米为10~50元。

人均耕地超过1亩但不超过2亩的地区，每平方米为8~40元。

人均耕地超过2亩但不超过3亩的地区，每平方米为6~30元。

人均耕地超过3亩的地区，每平方米为5~25元。

各省、自治区、直辖市耕地占用税平均税额如表1-3所示。

表1-3　　各省、自治区、直辖市耕地占用税平均税额

省、自治区、直辖市	平均税额（元/平方米）
上海	45
北京	40
天津	35
江苏、浙江、福建、广东	30
辽宁、湖北、湖南	25
河北、安徽、江西、山东、河南、重庆、四川	22.5
广西、海南、贵州、云南、陕西、	20
山西、吉林、黑龙江	17.5
内蒙古、西藏、甘肃、青海、宁夏、新疆	12.5

各省、自治区、直辖市人民政府根据本地区实际情况，以及宏观调控需要确定，对增值税小规模纳税人可以在50%的税额幅度内减征耕地占用税。农村居民在规定用地标准以内占用耕地新建自用住宅，按照当地适用税额减半征收耕地占用税；其中农村居民经批准搬迁，新建自用住宅占用耕地不超过原宅基地面积的部分，免征耕地占用税。

耕地占用税的纳税义务发生时间为纳税人收到自然资源主管部门办理占用耕地手续的书面通知的当日。纳税人应当自纳税义务发生之日起30日内申报缴纳耕地占用税。自然资源主管部门凭耕地占用税完税凭证或者免税凭证和其他有关文件发放建设用地批准书。

纳税人因建设项目施工或者地质勘查临时占用耕地，应当按照规定缴纳耕

地占用税。纳税人在自批准临时占用耕地期满之日起一年内依法复垦,恢复种植条件的,全额退还已经缴纳的耕地占用税。

(4)征收机构:税务机关。

(5)房地产开发企业纳税义务:当房地产开发企业占用耕地、林地、牧草地、农田水利用地、养殖水面以及渔业水域滩涂等其他农用地建房或从事非农业建设时,均要按照实际占用面积和规定的税额缴纳耕地占用税。

(6)涉税阶段:主要是土地取得环节。

(7)税务管理文件:《中华人民共和国耕地占用税法》(以下简称《耕地占用税法》)、《中华人民共和国耕地占用税法实施办法》等。

(四)印花税

(1)纳税人

在中华人民共和国境内书立应税凭证、进行证券交易的单位和个人,为印花税的纳税人,应当依照本法规定缴纳印花税。

(2)应税凭证

2022年7月1日开始执行的税目包括:①合同:借款合同、融资租赁合同、买卖合同、承揽合同、承建工程合同、建设工程合同、运输合同、技术合同、租赁合同、保管合同、仓储合同、财产保险合同;②产权转移书据包括土地使用权出让书据、土地使用权、房屋等建筑物和构筑物所有权转让书据(不包括土地承包经营权和土地经营权转移)、股权转让书据(不包括应缴纳证券交易印花税的)、商标专用权、著作权、专利权、专有技术使用权转让书据;③营业账簿;④证券交易。

(3)计税依据

印花税的计税依据如下:

①应税合同的计税依据,为合同所列的金额,不包括列明的增值税税款;

②应税产权转移书据的计税依据,为产权转移书据所列的金额,不包括列明的增值税税款;

③应税营业账簿的计税依据,为账簿记载的实收资本(股本)、资本公积合计金额;

④证券交易的计税依据,为成交金额。

应税合同、产权转移书据未列明金额的,印花税的计税依据按照实际结算的金额确定。计税依据按照前款规定仍不能确定的,按照书立合同、产权转移书据时的市场价格确定;依法应当执行政府定价或者政府指导价的,按照国家有关规定确定。证券交易无转让价格的,按照办理过户登记手续时该证券前一个交易日收盘价计算确定计税依据;无收盘价的,按照证券面值计算确定计税依据。

印花税税目税率表

(2022版,2022年7月1日起执行)

税目		税率	备注
合同 (指书 面合同)	借款合同	借款金额的万分之零点五	指银行业金融机构、经国务院银行业监督管理机构批准设立的其他金融机构与借款人(不包括同业拆借)的借款合同
	融资租赁合同	租金的万分之零点五	
	买卖合同	价款的万分之三	指动产买卖合同(不包括个人书立的动产买卖合同)
	承揽合同	报酬的万分之三	
	建设工程合同	价款的万分之三	
	运输合同	运输费用的万分之三	指货运合同和多式联运合同(不包括管道运输合同)
	技术合同	价款、报酬或者使用费的万分之三	不包括专利权、专有技术使用权转让书据
	租赁合同	租金的千分之一	
	保管合同	保管费的千分之一	
	仓储合同	仓储费的千分之一	
	财产保险合同	保险费的千分之一	不包括再保险合同
产权转移 书据	土地使用权出让书据	价款的万分之五	转让包括买卖(出售)、继承、赠与、互换、分割
	土地使用权、房屋等建筑物和构筑物所有权转让书据(不包括土地承包经营权和土地经营权转移)	价款的万分之五	
	股权转让书据(不包括应缴纳证券交易印花税的)	价款的万分之五	
	商标专用权、著作权、专利权、专有技术使用权转让书据	价款的万分之三	

续表

税目	税率	备注
营业账簿	实收资本（股本）、资本公积合计金额的万分之二点五	
证券交易	成交金额的千分之一	—

（4）征收方式：根据不同征税项目，分别实行从价计征和从量计征两种征收方式。各省、自治区、直辖市人民政府根据本地区实际情况，以及宏观调控需要确定，对增值税小规模纳税人可以在50%的税额幅度内减征印花税。

（5）征收机构：主管税务机关。

（6）房地产开发企业纳税义务：房地产开发业务流程中很多方面涉及印花税。根据《中华人民共和国印花税法》的规定，自2022年7月1日起，取得土地和销售阶段签订的房屋销售合同、土地使用权转让合同涉及"产权转移书据"税目；开发阶段涉及建设工程合同、买卖合同、承揽合同、运输合同、财产保险合同、借款合同、租赁合同、保管合同、仓储合同等；财务核算和经营管理中记载资金的营业账簿也是印花税的征税范围。

①当房地产开发企业与金融机构签订借款合同时，要根据"借款合同"税目，按照合同所载借款金额的0.05‰缴纳印花税。

②在建筑安装阶段，与建筑安装单位签订建筑安装工程承包合同，要根据"建设工程合同"税目，按照承包金额的0.3‰缴纳印花税。

③在房产销售阶段，房地产开发企业与购买方签订合同，要根据"产权转移书据"税目，按照合同所载金额的0.5‰缴纳印花税。

④当房地产开发企业将未销售商品房出租时，要根据"租赁合同"税目，按照合同所载租赁金额的1‰缴纳印花税。

⑤涉税阶段：印花税应当在书立或领受时贴花。

⑥税务管理文件：《国家税务总局关于发布〈印花税管理规程（试行）〉的公告》（国家税务总局公告2016年第77号）。

（五）增值税

增值税税务处理的基本依据是《中华人民共和国增值税暂行条例》（以下简称《增值税暂行条例》），以及财政部和国家税务总局发布的《财政部 国家税务总局关于全面推开营业税改征增值税试点的通知》（财税〔2016〕36号）。

（1）纳税人：在中华人民共和国境内销售货物、劳务、服务、无形资产、不动产的单位和个人。

（2）计税方法：包括一般计税方法和简易计税方法。房地产开发企业销售自行开发的房地产老项目，可以选择适用简易计税方法按照5%的征收率计税。一经选择简易计税方法计税，36个月内不得变更为一般计税方法计税。

房地产老项目包括以下项目。

①建筑工程施工许可证注明的合同开工日期在2016年4月30日前的建筑工程项目。

②未取得建筑工程施工许可证的，建筑工程承包合同开工日期在2016年4月30日前的建筑工程项目。房地产开发企业中的一般纳税人销售自行开发的房地产项目，适用一般计税方法计税，按照取得的全部价款和价外费用，扣除当期销售房地产项目对应的土地价款后的余额计算销售额。销售额的计算公式如下。

销售额＝（全部价款和价外费用－当期允许扣除的土地价款）÷（1＋9%）

当期允许扣除的土地价款＝当期销售房地产项目建筑面积÷房地产项目可供销售建筑面积×支付的土地价款

一般计税方法的应纳税额，是指当期销项税额抵扣当期进项税额后的余额。

（3）征收机构：主管税务机关。

（4）房地产开发企业纳税义务：根据房地产项目销售特点，以房地产企业将不动产交付给买受人的当天作为应税行为发生的时间。具体交付时间以《商品房买卖合同》记录的交房时间为准；实际交房时间早于合同约定时间的，按实际交房时间为准。房地产开发企业销售房地产项目纳税义务发生之前收取的款项应作为预收款，按照规定预缴增值税。

（5）涉税阶段：销售预售环节。

（六）城市维护建设税

（1）纳税人：负有缴纳增值税、消费税的单位和个人。

（2）计税依据：纳税人实际缴纳的增值税、消费税税额。

（3）税率：按照纳税人所在地不同，实行不同档次的税率，具体如下。

①纳税人所在地为市区的，税率为7%。

②纳税人所在地为县城、镇的，税率为5%。

③纳税人所在地不在市区、县城或镇的，税率为1%。

各省、自治区、直辖市人民政府根据本地区实际情况，以及宏观调控需要确定，对增值税小规模纳税人可以在50%的税额幅度内减征城市维护建设税。

（4）征收机构：主管税务机关。

（5）房地产开发企业纳税义务：自2016年5月1日起，纳税人跨地区提供建筑服务、销售和出租不动产的，应在建筑服务发生地、不动产所在地预缴增值税时，以预缴增值税税额为计税依据，并按预缴增值税所在地的城市维护建设税适用税率和教育费附加征收率就地计算缴纳城市维护建设税和教育费附加。预缴增值税的纳税人在其机构所在地申报缴纳增值税时，以其实际缴纳的增值税税额为计税依据，并按机构所在地的城市维护建设税适用税率和教育费附加征收率就地计算缴纳城市维护建设税和教育费附加。

（6）涉税阶段：销售（预售）环节。

（七）教育费附加

（1）纳税人：凡缴纳增值税、消费税的单位和个人。

（2）计税依据：实际缴纳的增值税、消费税税额。

（3）征收率：3%。各省、自治区、直辖市人民政府根据本地区实际情况，以及宏观调控需要确定，对增值税小规模纳税人可以在50%的税额幅度内减征教育费附加。

（4）征收机构：主管税务机关。教育费附加是政府性基金，由税务机关负责征收，作为教育专项资金，纳入预算管理。

（5）涉税阶段：销售（预售）环节。

（八）地方教育附加

（1）纳税人：缴纳增值税、消费税的单位和个人。

（2）计税依据：实际缴纳的增值税、消费税税额。

（3）征收率：2%。各省、自治区、直辖市人民政府根据本地区实际情况，以及宏观调控需要确定，对增值税小规模纳税人可以在50%的税额幅度内减征地方教育附加。

（4）征收机构：主管税务机关。

（5）涉税阶段：销售（预售）环节。

（九）房产税

（1）纳税人：房屋产权所有人。

（2）计税依据：房屋的计税余值或租金收入，房产出租的，计征房产税的租金收入不含增值税。各省、自治区、直辖市人民政府根据本地区实际情况，以及宏观调控需要确定，对增值税小规模纳税人可以在50%的税额幅度内减征房产税。

（3）征收机构：房产所在地主管税务机关。房产不在同一地方的纳税人，应按房产的坐落地点分别向房产所在地的税务机关缴纳。

（4）房地产开发企业纳税义务：无论内、外资企业，均需要根据不同情况缴纳房产税。自用房屋，房产税依照房产原值一次减除 10%～30% 后的余值计算缴纳，具体减除幅度由省、自治区、直辖市人民政府规定，适用税率为 1.2%。房产出租的，以房产租金收入和 12% 税率计算缴纳。对个人按市场价格出租的居民住房，房产税暂减按 4% 的税率征收。

重庆市是我国首批个人住房房产税征收试点城市，从 2011 年开始试行对部分个人住房征收房产税。此前中央经济工作会议提出"房子是用来住的，不是用来炒的"，对土地融资限制、再融资从严、债券融资分级管理、房贷严管控等一系列措施的相继实施说明了中央对控制房价泡沫的决心。2017 年重庆市又修改了房产税政策：独栋商品住宅和高档住房建筑面积交易单价在上两年主城九区新建商品住房成交建筑面积均价 3 倍以下的住房，税率为 0.5%；3 倍（含 3 倍）至 4 倍的，税率为 1%；4 倍（含 4 倍）以上的税率为 1.2%。在重庆市同时无户籍、无企业、无工作的个人新购的首套及以上的普通住房，税率为 0.5%。

《上海市人民政府关于印发〈上海市开展对部分个人住房征收房产税试点的暂行办法〉的通知》（沪府发〔2011〕3 号）规定：个人住房房产税计税依据为参照应税住房的房地产市场价格确定的评估值，评估值按规定周期进行重估。试点初期，暂以应税住房的市场交易价格作为计税依据。房产税暂按应税住房市场交易价格的 70% 计算缴纳。适用税率暂定为 0.6%。应税住房每平方米市场交易价格低于本市上年度新建商品住房平均销售价格 2 倍（含 2 倍）的，税率暂减为 0.4%。

（5）涉税阶段：房屋持有环节。

（十）土地增值税

（1）纳税人：转让国有土地使用权、地上建筑物及其附着物并取得收入的单位和个人。

（2）征收机构：房地产所在地主管税务机关。

（3）房地产开发企业纳税义务：房地产开发企业转让房地产时，要按照其转让房地产时取得的收入减去允许扣除的项目金额后的余额，依照规定的税率缴纳土地增值税。

（4）计税依据：对增值额征税，增值额计算要素如下。

①计税收入为房地产开发企业转让房地产取得的收入,计算公式如下。

土地增值税应税收入 = 营改增前转让房地产取得的收入 + 营改增后转让房地产取得的不含增值税收入

②允许扣除项目包括:取得土地使用权所支付的金额;开发土地和新建房及配套设施的成本;开发土地和新建房及配套设施的费用;按照第一、二项规定计算的金额之和,加计20%扣除与转让房地产有关的税金。与转让房地产有关的税金计算公式如下。

与转让房地产有关的税金 = 营改增前实际缴纳的营业税、城市维护建设税、教育费附加 + 营改增后允许扣除的城市维护建设税、教育费附加

应纳税额 = 土地增值额 × 税率 − 扣除项目金额 × 速算扣除系数

房地产开发企业建造普通标准住宅出售,增值额未超过扣除项目金额20%的,免征土地增值税。

(5)征收方式:房地产开发周期较长,且土地增值税的计算比较烦琐,为了简化计算,实务中,土地增值税采取按期预征、项目完工清算的办法。也就是按当期取得的售房收入,依照预征率计算征收土地增值税,项目完工后清算,多退少补。根据2010年税收调控政策,除保障性住房外,东部地区省份预征率不得低于2%,中部和东北地区省份预征率不得低于1.5%,西部地区省份预征率不得低于1%。对于无法查账征收土地增值税的企业,土地增值税可以核定征收。根据2010年税收调控政策,核定征收率不低于5%。

(6)涉税阶段:销售(预售)环节、土地增值税清算环节。

(十一)企业所得税

除《中华人民共和国企业所得税法》(以下简称《企业所得税法》)及其实施条例和配套法规外,房地产开发企业主要依据《房地产开发经营业务企业所得税处理办法》(国税发〔2009〕31号)计算缴纳企业所得税。企业所得税的适用税率为25%。

房地产开发企业销售收入的范围为销售开发产品过程中取得的全部价款,包括现金、现金等价物及其他经济利益。企业代有关部门、单位或企业收取的各种基金、费用和附加等,凡纳入开发产品价内或由企业开具发票的,均应按规定全部确认为销售收入;未纳入开发产品价内并由企业之外的其他部门、单位收取、开具发票的,可作为代收代缴款项进行管理。

(1)征收方式:房地产开发企业涉及的企业所得税主要有核实征收和核定

征收两种征收方式，核定征收一般选择核定应税所得率计算征收。

（2）征收机构：主管税务机关。

（3）涉税阶段：销售环节。

（十二）个人所得税

（1）征税对象：工资、薪金所得；劳务报酬所得；稿酬所得；特许权使用费所得；经营所得；利息、股息、红利所得；财产租赁所得；财产转让所得；偶然所得。居民个人取得工资、薪金所得，劳务报酬所得，稿酬所得，特许权使用费所得称为综合所得，按纳税年度合并计算个人所得税；非居民个人取得综合所得，按月或者按次分项计算个人所得税。

居民个人的综合所得，以每一纳税年度的收入额减除费用6万元以及专项扣除、专项附加扣除和依法确定的其他扣除后的余额，为应纳税所得额。

非居民个人的工资、薪金所得，以每月收入额减除费用5 000元后的余额为应纳税所得额；劳务报酬所得、稿酬所得、特许权使用费所得，以每次收入额为应纳税所得额。

专项扣除，包括居民个人按照国家规定的范围和标准缴纳的基本养老保险、基本医疗保险、失业保险等社会保险费和住房公积金等；专项附加扣除，包括子女教育、继续教育、大病医疗、住房贷款利息或者住房租金、赡养老人等支出。

居民个人综合所得适用3%～45%的超额累进税率（见表1-4）。

表1-4　　　　　个人所得税税率表（综合所得适用）

级数	全年应纳税所得额	税率	速算扣除数（元）
1	不超过36 000元的	3%	0
2	超过36 000元至144 000元的部分	10%	2 520
3	超过144 000元至300 000元的部分	20%	16 920
4	超过300 000元至420 000元的部分	25%	31 920
5	超过420 000元至660 000元的部分	30%	52 920
6	超过660 000元至960 000元的部分	35%	85 920
7	超过960 000元的部分	45%	181 920

居民个人取得综合所得，按年计算个人所得税；有扣缴义务人的，由扣缴义务人按月或者按次预扣预缴税款；需要办理汇算清缴的，应当在取得所得的次年3月1日至6月30日内办理汇算清缴。纳税人办理汇算清缴退税或者扣缴

义务人为纳税人办理汇算清缴退税的，税务机关审核后，按照国库管理的有关规定办理退税。非居民个人取得工资、薪金所得，劳务报酬所得，稿酬所得和特许权使用费所得，有扣缴义务人的，由扣缴义务人按月或者按次代扣代缴税款，不办理汇算清缴。扣缴义务人每月或者每次预扣、代扣的税款，应当在次月15日内缴入国库，并向税务机关报送《扣缴个人所得税申报表》。

（2）房地产开发企业纳税义务：个人所得税，以所得人为纳税义务人，以支付所得的单位或者个人为扣缴义务人。扣缴义务人应当按照国家规定办理全员全额扣缴申报。纳税人有中国公民身份号码的，以中国公民身份号码为纳税人识别号；纳税人没有中国公民身份号码的，由税务机关赋予其纳税人识别号。扣缴义务人扣缴税款时，纳税人应当向扣缴义务人提供纳税人识别号。

有下列情形之一的，纳税人应当依法办理纳税申报。

①取得综合所得需要办理汇算清缴。

②取得应税所得没有扣缴义务人。

③取得应税所得，扣缴义务人未扣缴税款。

④取得境外所得。

⑤因移居境外注销中国户籍。

⑥非居民个人在中国境内从两处以上取得工资、薪金所得。

⑦国务院规定的其他情形。

扣缴义务人应当按照国家规定办理全员全额扣缴申报，并向纳税人提供其个人所得和已扣缴税款等信息。

（3）征收机构：主管税务机关。

（4）涉税阶段：房地产开发企业任一环节所支付的职工薪酬均应按规定扣缴个人所得税。

在房地产开发企业涉及的上述12个基本税种中，以增值税、企业所得税、土地增值税为主，这三个税种的应纳税额占到整体税务成本的90%以上。在前期销售中，以增值税为主，在项目清算阶段，以企业所得税、土地增值税为主。

1.3 房地产开发企业会计基础理论

1.3.1 房地产开发企业的主要业务及经营特点

房地产是土地和房屋及其权属的总称，是人类赖以生存的基础。房地产业包括房地产开发经营、物业管理、房地产中介服务及其他房地产活动。

（一）房地产开发企业的主要业务

《中华人民共和国城市房地产管理法》（以下简称《城市房地产管理法》）规定，房地产开发企业是以营利为目的，从事房地产开发和经营的企业。本书中的房地产开发企业的主要业务是房地产业中的第一部分，即房地产开发经营，不包括物业管理、房地产中介服务及其他房地产活动。房地产开发经营指房地产开发企业进行的基础设施建设、房屋建设，并转让房地产开发项目或者销售、出租商品房的活动。具体包括以下方面。

1. 土地使用权的转让、买卖和租赁

房地产开发企业在获取土地使用权后，对其进行开发，将生地开发成为建设熟地后，既可有偿转让给其他单位使用，也可自行组织建造房屋和其他设施，然后作为商品作价出售，还可以开展土地出租业务。

2. 房屋的开发、销售、出租

房屋包括住宅、公寓、办公楼、商业营业用房等，所以房屋的开发、销售、出租具体包括以下方面。

（1）住宅、公寓的开发、销售、出租等活动。

（2）办公楼的开发、销售、出租等活动。

（3）商业营业用房的开发、销售、出租等活动。

3. 其他建筑物的开发、销售、出租

其他建筑物、附着物等包括配套设施、代建工程、周转房等。

房地产开发经营一般不包括以下方面。

（1）房屋及其他建筑物的工程施工活动。

（2）房地产开发企业自营的独立核算（或单独核算）的施工单位。

（3）家庭旅社、学校宿舍、露营地的服务。

（1）（2）列入建筑业的相关行业类别中，（3）列入其他住宿服务。

（二）房地产开发企业经营业务涉及的主要环节

房地产开发企业的开发经营业务主要包括以下环节。

1. 设立企业阶段

设立房地产开发企业是房地产开发经营的起点，房地产开发企业是房地产开发经营的法律主体。企业设立阶段涉及接受投资者的出资和发生开办费用等活动。

2. 获取土地使用权阶段

土地是房地产开发不可或缺的资源，在房地产开发过程中，获取开发用土地是房地产开发的基础。获取土地阶段包括前期调研和拿地两个阶段，获取土地前的调研是非常重要的环节，全面深入了解地块及市场情况是进行成本估算和项目经济性评价的基础。

3. 房地产开发建设阶段

本书所说的开发建设阶段包括项目策划、报批报建、施工建设、竣工验收等环节，还包括开发完成后的初始产权登记环节。

项目策划包括根据前期调研阶段的调研结果确定项目定位、制定项目目标与发展计划。项目策划阶段，有的公司在拿地前进行，有的公司则是在拿地后进行。严格来说，项目策划是一个独立的环节，因为此环节一般不发生会计和纳税业务，本书将其并入开发建设阶段。

报批报建是取得项目开工建设的一系列许可证和取得项目建设用地的土地使用权的过程。施工建设是房地产开发企业委托施工单位进行项目施工的阶段，是房地产开发的重要阶段。竣工验收是房地产开发产品完工后，根据《中华人民共和国建筑法》《城市房地产管理法》等相关法规规定，进行竣工验收的过程。

4. 转让及销售房地产阶段

转让及销售房地产阶段是房地产开发企业出售商品房等开发产品，回收资金实现盈利的阶段。转让及销售的过程包括前期的营销策划、签订销售合同、交付、登记办证等环节。房地产实现交付是完成销售的标志，只有完成交付才算最终完成销售。房地产买卖存在两个交付，即房地产实物交付及其产权的交付。实物交付是房地产买卖中主要的义务，出卖人完成了实物交付，就是履行了合同中最主要的义务之一。登记办证主要是按照相关规定，办理产权登记，并办理产权证。办理房地产交付手续标志着转让与销售的实现，完成登记办证在法律上标志着房地产开发程序的终结。

5. 持有房地产阶段

房地产产品开发完成后，有的房地产开发企业将其转让或销售，有的房地产开发企业却直接持有。在市场经济条件下，房地产市场日益活跃，有的房地产开发企业开发房地产的目的是转让或销售，而有的房地产开发企业开发房地产的目的是持有房地产用于赚取租金或增值收益。

（三）房地产开发企业的经营特点

1. 开发经营的计划性

企业征用的土地、建设的房屋、基础设施以及其他设施都应严格控制在国家计划范围之内，按照规划、征地、设计、施工、配套、管理"六统一"原则和企业的建设计划、销售计划进行开发经营。

2. 开发产品的商品性

房地产开发企业的产品会作为商品进入市场，按照供需双方合同或协议规定的价格或市场价格作价转让或销售。

3. 开发经营业务的复杂性

复杂性体现在两个方面：其一，经营业务内容复杂。房地产开发企业除了土地和房屋开发外，还要建设相应的基础设施和公共配套设施，经营业务涵盖从征地、拆迁、勘察、设计、施工、销售到售后服务全过程。其二，涉及面广，经济往来对象多。房地产开发企业不仅因购销关系与设备、材料物资等供应单位发生经济往来，而且因工程的发包和招标与勘察设计单位、施工单位发生经济往来，还会因受托代建开发产品、出租开发产品等与委托单位和承租单位发生经济往来。

4. 开发建设周期长，投资数额大

开发产品要从规划设计开始，经过可行性研究、征地拆迁、安置补偿、七通一平、建筑安装、配套工程、绿化环卫工程等几个开发阶段，少则一年，多则数年才能开发完成。另外，上述每一个阶段都需要投入大量资金，加上开发产品本身的造价很高，需要不断地投入大量的资金。

5. 经营风险大

开发产品单位价值高、建设周期长、负债经营程度高、不确定因素多，一旦决策失误、销路不畅，将造成大量开发产品积压，使房地产开发企业资金周转不灵，导致企业陷入困境。

1.3.2 房地产开发企业会计概述

（一）房地产开发企业会计的概念

房地产开发企业会计是指在土地和房屋及配套设施的开发过程中，对劳动成果及相应的劳动耗费进行计量的专门化的会计。房地产开发企业会计的概念见图1-2。

房地产开发企业会计通过对经济业务或事项进行确认、计量、记录和报告，提供真实、准确、可靠的会计信息，以帮助企业利益相关方，如政府管理部门、企业投资者、经营管理者及时了解该企业的财务状况、经营成果和现金流量，并据此做出科学合理的经济决策。

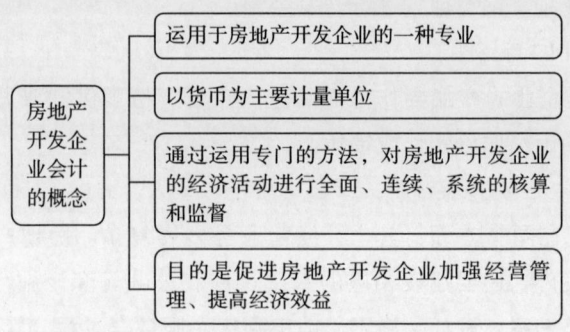

图1-2 房地产开发企业会计的概念

房地产开发是通过对土地、建筑材料、市政设施、公共配套设施、劳动力、资金、技术和服务等多种资源的组合使用而为人们提供居住空间，并改变人们生存的物质环境的一种活动。一般情况下，房地产开发过程主要分为五个阶段。房地产开发企业的资金在不同阶段表现为不同的形态，形成资金的循环与周转。会计也应适应不同阶段的资金运动需要而进行会计核算。房地产开发过程见图1-3。

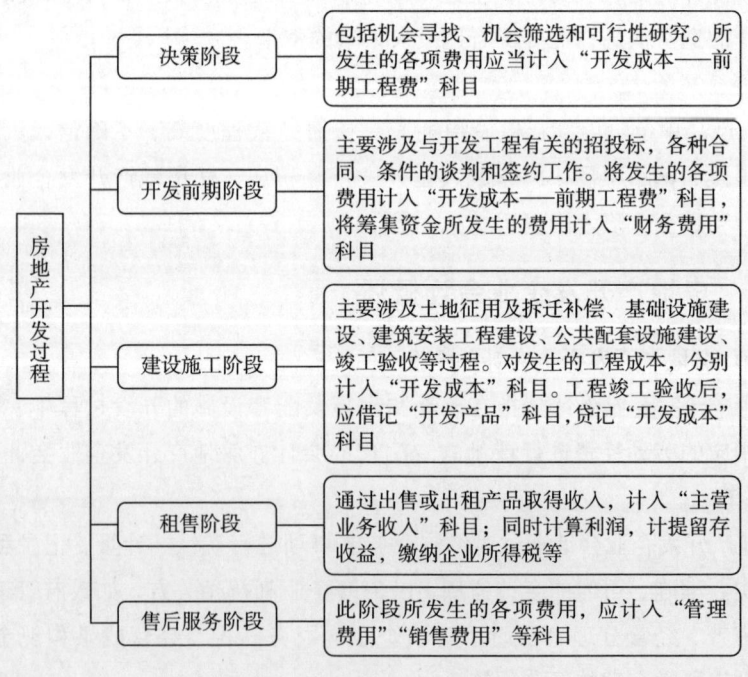

图1-3 房地产开发过程

(二) 房地产开发企业会计的职能

房地产开发企业会计的职能是会计在经济管理过程中所具有的功能,在不同的经济发展水平下,在具有不同管理水平的企业中,会计职能的发挥有很大的不同。从我国当前会计实践和会计法规的规定来看,会计职能主要有会计核算和会计监督两大职能。《中华人民共和国会计法》第五条明确规定:"会计机构、会计人员依照本法规定进行会计核算,实行会计监督。"房地产开发企业会计的具体职能见图1-4。

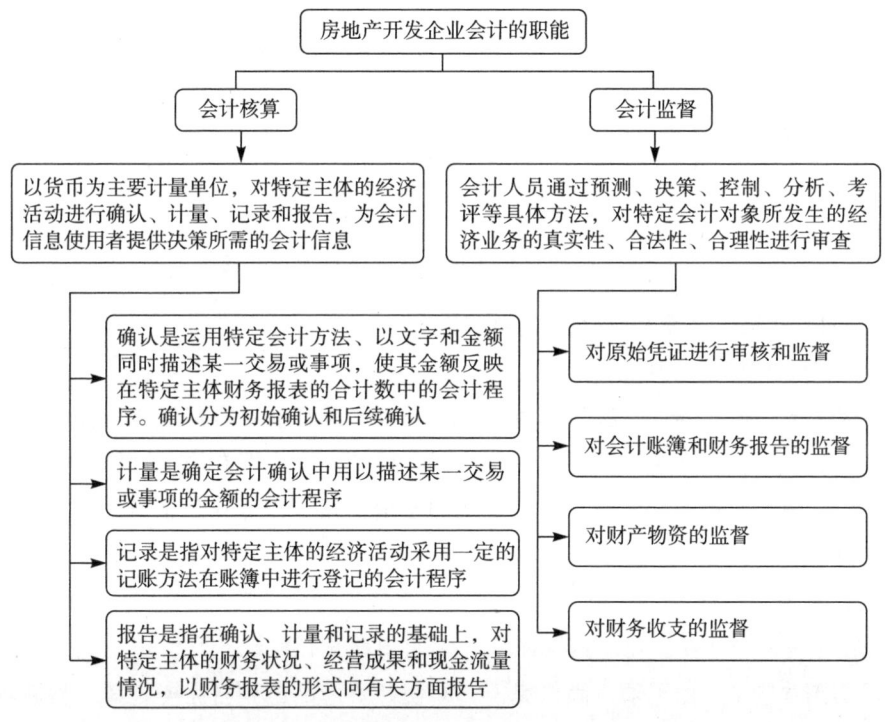

图1-4 房地产开发企业会计的具体职能

(三) 房地产开发企业会计的核算内容

房地产开发企业的资金运动方式主要表现为以下几个方面:取得或者筹集资金、在生产过程中运营资金、通过产品(商品)销售收回资金、计算经营成果、使部分资金退出企业、部分资金重新进入企业。房地产开发企业会计就是对房地产开发企业资金运动的过程进行会计核算和会计监督。房地产开发企业会计核算的主要内容见图1-5。

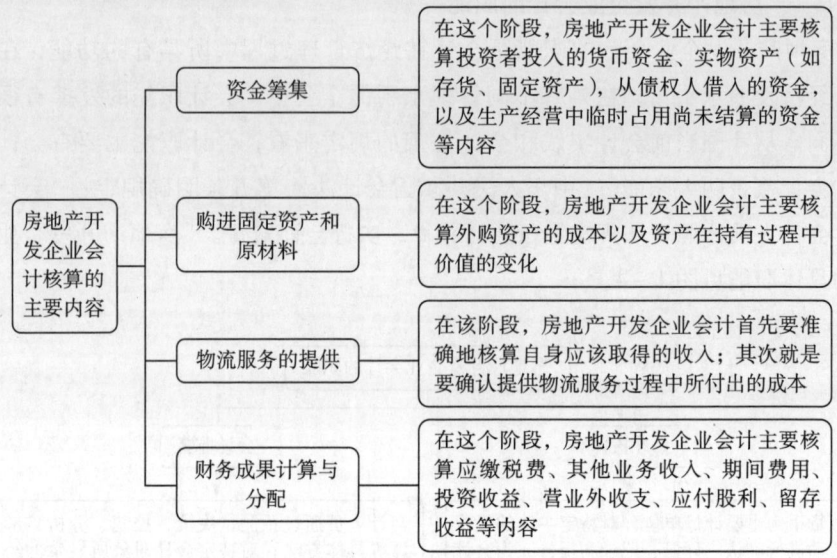

图 1-5 房地产开发企业会计核算的主要内容

（四）房地产开发企业会计核算的特殊性

1. 存货核算的特殊性

因房地产开发企业的营业周期长，故房地产开发企业的存货与一般工商企业的存货相比有两个明显的特点：第一，一般工商企业拥有的土地使用权一般作为无形资产核算，而房地产开发企业的土地使用权作为存货核算；第二，房地产开发企业的存货的借款费用可以资本化。

2. 合同负债核算的特殊性

由于房地产开发企业的投资额大、营业周期长，房地产开发企业大多实行商品房预售制度。由于项目尚未完工，即使开发产品已预售完毕，其预售款项也只能计入合同负债，一般房地产开发企业在符合收入确认条件前无法确认收入，合同负债余额比较大。鉴于房地产开发企业合同负债的特殊性，会计上要求房地产开发企业在合同负债项目附注中，除列示相关工程项目、账龄余额外，还应列示期末余额、预计竣工时间和预售比例。

3. 收入核算的特殊性

房地产开发企业的特殊性，使其收入核算有收入多样性、收入确认的特殊性和各期收入的波动性等特点，见表 1-5。

表 1-5　　　　　　　　　　收入核算的特殊性

特点	具体表现
收入的多样性	房地产开发产品的形式包括土地使用权、商品房、配套设施和其他建筑物等，商品房的形式又包括住宅、办公楼、商业楼、酒店等多种不同类型
收入确认的特殊性	由于房地产开发产品和房地产开发经营的特殊性，在会计核算时，房地产开发企业收入确认同一般工商企业收入确认相比具有一定的特殊性。房地产开发产品的价值高、开发周期长，需要大量的资金，销售往往采用预售办法。预售属于远期交易，造成收款期与房屋交付期不一致，再加上销售房地产不但需要实物交付还需要产权转移，所以房地产开发企业收入确认非常特殊，实务界和理论界对此存在较大的争议
各期收入的波动性	房地产开发企业产品的开发周期较长，在项目建设期内需要投入大量资金，并发生大量费用，但由于项目尚未完工，其预售款项无法确认为收入，只能计入合同负债，因此项目建设期内业绩不佳。项目验收后，大量预售款项确认为收入。一般而言，在房地产项目建设的初期，企业往往面临资金投入大而收入较少的现象，但在建设后期资金投入相对较少，收入大量增加

4. 成本核算的特殊性

房地产开发企业的成本既不是完全成本，也不是制造成本，成本核算有其特殊性，见表 1-6。

表 1-6　　　　　　　　　　成本核算的特殊性

特点	具体表现
核算时间跨度长	由于房地产开发周期长，所以成本核算的时间跨度也很长，往往超过一年
开发产品的成本组成不同	房地产开发企业的产品种类多，且设计多样，导致开发产品的成本组成具有很大的差异，成本核算非常复杂，因此在进行房地产成本核算时，要求根据具体情况进行分析
各步骤之间的成本不能明确区分	由于房地产开发的周期长，涉及的施工单位多，需要不同工种的施工单位协同作业，所以房地产开发属于多步骤生产。但房地产开发与制造业生产不同，房地产开发各工种可在同一时间、同一地点进行平行交叉或立体交叉作业，各生产步骤之间并无明确的时间或地点界限，因此在会计核算上，房地产开发难以准确计算各步骤开发产品的成本。 另外，房地产开发企业的成本核算还存在不同项目核算差异大、滚动开发核算难度大等特点

5. 房地产开发企业的产品售价与其成本不配比

一般商品的售价总是围绕其成本上下波动，房地产开发产品的成本载体是整个建设工程，而销售则是以楼层或户型为单位，这就造成单个楼层或户型的售价明显与其成本不配比。如同一结构的房屋，低层建筑施工成本低于高层建筑施工成本，但销售时低层售价高于高层售价；又如"丁字形"楼房虽然同楼层各房屋成本一样,但由于朝向不同,其售价相差也很大。通常,房地产开发企业的成本结转方法是:按当期竣工后的核算对象的总成本除以总开发建筑面积,得出单位建筑面积成本,然后再用单位建筑面积成本乘以销售面积得出本期销售成本。这样均摊计算的结果没有考虑房屋楼层、朝向的因素,在一定期间的经营成果就可能失真。

(五) 房地产开发企业会计科目设置

为了对房地产开发企业的经营活动进行会计核算,必须要设置相应的会计科目。会计科目是对会计要素进行分类所形成的具体项目,是设置会计账户的依据。

房地产开发企业在保证会计科目设置统一性的前提下,可以根据具体情况和核算的要求对统一规定的会计科目做必要的增设或合并。房地产开发企业设置的会计科目中,大部分都是各个行业通用的会计科目,使用这些会计科目能够保证在会计科目设置上的统一性;而"开发成本""开发间接费用""开发产品"等个别会计科目属于房地产开发企业专用的会计科目。

房地产开发企业的会计科目分资产类、负债类、所有者权益类、成本类、损益类等五大类。在资产类会计科目中,"开发产品""周转房"是房地产开发企业特别设置的会计科目;在成本类会计科目中,"开发成本""开发间接费用"是房地产开发企业特有的会计科目,是房地产开发企业用于进行成本核算的科目。

在设置总分类科目的基础上,房地产开发企业还需要根据会计核算和提供信息指标的要求,设置明细分类科目。如房地产开发企业在"应交税费"总分类科目下可设置"应交增值税""应交城市维护建设税""应交教育费附加""应交土地增值税""应交企业所得税"等二级明细分类科目,以对应交税费的不同项目分别进行核算和反映。

以下是房地产开发企业应该重点设置的科目。

1. 开发成本

开发成本科目核算房地产开发企业在土地、房屋、配套设施和代建工程的开发过程中所发生的各项费用。

企业在土地、房屋、配套设施和代建工程的开发过程中发生的各项费用,包括土地征用费及拆迁补偿费、前期工程费、基础设施费、建筑安装工程费、配套设施费和开发间接费用等。企业发生的土地征用费及拆迁补偿费、前期工程费、基础设施费和建筑安装工程费等,属于直接费用,直接计入本科目(有关成本核算对象的成本项目中）；应由开发产品成本负担的间接费用，应先在"开发间接费用"科目进行归集，月末，再按一定的分配标准分配计入有关的开发产品成本。

企业应根据本企业的经营特点，选择本企业的成本核算对象、成本项目和成本核算方法。本科目应按开发成本的种类，如"土地开发""房屋开发""配套设施开发""代建工程开发"等设置明细账，并在明细账下，按成本核算对象和成本项目进行明细核算。

按照开发项目进行二级科目的划分，按照成本的类别进行三级科目的核算。

一般情况下，该科目为借方余额，表示为开发房屋等商品所投入的各类成本的总和，在房屋等商品转入开发产品之后，本科目清零。

本科目明细科目的设置如下。

开发成本——××开发项目（按建设工程规划许可证批准的开发项目）。

（1）开发成本——××开发项目——土地征用及拆迁费。

下设明细项目：土地价款、拆迁补偿费、土地契税、交易费用、市政配套设施费等。

（2）开发成本——××开发项目——前期工程费。

下设明细项目：可行性研究费、勘察测绘费、三通一平费、规划设计费、规划管理费、交通环境方案费等。

（3）开发成本——××开发项目——建安工程费。

下设明细项目：地基工程费、建筑工程费、安装工程费（含甲供材）、公共装饰工程费（含甲供材）、精装修工程费（含甲供材）、工程监理费等。

（4）开发成本——××开发项目——基础设施费。

下设明细项目：供电工程支出、供水工程支出、排污工程支出、开发小区内道路、照明工程支出、智能化工程支出、绿化园林环境支出等。

（5）开发成本——××开发项目——公共配套费。

下设明细项目：非经营性共用费用、单独物业用房费用、工程监理费等。

（6）开发成本——××开发项目——开发间接费。

下设明细项目：应分配开发间接费、专项借款费用等。

2. 开发间接费用

开发间接费用是指房地产开发企业内部独立核算单位在开发现场组织管理开发产品而发生的各项费用。这些费用虽也属于直接为房地产开发而发生的费用，但不能确定其是为某项开发产品所应负担的，因而无法将其直接计入各项开发产品成本。为了简化核算手续，将这类间接费用先记入"开发间接费用"科目，然后按照适当分配标准，将其分配计入各项开发产品成本。

对于房地产开发企业，分清"开发间接费用"和"管理费用"是个难点，除了周转房摊销之外，其余费用的划分是以有无现场机构来确定的。如果房地产开发企业不设立现场机构，由企业定期或不定期地派人到开发现场组织开发活动，所发生的费用，可直接并入企业的管理费用。

本科目的明细科目主要包括以下的内容。

（1）开发间接费用——工资薪金。

（2）开发间接费用——职工福利费。

（3）开发间接费用——办公费用。

（4）开发间接费用——折旧摊销费。

（5）开发间接费用——劳动保护费。

（6）开发间接费用——房租物业管理费。

（7）开发间接费用——工程管理费。

（8）开发间接费用——项目营销设施建造费。

（9）开发间接费用——一般借款费用（符合资本化部分）。

3. 合同负债

新收入准则颁布后，合同负债是房地产开发企业经常用到的科目，一般核算按照《商品房预售合同》约定预收的款项。其明细科目的设置如下。

（1）合同负债——预收订金（指按照合同约定预收但未开具发票的房款）。

①合同负债——预收订金——普通住宅（按商品房预售许可证附件的房号设置辅助核算项目）。

②合同负债——预收订金——非普通住宅（按商品房预售许可证附件的房号设置辅助核算项目）。

③合同负债——预收订金——商铺（按商品房预售许可证附件的房号设置辅助核算项目）。

④合同负债——预收订金——车库（按商品房预售许可证附件的房号设置辅助核算项目）。

（2）合同负债——预收售房款（指按照合同约定预收且已开具发票的房款）。

①合同负债——预收售房款——普通住宅（按商品房预售许可证附件的房号

设置辅助核算项目)。

②合同负债——预收售房款——非普通住宅(按商品房预售许可证附件的房号设置辅助核算项目)。

③合同负债——预收售房款——商铺(按商品房预售许可证附件的房号设置辅助核算项目)。

④合同负债——预收售房款——车库(按商品房预售许可证附件的房号设置辅助核算项目)。

4. 开发产品

开发产品是指房地产开发企业已经完成全部开发建设过程,并已验收合格,符合国家建设标准和设计要求,可以按照合同规定的条件移交订购单位,或者作为对外销售、出租的产品,包括土地(建设场地)、房屋、配套设施和代建工程。

为了正确核算开发产品的增加、减少、结存情况,房地产开发企业应设置资产类"开发产品"科目。本科目借方登记已竣工验收的开发产品的实际成本,贷方登记月末结转的已销售、转让、结算或出租的开发产品的实际成本;月末借方余额表示尚未销售、转让、结算或出租的开发产品的实际成本。本科目应按开发产品的种类,如土地、房屋、配套设施和代建工程等设置明细科目,并在明细科目下,按成本核算对象设置辅助核算项目。

本科目的明细科目设置如下。

开发产品——××开发项目(指按规划工程规划许可证批准的开发项目)。

(1)开发产品——××开发项目——普通住宅(按商品房预售许可证附件的房号设置辅助核算项目)。

(2)开发产品——××开发项目——非普通住宅(按商品房预售许可证附件的房号设置辅助核算项目)。

(3)开发产品——××开发项目——商铺(按商品房预售许可证附件的房号设置辅助核算项目)。

(4)开发产品——××开发项目——车库(按商品房预售许可证附件的房号设置辅助核算项目)。

5. 主营业务收入

主营业务收入科目核算房地产开发企业确认的销售开发产品的收入。该科目的明细科目设置如下。

一般按照项目设置二级明细科目:主营业务收入——××开发项目(指按规

划工程规划许可证批准的开发项目）。

（1）主营业务收入——××开发项目——普通住宅（按商品房预售许可证附件的房号设置辅助核算项目）。

（2）主营业务收入——××开发项目——非普通住宅（按商品房预售许可证附件的房号设置辅助核算项目）。

（3）主营业务收入——××开发项目——商铺（按商品房预售许可证附件的房号设置辅助核算项目）。

（4）主营业务收入——××开发项目——车库（按商品房预售许可证附件的房号设置辅助核算项目）。

6. 主营业务成本

主营业务成本科目反映房地产开发企业确认开发产品收入时应结转的相应的成本，该科目二级明细科目的设置是和"主营业务收入"科目对应的。

主营业务成本——××开发项目（指按建设工程规划许可证批准的开发项目）。

（1）主营业务成本——××开发项目——普通住宅（按商品房预售许可证附件的房号设置辅助核算项目）。

（2）主营业务成本——××开发项目——非普通住宅（按商品房预售许可证附件的房号设置辅助核算项目）。

（3）主营业务成本——××开发项目——商铺（按商品房预售许可证附件的房号设置辅助核算项目）。

（4）主营业务成本——××开发项目——车库（按商品房预售许可证附件的房号设置辅助核算项目）。

第 2 章
企业设立阶段的税务与会计处理

2.1 企业设立条件

2.1.1 内资房地产开发企业的设立要求

房地产开发企业是指依法设立的、具有企业法人资格的经济实体；是以营利为目的，从事房地产开发和经营的企业。设立房地产开发企业，应当向工商行政管理部门申请设立登记。工商行政管理部门对符合规定条件的，应当予以登记，发放营业执照；对不符合规定条件的，不予登记。注册设立房地产开发企业需要符合以下法律法规要求：《中华人民共和国公司法》（以下简称《公司法》）《城市房地产管理法》《城市房地产开发经营管理条例》《房地产开发企业资质管理规定》等。以下是内资房地产开发企业设立应遵循的法律要求。

（一）《公司法》有关规定

设立房地产开发有限责任公司或股份有限公司，应执行公司法的有关规定。例如，设立有限责任公司必须具备下列条件：

（1）股东符合法定人数，即有限责任公司由 50 个以下股东组成；

（2）有符合公司章程规定的全体股东认缴的出资额；

（3）股东共同制定公司章程；

（4）有公司名称，建立符合有限责任公司要求的组织机构；

（5）有公司住所。

如果设立股份有限公司，则应具备下列条件：

（1）发起人符合法定人数，即应当有 2 人以上 200 人以下为发起人，其中须有半数以上的发起人在中国境内有住所；

（2）有符合公司章程规定的全体发起人认购的股本总额或者募集的实收股

本总额；

　　(3) 股份发行、筹办事项符合法律规定；

　　(4) 发起人制定公司章程，采用募集方式设立的经创立大会通过；

　　(5) 有公司名称，建立符合股份有限公司要求的组织机构；

　　(6) 有公司住所。

《公司法》自2014年3月1日起将注册资本实缴登记制改为认缴登记制。除法律、行政法规以及国务院决定对公司注册资本实缴有另行规定的以外，取消了关于公司股东（发起人）应自公司成立之日起两年内缴足出资，投资公司在五年内缴足出资的规定；取消了一人有限责任公司股东应一次足额缴纳出资的规定。现行《公司法》规定采取公司股东（发起人）自主约定认缴出资额、出资方式、出资期限等，并记载于公司章程的方式。

《公司法》取消了"注册资本最低限额"和"出资期限"的要求，同时取消了"全体股东的货币出资金额不得低于有限责任公司注册资本的30%"的规定。自2014年3月1日起，"有限责任公司的股东"和"发起设立的股份有限公司的发起人"实缴出资时无须验资。2016年6月30日，《国务院办公厅关于加快推进"五证合一、一照一码"登记制度改革的通知》（国办发〔2016〕53号）颁布，在全面实施工商营业执照、组织机构代码证、税务登记证"三证合一"登记制度改革的基础上，再整合社会保险登记证和统计登记证，实现"五证合一、一照一码"，自2016年10月1日起正式实施。

（二）《城市房地产管理法》有关规定

《城市房地产管理法》第三十条规定，设立房地产开发企业，应当具备下列条件：

　　(1) 有自己的名称和组织机构；

　　(2) 有固定的经营场所；

　　(3) 有符合国务院规定的注册资本；

　　(4) 有足够的专业技术人员；

　　(5) 法律、行政法规规定的其他条件。

设立有限责任公司、股份有限公司，从事房地产开发经营的，还应当执行《公司法》的有关规定。房地产开发企业在领取营业执照后一个月内，应当到登记机关所在地方县级以上地方人民政府规定的部门备案。

（三）《城市房地产开发经营管理条例》有关规定

《城市房地产开发经营管理条例》第五条规定，设立房地产开发企业，除应当符合有关法律、行政法规规定的企业设立条件外，还应当具备下列条件：有 100 万元以上的注册资本；有 4 名以上持有资格证书的房地产专业、建筑工程专业的专职技术人员，2 名以上持有资格证书的专职会计人员。

省、自治区、直辖市人民政府可以根据本地方的实际情况，对设立房地产开发企业的注册资本和专业技术人员的条件做出高于上述条件的规定。

房地产开发企业应当自领取营业执照之日起 30 日内，提交下列纸质或者电子材料，向登记机关所在地的房地产开发主管部门备案：

（1）营业执照复印件；

（2）企业章程；

（3）专业技术人员的资格证书和聘用合同。

房地产开发主管部门应当根据房地产开发企业的资产、专业技术人员和开发经营业绩等，对备案的房地产开发企业核定资质等级。房地产开发企业应当按照核定的资质等级，承担相应的房地产开发项目。

（四）《房地产开发企业资质管理规定》有关规定

《房地产开发企业资质管理规定》规定，房地产开发企业应当按照该规定申请核定企业资质等级。未取得房地产开发资质等级证书（以下简称"资质证书"）的企业，不得从事房地产开发经营业务。房地产开发企业按照企业条件分为一级、二级、三级、四级 4 个资质等级。新设立的房地产开发企业应当自领取营业执照之日起 30 日内，持下列文件到房地产开发主管部门备案：

（1）营业执照复印件；

（2）企业章程；

（3）企业法定代表人的身份证明；

（4）专业技术人员的资格证书和劳动合同；

（5）房地产开发主管部门认为需要出示的其他文件。

房地产开发主管部门应当在收到备案申请后 30 日内向符合条件的企业核发《暂定资质证书》。申请《暂定资质证书》的条件不得低于四级资质等级企业的条件。

以下是四级资质等级企业的条件：

（1）从事房地产开发经营 1 年以上；

（2）已竣工的建筑工程质量合格率达 100%；

（3）有职称的建筑、结构、财务、房地产及有关经济类的专业管理人员不少于 5 人，持有资格证书的专职会计人员不少于 2 人；

（4）工程技术负责人具有相应专业中级以上职称，财务负责人具有相应专业初级以上职称，配有专业统计人员；

（5）商品住宅销售中实行了《住宅质量保证书》和《住宅使用说明书》制度；

（6）未发生过重大工程质量事故。

《暂定资质证书》有效期为1年。房地产开发主管部门可以视企业经营情况延长《暂定资质证书》有效期，但延长期限不得超过2年。

房地产开发企业应当在《暂定资质证书》有效期满前1个月内向房地产开发主管部门申请核定资质等级。房地产开发主管部门应当根据其开发经营业绩核定相应的资质等级。自领取《暂定资质证书》之日起1年内无开发项目的，《暂定资质证书》有效期不得延长。

2.1.2 外商投资房地产开发企业的设立要求

近年来，我国快速发展的房地产市场吸引了外资的加入。外商投资设立房地产开发企业的，除应当符合以上对内资房地产开发企业的规定外，还应当依照外商投资企业法律、行政法规的规定，办理有关审批手续。

（一）注册资本要求

根据《建设部、商务部关于规范房地产市场外资准入和管理的意见》（建住房〔2006〕171号）规定，外商投资房地产企业投资总额与注册资金的比例如下：

（1）投资总额在1 000万美元（含1 000万美元）以上的，其注册资本应不低于投资总额的50%；

（2）投资总额在300万美元至1 000万美元的，其注册资本应不低于投资总额的50%；

（3）投资总额在300万美元以下（含300万美元）的，其注册资本应不低于投资总额的70%。

（二）设立备案程序

外商投资房地产开发企业，由商务主管部门和工商行政管理机关依法批准设立和办理注册登记手续，颁发一年期外商投资企业批准证书和营业执照。企业付清土地使用权出让金后，凭上述证照到土地管理部门申办国有土地使用证，根据国有土地使用证到商务主管部门换发正式的外商投资企业批准证书，再到工商行政管理机关换发与外商投资企业批准证书经营期限一致的营业执照，到税务机关办理税务登记。

2.1.3 注册资本与利息的税前扣除

根据《国家税务总局关于企业投资者投资未到位而发生的利息支出企业所得税前扣除问题的批复》（国税函〔2009〕312号）的规定，关于企业由于投资者投资未到位而发生的利息支出扣除问题，根据《企业所得税法实施条例》第二十七条的规定，凡企业投资者在规定期限内未缴足其应缴资本额的，该企业对外借款所发生的利息，相当于投资者实缴资本额与在规定期限内应缴资本额的差额应计付的利息，其不属于企业合理的支出，应由企业投资者负担，不得在计算企业应纳税所得额时扣除。"规定期限"应该以公司章程中规定的"出资时间"为准。具体计算不得扣除的利息，应以企业一个年度内每一账面实收资本与借款余额保持不变的期间作为一个计算期，每一计算期内不得扣除的借款利息按该期间借款利息发生额乘以该期间企业未缴足的注册资本占借款总额的比例计算。公式如下。

企业每一计算期不得扣除的借款利息 = 该期间借款利息额 × 该期间未缴足注册资本额 ÷ 该期间借款额

【例2-1】北京星辰房地产开发公司于2×19年1月1日成立，注册资本2 000万元，注册时一次性到位1 200万元，2×19年7月1日又到位400万元，其余投资截至2×19年年底尚未到位。2×19年3月1日，该公司从A公司拆借1 800万元（其中1 000万元为固定资产借款），年利率为9%（商业贷款年利率为7%），贷款期限1年。

【解析】

2×19年1月1日至12月31日共发生贷款利息：1 800×9%÷12×10 = 135（万元）。

其中，应当分期扣除或者计入有关资产成本的资本化的利息支出为：

1 000×9%÷12×10 = 75（万元）。

超过标准的收益性利息支出为：

800×(9% − 7%)÷12×10 = 13.33（万元）。

2×19年1月1日至6月30日不得扣除的利息为：

[(1 800 − 1 000)×7%÷12×4]×800÷800 = 18.67（万元）。

2×19年7月1日至12月31日不得扣除的利息为：

[(1 800 − 1 000)×7%÷12×6]×400÷800 = 14（万元）。

2×19年合计不得扣除的利息费用为：75 + 13.33 + 18.67 + 14 = 121（万元）。

2.1.4 项目资本金的要求

在投资项目的总投资中，除项目法人（依托现有企业的扩建及技术改造项目，现有企业法人即为项目法人）从银行或资金市场筹措的债务性资金外，还必须拥有一定比例的资本金。投资项目资本金，是指在投资项目总投资中，由投资者认缴的出资额。投资项目资本金对投资项目来说是非债务性资金，项目法人不承担这部分资金的任何利息和债务；投资者可按其出资的比例依法享有所有者权益，也可转让其出资，但不得以任何方式抽回出资。

根据《国务院关于调整和完善固定资产投资项目资本金制度的通知》（国发〔2015〕51号）的规定，目前保障性住房和普通商品住房项目的最低资本金比例为20%，其他房地产开发项目的最低资本金比例为25%。

房地产开发项目实行资本金制度的目的是防止房地产开发企业因开发资金不足而可能对项目投资人、贷款人、购房人等的合法利益造成损害。

作为计算资本金基数的总投资，是指投资项目的固定资产投资与铺底流动资金之和，具体核定时以经批准的动态概算为依据。

投资项目资本金可以用货币出资，也可以用实物、工业产权、非专利技术、土地使用权作价出资，但必须经过有资格的资产评估机构依照法律、法规评估其价值，且不得高估或低估。

房地产开发项目资本金实行专款专用，只能用于本项目建设，由建设部门主管。房地产开发企业不得以任何方式挪作他用，更不得擅自抽用、调出。房地产开发项目依法转让的，转让方在受让方按照上述规定存储相应数额项目资本金后，方可调出存储的项目资本金。

房地产开发企业自行选择项目资本金专户存储银行，并报房地产开发主管部门备案。房地产开发企业取得国有土地使用权出让书、建设用地规划许可证和建设工程规划许可证后，在向建设部门申请建筑工程施工许可证时，需要提供的证明材料应当包括银行出具的项目资本金证明，否则建设部门不予颁发建筑工程施工许可证。对于分期实施的房地产开发项目，其项目资本金可按项目分期实施情况分期存入。房地产开发项目扩大投资规模时，应及时补充项目资本金。项目资本金的使用需要申请，申请文件应当包括该项目的工程监理单位出具的工程款支付证明和项目建设进度情况的说明，建设主管部门可以根据项目进度分批解冻，并出具房地产开发项目资本金拨付使用通知书，房地产开发企业凭房地产开发项目资本金拨付使用通知书向银行申请解冻相应数额的资金。

按照当地房地产开发项目资本金监督管理规定，在项目建设过程中，最多只能申请使用 95% 项目资本金，剩余的 5% 作为项目建设保证金，在城市规划行政主管部门确认项目已按照规划要求全部建设完成并交付使用后，方可申请提取使用。

设立房地产开发企业的程序如下：

（1）发起人向市建委提出申请设立房地产开发企业报告；

（2）市建委对申请报告无异议的，提出书面意见；

（3）发起人凭市建委书面意见到市（县）工商部门领取企业名称预先核准通知书；

（4）企业到市建委申领《房地产开发企业资质审查意见书》，需具备下列条件：

① 有符合法人登记的名称和组织机构；

② 有固定的办公经营用房；

③ 有与企业资质等级相当的注册资本（一级 5 000 万元、二级 2 000 万元、三级 800 万元、四级 100 万元）；

④ 有 4 名以上持有资格证书的房地产、建筑工程专业的专职专业人员，2 名以上持有资格证书的专职会计人员；

⑤ 有专业统计人员；

⑥ 开发企业资质申报表。

以上资料均一式四份。

（5）企业持《房地产开发企业资质审查意见书》到市（县）工商部门申请设立登记，领取企业法人营业执照。

（6）企业在领取企业法人营业执照后 30 日内再到市建委申请资质证书，并提供下列资料：

① 营业执照复印件；

② 企业章程、部门规章制度；

③ 验资证明；

④ 企业办公经营场所证明；

⑤ 企业法定代表人的身份证明；

⑥ 企业专业技术人员资格证书和聘用合同；

⑦ 开发企业资质申报表。

2.1.5 新设立房地产开发企业的备案程序

新设立的房地产开发企业应当自领取营业执照之日起 30 日内,持下列文件到登记机关所在地的房地产开发主管部门备案:

(1) 营业执照复印件;
(2) 企业章程;
(3) 企业法定代表人的身份证明;
(4) 专业技术人员的资格证书和聘用合同;
(5) 房地产开发主管部门认为需要出示的其他文件。

房地产开发主管部门应当在收到备案申请后 30 日内向符合条件的企业核发《暂定资质证书》。《暂定资质证书》有效期为 1 年。房地产开发主管部门可以视企业经营情况延长《暂定资质证书》有效期,但延长期限不得超过 2 年。

自领取《暂定资质证书》之日起 1 年内无开发项目的,《暂定资质证书》有效期不得延长。

房地产开发企业应当在《暂定资质证书》有效期满前 1 个月内向房地产开发主管部门申请核定资质等级。房地产开发主管部门应当根据其开发经营业绩核定相应的资质等级。

2.2 企业设立阶段的税务处理

2.2.1 房地产开发企业设立阶段涉税问题

房地产开发企业项目规划的第一项应是确定以何种组织形式介入该项目,房地产开发企业应根据市场现状、宏观经济环境、企业财务现状等综合因素选择有利的模式。房地产开发企业投资主体、权益比例、投资资产类别以及注册所在地都会影响税务成本。

(一) 不同出资方式的税务处理

《公司法》第二十七条规定,股东可以用货币出资,也可以用实物、知识产权、土地使用权等可以用货币估价并可以依法转让的非货币财产作价出资;但是,法律、行政法规规定不得作为出资的财产除外。

对作为出资的非货币财产应当评估作价,核实财产,不得高估或者低估作价。法律、行政法规对评估作价有规定的,从其规定。股东出资入股的形式包括：

(1) 以货币出资；

(2) 以货物出资；

(3) 以除土地使用权以外的无形资产出资；

(4) 以土地使用权和不动产出资；

(5) 以发行权益性证券出资；

(6) 以投资权出资；

(7) 以债权出资。

房地产开发企业的具体出资方式与对应的涉税情况见表 2—1。

表 2—1　　　　　　　　　　不同出资方式涉税分析

出资方式	出资方所涉税种	接受出资方所涉税种
货币	印花税	印花税
固定资产	企业所得税①、增值税②、印花税、城市维护建设税	印花税
房地产	企业所得税①、土地增值税③、增值税、印花税	印花税、契税
存货	企业所得税①、城市维护建设税、增值税④、消费税⑤、印花税	印花税
知识产权	企业所得税、增值税、印花税、城市维护建设税	印花税
股权	企业所得税、印花税	印花税
债权	企业所得税⑥、印花税	印花税、契税
债转股	企业所得税⑦、印花税	印花税、契税

①房地产评估值大于或小于出资方财务账上登记的金额，就会产生损益，影响出资方的企业所得税事项。

②《财政部　国家税务总局关于全国实施增值税转型改革若干问题的通知》（财税〔2008〕170 号）规定：自 2009 年 1 月 1 日起，纳税人销售自己使用过的固定资产（以下简称"已使用过的固定资产"），应区分不同情形征收增值税。

a. 销售自己使用过的 2009 年 1 月 1 日以后购进或者自制的固定资产，按照适用税率征收增值税。

b. 2008 年 12 月 31 日以前未纳入扩大增值税抵扣范围试点的纳税人，销售自己使用过的 2008 年 12 月 31 日以前购进或者自制的固定资产，按照 4% 征收率减按 2% 征收增值税。

c. 2008 年 12 月 31 日以前已纳入扩大增值税抵扣范围试点的纳税人，销售自己使用过的在本地区扩大增值税抵扣范围试点以前购进或者自制的固定资产，按照4%征收率减按2%征收增值税;销售自己使用过的在本地区扩大增值税抵扣范围试点以后购进或者自制的固定资产,按照适用税率征收增值税。

根据《中华人民共和国城市维护建设税暂行条例》(以下简称《城市维护建设税暂行条例》)和《征收教育费附加的暂行规定》的规定,若缴纳增值税,还需要缴纳城市维护建设税和教育费附加。

③《财政部 税务总局关于继续实施企业改制重组有关土地增值税政策的通知》(财税〔2018〕57号)规定:按照法律规定或者合同约定,两个或两个以上企业合并为一个企业,且原企业投资主体存续的,对原企业将房地产转移、变更到合并后的企业,暂不征土地增值税;按照法律规定或者合同约定,企业分设为两个或两个以上与原企业投资主体相同的企业,对原企业将房地产转移、变更到分立后的企业,暂不征土地增值税;单位、个人在改制重组时以房地产作价入股进行投资,对其将房地产转移、变更到被投资的企业,暂不征土地增值税;上述改制重组有关土地增值税政策不适用于房地产转移任意一方为房地产开发企业的情形。

④出资方以存货出资时,视同出资方对外销售存货而征收增值税。对出资方而言,应当将接受出资的公司视为存货的购买方,在价款以外向接受出资方收取增值税。对接受出资方而言,可凭出资方开具的增值税专用发票,进行进项抵扣。另外应注意的是,出资方的出资额应当等于其交付存货资产的净额与增值税税额之和。

⑤若出资方的存货为其自己生产的应税消费品,出资方应缴纳消费税。若缴纳消费税,则应附加缴纳城市维护建设税(消费税税额的1%~7%)和教育费附加(消费税税额的3%)。

⑥在出资方以自己对第三方的债权对外出资的情况下,由于债权资产表现为一种请求权,不仅存在不能受偿的风险,而且可能发生主张权利的费用。因此,债权资产的评估作价一般会低于其本身的价值额。大部分情况下出资方以债权出资不仅不会产生企业所得税的纳税义务,反而会因为损失产生递延所得税资产。

⑦债转股是以自己对目标公司的债权向目标公司出资。若债权为货币,则属于货币出资,无须评估;若债权为非货币资产,则应评估。

出于经营目的的考虑,当前的房地产行业组织架构呈现多样化的特点。以母子公司为例,母公司计划开发购买的土地,不一定要以自己的名义,可直接以土地使用权作为投资设立子公司。房地产开发企业,特别是大型集团化企业普遍采用这种方式，且存在跨地区经营的房地产开发企业，经营地主管税务机关出于保留税源的考虑，也会鼓励企业在当地设立独立经营的子公司。

【例2-2】星辰房地产公司在某市取得宗地15万平方米，土地成本5亿元（含相关配套资金）。星辰公司以作价1 600万元的房产在某市设立子公司A，然后以土地使用权增资。子公司A直接利用该项目用地开发建设并销售。分析这一行为涉及哪些税收问题。

【解析】

与货币资金直接投资不同，星辰公司以土地使用权、房产作价投资方案涉及税种及相应政策如下。

（1）增值税。企业以自有的土地使用权、不动产投资入股其他企业，并同时取得其他经济利益，属于有偿转让土地使用权、不动产，应正常缴纳增值税。

（2）土地增值税。《财政部 税务总局关于继续实施企业改制重组有关土地增值税政策的通知》（财税〔2018〕57号）规定，单位、个人在改制重组时以房地产作价入股进行投资，对其将房地产转移、变更到被投资的企业，暂不征土地增值税。大家对文中"改制重组"这一限定词争议较大，且该改制重组有关土地增值税政策不适用于房地产开发企业。不过，在时间跨度较短的情况下，土地转让价值与土地账面价值近似相等，几乎没有增值额，即便征收土地增值税，也不存在缴纳或多缴纳土地增值税的问题。

（3）契税。财税〔2021〕17号文件第六条规定，自2021年1月1日起至2023年12月31日，同一投资主体内部所属企业之间土地、房屋权属的划转，包括母公司与其全资子公司之间，同一公司所属全资子公司之间，同一自然人与其设立的个人独资企业、一人有限公司之间土地、房屋权属的划转，免征契税。母公司以土地、房屋权属向其全资子公司增资，视同划转，免征契税。

（4）印花税。星辰公司、子公司A应当以双方合同约定的转让价款为计税依据，按照0.3‰的税率计算缴纳印花税。子公司A应当按其资本金账簿新增资本金按规定贴花。

（5）企业所得税。投资转让没有增值，无须缴纳企业所得税。如果增值转让，根据《财政部 国家税务总局关于企业重组业务企业所得税处理若干问题的通知》（财税〔2009〕59号）的规定，资产收购重组交易应按以下规定处理：被收购方应确认资产转让所得或损失；收购方取得资产的计税基础应以公允价值为基础确定；被收购企业的相关所得税事项原则上保持不变。

公司以土地使用权作为投资，应当确认资产转让所得，计算缴纳企业所得税。即投资交易发生时分解为按公允价值销售土地使用权和投资两项经济业务进行所得税处理,计算确认资产转让所得或损失。如果该投资环节符合财税〔2009〕59号文件关于资产收购特殊性税务处理的规定,即"资产收购,受让企业收购的资产不低于转让企业全部资产的50%,且受让企业在该资产收购发生时的股权支付金额不低于其交易支付总额的85%",可以选择特殊性税务处理:转让企业取得受让企业股权的计税基础,以被转让资产的原有计税基础确定;受让企业取得转让企业资产的计税基础,以被转让资产的原有计税基础确定。

在这种情形下,星辰公司不用计算投资环节的资产转让所得或损失,但是子公司A在计算企业所得税时只能按星辰公司的土地使用权账面价值确定。星辰公司以土地使用权增资子公司A,还可以适用《财政部 国家税务总局关于非货币性资产投资企业所得税政策问题的通知》(财税〔2014〕116号)、《国家税务总局关于非货币性资产投资企业所得税有关征管问题的公告》(国家税务总局公告2015年第33号)规定:实行查账征收的居民企业以非货币性资产对外投资确认的非货币性资产转让所得,可自确认非货币性资产转让收入年度起不超过连续5个纳税年度的期间内,分期均匀计入相应年度的应纳税所得额,按规定计算缴纳企业所得税。被投资企业取得非货币性资产的计税基础,可按非货币性资产的公允价值确定。

符合财税〔2014〕116号文件规定的企业非货币性资产投资行为,同时又符合财税〔2009〕59号、《财政部 国家税务总局关于促进企业重组有关企业所得税处理问题的通知》(财税〔2014〕109号)等文件规定的特殊性税务处理条件的,可由企业选择其中一项政策执行,且一经选择,不得改变。企业选择非货币性资产转让所得递延确认的,每年企业所得税汇算清缴时,填报《中华人民共和国企业所得税年度纳税申报表》(A类,2020年版)中"A105100企业重组及递延纳税事项调整明细表"第12行"以非货币性资产对外投资"的相关栏目,并向主管税务机关报送《非货币性资产投资递延纳税调整明细表》。

(二)企业所得税后利润分配纳税依据

(1)根据《企业所得税法》及其实施条例的规定,居民企业应当就其来源于中国境内、境外的所得缴纳企业所得税。企业所得税税率为25%。居民企业直接投资于其他居民企业取得的股息、红利等权益性投资收益为免税收入,但不包括连续持有居民企业公开发行并上市流通的股票不足12个月取得的投资收益。

非居民企业在中国境内未设立机构、场所的，或者虽设立机构、场所但取得的所得与其所设机构、场所没有实际联系的，应当就其来源于中国境内的所得缴纳企业所得税。适用税率为20%，但可以减按10%的税率征收企业所得税。

非居民企业取得股息、红利等权益性投资收益和利息、租金、特许权使用费所得，以收入全额为应纳税所得额。非居民企业应缴纳的所得税，实行源泉扣缴，以支付人为扣缴义务人。税款由扣缴义务人在每次支付或者到期应支付时，从支付或者到期应支付的款项中扣缴。

（2）根据《财政部 国家税务总局关于企业所得税若干优惠政策的通知》（财税〔2008〕1号）关于外国投资者从外商投资企业取得利润的优惠政策的规定，2008年1月1日之前外商投资企业形成的累积未分配利润，在2008年以后分配给外国投资者的，免征企业所得税；2008年及以后年度外商投资企业新增利润分配给外国投资者的，依法缴纳企业所得税。

（三）内外资企业、股东的税务处理差异

1. 内外资企业利润分配的税收差异

房地产开发企业向境内企业股东和境外企业股东分配相同利润，不同股东的实际收益会有差别。根据《企业所得税法》的规定，非居民企业取得股息、红利等权益性投资收益以收入全额为应纳税所得额缴纳企业所得税，适用税率为20%，可减按10%计算。另外，根据《国家税务总局关于下发协定股息税率情况一览表的通知》（国税函〔2008〕112号）和《国家税务总局国际税务司关于补充及更正协定股息税率情况一览表的通知》（际便函〔2008〕35号）的规定，自2008年1月1日起，非居民企业从我国居民企业获得的股息将按照10%的税率征收预提所得税，但是，我国政府同外国政府订立的关于对所得避免双重征税和防止偷漏税的协定以及内地与香港、澳门间的税收安排（以下统称"协定"），与国内税法有不同规定的，依照协定的规定办理。而居民企业直接投资于其他居民企业取得的股息、红利等权益性投资收益为免税收入。

根据国税发〔2009〕82号文件的规定，境外中资企业同时符合以下条件的，根据《企业所得税法》第二条第二款和《企业所得税法实施条例》第四条的规定，应判定其为实际管理机构在中国境内的居民企业（以下简称"非境内注册居民企业"），并实施相应的税收管理，就其来源于中国境内、境外的所得征收企业所得税。

（1）企业负责实施日常生产经营管理运作的高层管理人员及其高层管理部门履行职责的场所主要位于中国境内。

（2）企业的财务决策（如借款、放款、融资、财务风险管理等）和人事决策（如任命、解聘和薪酬等）由位于中国境内的机构或人员决定，或需要得到位于中国境内的机构或人员批准。

（3）企业的主要财产、会计账簿、公司印章、董事会和股东会议纪要档案等位于或存放于中国境内。

（4）企业1/2（含1/2）以上有投票权的董事或高层管理人员经常居住于中国境内。

境外中资企业可向其实际管理机构所在地或中国主要投资者所在地主管税务机关提出居民企业申请，主管税务机关对其居民企业身份进行初步审核后，呈报国家税务总局确认；境外中资企业未提出居民企业申请的，其中国主要投资者的主管税务机关可以根据所掌握的情况对其是否属于中国居民企业做出初步判定，呈报国家税务总局确认。

【例2-3】深圳市有两家规模相当的房地产开发企业甲公司和乙公司，甲公司注册资金5 000万元，由境外股东B投资设立，乙公司注册资金5 000万元，由境内居民企业股东C投资设立。甲、乙两公司2019年累计收入总额均为10 000万元，增值税适用简易计税方法，不含税毛利率20%，城市维护建设税的税率为7%、教育费附加的征收率为3%、地方教育附加的征收率为2%。2020年3月，甲、乙两公司对净利润进行了分配。要求：试分析甲、乙两公司及其投资股东的税负差异和净收益差异。

【解析】

（1）税金及附加：甲、乙两公司税金及附加均为10 000÷(1+5%)×5%×(7%+3%+2%)=57.14（万元），无纳税差异。

（2）企业所得税：甲、乙两公司企业所得税均为[10 000÷(1+5%)×20%-57.14]×25%=461.91（万元）。

（3）净利润：甲、乙两公司净利润均为10 000÷(1+5%)×20%-57.14-461.91=1 385.71（万元）。

不考虑其他因素，甲、乙两公司进行全额利润分配，由于甲公司属于外商投资企业，境外股东B来源于境内分红应纳企业所得税为138.57万元（1 385.71×10%）。

乙公司股东C属于境内居民企业，应纳企业所得税为0。甲、乙两公司股东纳税差异为138.57万元。甲公司股东B净收益为1 247.14万元（1 385.71 - 138.57），乙公司股东C净收益为1 385.71万元，乙公司股东C净收益要远高于甲公司股东B。

2. 内外方股东以分配利润直接投资所得税待遇的差别

根据《财政部 税务总局 国家发展改革委 商务部关于扩大境外投资者以分配利润直接投资暂不征收预提所得税政策适用范围的通知》（财税〔2018〕102号）规定，自2018年1月1日起，对境外投资者从中国境内居民企业分配的利润，用于境内直接投资暂不征收预提所得税政策的适用范围，由外商投资鼓励类项目扩大至所有非禁止外商投资的项目和领域。境外投资者暂不征收预提所得税须同时满足以下条件。

（1）境外投资者以分得利润进行的直接投资，包括境外投资者以分得利润进行的增资、新建、股权收购等权益性投资行为，但不包括新增、转增、收购上市公司股份（符合条件的战略投资除外）。具体是指：

①新增或转增中国境内居民企业实收资本或者资本公积；

②在中国境内投资新建居民企业；

③从非关联方收购中国境内居民企业股权；

④财政部、税务总局规定的其他方式。

境外投资者采取上述投资行为所投资的企业统称为被投资企业。

（2）境外投资者分得的利润属于中国境内居民企业向投资者实际分配已经实现的留存收益而形成的股息、红利等权益性投资收益。

（3）境外投资者用于直接投资的利润以现金形式支付的，相关款项从利润分配企业的账户直接转入被投资企业或股权转让方账户，在直接投资前不得在境内外其他账户周转；境外投资者用于直接投资的利润以实物、有价证券等非现金形式支付的，相关资产所有权直接从利润分配企业转入被投资企业或股权转让方，在直接投资前不得由其他企业、个人代为持有或临时持有。

股东分得的利润若再投资于境内企业，暂不征收预提所得税政策只适用于境外股东，不适用于境内股东。

（四）分支机构设立的税务处理

随着房地产开发企业规模的扩大，开发项目的增加，企业需要成立分支机构。子公司与分公司是现代公司制企业经营组织的重要形式。根据《公司法》的规定，企业可以设立分公司，也可以设立子公司。分公司与子公司的会计核算方法存在根本的不同。

1. 分公司

分公司是相对于总公司而言的，没有独立法人资格，一般不具有独立核算条件，企业所得税由总公司汇总缴纳。对于房地产开发企业来讲，负责具体项目开发的分公司，通常被称为项目经理部，简称项目部。

分公司是总公司下属的直接从事业务经营活动的分支机构或附属机构。虽然分公司名称中有"公司"字样，但它不是真正意义上的公司，因为分公司不具有企业法人资格，不具有独立的法律地位，不独立承担民事责任。在税务上，分公司发生的利润与亏损要与总公司合并计算。

总公司会担心，分公司如果有风险及相关法律责任，可能会牵连总公司，分公司的开发业务涉及的纳税风险乃至经营风险会牵连总公司。但随着我国公司法的不断完善以及房地产开发企业抵抗风险能力的不断提升，越来越多的大型房地产开发企业选择分公司的开发模式。

2. 子公司

子公司是与母公司相对应的法律概念。对于房地产开发企业来讲，负责具体项目开发的子公司，通常被称为项目公司。子公司具有法人资格，可以独立承担民事责任，这是子公司与分公司的重要区别。母公司、子公司各为独立的法人，并且子公司受母公司的实际控制。根据股东会多数表决原则，拥有股份越多，对公司事务的决定权越大。母公司控制子公司通常基于股权的占有或控制协议。母公司对子公司的一切重大事项拥有实际上的决定权，其中尤为重要的是能够决定子公司董事会的组成。除股份控制方式之外，订立某些特殊契约或协议而使某一公司处于另一公司的支配之下，也可以形成母公司、子公司的关系。

虽然子公司处于受母公司实际控制的地位，许多方面都要受母公司的管理，有的子公司甚至类似于母公司的分支机构，但法律上，子公司仍是具有法人地位的独立的公司制企业，它有自己的公司名称和公司章程，并以自己的名义开展经营活动，其财产与母公司的财产彼此独立，有自己的资产负债表。在财产责任上，子公司和母公司也各以自己的财产为限承担各自的财产责任，互不连带。

目前大多数房地产开发企业在开发项目时选择成立项目公司，一旦项目销售完毕，项目公司就立即进行清算注销。

子公司与分公司的区别如下所示。

（1）法律地位。

子公司：有独立法人资格，以独立的财产、独立的名义从事经营活动，独立承担责任。

分公司：无独立法人资格，与总公司在法律上为一体。

（2）股权结构。

子公司：在控股子公司的形式下，可以采用员工持股方式，能够吸收其他社会资金。

分公司：与总公司相同，原结构不会发生改变，无员工持股激励之效。

（3）管控方式。

子公司：通过子公司股东大会管理；通过子公司董事会管理；通过母公司董事会管理；业绩指导与考核；向子公司派遣高层管理人员。适合经营领域跨度较大的业务。

分公司：授权控制；预算管理；会计核算；审计监督。适合经营同类业务或者强相关业务。

（4）财务管理。

子公司：独立财务核算机构；编制资产负债表、利润表、现金流量表，成本相对较高。

分公司：无对外的独立财务核算机构；可以在内部编制各类财务报表，但对外由总公司统一核算，成本相对较低。

（5）税收成本。

子公司：是一个独立税务核算单位，负担完全的居民企业税负。税收成本较高，但可享受递延纳税的税收优惠。

分公司：以总公司为单位，进行税务申报核算，不涉及资产所有权的变动，故分公司税收成本较低。

3. 分支机构设立的税务分析

在市场竞争日趋激烈的形势下，一切合法的有利于提高企业经济效益的措施均是公司考虑的重点，选择有利于税收利益实现的组织形式，正是达到这一目标的重要途径之一。子公司和分公司的税收利益存在较大差异，公司在选择组织形式时应仔细比较、统筹考虑、正确筹划。

税法规定，公司的下属分支机构缴纳企业所得税有两种形式：一是独立申报纳税，二是合并到总公司汇总纳税。采用哪种形式纳税取决于公司下属分支机构的性质——是否为企业所得税独立的纳税义务人。

需要注意的是，分公司不是独立法人，它实现的盈亏要同总公司合并计算纳税，而子公司是独立法人，母、子公司应分别纳税，而且子公司只有在税后才能按股东占有的股份进行利润分配。跨地区的开发项目的税收管辖权，除企业所得税外均在当地。

具体到组织形式的选择，应重点考虑以下因素。

（1）一般情况下，分支机构设立初期，因为只有支出没有收入，所以容易发生经营损失。如果此时设立的是分公司，能够与总公司合并核算，由总公司汇总缴纳企业所得税，可以合理减轻总公司企业所得税负担。经过两三年的经营，分公司开始转亏为盈时，再把分公司变更注册为子公司，这样可以降低分支机构对总机构的影响。

（2）如果预知分支机构在设立后能够很快取得收入并实现盈利，那么设立子公司较为合适。一是子公司作为独立法人经营，较为便利，在子公司盈利的情况下，可享受当地政府提供的各种税收优惠和财政返还；二是母公司收到子公司的利润分配可享受所得税免税待遇。

（3）总公司享有税收优惠的，设立分公司也可以享受总公司的税收优惠；分支机构所在区域享有税收优惠的，可考虑设立子公司享受税收优惠。除了在开办初期要对分支机构的组织形式精心选择外，在企业的经营、运作过程中，随着整个集团或下属企业的业务发展，盈亏情况的变化，总公司仍有必要通过资产的转移、兼并等方式，对下属分支机构进行调整，以获得更多的税收利益。

总的来说，分公司与子公司的选择并没有固定的、一成不变的模式，企业应当根据自身的发展状况灵活变化。当企业设立分支机构时，由于设立初期分支机构面临高昂的成本支出，所以亏损的概率较大，采用分公司的形式较为合适，分公司可以享受和总公司收益盈亏互抵的好处。经过两三年的经营，分公司开始转亏为盈时，再将分公司变更注册为子公司，则可以降低分支机构对总机构的影响。在增值税处理层面，总公司和分公司可以为两个不同的纳税主体，各自确定计税方法和应纳税额。

4. 严禁强制或变相要求外地建筑企业在本地设立分公司或子公司

《财政部 国家税务总局 住房和城乡建设部关于进一步做好建筑行业营改增试点工作的意见》（税总发〔2017〕99号）明确：大力营造有序竞争的市场环境。坚决打破区域市场准入壁垒，任何地区和单位不得违法限制或排斥本地区以外的建筑企业参加工程项目投标，严禁强制或变相要求外地建筑企业在本地设立分公司或子公司，为建筑企业营造更加开放、公平的市场环境。

（五）公司注册地与项目所在地的税务处理

《财政部 国家税务总局 国家发展改革委关于延续西部大开发企业所得税政策的公告》规定：自 2021 年 1 月 1 日至 2030 年 12 月 31 日，对设在西部地区的鼓励类产业企业减按 15% 的税率征收企业所得税。本条所称鼓励类产业企业是指以《西部地区鼓励类产业目录》中规定的产业项目为主营业务，且其主营业务收入占企业收入总额 60% 以上的企业。

关于房地产开发企业能否享受西部大开发税收优惠政策的问题，现行政策对房地产开发企业享受西部大开发税收优惠政策没有限制性的规定。设立在西部的房地产开发企业以《西部地区鼓励类产业目录》规定的保障性住房建设与管理、生态小区建设等产业项目为主营业务，且符合相关条件的，可以享受西部大开发税收优惠政策。因此，西部地区房地产开发企业若符合条件，应大胆创新，力争获益设立房地产开发企业，无论是设立单一的开发企业还是设立独立核算的项目子公司，项目注册地都是必须考虑的问题。根据《国家税务总局关于全面推开营业税改征增值税试点后增值税纳税申报有关事项的公告》（国家税务总局公告 2016 年第 13 号）和《国家税务总局关于增值税、消费税与附加税费申报表整合有关事项的公告》的规定，纳税人跨县（市）提供建筑服务、房地产开发企业预售自行开发的房地产项目、纳税人出租与机构所在地不在同一县（市）的不动产，按规定需要在项目所在地或不动产所在地主管税务机关预缴税款的，需填写增值税及附加税费预缴表。

《营业税改征增值税试点有关事项的规定》（财税〔2016〕36 号附件 2）第一条第十款第二项规定："房地产开发企业中的一般纳税人销售房地产老项目，以及一般纳税人出租其 2016 年 4 月 30 日前取得的不动产，适用一般计税方法计税的，应以取得的全部价款和价外费用，按照 3% 的预征率在不动产所在地预缴税款后，向机构所在地主管税务机关进行纳税申报。"因此，房地产开发企业中的一般纳税人销售房地产老项目应在不动产所在地预缴税款后，向机构所在地主管税务机关进行纳税申报。在国家税务总局进一步明确前，本着不动产所在地财政利益保持不变的原则，对房地产开发企业适用一般计税方法的新项目，以及适用简易计税方法的老项目跨县（市、区）经营，各地均采取在不动产所在地预缴税款后，向机构所在地主管税务机关进行纳税申报的办法。为避免预缴税款所在地与机构所在地不一致，项目所在地税务机关主观上都会要求开发商拿地后要在当地注册项目公司。

《中华人民共和国土地增值税暂行条例》（以下简称《土地增值税暂行条

例》）规定，纳税人应当自转让房地产合同签订之日起七日内向房地产所在地主管税务机关办理纳税申报，并在税务机关核定的期限内缴纳土地增值税。《中华人民共和国城镇土地使用税暂行条例》（以下简称《城镇土地使用税暂行条例》）规定，城镇土地使用税由土地所在地的税务机关征收。《中华人民共和国房产税暂行条例》规定，房产税由房产所在地的税务机关征收。正是因为房地产开发企业经营过程中发生的不同税种在纳税管理上存在属人和属地原则应用的差别，其经营过程又过度依赖于土地，且经常随着开发地块的变化不断变换经营地点，而每一开发项目所在地的税务机关对其均有增值税、土地增值税等主要税种的管辖权，所以，房地产开发企业的地址一般是在项目所在地，以保证企业注册地与项目所在地一致。已经设立的房地产开发企业外出经营如果不想接受项目所在地税务机关的企业所得税管理，通常会通过增设项目部或二级分支机构来进行开发以转移企业所得税管辖权。

（六）兼营建筑安装业务的房地产开发企业跨地区经营政策应用

对于兼营建筑安装业务的房地产开发企业，建筑施工与房地产开发紧密联结在一起，密不可分，所以跨地区施工也是其显著特点。对于跨地区经营，应当按照"统一计算、分级管理、就地预缴、汇总清算、财政调库"的办法计算缴纳企业所得税。《国家税务总局关于跨地区经营建筑企业所得税征收管理问题的通知》（国税函〔2010〕156号）对此有明确规定，具体如下。

（1）建筑企业总机构直接管理的跨地区设立的项目部，应按项目实际经营收入的0.2%按月或按季由总机构向项目所在地预分企业所得税，并由项目部向所在地主管税务机关预缴。

第一，需要强调的是，上述的"跨地区设立的项目部"，仅指建筑企业跨省、自治区、直辖市和计划单列市设立的不具有二级分支机构条件的项目部，以及不属于二级或二级以下分支机构直接管理的项目经理部（包括与项目经理部性质相同的工程指挥部、合同段等）。

第二，建筑企业跨地区施工不构成分支机构的，尽管由总机构统一汇算清缴，但一样要在项目所在地预缴企业所得税，缴纳方式可以按照项目实际经营收入的0.2%按月或按季由总机构向项目所在地预分企业所得税，并由项目部向所在地主管税务机关预缴。项目所在地主管税务机关为便于征管，一般会要求按照项目实际经营收入的一定比例预缴企业所得税，这一部分税款必然减少总机构所在地实际预缴的税款。

【例2-4】 A省天山建筑公司2×19年1～5月累计收入总额1 000万元，

其中，B 省项目部收入累计 700 万元，2×19 年 1~5 月累计利润总额为 100 万元。则该公司应如何预缴企业所得税？

【解析】

该公司在 B 省项目部所在地需要预缴企业所得税 1.4 万元（700×0.2%），在 A 省总机构所在地预缴企业所得税 23.6 万元（100×25%－1.4）。

（2）建筑企业总机构在年度内汇总计算预缴企业所得税的计算方式。总机构只设跨地区项目部的，扣除已由项目部预缴的企业所得税后，按照其余额就地缴纳，此种情况如【例 2-4】所示。按照 0.2% 的比率在项目所在地预缴税款对建筑施工企业来说影响甚微。项目所在地税务机关仍然有要求企业在当地设立分支机构或者设立全资子公司以扩大税源的可能。

总机构只设二级分支机构的，要注意二级分支机构包括二级或二级以下分支机构直接管理的项目经理部（包括与项目经理部性质相同的工程指挥部、合同段等）。例如，A 省天山建筑公司在 C 省设立分公司 D，分公司 D 在该省 E 市设立项目部 F，则 F 经营业务收入应当先汇总至二级分支机构分公司 D 的收入中，再按照《跨地区经营汇总纳税企业所得税征收管理办法》规定计算缴纳税款。

总机构既有直接管理的跨地区项目部，又有跨地区二级分支机构的，先扣除已由项目部预缴的企业所得税后，再按照《跨地区经营汇总纳税企业所得税征收管理办法》规定的办法计算总、分支机构应缴纳的税款。

（七）跨地区经营总、分支机构的两种情形及政策区别

由于企业所得税法实行法人所得税制，房地产开发企业在项目所在地设立的从事经营活动的非法人二级分支机构不能作为独立的企业所得税纳税人。但考虑到跨地经营涉及财政利益分配的特殊情况，税法制定了在经营地预缴税款、总机构汇算清缴的特殊规定，具体可分两种情形来处理。

1. 跨省经营

属于跨省经营的，根据《跨地区经营汇总纳税企业所得税征收管理办法》（国家税务总局公告 2012 年第 57 号）的规定，按照"统一计算、分级管理、就地预缴、汇总清算、财政调库"的办法计算缴纳企业所得税，分支机构应在项目所在地按月或按季预缴企业所得税。

该办法规定的例外情形包括：①不具有主体生产经营职能，且在当地不缴纳增值税的产品售后服务、内部研发、仓储等汇总纳税企业内部辅助性的二级

分支机构，不就地分摊缴纳企业所得税。②上年度认定为小型微利企业的，其二级分支机构不就地分摊缴纳企业所得税。③新设立的二级分支机构，设立当年不就地分摊缴纳企业所得税。④当年撤销的二级分支机构，自办理注销税务登记之日所属企业所得税预缴期间起，不就地分摊缴纳企业所得税。⑤汇总纳税企业在中国境外设立的不具有法人资格的二级分支机构，不就地分摊缴纳企业所得税。

2. 同一省跨市经营

属于在同一省内经营的，《跨地区经营汇总纳税企业所得税征收管理办法》第三十二条规定：居民企业在中国境内没有跨地区设立不具有法人资格分支机构，仅在同一省、自治区、直辖市和计划单列市（以下称同一地区）内设立不具有法人资格分支机构的，其企业所得税征收管理办法，由各省、自治区、直辖市和计划单列市税务局参照本办法联合制定。居民企业在中国境内既跨地区设立不具有法人资格分支机构，又在同一地区内设立不具有法人资格分支机构的，其企业所得税征收管理实行本办法。

2.2.2 房地产开发企业设立阶段的纳税计算

房地产开发企业在设立阶段，取得营业执照等权利许可证照后，还需要按照会计制度的规定建立会计账簿，根据《中华人民共和国印花税法》及其相关规定，应当缴纳印花税。房地产开发企业在接受出资者土地使用权或者房产等不动产出资时，还会涉及契税。

（一）印花税

2021年6月10日，第十三届全国人民代表大会常务委员会第二十九次会议通过《中华人民共和国印花税法》，自2022年7月1日起施行。

1. 营业账簿

营业账簿指房地产开发企业记载开发经营活动的财务会计核算账簿。营业账簿按其反映内容的不同，可分为记载资金的账簿和其他账簿。记载资金的账簿是指反映生产经营单位资本金数额增减变化的账簿。记载资金的账册应按"营业账簿"税目中"记载资金的账册"，按照实收资本和资本公积合计金额的0.25‰在账簿启用时贴花。计算公式如下：

记载资金的账簿应纳印花税 =（实收资本 + 资本公积）× 0.25‰

【例2-5】2×22年8月，甲、乙、丙三家公司共同出资设立星辰房地产公司，公司注册资本为20 000 000元，该公司设置总账一本，其他营业账簿

10本。

【解析】

记载资金的账簿应纳印花税＝20 000 000×0.25‰＝5 000（元）。

2. 土地使用权合同

房地产开发企业在设立阶段，如果接受出资人的土地使用权出资，还应按照《财政部 国家税务总局关于印花税若干政策的通知》（财税〔2006〕162号）的规定，对土地使用权出让合同、土地使用权转让合同按产权转移书据征收印花税，按合同记载金额的0.05%贴花。

在缴纳印花税时，借记"税金及附加"科目，贷记"库存现金"或"银行存款"科目。

（二）契税

1. 契税概述

契税是土地、房屋权属转移时向其承受者征收的一种税收，在中国境内取得土地、房屋权属的企业和个人，应当依法缴纳契税。

在房地产开发企业设立阶段，如果接受出资人的土地使用权等不动产出资，根据《中华人民共和国契税法》的规定，接受出资的房地产开发企业应当按照国有土地使用权出让、土地使用权出售、房屋买卖成交价格的3%~5%适用税率缴纳契税，契税的适用税率，由省、自治区、直辖市人民政府在上述规定的幅度内按照本地区的实际情况确定，并报税务机关备案。

2. 契税的税务处理实务

土地使用权转让一般要缴纳契税。准备以子公司名义开发的土地若不是以子公司名义取得，而是从母公司转移到子公司，一般有两种途径：一是母公司以土地使用权作价投资设立子公司，此种情况下要按规定缴纳增值税、城市维护建设税、教育费附加、地方教育附加、土地增值税、印花税和契税；二是先以货币资金成立子公司，而后以土地使用权增资扩股的方式转移至子公司，一样应缴纳各种税收，但根据《财政部 税务总局关于继续支持企业 事业单位改制重组有关契税政策的通知》（财税〔2018〕17号）"母公司以土地、房屋权属向其全资子公司增资，视同划转，免征契税"的规定，先成立公司后以土地使用权增资扩股方式转移土地使用权至子公司可少征一道契税。

【例2-6】甲、乙、丙三家公司共同出资设立星辰房地产公司，公司注册资本为10 000 000元，甲、乙、丙持股比例分别为50%、30%和20%。甲以位于雨花区长江街12号的土地使用权出资，土地使用权的评估价值为5 000 000元，乙、丙以货币资金出资。乙、丙一次性缴足投资款项的同时，甲办理财产转移手续，星辰房地产公司按时缴纳契税，当地契税的税率为4%。

【解析】

应纳契税＝5 000 000×4%＝200 000（元）。

2.2.3　开办费的开支范围

开办费也称组建成本，是指为设立一家企业而发生的费用支出。开办费包括筹办期人员工资薪金及其各种社会保险，董事会费用，企业登记费用（注册费、验资费等），企业公证费用，银行开户费，筹措资本费用，筹建期间发生的办公费、培训费、差旅费、印刷费、通信费、广告费、业务招待费，以及其他与筹建有关的费用，如调查费、诉讼费、庆典费等。

其中，筹措资本费用主要是指筹资支付的手续费，以及不计入固定资产和无形资产购建成本的汇兑损益和利息支出等。

2.3　房地产开发企业筹办期的界定与开办费的税务处理

2.3.1　筹办期的概念

筹办期，是指从企业被批准筹办之日起至开始生产、经营（包括试生产、试营业）之日止的期间。筹办期结束日的认定通常有三个时点：一是取得营业执照之日；二是取得第一笔收入之日；三是房地产开发企业拿到土地的日期，即取得土地使用证的日期。在实务中普遍以取得营业执照之日为筹办期结束日。

2.3.2　开办费的税务处理

《国家税务总局关于企业所得税若干税务事项衔接问题的通知》（国税函〔2009〕98号）第九条"关于开（筹）办费的处理"规定，新税法中开（筹）办费未明确列作长期待摊费用，企业可以在开始经营之日的当年一次性扣除，也可以按照新税法有关规定，自开始生产经营之日起，按照不低于3年的时间均匀摊销。但方法一经选定，不得改变。

《国家税务总局关于贯彻落实企业所得税法若干税收问题的通知》（国税函〔2010〕79号）第七条"企业筹办期间不计算为亏损年度问题"规定，企业自开始生产经营的年度，为开始计算企业损益的年度。企业从事生产经营之前进行筹办活动期间发生筹办费用支出，不得计算为当期的亏损，应按照国税函〔2009〕98 号文件第九条规定执行。

因此，新设立的房地产开发企业，对于开办费的税务处理，应该优先考虑计入当期损益，一次性扣除，并不再做纳税调整。这样，开办费的会计处理与税务处理就协调一致了，以后在开办费方面不存在税会差异，不再进行纳税调整。

2.4 房地产开发企业设立阶段会计处理

2.4.1 实收资本的核算

取得实收资本的核算见表 2-2。

表 2-2　　　　　　　取得实收资本的核算

科目设置	会计处理
股份有限公司应通过"股本"科目核算，除股份有限公司以外，其他各类企业应通过"实收资本"科目核算。企业收到所有者投入企业的资本后，应根据有关原始凭证（如投资清单、银行通知单等），分别不同的出资方式进行会计处理	企业接受投资者投入的资本时，应借记"银行存款""其他应收款""固定资产""无形资产""长期股权投资"等科目，按其在注册资本或股本中所占份额，贷记"实收资本"科目（股份有限公司贷记"股本"科目），按其差额，贷记"资本公积——资本溢价或股本溢价"科目

企业接受投资者投入的资本，借记"银行存款""固定资产""无形资产""长期股权投资"等科目，贷记"实收资本"或"股本"等科目。企业增加注册资本时有新投资者加入，新加入的投资者缴纳的出资额大于其按约定比例计算的其在注册资本中所占的份额部分，应作为资本公积，记入"资本公积——资本溢价或股本溢价"科目。

1. 投资者以货币出资

房地产开发企业增加注册资本的，应在投资者将货币存入准备设立的公司在银行开设的临时账户时，依据银行加盖受理章的现金缴款单，或者银行进账单回单的金额，借记"银行存款"科目；按投入资本在注册资本或股本中所占份额，贷记"实收资本"或"股本"科目，按其差额，贷记"资本公积——资本溢价"或"资本公积——股本溢价"等科目。

【例 2-7】以货币出资的会计核算（有资本公积）

北方房地产公司由甲、乙共同投资设立，原注册资本为 10 000 000 元。

甲、乙出资分别为5 100 000元、4 900 000元。2×20年3月20日，丙公司加入北方房地产公司，投入货币资金3 000 000元，经协商，丙公司持股比例为20%，投资后的注册资本为12 500 000元。

【解析】

根据上述资料，丙公司投入资本时，北方房地产公司应做以下会计处理：

借：银行存款　　　　　　　　　　　　　　　　　　3 000 000
　　贷：实收资本——丙公司　　　　　　　　　　　　2 500 000
　　　　资本公积——资本溢价　　　　　　　　　　　　500 000

【例2-8】以货币出资的会计核算（无资本公积）

甲、乙、丙共同投资设立北方房地产公司，注册资本为2 000 000元，甲、乙、丙持股比例分别为60%、25%和15%。按照公司章程规定，甲、乙、丙投入资本分别为1 200 000元、500 000元和300 000元。北方房地产公司已如期收到各投资者一次缴足的款项。

【解析】

北方房地产公司在进行会计处理时，应编制会计分录如下：

借：银行存款　　　　　　　　　　　　　　　　　　2 000 000
　　贷：实收资本——甲　　　　　　　　　　　　　　1 200 000
　　　　　　　　——乙　　　　　　　　　　　　　　　500 000
　　　　　　　　——丙　　　　　　　　　　　　　　　300 000

2. 投资者以非货币财产出资

以非货币财产增资时，企业应当在股东或者发起人依法办理财产转移手续后，依据财产移交清册，借记"固定资产""无形资产""长期股权投资"等科目，贷记"实收资本"或"股本"等科目。

【例2-9】以固定资产出资的会计核算

北方房地产公司于设立时收到A公司作为资本投入的不需要安装的机器设备一台，合同约定该机器设备的价值为2 000 000元，增值税进项税额为260 000元（假设不允许抵扣）。合同约定的固定资产价值与公允价值相符，不考虑其他因素。

【解析】

北方房地产公司进行会计处理时，应编制会计分录如下：

借：固定资产　　　　　　　　　　　　　　　　　　2 260 000
　　贷：实收资本——A公司　　　　　　　　　　　　2 260 000

本例中，该项固定资产合同约定的价值与公允价值相符，并且北方房地产公司接受的固定资产投资产生的相关增值税进项税额不允许抵扣，因此，固定资产应按合同约定价值与增值税进项税额的合计金额 2 260 000 元入账。北方房地产公司接受 A 公司投入的固定资产按合同约定金额作为实收资本，因此，可按 2 260 000 元的金额贷记"实收资本"科目。

【例 2-10】以原材料出资的会计核算

北方房地产公司收到 A 公司按合资协议投入的原材料一批，双方所确认的价值为 226 000 元，其中增值税为 26 000 元。

【解析】

编制会计分录如下：

借：原材料　　　　　　　　　　　　　　　　　　200 000
　　应交税费——应交增值税（进项税额）　　　　 26 000
　　贷：实收资本　　　　　　　　　　　　　　　　226 000

【例 2-11】以无形资产出资的会计核算

北方房地产公司接受 C 公司以一项专利权作为投资，该项专利权经双方商定确认其价值为 100 000 元。

【解析】

北方房地产公司在取得该项专利的使用权时，编制会计分录如下：

借：无形资产——专利权　　　　　　　　　　　　100 000
　　贷：实收资本　　　　　　　　　　　　　　　　100 000

3. 投资者以债权出资

以债务转为资本方式进行债务重组的，应分以下情况处理：债务人为股份有限公司时，债务人应将债权人因放弃债权而享有股份的面值总额确认为股本；股份的公允价值总额与股本之间的差额确认为资本公积。重组债务的账面价值与股份的公允价值总额之间的差额确认为债务重组利得，计入当期损益。债务人为其他企业时，债务人应将债权人因放弃债权而享有的股权份额确认为实收资本；股权的公允价值与实收资本之间的差额确认为资本公积。重组债务的账面价值与股权的公允价值之间的差额作为债务重组利得，计入当期损益。

【例 2-12】以债权出资（债转股）的会计核算

2×19 年 7 月 1 日，北方房地产公司应付 A 公司账款的账面余额为 60 000 元，北方房地产公司发生财务困难，无法偿付应付账款。经双方协商同意，采取将北方房地产公司所欠债务转为本公司股本的方式进行债务重组。假定北方房地产公司普通股的面值为1元,以20 000股抵偿该项债务,股票每股市价为2.5元,股票登记手续已办理完毕,A公司对其作为长期股权投资处理。

【解析】

股票的公允价值减去股票的面值总额,应计入资本公积30 000元(50 000 - 20 000),债务账面价值减去股票的公允价值应确认为债务重组利得10 000元(60 000 - 50 000),北方房地产公司应做会计分录如下:

借:应付账款　　　　　　　　　　　　　　　　　60 000
　　贷:股本　　　　　　　　　　　　　　　　　20 000
　　　　资本公积——股本溢价　　　　　　　　　30 000
　　　　投资收益　　　　　　　　　　　　　　10 000

4. 将资本公积转为实收资本或者股本

将资本公积转为实收资本或者股本,在办理增资手续后,依据股东(大)会决议,同时按照转增前的实收资本(或股本)的结构或比例,应借记"资本公积——资本溢价"或"资本公积——股本溢价"科目,贷记"实收资本"或"股本"科目。

【例2-13】将资本公积转为实收资本或者股本的会计核算

北方房地产公司由甲、乙、丙共同投资设立,原注册资本为1 000万元,甲、乙、丙出资分别为500万元、300万元、200万元。为了扩大经营规模,经批准,北方房地产公司按照原出资比例将资本公积500万元转增资本。

【解析】

根据上述资料,依据股东会决议,北方房地产公司应做以下会计处理:

借:资本公积　　　　　　　　　　　　　　　　　5 000 000
　　贷:实收资本——甲　　　　　　　　　　　　2 500 000
　　　　　　　　——乙　　　　　　　　　　　　1 500 000
　　　　　　　　——丙　　　　　　　　　　　　1 000 000

5. 将盈余公积转为实收资本或者股本

将盈余公积转为实收资本或者股本,在办理增资手续后,依据股东(大)会决议,同时按照转增前的实收资本(或股本)的结构或比例,应借记"盈余公积"科目,贷记"实收资本"或"股本"科目。

【例2-14】将盈余公积转为实收资本或者股本的会计核算

北方房地产公司由甲、乙、丙共同投资设立,甲、乙、丙持股比例分别为50%、30%和20%。2×20年3月20日,经股东会决议批准,将盈余公积

500万元转增资本。

【解析】

根据上述资料,北方房地产公司应做以下会计处理:

借:盈余公积	5 000 000
贷:实收资本——甲	2 500 000
——乙	1 500 000
——丙	1 000 000

6. 实收资本(或股本)的增减变动

一般情况下,企业的实收资本应相对固定,但在某些特定情况下,实收资本也可能发生增减变化。实收资本(或股本)的增减变动介绍如表2-3所示。

表2-3　　　　实收资本(或股本)的增减变动

企业法人登记管理条例的规定	实收资本(或股本)的增加	实收资本(或股本)的减少
除国家另有规定外,企业的注册资金应当与实有资金相一致。企业法人实有资金比原注册资金数额增加或者减少超过20%时,应持资金信用证明或者验资证明,向原登记主管机关申请变更登记。登记主管机关在核准企业法人减少注册资金的申请时,应重新审核经营范围和经营方式	三个途径:接受投资者追加投资、资本公积转增资本和盈余公积转增资本 由于资本公积和盈余公积均属于所有者权益,用其转增资本时,如果是独资企业,则比较简单,直接结转即可。如果是股份公司或有限公司,应该按照原投资者出资比例相应增加各投资者的出资额	企业减少实收资本应按法定程序报经批准。股份有限公司采用收购本公司股票方式减资的,按股票面值和注销股数计算的股票面值总额冲减股本,所注销库存股的账面余额与所冲减股本的差额冲减股本溢价,股本溢价不足冲减的,再冲减盈余公积直至未分配利润。如果购回股票支付的价款低于面值总额的,所注销库存股的账面余额与所冲减股本的差额作为增加股本溢价处理

【例2-15】增加出资的会计核算

甲、乙、丙三人共同投资设立北方房地产公司,甲、乙、丙原来的持股比例分别是12.5%、50%、37.5%。为扩大经营规模,经股东会表决通过,甲、乙、丙三位股东按照原出资比例分别追加投资125 000元、500 000元和375 000元。

【解析】

北方房地产公司如期收到甲、乙、丙追加的现金投资后,进行了以下会计处理:

借:银行存款	1 000 000
贷:实收资本——甲	125 000

——乙	500 000
——丙	375 000

【例2-16】 减少出资的会计核算

北方房地产公司2×20年8月1日发行的总股本为1亿股,面值为1元,资本公积(股本溢价)为3 000万元,盈余公积为4 000万元。经股东大会批准,北方房地产公司以现金在证券市场上回购本公司股票并计划予以注销。

【解析】

(1) 当回购成本低于股票总面额,增加资本公积时的会计处理。

假定北方房地产公司按每股0.9元回购2 000万股股票,北方房地产公司的会计处理如下。

①回购本公司股票时。

库存股成本 = 20 000 000 × 0.9 = 18 000 000(元)。

借:库存股	18 000 000
贷:银行存款	18 000 000

②注销本公司股票时。

由于折价回购,回购股票总面额与库存股成本的差额200万元应作为增加资本公积处理。

应增加的资本公积 = 20 000 000 × 1 - 20 000 000 × 0.9 = 2 000 000(元)。

借:股本	20 000 000
贷:库存股	18 000 000
资本公积——股本溢价	2 000 000

(2) 当回购成本高于股票总面额,只冲减资本公积时的会计处理。

假定北方房地产公司按每股2.1元回购2 000万股股票,不考虑其他因素,北方房地产公司的会计处理如下。

①回购本公司股票时。

回购库存股的成本 = 20 000 000 × 2.1 = 42 000 000(元)。

借:库存股	42 000 000
贷:银行存款	42 000 000

②注销本公司股票时。

应冲减的资本公积 = 20 000 000 × 2.1 - 20 000 000 × 1 = 22 000 000(元)。

借:股本	20 000 000

资本公积——股本溢价	22 000 000	
贷：库存股		42 000 000

（3）当回购成本高于股票总面额，需要冲减资本公积和盈余公积时的会计处理。

假定北方房地产公司按每股3元回购股票，其他条件不变，由于应冲减的资本公积4 000(2 000×3-2 000×1)万元大于公司现有的资本公积(3 000万元)，所以只能冲减3 000万元资本公积，剩余的1 000万元应冲减盈余公积。

北方房地产公司的会计处理如下。

①回购本公司股票时。

库存股成本＝20 000 000×3＝60 000 000（元）。

借：库存股	60 000 000	
贷：银行存款		60 000 000

②注销本公司股票时。

应冲减的资本公积＝20 000 000×3－20 000 000×1＝40 000 000（元）。

因为差额大于资本公积全额，在冲减了全部的资本公积之后，还要冲减盈余公积。

借：股本	20 000 000	
资本公积——股本溢价	30 000 000	
盈余公积	10 000 000	
贷：库存股		60 000 000

2.4.2　资本公积的核算

资本公积及各组成部分的概念与核算内容如表2-4所示。

表2-4　　资本公积及各组成部分的概念与核算内容

资本公积的定义	资本溢价（或股本溢价）的定义	直接计入所有者权益的利得和损失的定义	资本公积核算内容
企业收到投资者的超出其在企业注册资本（或股本）中所占份额的投资，以及直接计入所有者权益的利得和损失等。资本公积包括资本溢价（或股本溢价）和直接计入所有者权益的利得和损失等	企业收到投资者的超出其在企业注册资本（或股本）中所占份额的投资。形成资本溢价（或股本溢价）的原因有溢价发行股票、投资者超额缴入资本等	不应计入当期损益、会导致所有者权益发生增减变动的、与所有者投入资本或者向所有者分配利润无关的利得或者损失	包括资本溢价（或股本溢价）的核算、其他资本公积的核算

（一）资本溢价的核算

股份有限公司以外的其他类型的企业在创立时，投资者认缴的出资额与注册资本一致，一般不会产生资本溢价。但在企业重组或有新的投资者加入时，常常会出现资本溢价。因为在企业进行正常生产经营后，其资本利润率通常要高于企业初创阶段，另外，企业有内部积累，新投资者加入企业后，对这些积累也要分享，所以新加入的投资者往往要付出大于原投资者的出资额，才能取得与原投资者相同的出资比例。新加入的投资者多缴的部分就形成了资本溢价。

【例 2-17】 由于资本溢价产生资本公积的会计核算

北方房地产公司由甲、乙两位股东在 2×18 年设立，成立时各出资 300 000 元。2×20 年 5 月丙投资者以实际出资 400 000 元、占有该公司 1/3 的股份为条件加入该公司。该公司变更登记后的注册资本为 900 000 元，甲、乙、丙三位股东各占 1/3 的股份。

【解析】

该公司收到丙股东的出资时，编制会计分录如下：

借：银行存款　　　　　　　　　　　　　　　400 000
　　贷：实收资本　　　　　　　　　　　　　　300 000
　　　　资本公积——资本溢价　　　　　　　　100 000

本例中，北方房地产公司收到的丙投资者的现金投资 40 万元中，30 万元属于丙投资者在注册资本中所享有的份额，应记入"实收资本"科目，10 万元属于资本溢价，应记入"资本公积——资本溢价"科目。

（二）股本溢价的核算

股份有限公司是以发行股票的方式筹集股本的，股票可按面值发行，也可溢价发行，我国目前不准折价发行。与其他类型的企业不同，股份有限公司在成立时可能会溢价发行股票，因而在成立之初，就可能产生股本溢价。股本溢价的数额等于股份有限公司发行股票时实际收到的款额超过股票面值总额的部分。

在按面值发行股票的情况下，企业发行股票取得的收入，应全部作为股本处理；在溢价发行股票的情况下，企业发行股票取得的收入，等于股票面值总额的部分作为股本处理，超出股票面值总额的溢价收入应作为股本溢价处理。

发行股票相关的手续费、佣金等交易费用，如果是溢价发行股票的，应从溢价中抵扣，冲减资本公积（股本溢价）；无溢价发行股票或溢价金额不足以抵扣的，应将不足抵扣的部分冲减盈余公积和未分配利润。

【例2-18】由于股本溢价产生资本公积的会计核算

北方房地产公司首次公开发行了普通股50 000 000股,每股面值1元,每股发行价格为4元。北方房地产公司以银行存款支付发行手续费、咨询费等费用,共计6 000 000元。假定发行收入已全部收到,发行费用已全部支付,不考虑其他因素。

【解析】

北方房地产公司的会计处理如下:

(1) 收到发行收入时。

借:银行存款　　　　　　　　　　　　　　　　200 000 000
　　贷:股本　　　　　　　　　　　　　　　　　　50 000 000
　　　　资本公积——股本溢价　　　　　　　　　150 000 000

应增加的资本公积=50 000 000×(4-1)=150 000 000(元)。

本例中,北方房地产公司溢价发行普通股,发行收入中等于股票面值的部分50 000 000元应记入"股本"科目,发行收入超出股票面值的部分150 000 000元记入"资本公积——股本溢价"科目。

(2) 支付发行费用时。

借:资本公积——股本溢价　　　　　　　　　　6 000 000
　　贷:银行存款　　　　　　　　　　　　　　　　6 000 000

本例中,北方房地产公司的股本溢价150 000 000元高于发行中发生的交易费用6 000 000元,因此,交易费用可从股本溢价中扣除,冲减资本公积。

(三) 其他资本公积的核算

其他资本公积是指除资本溢价(或股本溢价)项目以外所形成的资本公积,其中主要是直接计入所有者权益的利得和损失。本书以因被投资单位所有者权益的其他变动产生的利得或损失为例,介绍相关的其他资本公积的核算。

企业对某被投资单位的长期股权投资采用权益法核算,在持股比例不变的情况下,对因被投资单位除净损益、其他综合收益及利润分配以外的所有者权益的其他变动,如果是利得,则应按持股比例计算其应享有被投资单位所有者权益的增加数额,如果是损失,则做相反的分录。在处置长期股权投资时,应转销与该笔投资相关的其他资本公积。

【例2-19】其他资本公积的会计核算

北方房地产公司于2×20年1月1日向A公司投资8 000 000元。拥有该公司20%的股份,并对该公司有重大影响,因而对A公司长期股权投资采用权益法核算。2×20年12月31日，A公司除净损益、其他综合收益及利润分配以外的所有者权益增加了1 000 000元。假定除此以外，A公司的所有者权益没有变化，北方房地产公司的持股比例没有变化，A公司资产的账面价值与公允价值一致，不考虑其他因素。

【解析】

北方房地产公司的会计分录如下：

借：长期股权投资——A公司——其他权益变动　　　200 000
　　贷：资本公积——其他资本公积　　　　　　　　　　200 000

北方房地产公司增加的资本公积＝1 000 000×20%＝200 000（元）。

本例中，北方房地产公司对A公司的长期股权投资采用权益法核算，持股比例未发生变化，A公司发生了除净损益、其他综合收益及利润分配以外的所有者权益的其他变动，北方房地产公司应按其持股比例计算应享有的A公司权益的数额，共200 000（1 000 000×20%）元，作为增加其他资本公积处理。

第3章 取得土地使用权阶段的税务与会计处理

房地产开发企业出于经营的需要，常采取不同的拿地方式，这不仅会影响土地购置成本，而且会影响企业契税、增值税、企业所得税、土地增值税等税务成本。因此，项目开发纳税策划首先要从取得土地使用权环节入手。

房地产开发企业取得土地方式可以归纳为"招拍挂"（包括净地出让和非净地出让）、划拨取得土地、购买在建工程、合作开发、收购项目公司、特殊开发项目用地等方式。

3.1 我国土地制度

《中华人民共和国宪法》（以下简称《宪法》）《中华人民共和国民法典》（以下简《民法典》）和《中华人民共和国土地管理法》（以下简称《土地管理法》）规定了我国土地所有制的性质、形式和不同形式的土地所有制的适用范围，以及土地的使用与管理制度。

《土地管理法》第二条规定：中华人民共和国实行土地的社会主义公有制，即全民所有制和劳动群众集体所有制。

全民所有制土地。全民所有制的土地被称为国家所有土地，简称国有土地，其所有权由国务院代表国家行使。《土地管理法》第二条规定：全民所有，即国家所有土地的所有权由国务院代表国家行使。城市市区的土地属于国家所有。《宪法》《民法典》都明确规定城市的土地属于国家所有。《土地管理法》第九条明确规定，城市市区的土地属于国家所有。这里所说的城市是指国家设立市建制的城市，不同于某些法律、法规中的市含义。建制镇不属于《宪法》《土地管理法》所说的城市范畴，也不属于其所说农村和城市郊区的范畴。

3.1.1 土地管理的基本制度

(一) 土地登记制度

根据《土地管理法》和《土地登记规则》，国家依法对国有土地使用权、集体土地所有权、集体土地使用权和土地他项权利进行登记。土地登记由县级以上人民政府登记造册，确认有关土地权利。属于国有土地的，核发国有建设用地使用证，确认国有建设用地使用权；属于农民集体所有土地的，核发集体建设用地所有证，确认集体土地所有权；使用集体土地的，核发集体建设用地使用证，确认集体土地使用权；属于土地他项权利的，核发土地他项权利证明书，确认土地他项权。他项权利包括抵押权、承租权以及法律、行政法规规定需要登记的他项权利。

(二) 土地有偿有限期使用制度

除国家核准的划拨用地以外，凡新增土地和原使用的土地改变用途或使用条件、进行市场交易等，均实行有偿有限期使用。

《土地管理法》第二条规定，国家依法实行国有土地有偿使用制度。但是，国家在法律规定的范围内划拨国有土地使用权的除外。《中华人民共和国城镇国有土地使用权出让和转让暂行条例》第八条明确规定，土地使用权出让是指国家以土地所有者的身份将土地使用权在一定年限内让与土地使用者，并由土地使用者向国家支付土地使用权出让金的行为。

(三) 土地用途管理制度

《土地管理法》第四条规定，国家实行土地用途管制制度。

国家编制土地利用总体规划，规定土地用途，将土地分为农用地、建设用地和未利用地。严格限制农用地转为建设用地，控制建设用地总量，对耕地实行特殊保护。

前款所称农用地是指直接用于农业生产的土地，包括耕地、林地、草地、农田水利用地、养殖水面等；建设用地是指建造建筑物、构筑物的土地，包括城乡住宅和公共设施用地、工矿用地、交通水利设施用地、旅游用地、军事设施用地等；未利用地是指农用地和建设用地以外的土地。

使用土地的单位和个人必须严格按照土地利用总体规划确定的用途使用土地。

《土地管理法》第九条规定，城市市区的土地属于国家所有。农村和城市郊区的土地，除由法律规定属于国家所有的以外，属于农民集体所有；宅基地和自留地、自留山，属于农民集体所有。

《土地管理法》第十一条规定，农民集体所有的土地依法属于村农民集体所有的，由村集体经济组织或者村民委员会经营、管理；已经分别属于村内两个以上农村集体经济组织的农民集体所有的，由村内各该农村集体经济组织或者村民小组经营、管理；已经属于乡（镇）农民集体所有的，由乡（镇）农村集体经济组织经营、管理。

《土地管理法》第十条规定，国有土地和农民集体所有的土地，可以依法确定给单位或者个人使用。使用土地的单位和个人，有保护、管理和合理利用土地的义务。《土地管理法》第十二条规定，土地的所有权和使用权的登记，依照有关不动产登记的法律、行政法规执行。依法登记的土地的所有权和使用权受法律保护，任何单位和个人不得侵犯。

（四）耕地保护制度

国家对耕地实行特殊保护，严格限制农用地转为建设用地，控制建设用地总规模。各省、自治区、直辖市人民政府严格执行土地利用总体规划和土地利用年度计划，采取措施，确保本行政区域内耕地总量不减少。国家实行占用耕地补偿制度，非农业建设经批准占用耕地的，按照"占多少，垦多少"的原则，实行基本农田保护制度，并严格管理划入基本农田保护区的耕地，将基本农田保护制度上升为法律。

3.1.2 土地的承包经营

《土地管理法》第十三条规定，农民集体所有和国家所有依法由农民集体使用的耕地、林地、草地，以及其他依法用于农业的土地，采取农村集体经济组织内部的家庭承包方式承包，不宜采取家庭承包方式的荒山、荒沟、荒丘、荒滩等，可以采取招标、拍卖、公开协商等方式承包，从事种植业、林业、畜牧业、渔业生产。家庭承包的耕地的承包期为三十年，草地的承包期为三十年至五十年，林地的承包期为三十年至七十年；耕地承包期届满后再延长三十年，草地、林地承包期届满后依法相应延长。

国家所有依法用于农业的土地可以由单位或者个人承包经营，从事种植业、林业、畜牧业、渔业生产。

发包方和承包方应当依法订立承包合同，约定双方的权利和义务。承包经营土地的单位和个人，有保护和按照承包合同约定的用途合理利用土地的义务。

3.1.3 土地征收和建设用地供应制度

《土地管理法》第四十四条规定，建设占用土地，涉及农用地转为建设用地的，应当办理农用地转用审批手续。

永久基本农田转为建设用地的，由国务院批准。

在土地利用总体规划确定的城市和村庄、集镇建设用地规模范围内，为实施该规划而将永久基本农田以外的农用地转为建设用地的，按土地利用年度计划分批次按照国务院规定由原批准土地利用总体规划的机关或者其授权的机关批准。在已批准的农用地转用范围内，具体建设项目用地可以由市、县人民政府批准。

在土地利用总体规划确定的城市和村庄、集镇建设用地规模范围外，将永久基本农田以外的农用地转为建设用地的，由国务院或者国务院授权的省、自治区、直辖市人民政府批准。《土地管理法》第四十六条规定，征收下列土地的，由国务院批准：

（1）永久基本农田；

（2）永久基本农田以外的耕地超过三十五公顷的；

（3）其他土地超过七十公顷的。

征收前款规定以外的土地的，由省、自治区、直辖市人民政府批准。

征收农用地的，应当依照本法第四十四条的规定先行办理农用地转用审批。其中，经国务院批准农用地转用的，同时办理征地审批手续，不再另行办理征地审批；经省、自治区、直辖市人民政府在征地批准权限内批准农用地转用的，同时办理征地审批手续，不再另行办理征地审批，超过征地批准权限的，应当依照本条第一款的规定另行办理征地审批。

《土地管理法》第五十九条规定，乡镇企业、乡（镇）村公共设施、公益事业、农村村民住宅等乡（镇）村建设，应当按照村庄和集镇规划，合理布局，综合开发，配套建设；建设用地，应当符合乡（镇）土地利用总体规划和土地利用年度计划，并依照本法第四十四条、第六十条、第六十一条、第六十二条的规定办理审批手续。

《土地管理法》第六十条规定，农村集体经济组织使用乡（镇）土地利用总体规划确定的建设用地兴办企业或者与其他单位、个人以土地使用权入股、联营等形式共同举办企业的，应当持有关批准文件，向县级以上地方人民政府自然资源主管部门提出申请，按照省、自治区、直辖市规定的批准权限，由县级以上地方人民政府批准；其中，涉及占用农用地的，依照本法第四十四条的规定办理审批手续。

按照前款规定兴办企业的建设用地，必须严格控制。省、自治区、直辖市可以按照乡镇企业的不同行业和经营规模，分别规定用地标准。

《土地管理法》第六十一条规定，乡（镇）村公共设施、公益事业建设，需要使用土地的，经乡（镇）人民政府审核，向县级以上地方人民政府自然资源主管部门提出申请，按照省、自治区、直辖市规定的批准权限，由县级以上地方人民政府批准；其中，涉及占用农用地的，依照本法第四十四条的规定办理审批手续。

《土地管理法》第六十二条规定，农村村民一户只能拥有一处宅基地，其宅基地的面积不得超过省、自治区、直辖市规定的标准。

人均土地少、不能保障一户拥有一处宅基地的地区，县级人民政府在充分尊重农村村民意愿的基础上，可以采取措施，按照省、自治区、直辖市规定的标准保障农村村民实现户有所居。

农村村民建住宅，应当符合乡（镇）土地利用总体规划、村庄规划，不得占用永久基本农田，并尽量使用原有的宅基地和村内空闲地。编制乡（镇）土地利用总体规划、村庄规划应当统筹并合理安排宅基地用地，改善农村村民居住环境和条件。

农村村民住宅用地，由乡（镇）人民政府审核批准；其中，涉及占用农用地的，依照本法第四十四条的规定办理审批手续。

农村村民出卖、出租、赠与住宅后，再申请宅基地的，不予批准。

国家允许进城落户的农村村民依法自愿有偿退出宅基地，鼓励农村集体经济组织及其成员盘活利用闲置宅基地和闲置住宅。

国务院农业农村主管部门负责全国农村宅基地改革和管理有关工作。

（一）集体土地征收

土地补偿费的范围、补助标准的确定，是征地工作的主要内容，也是一项难度较大的工作，涉及国家、集体、个人的利益。组织征地的地方政府必须按征地协议书如数支付补偿费，被征地单位不得额外索取。在征地告知后，凡被征地农村集体经济组织和农民在拟征土地上抢栽、抢种、抢建的地上附着物和青苗，征地时一律不予补偿。

《土地管理法》第四十八条规定，征收土地应当给予公平、合理的补偿，保障被征地农民原有生活水平不降低、长远生计有保障。

征收土地应当依法及时足额支付土地补偿费、安置补助费以及农村村民住宅、其他地上附着物和青苗等的补偿费用，并安排被征地农民的社会保障费用。

征收农用地的土地补偿费、安置补助费标准由省、自治区、直辖市通过制定公布区片综合地价确定。制定区片综合地价应当综合考虑土地原用途、土地资源条件、土地产值、土地区位、土地供求关系、人口以及经济社会发展水平等因素，并至少每三年调整或者重新公布一次。

征收农用地以外的其他土地、地上附着物和青苗等的补偿标准，由省、自治区、直辖市制定。对其中的农村村民住宅，应当按照先补偿后搬迁、居住条件有改善的原则，尊重农村村民意愿，采取重新安排宅基地建房、提供安置房或者货币补偿等方式给予公平、合理的补偿，并对因征收造成的搬迁、临时安置等费用予以补偿，保障农村村民居住的权利和合法的住房财产权益。

县级以上地方人民政府应当将被征地农民纳入相应的养老等社会保障体系。被征地农民的社会保障费用主要用于符合条件的被征地农民的养老保险等社会保险缴费补贴。被征地农民社会保障费用的筹集、管理和使用办法，由省、自治区、直辖市制定。

根据《土地管理法》的规定，征收耕地的补偿费用包括土地补偿费、安置补助费以及地上附着物和青苗的补偿费。

《物权法》还规定：除要依法足额支付上述补偿费外，还应当安排被征地农民的社会保障费用，保证被征地农民的生活，维护被征地农民的合法权益。《土地管理法》第六十三条规定：农民集体所有的土地的使用权不得出让、转让或者出租用于非农业建设；但是，符合土地利用总规划并依法取得建设用地的企业，因破产、兼并等情形致使土地使用权依法发生转移的除外。

拆迁补偿是指房屋征收部门自身或者委托房屋征收实施单位依照我国集体土地和国有土地房屋拆迁补偿标准的规定，在征收国家集体土地上单位、个人的房屋时，对被征收房屋所有权人给予公平补偿。《国有土地上房屋征收与补偿条例》规定：自 2011 年 1 月 21 日起，我国实行国家拆迁制度，不再实行拆迁许可制度，即国家应出让净地，市、县级人民政府负责本行政区域的房屋征收与补偿工作。市、县级人民政府确定的房屋征收部门组织实施本行政区域的房屋征收与补偿工作。房屋征收部门可以委托房屋征收实施单位，承担房屋征收与补偿的具体工作。房屋征收实施单位不得以营利为目的。

（二）建设用地供应

1. 建设用地使用权出让

建设用地使用权出让，是指国家将国有土地使用权在一定年限内出让给土地使用者，由土地使用者向国家支付土地使用权出让金的行为。土地出让必须以宗地为单位提规划条件、建设条件和土地使用标准，严格执行商品住房用地单宗出让面积规定，不得将两宗以上地块捆绑出让，不得"毛地"出让。拟出让地块要依法进行土地调查和确权登记，确保地类清楚、面积准确、权属合法、没有纠纷。

2. 建设用地使用权的出让方式

《民法典》第三百四十六条规定，设立建设用地使用权，应当符合节约资源、保护生态环境的要求，遵守法律、行政法规关于土地用途的规定，不得损害已经设立的用益物权。第三百四十七条规定，设立建设用地使用权，可以采取出让或者划拨等方式。工业、商业、旅游、娱乐和商品住宅等经营性用地以及同一土地有两个以上意向用地者的，应当采取招标、拍卖等公开竞价的方式出让。

严格限制以划拨方式设立建设用地使用权。

招标出让，指市、县人民政府国土资源行政主管部门（出让人）发布招标公告，邀请特定或者不特定的自然人、法人和其他组织参加国有建设用地使用权投标，根据投标结果确定国有建设用地使用权人的行为。招标出让方式的特点是有利于公平竞争，适用于需要优化土地布局、重大工程的较大地块出让。

拍卖出让，指出让人发布拍卖公告，由竞买人在指定时间、地点进行公开竞价，根据出价结果确定国有建设用地使用权人的行为。拍卖出让是按规定的时间、地点，利用公开场合由政府的代表者——土地行政主管部门主持拍卖（指定）地块的土地使用权（也可以委托拍卖行拍卖），由拍卖主持人首先叫底价，诸多竞买人轮番报价，最后一般出价最高者取得土地使用权。出让方一般用叫价的办法将土地使用权拍卖给出价最高者（竞买人）。拍卖出让方式的特点是有利于公平竞争，适用于区位条件较好、交通便利的闹市区，土地利用上有较大灵活性的地块的出让。竞买人不足三人，或者竞买人的最高应价未达到底价时，应当中止拍卖。

挂牌出让，指出让人发布挂牌公告，按照公告规定的期限将拟出让宗地的交易条件在指定的土地交易场所挂牌公布，接受竞买人的报价申请并更新挂牌价格，根据挂牌期限截止时的出价结果或者现场竞买结果确定国有建设用地使用权人的行为。挂牌时间不少于 10 个工作日，挂牌期间，土地管理部门可以根据竞买人竞价情况调整加价幅度。

协议出让，指政府作为土地所有者（出让人）与选定的受让方磋商用地条件及价款，达成协议并签订土地使用权出让合同，有偿出让土地使用权的行为。协议出让方式的特点是自由度大，不利于公平竞争。但对一些缺乏竞争的行业来说，协议出让仍然是土地使用权出让的方式之一。这种方式适用于公共福利事业和非营利性的社会团体、机关单位用地和某些特殊用地。应当以招标、拍卖、挂牌方式（也称招、拍、挂方式）出让国有建设用地使用权而擅自采用协议方式出让的，对直接负责的主管人员和其他直接责任人员依法给予处分；构成犯罪的，依法追究刑事责任。

3. 建设用地使用权的出让最高年限

建设用地使用权的出让最高年限具体如下：

居住用地70年。

工业用地50年。

教育、科技、文化、卫生、体育用地50年。

商业、旅游、娱乐用地40年。

综合或者其他用地50年。

出让土地使用权的最高年限不是唯一年限，具体出让项目的实际年限由国家根据产业特点和用地项目情况确定或与用地者商定。土地使用权出让的实际年限不得突破规定的最高年限，只能低于最高年限。

3.2 取得土地使用权的途径

房地产开发企业取得土地使用权的方式可以归纳为出让取得土地、划拨取得土地、转让取得土地、购买在建工程、合作开发等方式。

3.2.1 以出让方式取得国有土地使用权

土地使用权的出让方式有招标、拍卖、挂牌、协议等。

（一）以招标、拍卖、挂牌方式出让土地使用权

以招标、拍卖、挂牌方式出让土地使用权的范围如下。

（1）供应商业、旅游、娱乐、工业用地和商品住宅等各类经营性用地以及有竞争要求的工业用地。

（2）供地计划公布后一宗地有两个或者两个以上意向用地者的。

（3）划拨土地使用权改变用途，《国有土地划拨决定书》或法律、法规、行政规定等明确应当收回土地使用权，实行招标、拍卖、挂牌出让的。

（4）划拨土地使用权转让，《国有土地划拨决定书》或法律、法规、行政规定等明确应当收回土地使用权，实行招标、拍卖、挂牌出让的。

（5）出让土地使用权改变用途，《国有土地划拨决定书》或法律、法规、行政规定等明确应当收回土地使用权，实行招标、拍卖、挂牌出让的。

（6）法律、法规、行政规定明确应当招标、拍卖、挂牌出让的其他情形。

（二）以协议方式取得国有土地使用权

1. 协议出让国有土地使用权的范围

出让国有土地使用权，除依照法律、法规和规章的规定应当采用招标、拍卖、挂牌方式出让的，还可采取协议方式出让，主要包括以下情况。

（1）供应商业、旅游、娱乐和商品住宅、工业用地等各类经营性用地以外用途的土地，其供地计划公布后同一宗地只有一个意向用地者的。

（2）原划拨、承租土地使用权申请办理协议出让，经依法批准，可以采取协议方式，但《国有土地计划决定书》、《国有土地租赁合同》、法律、法规、行政规定等明确应当收回土地使用权重新公开出让的除外。

（3）划拨土地使用权转让申请办理协议出让，经依法批准，可以采取协议方式，但《国有土地划拨决定书》、法律、法规、行政规定等明确应当收回土地使用权重新公开出让的除外。

（4）出让土地使用权人申请续期，经审查准予续期的。

2. 协议出让国有土地使用权的禁止性规定

（1）协议方式出让国有土地使用权的出让金，不得低于按国家规定所确定的最低价。

（2）协议方式出让国有土地使用权的最低价，不得低于新增建设用地的土地有偿使用费、征地（拆迁）补偿费用以及按照国家规定应当缴纳的有关税费之和，有基准地价的地区，协议出让最低价，不得低于出让地块所在级别基准地价的70%。低于最低价时，国有土地使用权不得出让。

（三）土地使用权出让的年限规定

土地使用权的出让，由市、县人民政府负责，有计划、有步骤地进行。

土地使用权出让的地块、用途、年限和其他条件，由市、县人民政府土地管理部门会同城市规划和建设管理部门、房产管理部门共同拟订方案，按照国务院规定的批准权限报经批准后，由土地管理部门实施。土地使用权出让合同应当按照平等、自愿、有偿的原则，由市、县人民政府土地管理部门与土地使用者签订。

土地使用权出让最高年限按下列用途确定：①居住用地70年；②工业用地50年；③教育、科技、文化、卫生、体育用地50年；④商业、旅游、娱乐用地40年；⑤综合或者其他用地50年。

房地产开发企业出于经营目的的需要，开发商品住宅要取得住宅用地，开发工业厂房要取得工业用地，开发商业设施要取得商业用地，当然也不排除利用工业用地、商业用地开发住宅出售的情形，但是开发出的住宅不可能按照70年办理房屋产权证。

土地使用年限到期后怎么办呢？《国土资源部办公厅关于妥善处理少数住宅建设用地使用权到期问题的复函》（国土资厅函〔2016〕1712号）做了如下规定。

浙江省国土资源厅：

《关于如何处理少数住宅用地使用权到期问题的请示》（浙土资〔2016〕64号）收悉。经认真研究并征得住房和城乡建设部同意，现将有关问题答复如下：

《物权法》第149条规定："住宅建设用地使用权期间届满的，自动续期"。《中共中央国务院关于完善产权保护制度依法保护产权的意见》（中发〔2016〕28号）提出，"研究住宅建设用地等土地使用权到期后续期的法律安排，推动形成全社会对公民财产长久受保护的良好和稳定预期"。在尚未对住宅建设用地等土地使用权到期后续期作出法律安排前，少数住宅建设用地使用权期间届满的，可按以下过渡性办法处理：

一、不需要提出续期申请。少数住宅建设用地使用权期间届满的，权利人不需要专门提出续期申请。

二、不收取费用。市、县国土资源主管部门不收取相关费用。

三、正常办理交易和登记手续。此类住房发生交易时，正常办理房地产交易和不动产登记手续，涉及"土地使用期限"仍填写该住宅建设用地使用权的原起始日期和到期日期，并注明："根据《国土资源部办公厅关于妥善处理少数住宅建设用地使用权到期问题的复函》（国土资厅函〔2016〕1712号）办理相关手续"。

国土资源部办公厅
2016年12月8日

3.2.2 以划拨方式取得国有土地使用权

（1）土地使用权划拨，是指县级以上人民政府依法批准，在土地使用者缴纳补偿、安置等费用后将该幅土地交付其使用，或者将土地使用权无偿交付给土地使用者使用的行为。划拨土地使用权不需要土地使用者出钱购买土地使用权，而是经国家批准其无偿地、年限限制地使用国有土地。但取得划拨土地使用权的使用者依法应当缴纳城镇土地使用税。

（2）以划拨方式取得土地使用权的，除法律、行政法规另有规定外，没有使用期限的限制。虽然无偿取得划拨土地使用权没有年限限制，但因土地使用者迁移、解散、撤销、破产或者其他原因而停止使用土地的，国家应当无偿收回划拨土地使用权，并可依法出让。

因城市建设发展需要和城市规划的要求，也可以对划拨土地使用权无偿收回，并可依法出让。无偿收回划拨土地使用权的，其地上建筑物和其他附着物归国家所有，但应根据实际情况给予适当补偿。

（3）以划拨方式取得国有土地使用权的，根据《城市房地产管理法》第二十四条的规定，下列建设用地的土地使用权，确属必需的，可以由县级以上人民政府依法批准划拨：①国家机关用地和军事用地；②城市基础设施用地和公益事业用地；③国家重点扶持的能源、交通、水利等项目用地；④法律、行政法规规定的其他用地。以划拨方式取得土地使用权的，经主管部门登记、核实，由同级人民政府颁发土地使用权证。

（4）关于转让、出租、抵押的限制性规定。划拨土地使用权一般不得转让、出租、抵押，但符合法定条件的也可以转让、出租、抵押，即土地使用者为公司、企业、其他组织和个人，领有土地使用权证，地上建筑物有合法产权证明，经当地政府批准其出让并补交土地使用权出让金或者以转让、出租、抵押所获收益抵交出让金。未经批准擅自转让、出租、抵押划拨土地使用权的，没收其非法收入，并根据其情节处以相应罚款。

3.2.3 以转让方式取得国有土地使用权

（1）土地使用权转让，是指土地使用者将土地使用权再转移的行为，即土地使用者将土地使用权单独或者随同地上建筑物、其他附着物转移给他人的行为。原拥有土地使用权的一方称为转让人，接受土地使用权的一方称为受让人。

（2）转让方式包括出售、交换和赠与等。

（3）土地使用者通过转让方式取得的土地使用权，其使用年限为土地使用权出让合同规定的使用年限减去原土地使用者已使用年限后的剩余年限。

（4）"房地一并转移"。土地使用权转让时，其地上建筑物、其他附着物所有权随之转让。地上建筑物、其他附着物的所有人或者共有人，享有该建筑物、附着物使用范围内的土地使用权。土地使用者转让地上建筑物、其他附着物所有权时，其使用范围内的土地使用权随之转让，但地上建筑物、其他附着物作为动产转让的除外。

（5）土地使用权转让价格明显低于市场价格的，市、县人民政府有优先购买权。土地使用权转让的市场价格不合理上涨时，市、县人民政府可以采取必要的措施。

（6）禁止性规定。未按土地使用权出让合同规定的期限和条件投资开发、利用土地的，土地使用权不得转让。

3.2.4 购买在建工程

购买在建项目取得土地使用权可以规避直接受让土地使用权的种种限制。根据《城市房地产管理法》的规定，房地产转让，是指房地产权利人通过买卖、赠与或者其他合法方式将其房地产转移给他人的行为。

以出让方式取得土地使用权的，转让房地产时，应当符合下列条件：①按照出让合同约定已经支付全部土地使用权出让金，并取得土地使用权证书。②按照出让合同约定进行投资开发，属于房屋建设工程的，完成开发投资总额的25%以上；属于成片开发土地的，形成工业用地或者其他建设用地条件。转让房地产时房屋已经建成的，还应当持有房屋所有权证书。

2014年发布的《新疆维吾尔自治区城镇国有土地使用权出让和转让暂行办法》相关规定如下。

以出让方式取得的土地使用权，符合下列条件的，可以转让；符合（1）、（2）项条件的，可以出租、抵押：

（1）合法持有土地使用权证及地上建筑物、附着物所有权证；

（2）已按出让合同约定的条件、期限投资开发利用土地；

（3）开发建设用地面积占应当动工开发建设用地总面积三分之一以上或者除出让金外已投入的建设资金占总投资25%以上。

土地使用权转让时，其地上建筑物及其他附着物所有权随之转让；地上建筑物及其他附着物所有权转让时，其使用范围内的土地使用权随之转让。

房地产转让时，土地使用权出让合同载明的权利、义务随之转移。以出让方式取得土地使用权的，转让房地产后，其土地使用权的使用年限为原土地使用权出让合同约定的使用年限减去原土地使用者已经使用年限后的剩余年限。

以出让方式取得土地使用权的，转让房地产后，受让人改变原土地使用权出让合同约定的土地用途的，必须取得原出让方和市、县人民政府城市规划行政主管部门的同意，签订土地使用权出让合同变更协议或者重新签订土地使用权出让合同，相应调整土地使用权出让金。

房地产开发企业为了获取土地储备，通过购买的形式受让陈旧建筑物、烂尾楼及其他建筑物方式取得与地块相应的土地使用权为实务中常见方式之一。

购买在建工程，对于卖方来说，会涉及销售不动产或转让土地使用权增值税、土地增值税、企业所得税、印花税等；对于买方来说，会涉及契税、印花税以及将来再次转让时增值税、土地增值税和企业所得税的计算基数问题。

3.2.5 合作开发

房地产领域是一个巨大的资本市场，有土地使用权却没有资金或有资金却没有土地使用权的企业比比皆是，若这两类企业相互合作，便能够从资金和资源两方面保证项目持续开发。如果当事人不愿意承担房地产开发的风险，只想通过转让土地使用权或者出借资金来安全获利，则不符合合作开发的法律规定。按相关司法解释，合作开发必须具备的特征为：共同投资、共享利润、共担风险。不承担经营风险的合作开发合同需按照合同实际内容、真实目的确定合同属性。

持有资金的企业和持有土地使用权的企业合资成立新的房地产公司进行项目开发，双方约定风险共担、利润共享，税后分取红利，这不仅可以解决一方没有开发用地的问题，又不影响原房地产公司的业务扩张。但是也要考虑到土地的转移需要缴纳契税，契税一般为土地价值的4%。另外，按照财税〔2016〕36号文件的规定，以货币资金投资收取的固定利润或者保底利润按照贷款服务缴纳增值税。任何一方通过投资获取固定收益，则此方案不能免征增值税。

合作开发可以简单划分为成立合营企业开发与不成立合营企业开发两种形式。成立合营企业开发容易理解。在不成立合营企业开发形式下，土地置换为常见模式。土地置换模式下，不成立合营企业，以房换地和以地换房，属于纯粹的"以物易物"，即双方以各自拥有的土地使用权和房屋所有权相互交换。具体的交换方式有以下两种。

（1）土地使用权和房屋所有权相互交换，双方都取得了拥有部分房屋的所有权。在这一合作方式下，甲方以转让部分土地使用权为代价，换取部分房屋的所有权，发生了转让土地使用权的行为；乙方则以转让部分房屋的所有权为代价，换取部分土地的使用权，发生了销售不动产的行为。因而，合作双方都发生了增值税的应税行为。对甲方应按"转让无形资产"税目中的"转让土地使用权"子目征税，对乙方应按"销售不动产"税目征税。

（2）以出租土地使用权为代价换取房屋所有权。例如，甲方将土地使用权出租给乙方若干年，乙方在该土地上投资建造建筑物并使用，租赁期满后，乙方将土地使用权连同所建的建筑物归还甲方。在这一合作方式下，乙方是以建筑物为代价换得若干年的土地使用权，甲方是以出租土地使用权为代价换取建筑物。甲方发生了出租土地使用权的行为，应按"不动产经营租赁服务"税目缴纳增值税；乙方发生了销售不动产的行为，应按"销售不动产"税目缴纳增值税。

此外，与土地置换不同的还有融资共同开发等多种形式，开发收益的合理、正确分配往往是正确纳税的前提条件。

3.3 取得土地使用权阶段的税务处理

房地产开发企业取得土地使用权的过程中，除城镇土地使用税、土地增值税、个人所得税外，还涉及多种税费，主要包括以下方面。

（1）耕地占用税。依据《中华人民共和国耕地占用税法》，耕地占用税以纳税人实际占用的耕地面积为计税依据，按照规定的适用税额一次性征收，应纳税额为纳税人实际占用的耕地面积（平方米）乘以适用税额。

（2）契税。房地产开发企业是受让土地应按规定缴纳契税。

（3）印花税。房地产开发企业无论是受让土地还是购买土地，均应缴纳印花税，税率为万分之五。

（4）土地增值税。根据《中华人民共和国土地增值税法（征求意见稿）》的意见，出让集体土地使用权、地上的建筑物及其附着物，或以集体土地使用权、地上的建筑物及其附着物作价出资、入股应当征收土地增值税。土地承包经营权流转，不征收土地增值税。

除以上税费外，房地产开发企业取得土地使用权的过程中还涉及土地登记费以及房地产开发过程中要缴纳的行政事业性收费和政府性基金，具体办理仍以土地使用权证办理过程中的地方政策为准。

根据《国家税务总局关于未办理土地使用权证转让土地有关税收问题的批

复》（国税函〔2007〕645号）的规定，土地使用者转让、抵押或置换土地，无论其是否取得了该土地的使用权属证书，无论其在转让、抵押或置换土地过程中是否与对方当事人办理了土地使用权属证书变更登记手续，只要土地使用者享有占有、使用、收益或处分该土地的权利，且有合同等证据表明其实质转让、抵押或置换了土地并取得了相应的经济利益，土地使用者及其对方当事人就应当依照税法规定缴纳土地增值税和契税等相关税收。

另外，参照《辽宁省地方税务局关于企业所得税若干税收政策问题的通知》（辽地税发〔2007〕11号）的规定，企业购买房屋、土地，无论采取何种付款方式，只要没有办理产权变更手续，房屋或土地的折旧或摊销费用就不允许在税前扣除。

3.3.1 城镇土地使用税

（一）纳税义务人

《城镇土地使用税暂行条例》第二条规定，在城市、县城、建制镇、工矿区范围内使用土地的单位和个人，为城镇土地使用税的纳税人。

《财政部 国家税务总局关于集体土地城镇土地使用税有关政策的通知》（财税〔2006〕56号）规定，在城镇土地使用税征税范围内实际使用应税集体所有建设用地，但未办理土地使用权流转手续的，由实际使用集体土地的单位和个人按规定缴纳城镇土地使用税。

（二）征税范围

房地产开发企业占用位于城市、县城、建制镇、工矿区范围内的土地。

（三）计税依据和税额

城镇土地使用税以纳税人实际占用的土地面积为计税依据，依照规定税额计算征收。《城镇土地使用税暂行条例》规定，城镇土地使用税每平方米年税额如下：

（1）大城市1.5~30元；

（2）中等城市1.2~24元；

（3）小城市0.9~18元；

（4）县城、建制镇、工矿区0.6~12元。

省、自治区、直辖市人民政府，应当在上述规定的税额幅度内，根据市政建设状况、经济繁荣程度等条件，确定所辖地区的适用税额幅度。

市、县人民政府应当根据实际情况，将本地区土地划分为若干等级，在省、自治区、直辖市人民政府确定的税额幅度内，制定相应的适用税额标准，报省、自治区、直辖市人民政府批准执行。

（四）征收管理

1. 纳税义务发生时间

《财政部 国家税务总局关于房产税城镇土地使用税有关政策的通知》（财税〔2006〕186号）规定，以出让或转让方式有偿取得土地使用权的，应由受让方从合同约定交付土地时间的次月起缴纳城镇土地使用税；合同未约定交付土地时间的，由受让方从合同签订的次月起缴纳城镇土地使用税。房地产开发企业应自取得建造商品房用地土地使用权之次月起按规定缴纳城镇土地使用税。

《国家税务总局关于通过招拍挂方式取得土地缴纳城镇土地使用税问题的公告》（国家税务总局公告2014年第74号）规定，通过招标、拍卖、挂牌方式取得的建设用地，不属于新征用的耕地，纳税人应按照《财政部 国家税务总局关于房产税城镇土地使用税有关政策的通知》（财税〔2006〕186号）第二条规定，从合同约定交付土地时间的次月起缴纳城镇土地使用税；合同未约定交付土地时间的，从合同签订的次月起缴纳城镇土地使用税。

《城镇土地使用税暂行条例》规定新征用的土地，依照下列规定缴纳土地使用税：（1）征用的耕地，自批准征用之日起满1年时开始缴纳土地使用税；（2）征用的非耕地，自批准征用次月起缴纳土地使用税。

2. 纳税义务截止时间

《财政部 国家税务总局关于房产税城镇土地使用税有关问题的通知》（财税〔2008〕152号）规定，纳税人因房产、土地的实物或权利状态发生变化而依法终止房产税、城镇土地使用税纳税义务的，其应纳税款的计算应截止到房产、土地的实物或权利状态发生变化的当月末。即将开发产品交付给购买者并办理权属转移登记手续的次月。这一看似简单的规定，在实际操作中却理解不一，操作不一。"实物或权利状态发生变化"以什么时间为标志？以下是几个常见的时间点：

（1）商品房买卖合同签订时间；

（2）预售发票开具时间；

（3）房管部门备案时间；

（4）商品房买卖合同约定的房屋交付时间；

（5）房屋实际交付使用时间；

（6）契税缴纳时间；

（7）房产证、土地使用权证中记载的发证日期。

各地税务机关对城镇土地使用税纳税义务截至时间有不同的理解，导致各地城镇土地使用税的政策差异很大。在实际工作中，税务机关与企业基本都认可的时间点为房屋实际交付使用的时间。应缴纳的城镇土地使用税计算公式如下。

应交城镇土地使用税＝［总土地面积－总土地面积×（已售房屋
建筑面积÷总的建筑面积）］×当地所适用的
每平方米应纳税金额

对于扣除的已销售房屋的占地面积，可以参考以下政策。

《北京市地方税务局关于房地产开发企业开发用地征收城镇土地使用税有关问题的通知》（京地税地〔2005〕550号）规定，房地产开发企业已销售房屋的占地面积，可从房地产开发企业的计税面积中扣除。已销售房屋的占地面积计算公式如下。

已销售房屋的占地面积＝已销售房屋的建筑面积÷开发项目房屋总建筑面积×
总占地面积

【例3-1】取得土地使用权后何时开始缴纳城镇土地使用税

某市税务机关对某房地产开发企业进行纳税检查，检查时从该企业的会计账簿、会计凭证及纳税申报记录中没有发现异常，但在复核各税种的计税依据时，发现该企业签订的《国有土地使用权转让合同》涉及的日期存在问题。该企业情况为：2×19年通过出让方式取得一宗国有土地，与国土资源局签订的《国有土地使用权出让合同》日期为2×19年5月31日，合同未约定土地的具体交付时间。据介绍，2×19年6月30日该宗土地才实际办理交付手续。该企业缴纳城镇土地使用税的开始日期为2×19年7月1日。

该企业认为，2×19年5月31日与国土资源局签订了土地使用权出让合同，合同执行应当自2×19年6月1日起开始，土地的实际交付日期以交付证明书为准，即2×19年7月1日。也就是说，该企业实际使用土地的有效期限开始时间为2×19年7月1日。根据《城镇土地使用税暂行条例》的规定，在城市、县城、建制镇、工矿区范围内使用土地的单位和个人，为城镇土地使用税的纳税人，应当缴纳城镇土地使用税。因此，该企业自2×19年7月1日起按实际使用土地的日期缴纳城镇土地使用税是正确的。问：该企业这样理解对吗？

【解析】

根据财税〔2006〕186号文件的规定，以出让或转让方式有偿取得土地使用权的，应由受让方从合同约定交付土地时间的次月起缴纳城镇土地使用税；合同未约定交付土地时间的，由受让方从合同签订的次月起缴纳城镇土地使用税。该企业2×19年5月31日签订合同且合同中未约定土地具体的交付时间，应当自2×19年6月1日起计算缴纳城镇土地使用税。

该企业的问题并不复杂，企业的理解尽管合情却不合法。财税〔2006〕186号文件强调首先按照合同约定交付土地时间的次月起缴纳城镇土地使用税，在没有做此约定的情况下，才按照合同签订日期确定纳税义务发生时间。该案例说明房地产开发企业对财税〔2006〕186号文件所强调的"合同签订时间"和"合同约定时间"没有充分理解。前期参与人员不清楚税法的具体精神，认为尽快拿到合同也就完成了任务，待财务人员拿到合同时往往木已成舟，这说明企业内部应加强沟通和协作。如果该企业晚一天签订合同，签订日期为2×19年6月1日，就可以自2×19年7月1日起缴纳城镇土地使用税；如果该企业在合同中约定土地交付日期为2×19年7月1日，就可以自2×19年8月1日起缴纳城镇土地使用税。

3. 城镇土地使用税系列申报表

城镇土地使用税系列申报表如表3-1至表3-4所示。

表3-1　　　　　　城镇土地使用税纳税申报表

税款所属期：自　年　月　日至　年　月　日

填表日期：　年　月　日　　　　金额单位：元（列至角分）；面积单位：平方米

纳税人信息	纳税人识别号									
	纳税人名称					纳税人分类		单位□　个人□		
	登记注册类型		*			所属行业		*		
	身份证件类型		身份证□ 护照□　其他□			身份证件号码				
	联系人					联系方式				
申报纳税信息	土地编号	宗地号	土地等级	税额标准	土地总面积	所属期起	所属期止	本期应纳税额	本期减免税额	本期已缴税额	本期应补（退）税额
	*										
	*										
	*										
	*										
	*										
	*										
	*										
	合计			*		*	*				

续表

以下由纳税人填写：				
纳税人声明	此纳税申报表是根据《中华人民共和国城镇土地使用税暂行条例》和国家有关税收规定填报的，是真实的、可靠的、完整的			
纳税人签章		代理人签章		代理人身份证号
以下由税务机关填写：				
受理人		受理日期	年 月 日	受理税务机关签章

本表一式两份，一份纳税人留存，一份税务机关留存。

填表说明：

（1）本表适用于在中华人民共和国境内申报缴纳城镇土地使用税的单位和个人。

（2）本表为城镇土地使用税纳税申报表主表，依据《中华人民共和国税收征收管理法》（以下简称《税收征收管理法》）《城镇土地使用税暂行条例》制定。本表包括两个附表。附表一为《城镇土地使用税减免税明细申报表》，附表二为《城镇土地使用税税源明细表》。首次申报或变更申报时纳税人提交《城镇土地使用税税源明细表》后，本表由系统自动生成，无须纳税人手工填写，仅需签章确认。申报土地数量大于10个（不含10个）的纳税人，建议采用网络申报方式，并可选用本表的汇总版进行确认，完成申报。后续申报，纳税人税源明细无变更的，税务机关提供免填单服务，根据纳税人识别号，系统自动打印本表，纳税人签章确认即可完成申报。

（3）纳税人识别号：必填，填写税务机关赋予的纳税人识别号。

（4）纳税人名称：必填，纳税人是党政机关、企事业单位、社会团体的，应按照国家人事、民政部门批准设立或者工商部门注册登记的全称填写；纳税人是自然人的，应当按照本人有效身份证件上标注的姓名填写。

（5）纳税人分类：必选，分为单位和个人，个人含个体工商户。

（6）登记注册类型：单位，根据营业执照中登记的注册类型填写；纳税人是企业的，根据中华人民共和国国家统计局（以下简称"国家统计局"）《关于划分企业登记注册类型的规定》填写。

（7）所属行业：根据《国民经济行业分类》（GB/T 4754—2011）填写。该项可由系统自动带出，无须纳税人填写。

（8）身份证件类型：填写能识别纳税人唯一身份的有效证照名称。纳税人为自然人的，必选。选择类型为身份证、护照、其他，必选一项，选择"其他"的，需注明证件的具体类型。

（9）身份证件号码：填写纳税人身份证件上的号码。

（10）联系人、联系方式：必填，填写单位法定代表人或纳税人本人姓名、常用联系电话及地址。

（11）土地编号：纳税人不必填写。由税务机关的管理系统赋予编号，以识别。

（12）宗地号：土地证件记载的地号。不同地号的土地应当分行填写。无地号的，不同的宗地也应当分行填写。

（13）土地等级：必填，根据本地区关于土地等级的有关规定，填写纳税人占用土地所属的土地的等级。不同土地等级的土地，应当按照各个土地等级汇总填写。

（14）税额标准：根据土地等级确定，可由税务机关系统自动带出。

（15）土地总面积：必填，此面积为全部面积，包括减免税面积。本项为《城镇土地使用税税源明细表》"占用土地面积"的汇总值。

（16）所属期起：税款所属期内税款所属的起始月份。起始月份不同的土地应当分行填写。默认为税款所属期的起始月份。但是，当《城镇土地使用税税源明细表》中土地取得时间晚于税款所属期起始月份的，所属期起为"土地取得时间"的次月；《城镇土地使用税税源明细表》中经核准的困难减免的起始月份晚于税款所属期起始月份的，所属期起为"经核准的困难减免起止时间"中的"起始月份"；《城镇土地使用税税源明细表》中变更类型选择信息项变更的，变更时间晚于税款所属期起始月份的，所属期起为"变更时间"。

（17）所属期止：税款所属期内税款所属的终止月份。终止月份不同的土地应当分行填写。默认为税款所属期的终止月份。但是，当《城镇土地使用税税源明细表》中变更类型选择"纳税义务终止"的，变更时间早于税款所属期终止月份的，所属期止为"变更时间"；《城镇土地使用税税源明细表》中"经核准的困难减免起止时间"中的"终止月份"早于税款所属期终止月份的，所属期止为"经核准的困难减免起止时间"中的"终止月份"。

（18）本期应纳税额：根据《城镇土地使用税税源明细表》有关数据项自动计算生成。本期应纳税额 = ∑ 占用土地面积 × 税额标准 ÷ 12 ×（所属期止月份 -

所属期起月份+1）。

（19）本期减免税额：本项根据《城镇土地使用税税源明细表》月减免税额与税款所属期实际包含的月份数自动计算生成。本期减免税额＝∑《城镇土地使用税税源明细表》中月减免税额×(所属期止月份－所属期起月份＋1）。

（20）逻辑关系：本期应补（退）税额＝本期应纳税额－本期减免税额－本期已缴税额。

（21）带星号（*）的项目不需要纳税人填写。

表3－2　　　城镇土地使用税纳税申报表（汇总版）

税款所属期：自　年　月　日至　年　月　日
填表日期：　年　月　日　　　金额单位：元（列至角分）；面积单位：平方米

纳税人信息	纳税人识别号							
	纳税人名称			纳税人分类		单位□　个人□		
	登记注册类型		*	所属行业		*		
	身份证件类型	身份证□　护照□　其他□		身份证件号码				
	联系人			联系方式				
申报纳税信息	土地等级	税额标准	土地总面积	所属期起	所属期止	本期应纳税额	本期减免税额	本期已缴税额	本期应补（退）税额
	-	-	合计						
以下由纳税人填写：									
纳税人声明	此纳税申报表是根据《中华人民共和国城镇土地使用税暂行条例》和国家有关税收规定填报的，是真实的、可靠的、完整的								
纳税人签章			代理人签章			代理人身份证号			
以下由税务机关填写：									
受理人			受理日期		年　月　日	受理税务机关签章			

本表一式两份，一份纳税人留存，一份税务机关留存。

表 3-3　　　　　　　城镇土地使用税减免税明细申报表

税款所属期：自　年　月　日至　年　月　日
填表日期：　年　月　日　　　金额单位：元（列至角分）；面积单位：平方米
纳税人识别号：
纳税人名称：

序号	土地编号	所属期起	所属期止	减免性质代码	减免项目名称	减免税面积	土地等级	税额标准	本期减免税额
1									
2									
3									
4									
5									
6									
7									
8									
9									
10									
合计		*	*	*	*		*	*	

以下由纳税人填写：	
纳税人声明	此纳税申报表是根据《中华人民共和国城镇土地使用税暂行条例》和国家有关税收规定填报的，是真实的、可靠的、完整的
纳税人签章	代理人签章　　　　　　　　代理人身份证号

以下由税务机关填写：		
受理人	受理日期　年　月　日	受理税务机关签章

填表说明：

（1）首次申报或变更申报时纳税人提交《城镇土地使用税税源明细表》后，本表根据《城镇土地使用税税源明细表》有关数据项由系统自动生成，无须纳税人手工填写，仅需签章确认。后续无变更时申报，纳税人税源明细无变更的，税务机关提供免填单服务，根据纳税人识别号及该纳税人当期有效的土地税源明细信息自动生成本表，纳税人签章确认即可完成申报。

（2）所属期起：税款所属期内税款所属的起始月份。起始月份不同的土地应当分行填写。默认为税款所属期的起始月份。但是，《城镇土地使用税税源明细表》中土地取得时间晚于税款所属期起始月份的，所属期起为"土地取得时间"的次月；《城镇土地使用税税源明细表》中经核准的困难减免的起始月份晚于税款所属期起始月份的，所属期起为"经核准的困难减免起止时间"中的"起始月份"；《城镇土地使用税税源明细表》中变更类型选择信息项变更的，变更时间晚于税款所属期起始月份的，所属期起为"变更时间"。

（3）所属期止：税款所属期内税款所属的终止月份。终止月份不同的土地应当分行填写。默认为税款所属期的终止月份。但是，《城镇土地使用税税源明细表》中变更类型选择"纳税义务终止"的，变更时间早于税款所属期终止月份的，所属期止为"变更时间"；《城镇土地使用税税源明细表》中"经核准的困难减免起止时间"中的"终止月份"早于税款所属期终止月份的，所属期止为"经核准的困难减免起止时间"中的"终止月份"。

（4）本期减免税额：本项根据《城镇土地使用税税源明细表》月减免税额与税款所属期实际包含的月份数自动计算生成。本期减免税额 = Σ《城镇土地使用税税源明细表》中月减免税额×（所属期止月份－所属期起月份＋1）。

表 3-4　　　　　　　　城镇土地使用税税源明细表

纳税人名称：　　　　纳税人分类：单位□　个人□
填表日期：　年　月　日　　　金额单位：元（至角分）；面积单位：平方米

纳税人识别号				
身份证件类型	身份证□　护照□　其他□		身份证件号码	
土地编号	*	地号		土地名称	
纳税人类型	土地使用权人□ 集体土地使用人□ 无偿使用人□ 代管人□ 实际使用人□（必选）	土地使用权人纳税识别号		土地使用权人名称	
土地使用权证号		土地性质	国有□　集体□（必选）		
土地取得方式	划拨□　出让□　转让□ 租赁□　其他□（必选）	土地用途	工业□　商业□　居住□ 综合用地□　房地产开发企业的开发用地□　其他□（必选）		
土地坐落地址（详细地址）	省（自治区、市）　市（区）　县（区）　街道（必填）				
土地所属主管税务所（科、分局）	该土地的城镇土地使用税收入所属的主管税务机关。系统允许各地配置该项的确定规则。该项不需纳税人手动填写，根据确定规则自动带出				

续表

土地取得时间	年 月	变更类型	纳税义务终止（权属转移□ 其他□） 信息项变更（土地面积变更□ 土地等级变更□ 减免税变更□ 其他□）	变更时间	年 月
占用土地面积		土地等级		税额标准	
地价		其中取得土地使用权支付金额		其中土地开发成本	
减免税部分	序号	减免性质代码	减免项目名称	经核准的困难减免起止时间		减免税土地面积	月减免税金额
				起始月份	终止月份		
	1			年 月	年 月		
	2						
	3						
以下由纳税人填写：							
纳税人声明	此纳税申报表是根据《中华人民共和国城镇土地使用税暂行条例》和国家有关税收规定填报的，是真实的、可靠的、完整的						
纳税人签章	代理人签章			代理人身份证号			
以下由税务机关填写：							
受理人	受理日期		年 月 日	受理税务机关签章			

本表一式两份，一份纳税人留存，一份税务机关留存。

填表说明：

（1）本表为《城镇土地使用税纳税申报表》的明细附表，填写本表后，系统根据本表数据自动计算生成《城镇土地使用税纳税申报表》和《城镇土地使用税减免税明细申报表》。

（2）此表实施后，对首次进行纳税申报的纳税人，需要申报其全部土地的相关信息。此后办理纳税申报时，如果纳税人的土地及相关信息未发生变化，可仅对上次申报信息进行确认；发生变化的，仅就变化的内容进行填写。有条件的地区，税务机关可以通过系统将上期申报的信息推送给纳税人。税源数据基础较好或已获取第三方信息的地区，可直接将数据导入纳税申报系统并推送给纳税人进行确认。

（3）城镇土地使用税税源明细申报遵循"谁纳税谁申报"的原则，只要存在城镇土地使用税纳税义务，就应当如实申报土地信息。

（4）每一宗土地填写一张表。同一宗土地跨两个土地等级的，按照不同等级分别填表。无土地证的，按照土地坐落地址分别填表。纳税人不得将多宗土地合并成一条记录填表。

（5）对于填写中所涉及的数据项目，有土地证件的，依据证件记载的内容填写，没有土地证件的，依据实际情况填写。

（6）纳税人识别号：必填，填写税务机关赋予的纳税人识别号。

（7）纳税人名称：必填，纳税人是党政机关、企事业单位、社会团体的，应按照国家人事、民政部门批准设立或者工商部门注册登记的全称填写；纳税人是自然人的，应按照本人有效身份证件上标注的姓名填写。

（8）纳税人分类：必选，分为单位和个人，个人含个体工商户。

（9）身份证件类型：填写能识别纳税人唯一身份的有效证照名称。纳税人为自然人的，必选。选择类型为身份证、护照、其他，必选一项，选择"其他"的，需注明证件的具体类型。

（10）身份证件号码：填写纳税人身份证件上的号码。

（11）土地编号：纳税人不必填写。由税务机关的管理系统赋予编号，以识别。

（12）地号：非必填，土地证件记载的地号。

（13）土地名称：非必填，填写纳税人自行填写土地简称，协助查找使用。

（14）纳税人类型：分为土地使用权人、集体土地使用人、无偿使用人、代管人、实际使用人。必选一项，且只能选一项。

（15）土地使用权人纳税识别号：非必填，填写土地使用权人的纳税识别号。纳税人类型选择无偿使用人、代管人和实际使用人的填写。

（16）土地使用权人名称：非必填，填写土地使用权人的名称。纳税人类型选择无偿使用人、代管人和实际使用人的填写。

（17）土地使用权证号：有土地证件者必填。填写土地证件载明的证件编号。

（18）土地性质：必选，根据实际的土地性质选择。选项为国有、集体。

（19）土地取得方式：必选，根据土地的取得方式选择，分为划拨、出让、转让、租赁和其他。

（20）土地用途：必选，分为工业、商业、居住、综合、房地产开发企业的开发用地和其他。必选一项，且只能选一项，不同用途的土地应当分别填表。

（21）土地坐落地址：必填，应当填写详细地址，具体为：××省××市××县（区）××街道+详细地址。

（22）土地所属主管税务所（科、分局）：必填，本表所填列土地的城镇土地使用税收入所属的主管税务机关。系统允许各地配置该项的确定规则。该项不需纳税人手动填写，根据确定规则自动带出。

（23）土地取得时间：选填，填写纳税人初次获得该土地的时间。

（24）变更类型：选填，有变更情况的必选。

（25）变更时间：选填，有变更情况的必填，填至月。变更类型选择纳税义务终止的，税款计算至当月末；变更类型选择信息项变更的，自变更当月起按新状态计算税款。

（26）占用土地面积：必填，根据纳税人本表所填列土地实际占用的土地面积填写，保留两位小数。此面积为全部面积，包括减税面积和免税面积。

（27）地价：曾经支付地价和开发成本的必填。地价为地价和土地开发成本之和。

（28）土地等级：必填，根据本地区土地等级的有关规定，填写纳税人占用土地所属的土地的等级。不同土地等级的土地应当分别填表。系统应当允许各地对土地等级及税额标准进行配置，也应当允许各地配置根据土地坐落地址确定土地等级的规则。

（29）税额标准：根据土地等级确定，由税务机关系统自动带出。系统应当允许各地自行配置各个土地等级对应的税额标准

（30）减免性质代码：按照税务机关最新制发的减免税政策代码表中最细项减免性质代码填写。有减免税情况的必填。不同减免性质代码的土地应当分行填表。纳税人减免税情况发生变化时，应当进行变更。

（31）减免项目名称：按照税务机关最新制发的减免税政策代码表中最细项减免项目名称填写。有减免税情况的必填。

（32）经核准的困难减免起止时间：纳税人如有城镇土地使用税困难减免的情况，必填。填写经税务机关核准的困难减免的起始月份和终止月份。

（33）减免税土地面积：填写享受减免税政策的土地的全部面积。

（34）月减免税金额：填写本表所列土地本项减免税项目享受的月减免税

金额。

（35）带星号（＊）的项目不需要纳税人填写。

（五）特殊事项税务处理

1. 未缴纳土地出让金是否免缴城镇土地使用税

《城镇土地使用税暂行条例》规定，在城市、县城、建制镇、工矿区范围内使用土地的单位和个人，是城镇土地使用税的纳税义务人，应依照法规缴纳城镇土地使用税。因此，土地使用者不论以何种方式取得土地使用权，不论是否缴纳土地出让金，只要在城镇土地使用税的开征范围内，都应依照法规缴纳城镇土地使用税。

根据财税〔2006〕186号文件的规定，以出让或转让方式有偿取得土地使用权的，应由受让方从合同约定交付土地时间的次月起缴纳城镇土地使用税，合同未约定交付土地时间的，由受让方从合同签订的次月起缴纳城镇土地使用税。

2. 未办理土地使用证开发也应缴纳城镇土地使用税

（1）房地产开发企业变相租赁农村集体土地进行开发的行为。

房地产开发企业变相租赁农村集体土地进行开发，由于无法变更土地使用权流转手续而不缴纳城镇土地使用税的情形并不鲜见。根据《财政部 国家税务总局关于集体土地城镇土地使用税有关政策的通知》（财税〔2006〕56号）的规定，在城镇土地使用税征税范围内实际使用应税集体所有建设用地但未办理土地使用权流转手续的，由实际使用集体土地的单位和个人按规定缴纳城镇土地使用税。

《财政部 税务总局关于承租集体土地城镇土地使用税有关政策的通知》（财税〔2017〕29号）进一步规定，在城镇土地使用税征税范围内，承租集体所有建设用地的，由直接从集体经济组织承租土地的单位和个人，缴纳城镇土地使用税。即承租了集体土地又转租他人的，虽然不是实际使用集体土地的单位，也应缴纳城镇土地使用税。

（2）按照施工许可证开始缴纳城镇土地使用税仅是一种特殊处理方式。

按照施工许可证开始缴纳城镇土地使用税对于房地产开发企业来说无疑是一种较好的处理方式，但其适用范围有限，仅天津市有具体规定。例如，《天津市地方税务局关于房地产开发企业用于建造商品房用地征免土地使用税问题的通知》（津地税地〔2003〕8号）规定，凡2003年1月1日以后取得土地使用权投资开发的商品房用地，计税起止时间按以下规定执行：①开始计税时间。

对拥有土地使用证的房地产开发企业,按《天津市实施〈中华人民共和国城镇土地使用税暂行条例〉办法》(津政令第119号)第八条规定办理,即:征用的耕地,从纳税人取得土地使用权之日起满一年时,开始缴纳城镇土地使用税;征用的非耕地,从纳税人取得土地使用权的次月起缴纳城镇土地使用税。对未取得土地使用证,但已动工建造商品房的房地产开发企业,自取得市建委核发的天津市建设工程施工许可证的次月起缴纳城镇土地使用税。②计税截止时间。自取得市建委核发的天津市新建住宅商品房准许交付使用证的次月起免纳城镇土地使用税。

3. 土地闲置费的处理

《闲置土地处置办法》第二条规定:闲置土地,是指国有建设用地使用权人超过国有建设用地使用权有偿使用合同或者划拨决定书约定、规定的动工开发日期满一年未动工开发的国有建设用地。

已动工开发但开发建设用地面积占应动工开发建设用地总面积不足1/3或者已投资额占总投资额不足25%,中止开发建设满1年的国有建设用地,也可以认定为闲置土地。

《国家税务总局关于土地增值税清算有关问题的通知》(国税函〔2010〕220号)明确规定,房地产开发企业逾期开发缴纳的土地闲置费不得扣除。

《房地产开发经营业务企业所得税处理办法》(国税发〔2009〕31号)第二十二条规定:企业因国家无偿收回土地使用权而形成的损失,可作为财产损失按有关规定在税前扣除。第二十七条规定:土地征用费及拆迁补偿费,指为取得土地开发使用权(或开发权)而发生的各项费用,主要包括土地买价或出让金、大市政配套费、契税、耕地占用税、土地使用费、土地闲置费、土地变更用途和超面积补交的地价及相关税费、拆迁补偿支出、安置及动迁支出、回迁房建造支出、农作物补偿费、危房补偿费等。

按照企业所得税的处理规定,土地闲置费可以计入开发产品计税成本,显然是能够在税前扣除的,因国家无偿收回土地使用权而形成的损失也可作为财产损失在税前扣除。但是,国税函〔2010〕220号文件明确规定,房地产开发企业逾期开发缴纳的土地闲置费不得扣除。这又成为房地产开发企业所得税与土地增值税的一大区别。因此,房地产开发企业土地增值税清算不能按照企业所得税口径计算土地扣除成本。

3.3.2 契税

(一) 纳税义务人

《中华人民共和国契税法》规定,在中华人民共和国境内转移土地、房屋权属,承受的单位和个人为契税的纳税人,应当依照本法规定缴纳契税。本法所称转移土地、房屋权属,是指下列行为:(1)土地使用权出让;(2)土地使用权转让,包括出售、赠与、互换;(3)房屋买卖、赠与、互换。前款第二项土地使用权转让,不包括土地承包经营权和土地经营权的转移。以作价投资(入股)、偿还债务、划转、奖励等方式转移土地、房屋权属的,应当依照本法规定征收契税。

(二) 税率

契税税率为百分之三至百分之五。契税的具体适用税率,由省、自治区、直辖市人民政府在前款规定的税率幅度内提出,报同级人民代表大会常务委员会决定,并报全国人民代表大会常务委员会和国务院备案。省、自治区、直辖市可以依照前款规定的程序对不同主体、不同地区、不同类型的住房的权属转移确定差别税率。

(三) 计税依据

契税的计税依据:

(1)土地使用权出让、出售,房屋买卖,为土地、房屋权属转移合同确定的成交价格,包括应交付的货币以及实物、其他经济利益对应的价款;

(2)土地使用权互换、房屋互换,为所互换的土地使用权、房屋价格的差额;

(3)土地使用权赠与、房屋赠与以及其他没有价格的转移土地、房屋权属行为,为税务机关参照土地使用权出售、房屋买卖的市场价格依法核定的价格。纳税人申报的成交价格、互换价格差额明显偏低且无正当理由的,由税务机关依照《中华人民共和国税收征收管理法》的规定核定。

(四) 征收管理

(1)契税的纳税义务发生时间,为纳税人签订土地、房屋权属转移合同的当日,或者纳税人取得其他具有土地、房屋权属转移合同性质凭证的当日。

(2)契税纳税期限:纳税人应当在依法办理土地、房屋权属登记手续前申报缴纳契税。

(3)契税系列申报表。

契税系列申报表如表 3-5 和表 3-6 所示。

表 3-5　　　　　　　　　契税纳税申报表

填表日期：　年　月　日　　　　金额单位：元（列至角分）；面积单位：平方米

纳税人识别号：

承受方信息	名称			□单位　□个人	
	登记注册类型		所属行业		
	身份证件类型	身份证□　护照□　其他□	身份证件号码		
	联系人		联系方式		
转让方信息	名称			□单位　□个人	
	纳税人识别号		登记注册类型		所属行业	
	身份证件类型		身份证件号码		联系方式	
土地房屋权属转移信息	合同签订日期		土地房屋坐落地址		权属转移对象	设立下拉列框*
	权属转移方式	设立下拉列框	用途	设立下拉列框	家庭唯一普通住房	□90平方米以上 □90平方米及以下
	权属转移面积		成交价格		成交单价	
税款征收信息	评估价格		计税价格		税率	
	计征税额		减免性质代码		减免税额	应纳税额
以下由纳税人填写：					
纳税人声明	此纳税申报表是根据《中华人民共和国契税暂行条例》和国家有关税收规定填报的，是真实的、可靠的、完整的				
纳税人签章		代理人签章		代理人身份证号	
以下由税务机关填写：					
受理人		受理日期		年　月　日	受理税务机关签章

本表一式两份，一份纳税人留存，一份税务机关留存。

注：设立下拉列框说明。

表 3-6　权属转移对象、方式、用途逻辑关系对照表

权属转移对象			权属转移方式		用途
一级（大类）	二级（小类）	三级（细目）			
土地	无	无	土地使用权出让		1. 居住用地；2. 商业用地；3. 工业用地；4. 综合用地；5. 其他用地
			土地使用权转让	土地使用权买卖	1. 居住用地；2. 商业用地；3. 工业用地；4. 综合用地；5. 其他用地
				土地使用权赠与	1. 居住用地；2. 商业用地；3. 工业用地；4. 综合用地；5. 其他用地
				土地使用权交换	1. 居住用地；2. 商业用地；3. 工业用地；4. 综合用地；5. 其他用地
				土地使用权作价入股	1. 居住用地；2. 商业用地；3. 工业用地；4. 综合用地；5. 其他用地
房屋	增量房	普通商品住房	1. 房屋买卖；2. 房屋赠与；3. 房屋交换；4. 房屋作价入股；5. 其他		居住
		非普通商品住房	1. 房屋买卖；2. 房屋赠与；3. 房屋交换；4. 房屋作价入股；5. 其他		居住
		保障性住房	1. 房屋买卖；2. 房屋赠与；3. 房屋交换；4. 房屋作价入股；5. 其他		居住
		其他住房	1. 房屋买卖；2. 房屋赠与；3. 房屋交换；4. 房屋作价入股；5. 其他		居住
		非住房	1. 房屋买卖；2. 房屋赠与；3. 房屋交换；4. 房屋作价入股；5. 其他		1. 商业；2. 办公；3. 商住；4. 附属建筑；5. 工业；6. 其他
	存量房	普通商品住房	1. 房屋买卖；2. 房屋赠与；3. 房屋交换；4. 房屋作价入股；5. 其他		居住
		非普通商品住房	1. 房屋买卖；2. 房屋赠与；3. 房屋交换；4. 房屋作价入股；5. 其他		居住
		保障性住房	1. 房屋买卖；2. 房屋赠与；3. 房屋交换；4. 房屋作价入股；5. 其他		居住
		其他住房	1. 房屋买卖；2. 房屋赠与；3. 房屋交换；4. 房屋作价入股；5. 其他		居住
		非住房	1. 房屋买卖；2. 房屋赠与；3. 房屋交换；4. 房屋作价入股；5. 其他		1. 商业；2. 办公；3. 商住；4. 附属建筑；5. 工业；6. 其他

契税纳税申报表填表说明：

（1）本表依据《税收征收管理法》《中华人民共和国契税法》设计制定。纳税申报必须填写本表。

（2）本表适用于在中国境内承受土地、房屋权属的单位和个人。纳税人应当在签订土地、房屋权属转移合同或者取得其他具有土地、房屋权属转移合同性质凭证后10日内，向土地、房屋所在地契税征收机关填报契税纳税申报表，申报纳税。对于个人间的二手房权属转移，纳税人可通过填报二手房交易综合申报表进行契税纳税申报，不需再填报契税纳税申报表。

（3）填报日期：填写纳税人办理纳税申报的实际日期。

（4）纳税人识别号：填写税务机关赋予的纳税人识别号。

（5）承受方及转让方名称：承受方、转让方是党政机关、企事业单位的，应按照国家人事、民政部门批准设立或者工商部门注册登记的全称填写；承受方、转让方是自然人的，应按照本人有效身份证件上标注的姓名填写。

（6）登记注册类型：承受方、转让方是企业的填写此栏。根据国家统计局《关于划分企业登记注册类型的规定》填写。

（7）所属行业：承受方、转让方是党政机关、企事业单位的填写此栏。根据《国民经济行业分类》（GB/T 4754—2011）填写。

（8）身份证件类型：填写能识别纳税人唯一身份的有效证照名称。纳税人为自然人的，必选。选择类型为身份证、护照、其他，必选一项，选择"其他"的，需注明证件的具体类型。

（9）身份证件号码：填写纳税人身份证件上的号码。

（10）联系人：填写单位法定代表人或纳税人本人姓名；联系方式：填写常用联系电话及通信地址。

（11）合同签订时间：承受方与转让方签订土地、房屋转移合同的当日，或者承受方取得其他具有土地、房屋转移合同性质凭证的当日。

（12）土地房屋坐落地址：土地使用权转移，应填写土地坐落地址及地号；房屋权属转移，应同时填写土地坐落地址（含地号）和房屋坐落地址。

（13）权属转移对象：分土地、房屋两类一级指标；房屋下的二级指标设增量房和存量房；增量房和存量房下的三级指标均设普通商品住房、非普通商品住房、保障性住房、其他住房和非住房。

（14）权属转移方式：房屋按房屋买卖、房屋赠与、房屋交换、房屋作价入股、其他填写；土地按土地使用权出让、土地使用权买卖、土地使用权赠与、土地使用权交换、土地使用权作价入股填写。

（15）用途：土地按居住用地、商业用地、工业用地、综合用地、其他用地填写；住房按居住填写；非住房按商业、办公、商住、附属建筑、工业、其他填写。

（16）权属转移面积：按土地、房屋权属转移合同确定的面积填写。

（17）成交价格：按土地、房屋权属转移合同确定的价格（包括承受者应交付的货币、实物、无形资产或者其他经济利益，折算成人民币金额）填写；房屋交换为所交换房屋所支付的差价，不支付差价、小于零则填"0"；居民因个人房屋被征收而重新购置房屋或选择房屋产权调换的，以购房价格超过征收补偿部分的金额填写。成交单价：单位面积的成交价格。

（18）税率：3%~5%，根据各省、自治区、直辖市确定的适用税率填写。家庭唯一普通住房亦按适用税率而非优惠税率填写。如，某省规定，该省住房适用税率为3%，对个人购买90平方米以下家庭住房的，在填报契税纳税申报表时，税率应按3%而非1%填写。

（19）评估价格：依据一定的评估方法对房地产所做的客观合理估价。如果纳税人成交价格明显低于市场价格并且无正当理由，并需要核定或评估的，按照"存量房交易计税价格评估系统"评估的价格或评估机构出具的评估价格填写。

（20）计税价格：征收机关按照《中华人民共和国契税暂行条例》及有关规定确定的成交价格或者核定价格。

（21）减免性质代码：对按照契税政策规定享受减免税的，应按税务机关最新制发的减免税政策代码表中最细项减免性质代码填写。对同时享受税额式（税基式）减免税及税率式减免税的（如同时享受房屋征收免税及家庭唯一普通住房税率优惠），减免性质代码按税率式减免税对应的代码填写。不享受减免税的，不填写此项。

（22）计征税额：计征税额 = 计税价格 × 适用税率，适用税率即（18）中确认的税率。

（23）减免税额：减免税额 = 计税价格 × (适用税率 − 优惠税率) × 减免税比例，减免税比例按各地确定的减免税比例计算。享受免税的，减免税比例为100%，不享受减免税的，不填写此项。

同时享受税额式（税基式）减免税及税率式减免税的，减免税额为按税率式减免税计算的减免税额。其中，90平方米及以下家庭唯一普通住房的，优惠税率为1%；90平方米以上家庭唯一普通住房的，优惠税率＝适用税率÷2。

(24) 应纳税额：应纳税额＝计征税额－减免税额。

例如，王某在住房被政府征收后选择货币补偿重新购置了80平方米的房屋，购房成交价格超过货币补偿10万元，按现行政策规定，王某应就超过货币补偿的10万元缴纳契税，同时，由于该房屋符合当地普通房屋标准，且为王某家庭唯一普通住房，可享受1%优惠税率，当地契税适用税率为3%。由此计算，计征税额＝10万元×3%＝3 000元，减免税额＝10万元×(3%－1%)＝2 000元，应纳税额＝10万元×1%＝1 000元。

(五) 契税计税依据解读

(1)《财政部 国家税务总局关于国有土地使用权出让等有关契税问题的通知》(财税〔2004〕134号) 规定，出让国有土地使用权的，其契税计税价格为承受人为取得该土地使用权而支付的全部经济利益。

以协议方式出让的，其契税计税价格为成交价格。成交价格包括土地出让金、土地补偿费、安置补助费、地上附着物和青苗补偿费、拆迁补偿费、市政建设配套费等承受者应支付的货币、实物、无形资产及其他经济利益。

没有成交价格或者成交价格明显偏低的，征收机关可依次按下列两种方式确定。

①评估价格：由政府批准设立的房地产评估机构根据相同地段、同类房地产进行综合评定，并经当地税务机关确认的价格。

②土地基准地价：由县以上人民政府公示的土地基准地价。

以竞价方式出让的，其契税计税价格一般应确定为竞价的成交价格，土地出让金、市政建设配套费以及各种补偿费用应包括在内。

先以划拨方式取得土地使用权，后经批准改为出让方式取得该土地使用权的，应依法缴纳契税，其计税依据为应补缴的土地出让金和其他出让费用。

已购公有住房经补缴土地出让金和其他出让费用成为完全产权住房的，免征土地权属转移的契税。

《国家税务总局关于明确国有土地使用权出让契税计税依据的批复》(国税函〔2009〕603号) 再次明确，出让国有土地使用权，契税计税价格为承受人为取得该土地使用权而支付的全部经济利益。对通过"招、拍、挂"程序承受国有土地使用权的，应按照土地成交总价款计征契税，其中的土地前期开发成本不得扣除。

【例3-2】某房地产开发公司以公开竞价方式取得了一块4 000平方米的

国有土地的使用权。成交的竞拍价格为10 000万元，出让合同关于土地状态条款规定为净地出让，但实际拆迁补偿工作并未完成，返还拆迁补偿费2 000万元，安置补助费400万元，市政配套建设费300万元另行支付，契税税率为4%。

【解析】

应纳契税 =（10 000 +300 +400）×4% =428（万元）。

如果土地出让状态为毛地，取得土地使用权后发生的拆迁补偿费应补缴契税。

【例3-3】某房地产开发公司以公开竞价方式取得了一块4 000平方米的国有土地的使用权。成交的竞拍价格为10 000万元，出让合同关于土地状态条款规定为现状出让，拆迁补偿工作并未完成，取得土地使用权后发生拆迁补偿费2 000万元，安置补助费400万元，市政配套建设费300万元另行支付，契税税率为4%。

【解析】

应交契税 =（10 000 +400 +2 000 +300）×4% =508（万元）。

（2）《财政部 国家税务总局关于企业以售后回租方式进行融资等有关契税政策的通知》（财税〔2012〕82号）规定：

二、以招拍挂方式出让国有土地使用权的，纳税人为最终与土地管理部门签订出让合同的土地使用权承受人。

…………

四、企业承受土地使用权用于房地产开发，并在该土地上代政府建设保障性住房的，计税价格为取得全部土地使用权的成交价格。

【例3-4】某公司参与土地开发，通过"招拍挂"方式取得土地使用权后，以货币资金1亿元成立子公司甲公司，由甲公司与当地政府签订土地使用权出让合同。此时，契税的纳税主体是谁？

【解析】

根据上述规定，契税纳税主体是甲公司。

【例3-5】减免土地出让金可否减免契税

乙公司以竞价方式获得出让的土地一宗，经批准减免土地出让金1 000万元，已支付土地出让金5 000万元，已支付市政建设配套费800万元，已支付各种补偿费用700万元。

问：乙公司承受该宗土地的使用权，应按4%的税率缴纳多少契税？

【解析】

《国家税务总局关于免征土地出让金出让国有土地使用权征收契税的批复》(国税函〔2005〕436号)对北京市地方税务局《关于对政府以零地价方式出让国有土地使用权征收契税问题的请示》(京地税地〔2005〕166号)的批复指出：根据《中华人民共和国契税法》及其细则的有关规定，对承受国有土地使用权所应支付的土地出让金，要计征契税。不得因减免土地出让金，而减免契税。

因此，乙公司应交契税 = (1 000 + 5 000 + 800 + 700) × 4% = 300 (万元)，不得因减免土地出让金而减免契税。

【例3-6】土地使用权分割比例发生变化是否征收契税

甲、乙两公司共同竞拍取得一块土地，土地使用证上的土地使用权人为甲、乙两公司，共有比例为35∶65。问：

(1) 如果甲、乙两公司按上述比例进行土地使用权分割，是否征收契税？

(2) 如果甲、乙两公司土地使用权分割的比例发生变化，比如甲公司持有70%，乙公司持有30%，是否征收契税？

【解析】

(1)《中华人民共和国契税法》第一条规定：在中华人民共和国境内转移土地、房屋权属，承受的单位和个人为契税纳税人，应当依照本条例的规定缴纳契税。本案例中已明确了双方的土地使用权比例，只是按照比例进行了分割，并没有发生土地权属的转移，因此，不应当征收契税。

(2) 土地使用权比例发生变动，如果没有补偿价款，相当于乙方赠与35%的土地使用权给甲方。《中华人民共和国契税法》第四条规定：土地使用权赠与，为税务机关参照土地使用权出售、房屋买卖的市场价格依法核定的价格。本案例中，应由受赠方——甲公司按税务机关核定价款申报缴纳契税。

《财政部 国家税务总局关于明确金融 房地产开发 教育辅助服务等增值税政策的通知》(财税〔2016〕140号)第八条规定：

房地产开发企业（包括多个房地产开发企业组成的联合体）受让土地向政府部门支付土地价款后，设立项目公司对该受让土地进行开发，同时符合下列条件的，可由项目公司按规定扣除房地产开发企业向政府部门支付的土地价款。

(一) 房地产开发企业、项目公司、政府部门三方签订变更协议或补充合同，将土地受让人变更为项目公司。

(二) 政府部门出让土地的用途、规划等条件不变的情况下，签署变更协议或补充合同时，土地价款总额不变。

（三）项目公司的全部股权由受让土地的房地产开发企业持有。

符合上述规定的，实际土地使用权承受人项目公司除缴纳契税外，土地成本也可以抵减自行开发的房地产项目销售额。

【例3-7】补缴土地出让金是否缴纳契税

甲公司用地为无偿划拨工业用地，2×19年拟申请变更为住宅用地，政府实际操作时采取的方式是先收回该宗地，确定应付给甲公司补偿款3 000万元，进行重新规划后另行挂牌出让给该公司。该公司应支付土地出让金5 000万元，在实际补缴了土地出让金和补偿款的差价2 000万元后重新取得该宗地的土地使用权。问：甲公司应缴纳多少契税？

【解析】

甲公司若仅是改变土地用途补缴土地出让金，则契税计税依据应为2 000万元。甲公司通过"土地收归国有并摘牌重新取得土地使用权"方式运作，也实现了土地用途的转变。但从法律形式上看，土地收归国有后重新挂牌，甲公司未必摘牌成功，若被其他企业摘牌，契税计税依据应为5 000万元。若甲公司摘牌成功，则应遵循一样的原则，契税计税依据应为5 000万元。

如果考虑实质重于法律形式原则，计税依据为改变土地用途应"补缴"的土地收益金及应"补缴"政府的其他费用2 000万元，但是应符合签订土地使用权出让合同变更协议或者重新签订土地使用权出让合同的要求，而不宜走先期收回的途径。

【例3-8】企业办学校用地是否缴纳契税

某房地产企业是一所民办学校的投资人，经县人民政府教育行政主管部门批准并核发了社会力量办学许可证。该校通过土地使用权拍卖购得300亩土地的使用权，用于学校建设。在办理土地使用证时，土地管理部门要其提供缴纳契税凭证，否则不予办理。问：该企业办学校用地是否计征契税？

【解析】

根据《中华人民共和国教育法》《社会力量办学条例》《财政部 国家税务总局关于社会力量办学契税政策问题的通知》（财税〔2001〕156号）的规定，社会力量举办的教育机构依法享有与国家举办的教育机构平等的法律地位，对县级以上人民政府教育行政主管部门或劳动行政主管部门批准并核发社会力量办学许可证，由企业事业组织、社会团体及其他社会组织和公民个人利用非国家财政性教育经费面向社会举办的教育机构，其承受的土地、房屋权属用于教学的，比照《契税暂行条例》第六条第（一）款的规定，免征契税。需要注意的是，购置用于教学的土地使用权虽然不缴纳契税，但要到契税征收机关办理契税免税证明。

【例 3 - 9】划拨土地转让各方应如何补缴契税

甲企业用地为无偿划拨工业用地，2×19 年经政府审批同意转让给乙公司，双方合同约定，乙公司承担应补缴的土地出让金 2 000 万元，另外支付甲企业土地补偿款 1 000 万元。假设适用契税税率为 4%。

问：双方应如何计算缴纳契税？

【解析】

本案例中，划拨用地转让双方均应缴纳契税。

(1) 划拨土地转让双方均计征契税。《中华人民共和国城市房地产管理办法》第四十条规定："以划拨方式取得土地使用权的，转让房地产时，应当按照国务院规定，报有批准权的人民政府审批。有批准权的人民政府准予转让的，应当由受让方办理土地使用权出让手续，并依照国家有关规定缴纳土地使用权出让金。以划拨方式取得土地使用权的，转让房地产报批时，有批准权的人民政府按照国务院规定决定可以不办理土地使用权出让手续的，转让方应当按照国务院规定将转让房地产所获收益中的土地收益上缴国家或者作其他处理。"因此，转让划拨土地使用权的，转让者要补缴契税，同时承受方应依照有关规定缴纳契税。

(2) 承受方契税计税依据。参照《关于委托代征土地使用权出让、转让契税几个具体问题的复函》(成地税函发〔1998〕85 号) 的规定，纳税人即土地受让人应纳契税 =（土地出让金总额 + 土地交易价款总额）×4%。若土地交易价低于基准地价，则按基准地价计税。因此，甲企业转让土地使用权给乙公司，契税计税依据应按照转让总价款 3 000 万元 (2 000 + 1 000) 计算，乙公司应纳契税为 120 万元 (3 000×4%)。

(3) 转让方契税计税依据。根据财税〔2004〕134 号文件的规定，先以划拨方式取得土地使用权，后经批准改为出让方式取得该土地使用权的，应依法缴纳契税，其计税依据为应补缴的土地出让金和其他出让费用。因此，甲企业在转让土地使用权时，应当按照支付的土地出让金计算补缴契税。土地出让金由承受方缴纳，但契税纳税人仍然是甲企业，其应当将购买方实际支付的土地出让金 2 000 万元作为契税的征收依据，甲企业应纳契税为 80 万元 (2 000×4%)。

(4) 如果约定承受方缴纳契税，双方是否可以通过合同约定由承受方缴纳契税呢？参照成地税函发〔1998〕85 号文件的规定，以划拨方式取得土地使用权的，经批准转让房地产时，应由房地产转让方补缴契税，其计税依据为补缴的土地使用权出让费或者土地收益。如果由承受方办理土地使用权出让手续，并依照国家规定缴纳出让金，契税的纳税义务人仍然是出让方。承受方是否代出让方履行纳税义务、补缴土地使用权出让契税，由双方协商确定。

【友情提示】

如果合同约定承受方代转让方缴纳土地出让金和契税，则承受方支付的土地价款相当于不含税支出，其应纳契税的计税依据需要先行换算，否则存在少纳契税风险。仍以此案例为例，假设转让方契税由乙公司承担，则乙公司应缴纳契税为123.20万元［(3 000+80)×4%］。

另外，根据《财政部 国家税务总局关于营改增后契税 房产税 土地增值税 个人所得税计税依据问题的通知》（财税〔2016〕43号）的规定，营改增后计征契税的成交价格不含增值税。

【例3-10】 土地转让免征契税的税务筹划

天山房地产公司欲购买甲国有独资公司一宗土地，约定支付价款2 000万元。则根据税法规定，天山房地产公司应缴纳契税为80万元（2 000×4%）。问：是否有免征契税的税务筹划方案？

【解析】

根据财税〔2018〕17号文件的规定，企业按照《公司法》有关规定整体改制，包括非公司制企业改制为有限责任公司或股份有限公司，有限责任公司变更为股份有限公司，股份有限公司变更为有限责任公司，原企业投资主体存续并在改制（变更）后的公司中所持股权（股份）比例超过75%，且改制（变更）后公司承继原企业权利、义务的，对改制（变更）后公司承受原企业土地、房屋权属，免征契税。

纳税筹划方案：甲公司改制，天山房地产公司以资金500万元，甲公司原投资主体以甲公司土地作价2 000万元共同组建乙公司，在乙公司股权结构中，甲公司原投资主体所占股份超过75%，在甲公司原投资主体投资环节免征契税；然后天山房地产公司吸收合并乙公司，甲公司原投资主体将所持有股权以2 000万元的价格转让给天山房地产公司。这样，天山房地产公司最终可少负担契税80万元。

【例3-11】 股权转让以及土地权属名义变更登记是否征收契税

2×19年6月，甲工业企业股东将甲工业企业全部股权以1 000万元的价格转让给乙公司，其中土地使用权和房屋价值为800万元。股权转让协议生效后，乙公司申请将甲工业企业工商变更登记为乙企业，乙企业申请将甲工业企业的土地和房屋权属变更到自己名下。问：在股权转让及一系列变更登记过程中，乙公司是否需要缴纳契税？

【解析】

财税〔2018〕17号文件规定，在股权（股份）转让中，单位、个人承受公司股权（股份），公司土地、房屋权属不发生转移，不征收契税。在执行中，应根据工商管理部门对企业进行的登记认定是否适用该条规定，即：企业不需要办理变更和新设登记，或仅办理变更登记的，适用该条；企业办理新设登记的，不适用该条，对新设企业承受原企业的土地、房屋权属应征收契税。

【例3-12】以土地使用权抵顶债务是否征收契税

甲公司依照有关法律法规的规定关闭，乙公司以200万元的价格购买甲公司的土地使用权，甲公司将200万元用于偿还所欠的乙公司债务。乙公司购买土地使用权应缴纳契税8万元（200×4%）。问：是否有免征契税的纳税筹划方案？

【解析】

纳税筹划方案：以减免契税为目的，但不接受甲公司整体资产或股权。乙公司以200万元购买甲公司债权，成为甲公司的债权人，然后接受甲公司以土地使用权抵偿债务。财税〔2018〕17号文件规定，企业依照有关法律法规规定实施破产，债权人（包括破产企业职工）承受破产企业抵偿债务的土地、房屋权属，免征契税。因此，按此方案实施，乙公司获取土地使用权可少负担契税8万元。

【例3-13】承担安置注销、破产企业职工可减免契税

甲公司依照有关法律法规的规定关闭，乙公司以200万元的价格购买甲公司的房产，甲公司将200万元用于偿还所欠的公司债务。乙公司应缴纳契税8万元（200×4%）。问：不成为转让企业的债权人而要减免契税是否有其他途径？

【解析】

财税〔2018〕17号文件规定，企业依照有关法律法规规定实施破产，对非债权人承受破产企业土地、房屋权属，凡按照《中华人民共和国劳动法》等国家有关法律法规政策妥善安置原企业全部职工规定，与原企业全部职工签订服务年限不少于三年的劳动用工合同的，对其承受所购企业土地、房屋权属，免征契税；与原企业超过30%的职工签订服务年限不少于三年的劳动用工合同的，减半征收契税。这说明，企业注销、破产，债权人和非债权人承受注销、

破产企业土地、房屋权属享受的政策待遇不同。本案例中，乙公司在承受房产时可通过满足"按照《中华人民共和国劳动法》等国家有关法律法规政策妥善安置原企业全部职工规定，与原企业全部职工签订服务年限不少于三年的劳动用工合同"的条件来达到免征契税的目的；如果满足"与原企业超过30%的职工签订服务年限不少于三年的劳动用工合同"的条件，则减半征收契税。即乙公司缴纳契税4万元（200×4%÷2）。

3.3.3 耕地占用税

（一）纳税义务人

占用耕地建房和从事其他非农业建设的单位和个人，为耕地占用税的纳税人。根据《土地管理法》和《国务院关于促进节约集约用地的通知》（国发〔2008〕3号）的有关规定，未利用的土地出让前，应当完成必要的前期开发，经过前期开发的土地，才能依法由市、县人民政府国土资源部门统一组织出让。

因此，通过"招拍挂"方式取得的土地都是国有建设用地，不属于直接取得耕地。目前，地方土地储备中心征用耕地后，对应缴纳的耕地占用税有两种处理方式：一种方式是由地方土地储备中心缴纳，作为土地开发成本费用的一部分，体现在"招拍挂"的价格当中；另一种方式是由受让土地者缴纳耕地占用税，在招拍公告和出让合同中明确约定由受让土地者缴纳耕地占用税。

《财政部 国土资源部 中国人民银行关于加强土地成交价款管理规范资金缴库行为的通知》（财综〔2009〕89号）第二条规定：契税、耕地占用税等税款应当按照有关规定及对应的政府收支分类科目，分别缴入地方国库，不得与土地成交价款混库。由市、县人民政府作为用地申请人缴纳耕地占用税的，所需缴纳的税款可以通过土地出让支出预算予以安排；已缴税款在土地出让时计入土地出让底价，不得在土地成交价款外单独收取。由农用地转用审批文件所标明的建设用地人缴纳耕地占用税的，所缴税款不列入土地成交价款。

该条规定了耕地占用税由农用地转用审批文件所标明的建设用地人缴纳，当房地产开发企业作为农用地转用审批文件所标明的建设用地人时，房地产开发企业缴纳耕地占用税。

根据《中华人民共和国耕地占用税法》（以下简称《耕地占用税法》）"占用耕地建设建筑物、构筑物或者从事非农业建设的单位和个人为耕地占用税的纳税人"的规定，土地收购储备中心、各类土地开发公司等属于耕地占用税的纳税人，应依法缴纳耕地占用税。

（二）征税范围

《耕地占用税法》第二条规定，本法所称耕地，是指用于种植农作物的土地；第十二条规定，占用园地、林地、草地、农田水利用地、养殖水面、渔业水域滩涂以及其他农用地建设建筑物、构筑物或者从事非农业建设的，依照该法的规定缴纳耕地占用税。

（三）计税依据

《耕地占用税法》第三条规定，耕地占用税以纳税人实际占用的耕地面积为计税依据，按照适用的税额一次性征收，应纳税额为纳税人实际占用的耕地面积（平方米）乘以适用税额。经申请批准占用耕地的，一般以农用地转用审批文件中标明的用地面积计征耕地占用税。纳税人实际占地面积大于批准占地面积的，按实际占地面积计税；实际占地面积小于批准占地面积的，按批准占地面积计税；未经批准占用耕地的，则应以实际占地人为耕地占用税的纳税人，以纳税人实际占用耕地的面积计征耕地占用税。

（四）税率

耕地占用税实行定额税率，按照省政府核定的各县（市、区）适用税额执行。例如，河北省耕地占用税的平均税额为 22.5 元/平方米，秦皇岛市山海关区为 40 元/平方米、北戴河新区为 35 元/平方米。

【例 3-14】秦皇岛市某房地产开发企业在山海关区，经申请批准占用渔业养殖水面 6 000 平方米土地使用权进行房地产开发。

【解析】

应纳耕地占用税额 = 6 000 × 40 = 240 000（元）。

各省、自治区、直辖市耕地占用税平均税额如表 3-7 所示。

表 3-7　　各省、自治区、直辖市耕地占用税平均税额

省、自治区、直辖市	平均税额（元/平方米）
上海	45
北京	40
天津	35
江苏、浙江、福建、广东	30
辽宁、湖北、湖南	25
河北、安徽、江西、山东、河南、重庆、四川	22.5
广西、海南、贵州、云南、陕西	20
山西、吉林、黑龙江	17.5
内蒙古、西藏、甘肃、青海、宁夏、新疆	12.5

【例3-15】缴纳耕地占用税之后可否免交一年城镇土地使用税

甲公司在Ａ市通过"招拍挂"方式获取一宗１０００亩土地,在办理土地使用权证时,Ａ市国土局、税务局要求其按照每亩１.５万元缴纳耕地占用税,约计１５００万元。问:通过"招拍挂"方式取得的建设用地属于"净地",已缴纳了土地出让金,怎么还要缴纳耕地占用税呢?退一步说,缴纳了耕地占用税之后,是否可以在一年之后才开始缴纳城镇土地使用税呢?

【解析】

当前耕地占用税缴纳常见的处理方式有两种。一种方式是由地方土地储备中心缴纳,作为土地开发成本费用的一部分,体现在"招拍挂"的价格当中。例如,《四川省地方税务局关于明确政府集中批地耕地占用税纳税义务人的通知》(川地税函〔２００５〕３８１号)明确:随着土地市场的不断深化改革,国家实行土地储备制度,各级政府相应成立了土地收购储备中心、各类土地开发公司,主要职能是代政府征用、收购、储备土地等。对城市规划区以内的建设占用土地实行政府集中打捆批地,土地收购储备中心及各类土地开发公司等在办理农用地转用或征用手续后,施行土地平整等初加工,使农用地变成建设用地,集体土地变成国有土地,改变了原土地的用途和性质。同时,在实际运作中,土地收购储备中心、各类土地开发公司等实行的是引资一个企业、界定一个企业的占地措施,其他耕地批而未占。根据《中华人民共和国耕地占用税法》"占用耕地从事其他非农业建设的单位和个人是耕地占用税的纳税人"的规定,土地收购储备中心、各类土地开发公司等属于耕地占用税的纳税人,应依法缴纳耕地占用税。另一种方式是由受让土地者缴纳耕地占用税。在甲公司参与"招拍挂"程序前,Ａ市国土管理部门代表政府统一办理农用地转用批准文件中无法标明建设用地人。因此,认定Ａ市国土管理部门为用地申请人,即为耕地占用税的纳税人。甲公司通过公开拍卖出让方式竞得该宗地土地使用权,成为占用该地从事非农业建设的实际用地人,属于该宗地耕地占用税的实际税负人,即作为该宗土地受让人代国土资源局缴纳了耕地占用税,国土资源局应为甲公司出具收款凭证。地方土地储备中心征用耕地的过程即发生了耕地占用税的纳税义务,至于后期出让土地使用权,土地价款是否包括耕地占用税,没有完税证明很难说得清楚。本书认为,如果要求谁使用土地谁缴纳耕地占用税,对受让企业是不公平的。

3.3.4 印花税

(一) 税率

房地产开发企业以出让、受让方式取得土地使用权,须签订土地使用权出让合同、土地使用权转让合同。根据《印花税法》和所附《印花税税目税率表》规定,对土地使用权出让合同、土地使用权转让合同按产权转移书据征收印花税,税率为所载金额0.5‰。

(二) 征收管理

1. 征收管理内容

印花税实行据实征收和核定征收两种方式。据实征收可采取"三自"纳税和汇总缴纳,核定征收可采取核定比例征收和定期定额征收。征收方式由税务机关审核确定并通知纳税人。征收方式一经确定,未经税务机关同意,纳税人不得自行变更。

财务制度健全、账簿资料完整、应税凭证保存齐全、印花税应税凭证登记簿管理规范的纳税人可采取"三自"纳税,即自行计算应纳税额、自行购买印花税票和自行划销。

同一种类应纳税凭证需频繁贴花的,由纳税人提出申请,经县以上税务机关核准,可汇总缴纳印花税。

2. 印花税纳税申报(报告)表

印花税纳税申报(报告)表如表3-8所示。

表3-8　　　　　印花税纳税申报(报告)表

税款所属期限:自　年　月　日至　年　月　日
纳税人识别号(统一社会信用代码):□□□□□□□□□□□□□□□□□□
纳税人名称:

金额单位:人民币元(列至角分)

本期是否适用增值税小规模纳税人减征政策(减免性质代码:09049901)				□是 □否		减征比例(%)				
应税凭证	计税金额或件数	核定征收		适用税率	本期应纳税额	本期已缴税额	本期减免税额		本期增值税小规模纳税人减征额	本期应补(退)税额
		核定依据	核定比例				减免性质代码	减免税额		
	1	2	3	4	5 = 1×4 + 2×3×4	6	7	8	9	10 = 5 - 6 - 8 - 9
购销合同				0.3‰						
加工承揽合同				0.5‰						

续表

应税凭证	计税金额或件数	核定征收		适用税率	本期应纳税额	本期已缴税额	本期减免税额		本期增值税小规模纳税人减征额	本期应补（退）税额
		核定依据	核定比例				减免性质代码代码	减免税额		
	1	2	3	4	5 = 1 × 4 + 2 × 3 × 4	6	7	8	9	10 = 5 - 6 - 8 - 9
建设工程勘察设计合同				0.5‰						
建筑安装工程承包合同				0.3‰						
财产租赁合同				1‰						
货物运输合同				0.5‰						
仓储保管合同				1‰						
借款合同				0.05‰						
财产保险合同				1‰						
技术合同				0.3‰						
产权转移书据				0.5‰						
营业账簿（记载资金的账簿）		—		0.5‰						
营业账簿（其他账簿）		——		5				—		
权利、许可证照		—		5						
合计	—	—	—	—						

谨声明：本纳税申报表是根据国家税收法律法规及相关规定填报的，是真实的、可靠的、完整的。

纳税人（签章）：　　　　　　　　　　　　　年　月　日

经办人： 经办人身份证号： 代理机构签章： 代理机构统一社会信用代码：	受理人： 受理税务机关（章）： 受理日期：　年　月　日

填表说明：

1. "纳税人识别号（统一社会信用代码）"，填报税务机关核发的纳税人识别号或有关部门核发的统一社会信用代码。"纳税人名称"，填报营业执照、税务登记证等证件载明的纳税人名称。

2. 本期是否适用增值税小规模纳税人减征政策（减免税代码：09049901）：

纳税人自增值税一般纳税人按规定转登记为小规模纳税人的，自成为小规模纳税人的当月起适用减征优惠。增值税小规模纳税人按规定登记为一般纳税人的，自一般纳税人生效之日起不再适用减征优惠；增值税年应税销售额超过小规模纳税人标准应当登记为一般纳税人而未登记，经税务机关通知，逾期仍不办理登记的，自逾期次月起不再适用减征优惠。纳税人本期适用增值税小规模纳税人减征政策的，勾选"是"；否则，勾选"否"。

3. 减征比例（%）：当地省级政府根据财税〔2019〕13号文件确定的减征比例，系统自动带出。

4. 第1栏"计税金额或件数"，填写合同、产权转移书据、营业账簿的金额，或权利、许可证照的件数。

5. 第2栏"核定依据"，填写核定征收的计税依据。

6. 第3栏"核定比例"，填写核定征收的核定比例。

7. 第5栏"本期应纳税额"，反映本期按适用税率计算缴纳的应纳税额。计算公式为：$5 = 1 \times 4 + 2 \times 3 \times 4$。

8. 第6栏"本期已缴税额"，填写本期应纳税额中已经缴纳的部分。

9. 第7栏"减免性质代码"，该项按照国家税务总局制定下发的最新《减免税政策代码目录》中的最细项减免性质代码填写。有减免税情况的必填。

10. 第8栏"减免税额"，反映本期减免的税额。

11. 第9栏"本期增值税小规模纳税人减征额"，反映符合条件的小规模纳税人减征的税额。计算公式为：$9 = (5 - 8) \times 减征比例$。

12. 第10栏"本期应补（退）税额"，计算公式为：$10 = 5 - 6 - 8 - 9$。

13. 本表一式两份，一份纳税人留存，一份税务机关留存。

3.3.5 其他税种

1. 个人所得税

《财政部 国家税务总局关于城镇房屋拆迁有关税收政策的通知》（财税〔2005〕45号）规定，对被拆迁人按照国家有关城镇房屋拆迁管理办法规定的标准取得的拆迁补偿款，免征个人所得税。如果房地产开发企业在城镇拆迁补偿中超过当地政府规定的补偿标准进行补偿，应按《中华人民共和国个人所得税法实施条例》第六条第（九）项规定，属于其他偶然性质的所得，缴纳个人所得税。扣缴义务人向个人支付应纳税所得（包括现金、实物和有价证券）时，不论纳税人是否属于本单位人员，均应对超过补偿标准部分代扣代缴其应缴纳的个人所得税税款。

2. 企业所得税

根据《财政部 国家税务总局关于财政性资金 行政事业性收费 政府性基金有关企业所得税政策问题的通知》(财税〔2008〕151号)的规定,财政性资金,是指企业取得的来源于政府及其有关部门的财政补助、补贴、贷款贴息,以及其他各类财政专项资金。房地产开发企业由政府返还的土地出让金等按照财政收支规定当然属于财政性资金。

虽然《企业所得税法》第七条规定了收入总额中的财政拨款、依法收取并纳入财政管理的行政事业性收费、政府性基金等为不征税收入,但并不是所有的财政拨款、政府性基金都是不征税收入,还要根据财税〔2008〕151号文件和《财政部 国家税务总局关于专项用途财政性资金有关企业所得税处理问题的通知》(财税〔2009〕87号)区分征税收入与不征税收入。

根据财税〔2008〕151号文件的规定,对企业取得的由国务院财政、税务主管部门规定专项用途并经国务院批准的财政性资金,准予作为不征税收入,在计算应纳税所得额时从收入总额中减除;除此之外的其他财政性资金都属于征税收入。《财政部 国家税务总局关于专项用途财政性资金企业所得税处理问题的通知》(财税〔2011〕70号)对此又有具体规定。

一、企业从县级以上各级人民政府财政部门及其他部门取得的应计入收入总额的财政性资金,凡同时符合以下条件的,可以作为不征税收入,在计算应纳税所得额时从收入总额中减除:

(一)企业能够提供规定资金专项用途的资金拨付文件;

(二)财政部门或其他拨付资金的政府部门对该资金有专门的资金管理办法或具体管理要求;

(三)企业对该资金以及以该资金发生的支出单独进行核算。

《国家税务总局关于企业所得税应纳税所得额若干税务处理问题的公告》(国家税务总局公告2012年第15号)第七条规定,企业取得的不征税收入,应按照财税〔2011〕70号文件的规定进行处理。凡未按照该文件规定进行管理的,应作为企业应税收入计入应纳税所得额,依法缴纳企业所得税。

从实际情况来看,房地产开发企业所取得的政府返还款是难以满足上述要求的,它只是政府为招商引资采取的一种变相协议出让的策略,所以,土地返还款应当计算缴纳企业所得税。

3. 土地增值税

在取得土地使用权环节，房地产开发企业不会涉及计算缴纳土地增值税问题，但土地成本是房地产开发成本的重要部分，占开发产品总成本的30%~45%，是土地增值税计算扣除的主要项目。《国家税务总局关于房地产开发企业土地增值税清算管理有关问题的通知》（国税发〔2006〕187号）规定，房地产开发企业办理土地增值税清算时计算与清算项目有关的扣除项目金额，应根据《土地增值税暂行条例》第六条及《土地增值税暂行条例实施细则》第七条的规定执行。除另有规定外，扣除取得土地使用权所支付的金额、房地产开发成本、费用及与转让房地产有关税金，须提供合法有效凭证；不能提供合法有效凭证的，不予扣除。可见，在土地取得环节能否取得合规票据意义重大。

房地产开发企业在取得土地使用权阶段应获取的主要票据有：土地出让金收款票据和支付出让金的付款凭证；拆迁补偿支出应取得具备对方签章的收据、补偿合同、身份证复印件、付款凭证，补偿款项应直接转账至被补偿人银行卡中，尽量避免现金支付。

如果是在二级市场上取得土地使用权，应取得销售不动产专用发票或税务机关代开的发票并附付款凭证。

注：土地增值税系列申报表见《国家税务总局关于修订财产行为税部分税种申报表的通知》（税总发〔2015〕114号）。

3.4 拆迁补偿的税务及会计处理

3.4.1 拆迁补偿的形式

拆迁是因房地产开发项目需要对在开发区属他人所有或使用的房产权益，依照有关法律、法规和规章的规定而实施的依法转移房地产权益的行为过程，主要是指国家按有关法定程序收回土地使用权或改变使用性质时，对土地上附着物和房屋原用户、住户进行的拆迁、安置和补偿。

城市改造被拆迁人的房屋被拆除，给被拆迁人造成一定的财产损失。为保证被拆除房屋所有人的合法权益，拆迁方应当对被拆除房屋及其附属物的所有人（包括代管人、国家授权的国有房屋及其附属物的管理人）给予补偿。所以，补偿对象既包括自然人也包括法人。

根据《国有土地上房屋征收与补偿条例》的规定，房屋拆迁补偿有关规定

如下:

被征收人可以选择货币补偿,也可以选择房屋产权调换。

被征收人选择房屋产权调换的,市、县级人民政府应当提供用于产权调换的房屋,并与被征收人计算、结清被征收房屋价值与用于产权调换房屋价值的差价。

因旧城区改建征收个人住宅,被征收人选择在改建地段进行房屋产权调换的,作出房屋征收决定的市、县级人民政府应当提供改建地段或者就近地段的房屋。

因征收房屋造成搬迁的,房屋征收部门应当向被征收人支付搬迁费;选择房屋产权调换的,产权调换房屋交付前,房屋征收部门应当向被征收人支付临时安置费或者提供周转用房。

3.4.2 拆迁补偿的基本程序

拆迁人必须对被拆迁人进行安置、补偿,被拆迁人必须执行批准的拆迁决定。拆迁人与被拆迁人必须在拆迁管理部门规定的拆迁期限内就有关问题签订书面协议,以协议方式确定当事人双方的权利和义务。协议的主要条款有补偿形式、补偿金额、安置地点、安置面积、搬迁过渡方式、过渡期限、违约责任及当事人认为需要订立的其他条款。

3.4.3 拆迁补偿的税务及会计处理概述

拆迁补偿的会计处理常与其税务处理相结合,根据拆迁补偿费计入开发成本的方法不同,拆迁补偿的税务及会计处理有以下两种方式。

1. 货币补偿形式

房地产开发企业根据相关的评估资料向被拆迁户支付的货币补偿作为拆迁补偿费。

将拆迁补偿费按开发项目计入开发直接成本,账务处理如下。

借:开发成本——拆迁补偿费

　　贷:银行存款

拆迁补偿费直接支付给被拆迁户的,要有证明拆迁业务真实性的原始凭证,比如政府拆迁文件或拆迁公告,以及当地拆迁补偿文件、补偿协议、付款证明、收款证明、收款人身份证复印件以及签名等确认资料等。

对拆迁补偿费支出,房地产开发企业据实计入开发成本并在结转房屋销售成本时在企业所得税和土地增值税前扣除。

作价补偿方式下的税务处理。

在作价补偿方式下，按照政府规定标准支付的拆迁补偿费，可计入土地增值税扣除项目金额，并计入企业所得税计税成本扣除。

在签署拆迁协议时，双方确认了拆迁补偿的金额，但以补偿商品房的形式履行协议。这种情况从税务上应认定为债务重组。根据《企业会计准则第12号——债务重组》的规定，以资产清偿债务方式进行债务重组的，债务人应当在相关资产和所清偿债务符合终止确认条件时予以终止确认，所清偿债务账面价值与转让资产账面价值之间的差额计入当期损益。根据上述规定，在债务重组中，主要涉及两项收益：一是还债收益，即以非现金资产的公允价值与债务的账面价值差额确认收益；二是销售收益，即按资产的账面价值以公允价值销售实现的差额确认收益。

《财政部 国家税务总局关于企业重组业务企业所得税处理若干问题的通知》（财税〔2009〕59号）规定：债务重组是指在税法规定范围内的债务人发生财务困难的情况下，债权人按照其与债务人达成的书面协议或者法院裁定书对债务人的债务做出让步的行为。按照税法规定，其所得税事项可分三种情况处理：第一种是以非货币资产清偿债务；第二种是将债权转为股权；第三种是"差额"结清债权债务。

2. 产权调换形式

一方面对换出的房屋应视同销售；另一方面，将换出房屋的售价作为下一步开发产品的开发成本中的土地征用费及拆迁补偿费。

产权调换方式下的税务处理。

①增值税。

房地产开发企业拆迁补偿实行产权调换方式（即"拆一还一"补偿方式）的，从实质上看，属于房地产企业以自己的开发产品抵偿债务的行为，视同销售，应申报缴纳增值税。

②土地增值税。

拆迁补偿费作为房地产开发成本，属于土地增值税清算的扣除项目。房地产开发企业支付给回迁户的补差价款，计入拆迁补偿费，回迁户支付给房地产开发企业的补差价款，应抵减项目拆迁补偿费。国税发〔2006〕187号文件的相关规定如下。房地产开发企业将开发产品用于职工福利、奖励、对外投资、分配给股东或投资人、抵偿债务、换取其他单位和个人的非货币性资产等，发生所有权转移时应视同销售房地产，其收入按下列方法和顺序确认：按本企业在同一地区、同一年度销售的同类房地产的平均价格确定；由主管税务机关参照当地当年、同类房地产的市场价格或评估价值确定。

由于从补偿的性质上看，产权调换属于以开发产品换取其他单位和个人的非货币性资产性质，因此房地产开发企业应按照上述规定进行土地增值税视同销售处理。

③企业所得税。

产权调换方式下，企业所得税的税务处理一般情况下做非货币性交易，即以物易物处理。

实物补偿的，按照公允价值或同类房屋市场价格计算的金额，以"拆迁补偿费"的形式计入开发成本的土地成本。另外，对补偿的房屋应视同对外销售，销售收入按照公允价值或同类房屋市场价格计算的金额确定，同时应按同期同类房屋成本确认为视同销售成本。

国税发〔2009〕31号文件规定：开发企业将开发产品转作固定资产或用于捐赠、赞助、职工福利、奖励、对外投资、分配给股东或投资人、抵偿债务、换取其他企事业单位和个人的非货币性资产等行为，应视同销售，于开发产品所有权或使用权转移，或于实际取得利益权利时确认收入（或利润）的实现。确认收入（或利润）的方法和顺序为：首先，按本企业近期或本年度最近月份同类开发产品市场销售价格确定；其次，由主管税务机关参照当地同类开发产品市场公允价值确定；最后，按开发产品的成本利润率确定。开发产品的成本利润率不得低于15%，具体比例由主管税务机关确定。

④个人所得税。

《财政部 国家税务总局关于城镇房屋拆迁有关税收政策的通知》（财税〔2005〕45号）规定：对被拆迁人按照国家有关城镇房屋拆迁管理办法规定的标准取得的拆迁补偿款，免征个人所得税。

按照城市发展规划，在旧城改造过程中，被拆迁人因住房被征用取得的偿还面积住房，免征个人所得税。对超过国家有关城镇房屋拆迁管理办法规定的标准取得的拆迁补偿款，应缴纳个人所得税。

由于各地对城镇房屋征收与补偿标准不同，因此实务中应以当地规定标准为依据。例如，《吉林市城市国有土地上房屋征收与补偿暂行办法》规定如下：

第二十八条 被征收人选择房屋产权调换的，按照以下规定执行：

（一）平房选择多层楼房的，每户无偿增加9平方米建筑面积；被征收人需再增加9平方米的,增加部分按照建造成本价每平方米2 000元的标准交纳。

(二)平房选择高层楼房的,每户无偿增加18平方米建筑面积。

(三)多层楼房选择多层楼房或者多层楼房选择高层楼房的,每户无偿增加9平方米建筑面积;被征收人需再增加9平方米的,增加部分按照建造成本价每平方米2 000元的标准交纳。

(四)高层楼房选择高层楼房的,每户无偿增加9平方米建筑面积。

……

第四十三条 征收非住宅房屋,征收主管部门应当根据设备拆装、运输所发生的费用支付被征收人搬迁补助费;征收主管部门负责搬迁的,不予支付被征收人搬迁补助费。无法恢复使用的设备、设施,征收主管部门应当按照重置价格结合成新评估确定的金额给予被征收人补偿。

因产权调换造成非住宅房屋停产停业的,征收主管部门应当对被征收人每月支付被征收房屋补偿金额0.8%的停产停业经济补偿费;过渡期限延长的,自逾期之月起对被征收人每月支付被征收房屋补偿金额1.2%的停产停业经济补偿费。征收主管部门与被征收人达成协议的,从其约定。

第四十四条 临时安置补助费或者停产停业经济补偿费不足半个月的,按半个月计算;超过半个月的,按一个月计算。

⑤契税。

被拆迁户取得的与拆迁面积相等的房屋,免征契税。

3.4.4 搬迁补偿的税务及会计处理具体内容

(一)企业所得税

1. 一般规定

根据《企业政策性搬迁所得税管理办法》(国家税务总局公告2012年第40号),政策性搬迁补偿费税务处理如下:一是企业取得搬迁补偿收入,不立即作为当年度的应税收入征税,而是在搬迁周期内,扣除搬迁支出后统一核算;二是给予最长五年的搬迁期限;三是企业以前年度发生尚未弥补的亏损的,搬迁期间从法定亏损结转年限中减除。

《国家税务总局关于企业政策性搬迁所得税有关问题的公告》(国家税务总局公告2013年第11号)规定:凡在国家税务总局2012年第40号公告生效前已经签订搬迁协议且尚未完成搬迁清算的企业政策性搬迁项目,企业在重建或恢复生产过程中购置的各类资产,可以作为搬迁支出,从搬迁收入中扣除。但购置的各类资产,应剔除该搬迁补偿收入后,作为该资产的计税基础,并按规定计算折旧或费用摊销。

企业政策性搬迁被征用的资产,采取资产置换的,其换入资产的计税成本按被征用资产的净值,加上换入资产所支付的税费(涉及补价,还应加上补价款)计算确定。

2. 政策性搬迁的企业所得税税收优惠

被拆迁企业取得符合政策规定的政策性搬迁所得可递延计征企业所得税。

(1) 政策性搬迁的范围。

《企业政策性搬迁所得税管理办法》规定,企业政策性搬迁,是指由于社会公共利益的需要,在政府主导下企业进行的整体搬迁或部分搬迁。企业由于下列需要之一,提供相关文件证明资料的搬迁,属于政策性搬迁:①国防和外交的需要;②由政府组织实施的能源、交通、水利等基础设施的需要;③由政府组织实施的科技、教育、文化、卫生、体育、环境和资源保护、防灾减灾、文物保护、社会福利、市政公用等公共事业的需要;④由政府组织实施的保障性安居工程建设的需要;⑤由政府依照《中华人民共和国城乡规划法》有关规定组织实施的对危房集中、基础设施落后等地段进行旧城区改建的需要;⑥法律、行政法规规定的其他公共利益的需要。

(2) 政策性搬迁收入和支出。

企业的搬迁收入,包括搬迁过程中从本企业以外(包括政府或其他单位)取得的搬迁补偿收入,以及本企业搬迁资产处置收入等。搬迁补偿收入,是指企业在搬迁过程中取得的货币性和非货币性补偿收入,具体包括:对被征用资产价值的补偿;因搬迁、安置而给予的补偿;对停产停业形成的损失而给予的补偿;资产搬迁过程中遭到毁损而取得的保险赔款和其他补偿收入。搬迁资产处置收入,是指企业由于搬迁而处置企业的各类资产所取得的收入。但由于对存货的处置不会因政策性搬迁而受较大影响,因此企业由于搬迁处置存货而取得的收入,应按正常经营活动取得的收入进行所得税处理,不作为企业搬迁收入。

企业的搬迁支出,包括搬迁费用支出和资产处置支出。搬迁费用支出包括职工安置费用和停工期间工资及福利费、搬迁资产存放费、搬迁资产安装费用以及其他与搬迁相关的费用。资产处置支出包括变卖的各类资产的账面净值,以及处置过程中所发生的税费等支出。对于企业搬迁中报废的资产,如无转让价值,其账面净值也可以作为企业的资产处置支出处理。

(3) 政策性搬迁涉及资产的税务及会计处理。

企业政策性搬迁所涉及的资产,区分两种情况进行处理。

一是,搬迁后原资产经过简单安装或不安装(如无形资产)仍可以继续使用的,在该资产重新投入使用后,继续计提折旧或摊销费用。

二是,搬迁后原资产需要经大修理才能重新使用的,以该资产的净值加上大修理支出,为该资产的计税成本。在该资产重新投入使用后,就该资产尚可使用的年限计提折旧。同时,该大修理支出应予以资本化,不得从搬迁收入中扣除。

企业政策性搬迁后新购置的资产,一律按税法的规定进行处理,其支出不得从搬迁收入中扣除。

对于企业的搬迁收入,扣除搬迁支出后的余额,为企业搬迁所得。企业按规定进行搬迁核算及报送搬迁相关材料的,其取得的搬迁收入暂不计入当期应纳税所得额,应在符合规定的搬迁完成年度,进行搬迁清算,计入当年度企业应纳税所得额计算纳税。

企业政策性搬迁损失,是指企业搬迁收入扣除搬迁支出后为负数的数额。搬迁损失可以一次性在搬迁完成年度,作为企业损失扣除;或自搬迁完成年度起,分3个年度均匀作为企业损失扣除。处理方法一经选定,不得变更。

政策性搬迁中企业亏损弥补期限的计算。由于企业搬迁时一般会停止正常生产经营活动,会对亏损弥补期限造成影响,因此,企业以前年度发生尚未弥补的亏损,从搬迁年度次年起,至搬迁完成年度前一年度止,可作为停止生产经营活动年度,从法定亏损结转弥补年限中减除。

(二)土地增值税

根据《土地增值税暂行条例》第八条规定,因国家建设需要依法征用、收回的房地产免征土地增值税。《土地增值税暂行条例实施细则》第十一条进一步规定:此处所称的因国家建设需要依法征用、收回的房地产,是指因城市实施规划、国家建设的需要而被政府批准征用的房产或收回的土地使用权。根据《土地增值税暂行条例实施细则》第十一条规定,符合上述免税规定的单位和个人,须向房地产所在地税务机关提出免税申请,免予征收土地增值税。

3.4.5 拆迁过程中的其他典型问题

(一)拆迁的土地增值税清算

旧城改造中,关于支付回迁户的房屋补偿土地增值税清算时如何确认收入和拆迁补偿费，大家经常引用的是国税函〔2010〕220号文件的规定：房地产开发企业用建造的本项目房地产安置回迁户的，安置用房视同销售处理，按国税发〔2006〕187号文件第三条第（一）款的规定确认收入，同时将此确认为房地产开发项目的拆迁补偿费。

【例3-16】中创房地产公司2×19年拟参与旧城改造项目，处于项目论证洽谈过程中。该公司测算的基本数据如下：普通住房建筑面积80 000平方米，销售收入40 000万元；非普通住房15 000平方米，销售收入18 000万元；拆迁还建普通住房30 000平方米，回迁安置协议列明价款9 000万元；支付政府土地成本款16 000万元（不含回迁安置补偿款）；其他建造费用24 000万元（进项税额1 600万元），其中包含拆迁还建房建造费用6 000万元。开发费用按10%扣除。

问：该公司应如何测算土地增值税？

【解析】

关于拆迁安置土地增值税计算问题，国税函〔2010〕220号文件规定：房地产开发企业用建造的本项目房地产安置回迁户的，安置用房视同销售处理，按国税发〔2006〕187号文件第三条第（一）款的规定确认收入，同时将此确认为房地产开发项目的拆迁补偿费。

该公司认为，拆迁还建房30 000平方米应视同销售收入＝40 000÷80 000×30 000＝15 000（万元），同时确定土地成本15 000万元。

土地成本＝15 000＋16 000＝31 000（万元）。

但是这样处理有所不妥。既然回迁安置协议列明价款9 000万元且由开发商负担，则应计收入和土地成本均应为9 000万元。

土地成本＝9 000＋16 000＝25 000（万元）。

单位建筑面积成本＝(25 000＋24 000－600)÷(80 000＋15 000＋30 000)
　　　　　　　　＝0.387（万元/平方米）。

（二）被征收人取得安置房屋后销售的个人所得税处理

1. 营改增后个人所得税应税收入不含增值税

《财政部 国家税务总局关于营改增后契税 房产税 土地增值税 个人所得税计税依据问题的通知》（财税〔2016〕43号）第四条规定："个人转让房屋的个人所得税应税收入不含增值税，其取得房屋时所支付价款中包含的增值税计入财产原值，计算转让所得时可扣除的税费不包括本次转让缴纳的增值税。个人出租房屋的个人所得税应税收入不含增值税，计算房屋出租所得可扣除的税费不包括本次出租缴纳的增值税。个人转租房屋的,其向房屋出租方支付的租金及增值税额,在计算转租所得时予以扣除。"

2. 个人出售住房所得个人所得税的计算

关于个人出售住房所得个人所得税的计算,可参考《财政部 国家税务总局 建设部关于个人出售住房所得征收个人所得税有关问题的通知》(财税字〔1999〕278号)的规定。

一、根据个人所得税法的法规,个人出售自有住房取得的所得应按照"财产转让所得"项目征收个人所得税。

二、个人出售自有住房的应纳税所得额,按下列原则确定:

(一)个人出售除已购公有住房以外的其他自有住房,其应纳税所得额按照个人所得税法的有关法规确定。

(二)个人出售已购公有住房,其应纳税所得额为个人出售已购公有住房的销售价,减除住房面积标准的经济适用住房价款、原支付超过住房面积标准的房价款、向财政或原产权单位缴纳的所得收益以及税法法规的合理费用后的余额。

已购公有住房是指城镇职工根据国家和县级(含县级)以上人民政府有关城镇住房制度改革政策法规,按照成本价(或标准价)购买的公有住房。

经济适用住房价格按县级(含县级)以上地方人民政府法规的标准确定。

(三)职工以成本价(或标准价)出资的集资合作建房、安居工程住房、经济适用住房以及拆迁安置住房,比照已购公有住房确定应纳税所得额。

……

四、对个人转让自用5年以上,并且是家庭唯一生活用房取得的所得,继续免征个人所得税。

注:本法第三条现已失效。

此外,《国家税务总局关于个人住房转让所得征收个人所得税有关问题的通知》(国税发〔2006〕108号)、《国家税务总局关于个人转让房屋有关税收征管问题的通知》(国税发〔2007〕33号)和《财政部 国家税务总局关于易地扶贫搬迁税收优惠政策的通知》(财税〔2018〕135号)等都对个人转让和获取住房过程中的个人所得税计算问题做出详细规定,在此不详细阐述。

(三)被征收人(自然人)取得拆迁补偿房屋的契税处理

财税〔2016〕43号文件规定:计征契税的成交价格不含增值税。

《财政部 国家税务总局 住房和城乡建设部关于调整房地产交易环节契税个

人所得税优惠政策的通知》（财税〔2010〕94号）规定：对个人购买普通住房，且该住房属于家庭（成员范围包括购房人、配偶以及未成年子女，下同）唯一住房的，减半征收契税。对个人购买90平方米及以下普通住房，且该住房属于家庭唯一住房的，减按1%税率征收契税。

《财政部 国家税务总局关于企业以售后回租方式进行融资等有关契税政策的通知》（财税〔2012〕82号）的相关规定如下。

三、市、县级人民政府根据《国有土地上房屋征收与补偿条例》有关规定征收居民房屋，居民因个人房屋被征收而选择货币补偿用以重新购置房屋，并且购房成交价格不超过货币补偿的，对新购房屋免征契税；购房成交价格超过货币补偿的，对差价部分按规定征收契税。居民因个人房屋被征收而选择房屋产权调换，并且不缴纳房屋产权调换差价的，对新换房屋免征契税；缴纳房屋产权调换差价的，对差价部分按规定征收契税。

《财政部 国家税务总局关于棚户区改造有关税收政策的通知》（财税〔2013〕101号）的相关规定如下。

四、个人首次购买90平方米以下改造安置住房，按1%的税率计征契税；购买超过90平方米，但符合普通住房标准的改造安置住房，按法定税率减半计征契税。

五、个人因房屋被征收而取得货币补偿并用于购买改造安置住房，或因房屋被征收而进行房屋产权调换并取得改造安置住房，按有关规定减免契税。

财税〔2018〕135号文件规定：

对易地扶贫搬迁贫困人口按规定取得的安置住房，免征契税。

（四）被征收人（拆迁户）的土地增值税处理

1. 被征收人属于个人

《土地增值税暂行条例实施细则》第十二条规定：个人因工作调动或改善居住条件而转让原自用住房，经向税务机关申报核准，凡居住满5年或5年以上的，免予征收土地增值税。居住满3年未满5年的，减半征收土地增值税。居住未满3年的，按规定计征土地增值税。

《财政部 国家税务总局关于土地增值税一些具体问题规定的通知》（财税字〔1995〕48号）第五条规定：个人之间互换自有居住用房地产的，经当地税务机关核实，可以免征土地增值税。

《财政部 国家税务总局关于调整房地产交易环节税收政策的通知》（财税〔2008〕137号）规定：自2008年11月1日起，对个人销售住房暂免征收土地增值税。

2. 被征收人属于企业纳税人

《土地增值税暂行条例》第八条规定，有下列情形之一的，免征土地增值税：

（1）纳税人建造普通标准住宅出售，增值额未超过扣除项目金额20%的；

（2）因国家建设需要依法征用、收回的房地产。

上述第（2）项所称的因国家建设需要依法征用、收回的房地产，是指因城市实施规划、国家建设的需要而被政府批准征用的房产或收回的土地使用权。因城市实施规划、国家建设的需要而搬迁，由纳税人自行转让原房地产的，比照本规定免征土地增值税。因"城市实施规划"而搬迁，是指因旧城改造或因企业污染、扰民（指产生过量废气、废水、废渣和噪声，使城市居民生活受到一定危害），而由政府或政府有关主管部门根据已审批通过的城市规划确定进行搬迁的情况；因"国家建设的需要"而搬迁，是指因实施国务院、省级人民政府、国务院有关部委批准的建设项目而进行搬迁的情况。

3.4.6 "三旧"改造九种模式的税务处理规定

"三旧"（旧城镇、旧厂房、旧村庄）改造涉及土地被征收方、政府方、承受方、施工方等多个主体，不同模式下税务处理会有明显差别。本章特别增加一小节，重点讲解广东省地方税务局粤地税发〔2017〕68号文件，该文件全面地总结了政府主导、政府和市场方合作、市场方主导三类共九种"三旧"改造模式下参与各方的税务处理，其覆盖的旧改模式、参与主体和税种处理全面且详尽，具有特别的指导意义。

广东地方税务局 广东省国家税务局 广东省国土资源厅
关于印发《广东省"三旧"改造税收指引》的通知
（粤地税发〔2017〕68号）

……………

本指引将我省"三旧"改造分为三类共九种改造模式。第一大类政府主导模式分为：政府收储、政府统租、综合整治（政府出资）三种模式；第二大类政府和市场方合作模式分为：以毛地出让方式引入社会力量实施改造、土地整理两种模式；第三大类市场方主导模式分为：农村集体自改、村企合作、原土地使用权人自改、企业收购改造四种模式。

本指引基于每种模式的典型案例，梳理"三旧"改造过程中涉及的增值税、土地增值税、契税、房产税、城镇土地使用税、企业所得税和个人所得税等主要税种相关税务处理事项，用于指导"三旧"改造项目的涉税管理。本指引未尽事宜按照税收法律、法规及相关规定执行。今后国家和省有新规定的，按新规定执行。

……………

第三大类：市场方主导模式

6 农村集体自改模式

6.1 情况描述

农村集体经济组织申请将其名下的集体建设用地转为国有建设用地，并由其所属的全资公司以协议出让方式取得该土地使用权进行改造。

6.2 典型案例

F市甲经济联合社所有的旧厂房用地，已办理集体土地使用证，证载土地使用权人为甲经济联合社，土地用途为工业用地。向国土部门申请将该宗用地转为国有建设用地手续，当地国土部门组织报批材料按程序上报省政府批准。经批准转为国有后，由当地市、县人民政府协议出让给甲经济联合社全资成立的乙房地产开发有限公司，用于商品住宅开发。

6.3 税务事项处理意见

6.3.1 受让方

受让方以协议出让方式取得土地使用权。

一、契税

根据《财政部 国家税务总局关于国有土地使用权出让等有关契税问题的通知》（财税〔2004〕134号）规定，出让国有土地使用权的，其契税计税价格为承受人为取得该土地使用权而支付的全部经济利益。

二、城镇土地使用税

根据《财政部 国家税务总局关于房产税城镇土地使用税有关政策的通知》（财税〔2006〕186号）规定，以出让或转让方式有偿取得土地使用权的，应由受让方从合同约定交付土地时间的次月起缴纳城镇土地使用税；合同未约定交付土地时间的，由受让方从合同签订的次月起缴纳城镇土地使用税。

三、企业所得税

受让方通过协议方式取得改造地块开发权所发生的支出可以作为土地开发成本进行税务处理。

7 村企合作模式

7.1 情况描述

村企合作模式是指政府依据农村集体经济组织申请将集体建设用地转为国有建设用地，由农村集体经济组织与开发企业合作实施改造的情形。

7.2 典型案例

G村集体经济组织将集体土地申请转为国有土地，分为融资地块与复建地块，并与开发企业合作实施改造，具体情形如下：

一、G村集体经济组织成员表决同意项目实施方案后，按程序提交有权机关审批。项目实施方案经批复后，该农村集体经济组织通过市公共资源交易中心公开选择开发企业参与改造。

二、农村集体经济组织在组织完成房屋拆迁补偿安置后，向当地国土部门申请办理集体建设用地转为国有建设用地手续，当地国土部门组织报批材料按程序上报省政府批准。

三、经批准转为国有后，复建地块采取划拨方式供应给G村集体经济组织，融资地块由政府协议出让给开发企业。

四、开发企业按要求缴纳土地出让金后对融资地块实施改造，并承担复建地块物业建造及河涌整治、打通消防通道等工程成本。

7.3 税务事项处理意见

7.3.1 被征收方（农村集体经济组织或村民）

农村集体经济组织或村民土地、房屋被征收，取得复建地块物业补偿。

一、增值税

根据《财政部 国家税务总局关于全面推开营业税改征增值税试点的通知》（财税〔2016〕36号）附件3《营业税改征增值税试点过渡政策的规定》第一条第（三十七）款规定，土地使用者将土地使用权归还给土地所有者免征增值税。

二、企业所得税

农村集体经济组织因政府征收土地及地上建筑物而取得的房屋不征收企业所得税。

三、个人所得税

被拆迁人按照有关城镇房屋拆迁的有关规定取得的拆迁补偿款，免征个人所得税。

7.3.2 受让方

受让方取得融资地块土地使用权，并以建造复建地块房产为代价补偿农村集体经济组织或村民。

一、契税

根据《财政部 国家税务总局关于国有土地使用权出让等有关契税问题的通知》(财税〔2004〕134号)规定,出让国有土地使用权的,其契税计税价格为承受人为取得该土地使用权而支付的全部经济利益。

二、城镇土地使用税

根据《财政部 国家税务总局关于房产税城镇土地使用税有关政策的通知》(财税〔2006〕186号)规定,以出让或转让方式有偿取得土地使用权的,应由受让方从合同约定交付土地时间的次月起缴纳城镇土地使用税;合同未约定交付土地时间的,由受让方从合同签订的次月起缴纳城镇土地使用税。

三、企业所得税

用于房地产开发情形的,根据《国家税务总局关于印发〈房地产开发经营业务企业所得税处理办法〉的通知》(国税发〔2009〕31号)的规定,拆迁补偿支出、安置及动迁支出、回迁房建造支出,以及取得的土地使用权支出,计入开发产品成本,按规定在税前扣除。

7.3.3 工程施工方

参照1.3.1.4处理。

8 原土地使用权人自改模式

8.1 情况描述

原土地使用权人自改模式是指拥有国有建设用地使用权的企业自行实施改造。

8.2 典型案例

H市某集团(不动产权属人)的创意产业园项目,由其自行出资,按照原址升级、功能置换的模式实施改造。由某集团通过向政府补缴地价,将土地用途由工业用途改变为商业用途,并通过协议方式取得土地使用权后自行进行改造开发。

8.3 税务事项处理意见

8.3.1 不动产权属人

不动产权属人通过向政府补缴地价,将土地用途由工业用途改变为商业用途,并通过协议方式取得土地使用权自行进行改造开发。

一、房产税

(一)根据《财政部 国家税务总局关于安置残疾人就业单位城镇土地使用

税等政策的通知》（财税〔2010〕121号）的规定，自行改造企业补缴的地价款应计入房产原值征收房产税。

（二）根据《广东省税务局关于印发房产税、车船使用税若干具体问题的解释和规定的通知》（〔87〕粤税三字第6号）的规定，自行改造企业扩建、改建装修后的房产在下一个纳税期按扩建、改建、装修后的房产原值计税。

二、契税

根据《国家税务总局关于改变国有土地使用权出让方式征收契税的批复》（国税函〔2008〕662号）的规定，对纳税人因改变土地用途而签订土地使用权出让合同变更协议或者重新签订土地使用权出让合同的，应征收契税。计税依据为因改变土地用途应补缴的土地收益金及应补缴政府的其他费用。

三、企业所得税

根据《国家税务总局关于企业所得税若干问题的公告》（国家税务总局公告2011年第34号）的规定，企业自行出资在原址升级、功能改造发生的支出和补缴的地价款，根据《中华人民共和国企业所得税法》及其实施条例规定，符合固定资产改良支出条件且原固定资产已提足折旧的，按照固定资产预计尚可使用年限分期摊销；如果原固定资产尚未足额提取折旧，应并入该固定资产计税基础，并从改扩建完工投入使用后的次月起，重新按税法规定的该固定资产折旧年限计提折旧，如该改扩建后的固定资产尚可使用的年限低于税法规定的最低年限的，可以按尚可使用的年限计提折旧。改造后企业取得的租金收入，应按规定计算缴纳企业所得税。

8.3.2 工程施工方

工程施工方提供建筑物、构筑物及其附属设施的建造、修缮、装饰，线路、管道、设备、设施等的安装以及其他工程作业。

9 企业收购改造模式

9.1 情况描述

企业收购改造模式是指由社会投资主体收购改造地块周边相邻的地块，由地方国土部门进行归宗后再集中改造。

9.2 典型案例

I市创意园项目，社会投资主体（收购方）收购多家濒临倒闭，效益低下的企业（被收购方）旧厂房，并办理房产、土地权属转移手续。其利用原有的厂房、办公室进行连片改造，打造餐饮、娱乐、住宿、写字楼等新兴产业园区，并对外出租。

9.3 税务事项处理意见

9.3.1 被收购方

被收购方转让其拥有的房产、土地，并取得收入。

一、增值税

根据《财政部 国家税务总局关于全面推开营业税改征增值税试点的通知》（财税〔2016〕36号）中《销售服务、无形资产、不动产注释》的规定，被收购方转让其拥有的房产并取得收入，应按"转让不动产"缴纳增值税；被收购方转让其拥有的土地使用权并取得收入，应按"转让土地使用权"缴纳增值税。

二、土地增值税

根据《中华人民共和国土地增值税暂行条例》规定，被收购方转让旧厂房取得收入，应按规定申报缴纳土地增值税。

三、企业所得税

根据《中华人民共和国企业所得税法》及其实施条例规定，被收购方转让旧厂房取得收入，作为企业所得税应税收入，发生的成本、费用、税金在税前扣除。

9.3.2 收购方

收购方以转让方式有偿取得房屋、土地，进行连片改造后对外出租。

一、增值税

根据《财政部 国家税务总局关于全面推开营业税改征增值税试点的通知》（财税〔2016〕36号）中《销售服务、无形资产、不动产注释》的规定，收购方进行连片改造后对外出租不动产，应按"不动产经营租赁"缴纳增值税。

二、房产税

根据《中华人民共和国房产税暂行条例》规定，收购方取得房屋所有权，应按规定缴纳房产税。自用的，以房产原值计征房产税；用于出租的，以租金收入计征房产税。

三、城镇土地使用税

根据《财政部 国家税务总局关于房产税城镇土地使用税有关政策的通知》（财税〔2006〕186号）规定，收购方以出让或转让方式有偿取得土地使用权的，应由受让方从合同约定交付土地时间的次月起缴纳城镇土地使用税；合同未约定交付土地时间的，由受让方从合同签订的次月起缴纳城镇土地使用税。

四、契税

根据《中华人民共和国契税暂行条例》及其细则等有关规定，收购方受让取得国有土地使用权的,其契税计税价格为取得该土地使用权而支付的全部经济利益。

五、企业所得税

(一)根据《中华人民共和国企业所得税法》及其实施条例规定,改造主体取得租金收入,作为企业所得税应税收入,发生的成本、费用、税金在税前扣除。

(二)收购方对收购的旧厂房进行改造,实际发生的支出,应计入固定资产,按固定资产计提折旧方式进行税前扣除。

3.5 取得土地使用权阶段的会计处理

房地产开发企业取得土地使用权,根据土地使用权的取得方式和持有目的设置不同的会计账户,进行不同的会计处理。

(一)确认取得土地使用权

房地产开发企业取得土地使用权的方式一般有接受土地使用权出让、接受土地使用权转让、投资者投入土地使用权以及其他方式,房地产开发企业较少有无偿划拨取得土地使用权的情况。不同方式下取得土地使用权的成本如表3-9所示。

表3-9　　　　　　　不同方式下取得土地使用权的成本

取得方式	成本
1. 通过出让取得土地使用权	通过出让方式取得土地使用权的成本通常是土地出让金加上相关税费,如果还发生了与取得该土地使用权有关的费用,如缴纳的行政事业性规费、征地补偿费等,应一并计入土地使用权取得成本。 在城市行政区域内的开发项目,除实行有偿出让方式取得国有土地使用权且地价款中含基础设施配套费的项目之外,房地产开发企业应按规定缴纳城市基础设施费,城市基础设施费的征收基数,以批准的年度投资计划的建筑面积(包括地下建筑面积)为准。相关税费是指取得土地使用权时涉及的契税、印花税,取得土地为耕地的,还涉及耕地占用税
2. 通过转让取得土地使用权	通过转让方式取得土地使用权的成本,包括购买价款、其他行政事业性收费和其他税费等。如果接受转让的土地为无偿划拨取得且约定由受让方办理出让手续及补交土地出让金,土地使用权的成本应包括按照相关规定补交的土地出让金及相关税费。如果受让土地原来属于出让土地,土地使用权的成本包括支付的转让费和相关税费

续表

取得方式	成本
3. 投资者投入土地使用权	投资者投入的土地使用权,应当按照投资合同或协议约定的价值作为成本,但合同或协议约定价值不公允的除外
4. 其他方式取得土地使用权	房地产开发企业合并取得的土地使用权的成本,应当按照《企业会计准则第20号——企业合并》确定;通过非货币性资产交换取得的土地使用权的成本,应当按照《企业会计准则第7号——非货币性资产交换》确定;通过债务重组取得的土地使用权的成本,应当按照《企业会计准则第12号——债务重组》确定;通过政府补助取得的土地使用权的成本,应当按照《企业会计准则第16号——政府补助》确定

【注】

(1) 企业、单位以换取开发产品为目的,将土地使用权投资企业的,按下列规定进行处理。

①换取的开发产品如为该项土地开发、建造的,接受投资的企业在接受土地使用权时暂不确认其成本,待首次分出开发产品时,再按应分出开发产品(包括首次分出的和以后应分出的)的公允价值和土地使用权转移过程中应支付的相关税费计算确认该项土地使用权的成本。如涉及补价,土地使用权的取得成本还应加上应支付的补价款或减除应收到的补价款。

②换取的开发产品如为其他土地开发、建造的,接受投资的企业在投资交易发生时,按应付出开发产品公允价值和土地使用权转移过程中应支付的相关税费计算确认该项土地使用权的成本。如涉及补价,土地使用权的取得成本还应加上应支付的补价款或减除应收到的补价款。

(2) 企业、单位以股权的形式,将土地使用权投资企业的,接受投资的企业应在投资交易发生时,按该项土地使用权的公允价值和土地使用权转移过程中应支付的相关税费计算确认该项土地使用权的取得成本。如涉及补价,土地使用权的取得成本还应加上应支付的补价款或减除应收到的补价款。

(二) 获取土地使用权的会计处理

不同用途下的土地使用权的会计处理如表3-10所示。

表3-10　　　　不同用途下的土地使用权的会计处理

用途	会计处理
房地产开发企业取得的土地使用权	根据《企业会计准则第6号——无形资产》应用指南的规定,通常应确认为无形资产
改变土地使用权用途,用于赚取租金的	转为投资性房地产

续表

用途	会计处理
取得土地使用权用于建造对外出售的房屋及建筑物	相关的土地使用权账面价值应当计入所建造的房屋及建筑物成本
取得土地使用权缴纳的相关契税、印花税及耕地占用税	契税、耕地占用税要视取得的土地使用权的用途计入不同的会计账户,印花税直接进入"税金及附加"核算

1. 用于土地开发的土地使用权

房地产开发企业如果取得的土地使用权用于土地开发,应将土地使用权的取得成本计入开发成本,即借记"开发成本——土地开发"科目,贷记"银行存款""应付账款"等科目,所缴纳的印花税直接记入"税金及附加"科目核算。

【例3-17】取得用于土地开发的土地使用权的会计核算

北方房地产公司通过投标方式取得100亩土地的使用权,用于开发商品性土地,总价款5 000万元,单价50万元/亩,契税税率为4%,当地政府规定的耕地占用税税额为22.5元/平方米,通过银行转账支付土地出让金及相关税费。

【解析】

(1) 支付土地出让金时,依据财政部门开具的土地使用权出让金专用票据和银行转款手续,北方房地产公司应进行的会计处理为:

借:开发成本——土地开发——土地征用费及拆迁补偿费
　　　　　　　　　　　　　　　　　　　50 000 000
　　贷:银行存款　　　　　　　　　　　50 000 000

(2) 应缴纳的契税为:5 000×4% = 200(万元)。

依据契税完税凭证和付款证明,北方房地产公司应进行的会计处理为:

借:开发成本——土地开发——土地征用费及拆迁补偿费
　　　　　　　　　　　　　　　　　　　2 000 000
　　贷:银行存款　　　　　　　　　　　2 000 000

(3) 应缴纳的耕地占用税为:100×666.67×22.5÷10 000 = 150(万元)。

依据耕地占用税完税凭证和付款证明,北方房地产公司应进行的会计处理为:

借:开发成本——土地开发——土地征用费及拆迁补偿费
　　　　　　　　　　　　　　　　　　　1 500 000

　　　　贷：银行存款　　　　　　　　　　　　　　　　　1 500 000

（4）签订土地使用权出让合同，应缴纳的印花税为：5 000×0.5‰ =2.5（万元）。

缴纳印花税时，依据印花税完税凭证和付款证明，北方房地产公司应进行的会计处理为：

　　借：税金及附加——印花税　　　　　　　　　　　25 000
　　　　贷：银行存款　　　　　　　　　　　　　　　　　25 000

2. 用于商品房开发的土地使用权

根据企业会计准则，房地产开发企业取得的土地使用权用于建造对外出售的房屋及建筑物，相关的土地使用权应当计入所建造的房屋及建筑物成本，即借记"开发成本——房屋开发"科目，贷记"银行存款""应付账款"等科目。取得的土地使用权所缴纳的印花税直接记入"税金及附加"科目核算。

【例3-18】取得用于商品房开发的土地使用权的会计核算

2×20年6月，北方房地产公司取得85亩土地的使用权用于商品房开发，价款2 500万元，契税税率为4%，当地政府规定的耕地占用税税额为22.5元/平方米，通过银行转账支付土地出让金及相关税费。

【解析】

（1）支付土地出让金时，依据财政部门开具的土地使用权出让金专用票据和银行转款手续，北方房地产公司应进行的会计处理为：

　　借：开发成本——房屋开发——土地征用费及拆迁补偿费
　　　　　　　　　　　　　　　　　　　　　　　　　25 000 000
　　　　贷：银行存款　　　　　　　　　　　　　　　25 000 000

（2）应缴纳的契税为：2 500×4% =100（万元）。

依据契税完税凭证和付款证明，北方房地产公司应进行的会计处理为：

　　借：开发成本——房屋开发——土地征用费及拆迁补偿费　1 000 000
　　　　贷：银行存款　　　　　　　　　　　　　　　　　1 000 000

（3）应缴纳的耕地占用税为：

85×666.67×22.5÷10 000 =127.5（万元）。

依据耕地占用税完税凭证和付款证明，北方房地产公司应进行的会计处理为：

　　借：开发成本——土地开发——土地征用费及拆迁补偿费　1 275 000
　　　　贷：银行存款　　　　　　　　　　　　　　　　　1 275 000

（4）签订土地使用权出让合同，应缴纳的印花税为：2 500×0.5‰ =

1.25（万元）。

缴纳印花税时，依据印花税完税凭证和付款证明，北方房地产公司应进行的会计处理为：

借：税金及附加——印花税　　　　　　　　　　　　12 500
　　贷：银行存款　　　　　　　　　　　　　　　　　　　12 500

3. 自建用房的土地使用权

房地产开发企业取得的土地使用权用于自建用房等地上建筑物时，土地使用权的取得成本直接记入"无形资产"科目，且土地使用权的账面价值不与地上建筑物合并计算成本，而仍作为无形资产进行核算，土地使用权与地上建筑物分别计提摊销和折旧。为建造自用办公楼等而取得的土地使用权所缴纳的契税，记入"无形资产"科目。

【例3-19】取得自建用房的土地使用权的会计核算

2×20年3月12日，北方房地产公司以出让方式取得一块土地的使用权，以银行存款转账支付500万元，并在该块土地上自行建造两栋办公楼自用，发生建筑工程支出1 100万元。两栋办公楼已经完工并达到预定可使用状态。假定土地使用权的使用年限为50年，无净残值；办公楼的使用年限为25年，预计净残值100万元；都采用直线法计提摊销和折旧。契税的税率为4%。

【解析】

（1）支付土地出让金时，依据财政部门开具的土地使用权出让金专用票据和银行转款手续，进行的会计处理为：

借：无形资产——土地使用权　　　　　　　　　　　5 000 000
　　贷：银行存款　　　　　　　　　　　　　　　　　　5 000 000

（2）应缴纳的契税为：500×4% = 20（万元）。

依据契税完税凭证和付款证明，进行的会计处理为：

借：无形资产——土地使用权　　　　　　　　　　　　200 000
　　贷：银行存款　　　　　　　　　　　　　　　　　　　200 000

（3）签订土地使用权出让合同，应缴纳的印花税为：500×0.5‰ = 0.25（万元）。

缴纳印花税时，依据印花税完税凭证和付款证明，进行的会计处理为：

借：税金及附加——印花税　　　　　　　　　　　　　2 500
　　贷：银行存款　　　　　　　　　　　　　　　　　　　2 500

（4）在土地上自行建造办公楼，发生建造费用时，根据付款凭证、税务部门监制的发票或财政部门监制的收据，进行的会计处理为：

借：在建工程　　　　　　　　　　　　　　　11 000 000
　　贷：应付账款等　　　　　　　　　　　　　　11 000 000

（5）办公楼达到预定可使用状态，进行的会计处理为：

借：固定资产——办公楼　　　　　　　　　　11 000 000
　　贷：在建工程　　　　　　　　　　　　　　　11 000 000

（6）每年分摊土地使用权和对办公楼计提折旧，进行的会计处理为：

借：管理费用　　　　　　　　　　　　　　　　504 000
　　贷：累计折旧　　　　　　　　　　　　　　　　400 000
　　　　累计摊销　　　　　　　　　　　　　　　　104 000

4. 暂时没有确定用途的土地使用权

如果取得的土地使用权暂时没有确定用途，记入"无形资产——土地使用权"科目。

【例3-20】 取得暂时没有确定用途的土地使用权的会计核算

2×20年8月，北方房地产公司取得300亩土地的使用权，暂时没有确定用途，价款4 500万元，契税税率为4%，征用土地在征用前属于城市用地，通过银行转账支付土地出让金及相关税费。

【解析】

（1）支付土地出让金时，依据财政部门开具的土地使用权出让金专用票据和银行转款手续，进行的会计处理为：

借：无形资产——土地使用权　　　　　　　　45 000 000
　　贷：银行存款　　　　　　　　　　　　　　　45 000 000

（2）应缴纳的契税为：4 500×4%＝180（万元）。

依据契税完税凭证和付款证明，进行的会计处理为：

借：无形资产——土地使用权　　　　　　　　 1 800 000
　　贷：银行存款　　　　　　　　　　　　　　　 1 800 000

（3）签订土地使用权出让合同，应缴纳的印花税为：4 500×0.5‰＝2.25（万元）。

缴纳印花税时，依据印花税完税凭证和付款证明，进行的会计处理为：

借：税金及附加——印花税　　　　　　　　　　　22 500
　　贷：银行存款　　　　　　　　　　　　　　　　　22 500

5. 用于赚取租金的土地使用权

企业改变土地使用权的用途，将其用于对外出租时，应将其转为投资性房地产。

【例3-21】 将土地使用权用于赚取租金的会计核算

北方房地产公司2×19年10月从土地市场受让取得土地使用权，共计9 000万元，用于房地产开发，增值税进项税额为810万元。已完成土地开发，土地开发成本800万元。因房地产市场萎缩，公司准备减缓房地产开发，将已开发完成的土地用于出租。2×20年2月与甲公司签订了经营租赁合同，将这块土地出租给甲公司使用，租赁期开始日为2×20年2月1日，租期2年。

【解析】

（1）支付土地使用权出让金时，依据财政部门开具的土地使用权出让金专用票据和银行转款手续，进行的会计处理为：

借：开发成本——土地开发　　　　　　　　　　90 000 000
　　应交税费——应交增值税（进项税额）　　　 8 100 000
　　贷：银行存款　　　　　　　　　　　　　　98 100 000

（2）支付土地开发成本时，根据付款依据、税务部门监制的发票或财政部门监制的收据，进行的会计处理为：

借：开发成本——土地开发　　　　　　　　　　 8 000 000
　　贷：银行存款　　　　　　　　　　　　　　 8 000 000

（3）2×20年2月1日，租赁期开始日，应将已开发的土地转换为投资性房地产，进行的会计处理为：

借：投资性房地产——土地使用权　　　　　　　98 000 000
　　贷：开发成本——土地开发　　　　　　　　98 000 000

第 4 章
开发建设阶段的税务与会计处理

房地产开发企业设立公司并取得土地使用权以后就进入开发建设阶段，该阶段是房地产开发的重要阶段。在此阶段，房地产开发企业要在土地上完成房地产产品的开发，形成开发产品，因此，此阶段涉及房地产开发成本的归集、分配和结转，经济业务和会计处理都相对复杂。

4.1 开发建设阶段业务概述

房地产开发建设阶段不仅包括项目策划设计、报批报建、施工建设、竣工验收等多个步骤，而且包括产品开发完成后的初始产权登记过程。开发建设阶段主要工作包括项目开工建设许可证办理、报批报建手续办理、项目的施工组织及项目竣工验收和备案。

房地产开发建设阶段可分为四个环节：项目策划设计环节、项目准备环节、项目施工环节、项目竣工验收环节。

4.1.1 项目策划设计环节

项目策划设计环节的具体业务包括根据前期调研阶段的调研结果出具项目建议书或可行性研究报告、项目选址方案、投资计划、设计任务书、初步建设方案等。项目策划设计环节是项目建设过程中十分具有创造性和活跃性的环节，是人们聪明才智与物质技术手段完美结合的环节，也是人们充分发挥主观能动性，在技术和经济上对拟建项目的实施进行全面安排的环节。房地产开发企业在这个环节确定项目定位、产品目标与发展计划等。对不同的企业或者不同的项目来说，策划设计业务工作安排的时段可能有所不同，有的企业或者项目是在企业获取土地之前进行的，有的企业或者项目则是在拿地后进行的。严格来说，项目策划设计是一个独立的业务环节，许多时候是在获取土地前后重复进行的。项目策划设计的成果是企业制定会计核算办法和纳税筹划的重要依据。此环节发生的费用主要是前期费用和一些间接费用,企业的会计核算和纳税处理事项不多,也不复杂。

4.1.2 项目准备环节

项目准备环节的经济活动主要包括以下内容。

(1) 分析开发项目用地的范围、周边环境与特性,以及规划允许的用途和项目获益能力。

(2) 制定规划设计及建设方案。

(3) 与城市规划管理部门协商,获得规划管理部门许可。

(4) 完成施工现场的通水、通电、通路和场地平整工作。

(5) 开展市政设施建设衔接工作的谈判与协商。

(6) 对开发成本和可能的工程量进行更详细的估算。

(7) 与承包商谈判并签订建设工程施工承包合同。

(8) 详细设计、编制工作量清单。

(9) 完成施工图预算、施工图预审及审查。

项目准备环节主要为项目开工做准备,特别是要办理各种报批手续,包括办理土地使用证、建设用地规划许可证、施工许可证、环保许可证明、安全生产许可证明和开工许可证等。通常,企业要根据土地出让合同、交费证明等办理土地使用证;根据申报报告和发改委批文、建设用地规划许可证、土地使用证、已审批规划图和建筑设计图办理建设用地规划许可证;根据土地使用证、建设用地规划许可证、建筑安装施工合同、施工图审查证明、质量安全监督手续等办理施工许可证。项目准备环节的报批报建过程要由土地、环保、消防、人防、规划、建设等行政管理部门审查或批准,这个环节的会计核算主要是对一些开发前期费用及间接费用进行确认和计量。

4.1.3 项目施工环节

项目施工环节是房地产开发企业委托施工单位进行项目施工的环节,是房地产开发的重要环节。房地产开发企业在此环节的主要任务是控制成本,确保工程按进度计划推进。一般来说,房地产开发企业与委托施工单位之间签订的施工合同的内容以及发包与承包范围及其方式对企业纳税的种类有重要影响。发包与承包通常有三种不同的方式:包工不包料(甲供材)、包工包料和发包方控材（乙供甲控）。不同的承包方式下工程价款的结算存在较大的差异，会计核算方法和税收风险也不同。

4.1.4 项目竣工验收环节

项目竣工验收环节主要包括两个步骤：一是项目完工后进行验收、结算、备案；二是进行产权初始登记。

竣工验收是指房地产开发产品完工后，由房地产开发企业及勘察、设计、施工、工程监理等单位，根据《中华人民共和国建筑法》《中华人民共和国城市房地产管理法》《中华人民共和国城乡规划法》《房屋建筑工程和市政基础设施工程竣工验收备案管理暂行办法》等相关法律法规的规定，进行竣工验收的过程。项目竣工后，房地产开发企业应当向项目所在地的县级或以上地方人民政府建设行政主管部门提出竣工验收申请并报告验收详情，填写工程竣工验收备案表，由参加验收的房地产开发企业及勘察、设计、施工、工程、监理等单位签字盖章后，报建设行政主管部门备案。

房屋的产权初始登记指新建房屋竣工后或集体土地上的房屋转为国有土地上的房屋所进行的房屋所有权登记。

4.2 开发建设阶段的税务处理

一般情况下，房地产开发企业在开发建设阶段涉及的税种主要有城镇土地使用税和印花税。另外，房地产开发企业与建筑工程施工企业之间签订的建筑安装承包合同形式不同，工程价款的结算可能不同，涉及的增值税处理和会计处理也有所不同。

4.2.1 主要税种的处理

（一）城镇土地使用税

房地产开发企业在开发建设阶段需要以实际占用的土地面积为计税依据，按照《城镇土地使用税暂行条例》的规定计算缴纳城镇土地使用税。

城镇土地使用税的基本税率见表 4-1。

表 4-1　　　　　　　　城镇土地使用税的基本税率

级别	人口（人）	税额（元/平方米）
大城市	50 万以上	1.5~30
中等城市	20 万~50 万	1.2~24
小城市	20 万以下	0.9~18
县城、建制镇、工矿区		0.6~12

（二）印花税

房地产开发企业在开发建设阶段，涉及各种施工及承包合同的签订，应当按照《中华人民共和国印花税法》的规定缴纳印花税。在开发建设阶段，需要缴纳印花税的合同有买卖合同、承揽合同、仓储合同、保管合同、建设工程合同、运输合同、借款合同、财产保险合同等。

【例 4-1】2×19 年 3 月，西南房地产公司签订合同如下：中央空调采购合同，合同金额为 500 万元；建筑工程承包合同，合同金额为 3 000 万元。

【解析】

西南房地产公司当月应缴纳的印花税税额计算及会计处理如下。

（1）订立中央空调采购合同应纳税额 = 5 000 000 × 0.3‰ = 1 500（元）。

（2）订立建筑工程承包合同应纳税额 = 30 000 000 × 0.3‰ = 9 000（元）。

（3）购买印花税票时应进行的会计处理：

借：税金及附加——印花税　　　　　　　　　　　　10 500
　　贷：银行存款/库存现金　　　　　　　　　　　　　　10 500

4.2.2　合作开发模式下的税务处理

房地产合作开发是指具有房地产开发资质的一方与提供建设用地使用权或提供资金、技术、劳务等的一方或多方在共担风险、共享收益的前提下合作开发房地产项目。《最高人民法院关于审理涉及国有土地使用权合同纠纷案件适用法律问题的解释》（法释〔2005〕5 号，以下简称《解释》）规定："合作开发房地产合同，是指当事人订立的以提供出让土地使用权、资金等作为共同投资，共享利润、共担风险合作开发房地产为基本内容的协议。"由此可知，合作开发需要符合以下几个条件：

（1）必须以合作双方名义办理合建审批手续；

(2) 办理土地使用权变更登记；

(3) 其中一方应该具有房地产开发经营资质。

（一）不成立合营企业合作建房

合作建房，是指由一方（以下简称"甲方"）提供土地使用权，另一方（以下简称"乙方"）提供资金，合作建房。第一种形式的合作建房是纯粹的"以物易物"，即双方以各自拥有的土地使用权和房屋所有权相互交换，概括为项目合作双方不成立合营企业契约式合作建房，具体可分为以下两种交换方式。

1. 土地使用权和房屋所有权相互交换

在这种方式下，双方都取得了部分房屋的所有权：甲方以转让部分土地使用权为代价，换取部分房屋的所有权，发生了转让土地使用权的行为；乙方则以转让部分房屋的所有权为代价，换取部分土地的使用权，发生了销售不动产的行为。因而，合作建房的双方都发生了应税行为。对甲方应按"转让无形资产"税目中的"转让土地使用权"子目征收增值税；对乙方应按"销售不动产"税目征收增值税。由于双方没有进行货币结算，因此，应当分别核定双方的销售额。

【例4-2】甲商贸企业拥有待开发的国有土地一宗，因缺乏资金，与乙房地产开发企业签订合作建房协议。双方约定：甲方出地，乙方出资，房屋建成后按4∶6的比例分成。甲、乙双方按规定办理了合作建房备案手续，乙方享有该宗地60%的土地使用权。乙方投入资金5 000万元，房屋建成后，双方按协议约定比例分割房屋并办理产权登记手续。

问：对甲、乙双方应如何计征增值税？

【解析】

本案例属于"一方出地，一方出资金，共同立项，土地变更，按比例分房"的情况。此案例中甲、乙双方合作建房的方式属于不成立合营企业合作建房形式下的第一种方式，对甲方应按"销售无形资产"税目中的"转让土地使用权"子目征收增值税；对乙方应按"销售不动产"税目征收增值税。由于双方没有进行货币结算，应当核定双方各自的销售额。

【例4-3】X房地产公司2×19年10月与A企业签订一份合作开发协议。协议规定，X房地产公司出资金，A企业出地，X房地产公司在A企业拥有的土地上建造居民住宅楼9栋，建成后4栋住宅楼归A企业所有，建筑面积为20 000平方米，建筑成本（不含税）为4 000万元，其余5栋住宅楼的所有权归X房地产公司所有。

问：X房地产公司应如何确定计税销售额？

【解析】

X房地产公司与A企业发生了"以房换地"行为，X房地产公司换出房屋销售额的确定分析如下。

（1）若X房地产公司10月销售的同类房屋的平均价格为每平方米4 000元（不含土地价值），那么换出的20 000平方米房屋的含税销售额为8 000万元（20 000×4 000÷10 000）。

（2）若X房地产公司10月没有销售同类房屋，最近时期销售的同类房屋的平均价格为3 800元（不含土地价值），那么换出的20 000平方米房屋的含税销售额为7 600万元（20 000×3 800÷10 000）。

（3）若X房地产公司最近时期也没有销售同类房屋，则应核定换出房屋的计税价格。假定成本利润率为30%，含税销售额为5 200万元[4 000×(1+30%)]。

本例中如果按照销售同类房屋的平均价格（每平方米5 000元）计算，那么换出的20 000平方米房屋的含税销售额为10 000万元（20 000×5 000÷10 000），这里面包含了土地成本，显然加重了纳税人负担，实际征管中并非不存在这种可能。

2. 以出租土地使用权为代价换取房屋所有权

这种方式是指：甲方将土地使用权出租给乙方若干年，乙方在该土地上建造建筑物并使用，租赁期满后，乙方将土地使用权连同所建的建筑物归还甲方。在经营过程中，乙方是以建筑物为代价换得若干年的土地使用权，甲方是以出租土地使用权为代价换取建筑物。甲方发生了出租土地使用权的行为，对其按"不动产经营租赁服务"税目征收增值税；乙方发生了销售不动产的行为，对其按"销售不动产"税目征收增值税。

（二）成立合营企业合作建房

合作建房的第二种形式是以甲方的土地使用权、乙方的货币资金合股，成立合营企业，合作建房。对此种形式的合作建房，视具体情况确定如何征税。

1. 房屋建成后，双方采取风险共担、利润共享的分配方式

甲方向合营企业提供土地使用权，换取了合营企业股权，相当于取得了其他经济利益，应当按照"销售无形资产"税目征收增值税。对合营企业销售房屋取得的收入按"销售不动产"税目征收增值税。

2. 房屋建成后，甲方采取按销售收入的一定比例提成的方式参与分配，或

提取固定利润的分配方式

甲方如果采取按销售收入的一定比例提成的方式参与分配，或提取固定利润，同样属于甲方将土地使用权转让给合营企业的行为。那么，对甲方取得的固定利润或从销售收入按比例提取的收入依"销售无形资产"税目征收增值税；对合营企业按全部房屋的销售收入依"销售不动产"税目征收增值税。

3. 房屋建成后，双方采取按一定比例分配房屋的分配方式

依据同样原则，首先对甲方向合营企业转让的土地使用权，按"销售无形资产"税目征收增值税。对合营企业的房屋，在分配给甲、乙双方后，如果各自销售，则再按"销售不动产"税目征收增值税，如果适用一般计税方法计征增值税，则可以抵扣增值税进项税额。

《房地产开发经营业务企业所得税处理办法》（国税发〔2009〕31号）规定，企业应在首次取得开发产品时，将其分解为转让土地使用权和购入开发产品两项经济业务进行所得税处理，并按应从该项目取得的开发产品（包括首次取得的和以后应取得的）的市场公允价值计算确认土地使用权转让所得或损失。在这一转让过程中，土地使用权转让所得等于开发产品购置成本，此时可一并进行增值税、土地增值税及企业所得税的纳税处理，但不排除纳税义务发生时间滞后风险以及计税金额虚增风险。

（三）其他情形

1. 房地产开发企业吸收他人资金合作建房

《国家税务总局关于合作建房营业税问题的批复》（国税函〔2005〕1003号）对于《海南省地方税务局关于我省海口紫荆花园合作开发税收问题的请示》（琼地税发〔2005〕57号）批复如下："鉴于该项目开发建设过程中，土地使用权人和房屋所有权人均为甲方，未发生《中华人民共和国营业税条例》规定的转让无形资产的行为。

因此，甲方提供土地使用权，乙方提供所需资金，以甲方名义合作开发房地产项目的行为，不属于合作建房，不适用《国家税务总局关于印发〈营业税问题解答（之一）〉的通知》（国税函发〔1995〕156号）第十七条有关合作建房征收营业税的规定。"该项目不属于合作建房，即不会产生"转让土地使用权"营业税。

营改增后，这种情形下产权未发生转移，也不该计征增值税。

【例4-4】 甲房地产企业取得某宗地的国有土地使用权，因资金匮乏无力开发，与乙企业达成开发协议。协议约定：以甲房地产企业名义立项开发，乙

企业提供资金8 000万元，房屋建成后，乙企业可为职工分得10栋住宅楼。

问：对甲房地产企业收到的乙企业资金是否征收增值税？

【解析】

甲、乙两企业之间的交易并未发生土地使用权转移，双方也未办理土地过户登记，根据国税函〔2005〕1003号文件的规定，不能视为合作建房。甲房地产企业收到的乙企业资金，实质应当属于销售房屋收取的预售款，根据营业税政策的规定，应在收到预售款的当天确定营业税纳税义务发生时间。这样处理也符合《最高人民法院关于审理涉及国有土地使用权合同纠纷案件适用法律问题的解释》第二十五条的规定，即："合作开发房地产合同约定提供资金的当事人不承担经营风险，只分配固定数量房屋的，应当认定为房屋买卖合同。"营改增后，本案例中甲方收到的8 000万元也应当按照"销售不动产"计征增值税。

2. 合作开发房地产项目且不成立合营企业模式

一方出地、一方出资，合作开发房地产项目且不成立合营企业模式的土地增值税问题基本处理规则如下。

（1）房屋建成后，合作双方按约定比例分房自用的，出地方发生了以转让部分土地使用权为代价换取部分房地产所有权的行为，出资方发生了以转让部分房地产所有权为代价换取部分土地使用权的行为。根据财税字〔1995〕48号文件第二条规定关于合作建房的征免税问题，对于一方出地，一方出资金，双方合作建房，建成后按比例分房自用的，暂免征收土地增值税；建成后转让的，应征收土地增值税。

（2）对出地方分回房产后再转让的，适用旧房转让的规定计算征收土地增值税。对出资方分回房产后再转让的，适用新建房转让的规定计算征收土地增值税。出地方不可以加计扣除，出资方一般为房地产开发企业，适用新建房转让可以加计扣除。

（3）出资方进行土地增值税清算时，应以房屋建成后交付使用时点，出地方分回房地产的市场公允值计入出资方的土地成本，同时作为出资方的收入。

出地方联合出资方合作建房，双方从拿地开始即展开合作。譬如城中村改造，村委会与房地产开发企业共同走拿地程序，双方以联合体方式共同拿地、共同开发。此种方式下土地使用权当然属于双方共有产权，在自己的土地上为自己建造房屋产权不发生转移，也就不会产生土地增值税、增值税、企业所得税。

第4章 开发建设阶段的税务与会计处理

【例4-5】 合作开发中未取得土地使用权的情形如何纳税

甲公司2×19年通过出让方式取得一宗土地使用权，经建设规划部门批准，建设商住楼项目。甲公司由于没有房地产开发资质，决定与乙公司合作开发，双方签订了委托开发、销售协议。协议约定，该开发项目的所有成本、费用均由甲公司支付，开发产品委托乙公司销售，销售合同由乙公司代甲公司与买方签订，但是销售不动产发票由甲公司开具，甲公司以该楼盘销售收入的3%支付乙公司开发、销售手续费。问：甲、乙公司各自该如何纳税？

【解析】

本案例中，甲自身不具备房地产开发资质，虽然以自身名义取得了建设工程规划许可证和施工许可证，但是无法取得商品房预售许可证。即便甲公司与乙公司合作开发建房，但由于此种联建开发的特殊性，甲公司也无法直接取得房屋的销售许可，只能在办理完产权登记后进行房屋的二次分割转让。这是本案例中销售阶段要考虑的问题。所以，该商住楼的销售主体实质上是甲公司，乙公司只是受托代建和代理销售而已。

因此，甲、乙公司税务处理如下。

(1) 甲公司税务处理。

该商住楼是以甲公司名义自行建造的，没有发生土地使用权权属变更与转移，与乙公司签订的是委托代建合同。因此，施工阶段除所签订合同的印花税外，没有其他税金。

销售阶段，尽管甲公司没有销售资格，但其行为属于委托乙公司代销，应当按照"销售不动产"税目计算缴纳增值税；同时，本着"实质重于形式"的原则，按照土地增值税的规定预缴土地增值税；按照《房地产开发经营业务企业所得税处理方法》规定计算缴纳企业所得税。

(2) 乙公司税务处理。

由于乙公司只负责代建和代理销售，其发生的代建费用和销售代理费应按其他建筑服务缴纳增值税，有利润则正常缴纳企业所得税。

【例4-6】 合作建房双方的税务与会计处理

A公司（甲方）为筹措资金，于2018年与B房地产公司（乙方）签订合作开发A大厦协议。协议约定：由甲方提供土地使用权，乙方提供开发资金。双方不主张另成立合营项目公司，开发项目由甲、乙双方共同立项报建，项目建成后双方四六分成。双方已经办理土地使用权变更登记。2019年12月A大厦竣工验收，甲方分得房产自营出租，乙方分得房产对外出售。

已知甲方营改增前该项目土地受让成本为30 000万元，2019年11月公允价值为40 000万元，2019年12月账面价值为28 400万元；乙方投入资金40 000万元，其中建房支出31 000万元。A大厦2019年12月不含土地使用权的市场公允价值为100 000万元，乙方分得房产出售收入90 000万元。

问：甲、乙双方应如何进行税务与会计处理？

【解析】

1．A公司（甲方）税务与会计处理

（1）土地投入增值税处理。

合作建房以双方共同立项为前提，双方建成房屋按合同约定分割后，供地方和出资方都是自己应得份额房屋的首次登记申请人，拥有应得份额房屋的所有权。因此，在共同立项条件下，完成土地使用权变更登记后，乙方享有60%土地使用权。在这一合作过程中，甲方以转让部分土地使用权为代价，换取部分房屋的所有权，发生了转让土地使用权的行为；对甲方应按"销售无形资产"税目中的"转让土地使用权"子目计征增值税。

《财政部 国家税务总局关于进一步明确全面推开营改增试点有关劳务派遣服务、收费公路通行费抵扣等政策的通知》（财税〔2016〕47号）规定，纳税人转让2016年4月30日前取得的土地使用权，可以选择适用简易计税方法，以取得的全部价款和价外费用减去取得该土地使用权的原价后的余额为销售额，按照5%的征收率计算缴纳增值税。难以定论之处有三个：其一，判断合作建房协议土地使用权共有是否达到纳税义务发生时间，如果项目未竣工分房，则前提条件也不成立，所以笔者主张分房时确定土地使用权转让纳税义务发生时间合情合理，便于实践操作应用。其二，由于土地使用权转让时甲、乙双方没有进行货币结算，暂时无法确定计税依据，需要核定计税销售额，若以分房时甲方分得的房产公允价值确定计税销售额则符合对价原则。其三，甲、乙双方纳税义务发生时间若不一致，则不利于税务风险控制。鉴于实践中存在以上问题，所以参照企业所得税的规定，在产品完工后实质交付时确定增值税纳税义务发生时间，根据甲方分得的房屋公允价值确定转让土地使用权的计税依据。

销售价款＝100 000×40%＝40 000（万元）。

土地转让部分原价款＝30 000×60%＝18 000（万元）。

应交增值税＝（40 000－18 000）÷（1＋5%）×5%＝1 047.62（万元）。

应交城市维护建设税＝1 047.62×7%＝73.33（万元）。

应交教育费附加＝1 047.62×3%＝31.43（万元）。

应交地方教育附加＝1 047.62×2%＝20.95（万元）。

（2）分得40%房产所有权的税务处理。

①土地增值税。根据财税字〔1995〕48号文件的规定，对于一方出地，一方出资金，双方合作建房，建成后按比例分房自用的，暂免征收土地增值税；建成后转让的，应征收土地增值税。因A大厦建成后，甲方分房自用，所以免征土地增值税。

②印花税。甲方以A大厦60%土地使用权换取40%房屋所有权，按照印花税政策的有关规定，转让土地使用权以及换取不动产需要依照"产权转移书据"按0.5‰缴纳印花税。

甲方应交印花税＝(40 000＋40 000)×0.5‰＝40（万元）。

③契税。主席令第五十二号《中华人民共和国契税法》规定：土地使用权互换、房屋互换，互换价格相等的，互换双方计税依据为零；互换价格不相等的，以其差额为计税依据，由支付差额的一方缴纳契税。这里难以定论的地方在于，以土地换房产是否也可免缴契税，实践中还存在争议。

④企业所得税。《房地产开发经营业务企业所得税处理办法》(国税发〔2009〕31号)第三十七条规定："企业以换取开发产品为目的，将土地使用权投资其他企业房地产开发项目的，按以下规定进行处理：企业应在首次取得开发产品时，将其分解为转让土地使用权和购入开发产品两项经济业务进行所得税处理，并按应从该项目取得的开发产品（包括首次取得的和以后应取得的）的市场公允价值计算确认土地使用权转让所得或损失。"

应纳税所得额＝(100 000×40%－1 047.62)－28 400×60%－73.33－31.43－20.95－40＝21 746.67（万元）。

应交企业所得税＝21 746.67×25%＝5 436.67（万元）。

《企业会计准则第7号——非货币性资产交换》第八条规定：以公允价值为基础计量的非货币性资产交换，对于换入资产，应当以换出资产的公允价值和应支付的相关税费作为换入资产的成本进行初始计量；对于换出资产，应当在终止确认时，将换出资产的公允价值与其账面价值之间的差额计入当期损益。有确凿证据表明换入资产的公允价值更加可靠的，对于换入资产，应当以换入资产的公允价值和应支付的相关税费作为换入资产的初始计量金额；对于换出资产，应当在终止确认时，将换入资产的公允价值与换出资产账面价值之间的差额计入当期损益。

项目完成取得40%房产，说明该项交易行为具有商业实质，分回房产的公允价值相比分出土地公允价值显然更加可靠。假定乙方按规定开具了价税合计金额40 000（100 000×40%）万元的增值税专用发票，当期进项税额为40 000÷(1+9%)×9%=3 302.75（万元），固定资产原值为40 000÷(1+9%)=36 697.25（万元）。会计处理如下（分录单位：万元，下同）：

借：固定资产——房屋　　　　　　　　　　　36 697.25
　　应交税费——应交增值税（进项税额）　　 3 302.75
　　　　　　——应交增值税（简易计税）
　　　　　　　　　　　　［18 000÷(1+5%)×5%］857.14
贷：无形资产——土地使用权　　（28 400×60%）17 040
　　应交税费——应交增值税（简易计税）
　　　　　　　　　　　　［40 000÷(1+5%)×5%］1 904.76
　　资产处置损益　　　　　　　　　　　　　21 912.38
借：税金及附加　　　　　　　　　　　　　　　125.71
贷：应交税费——应交城市维护建设税　　　　　73.33
　　　　　　——应交教育费附加　　　　　　　31.43
　　　　　　——应交地方教育附加　　　　　　20.95

2．B房地产公司（乙方）税务与会计处理

(1) 签订合作建房协议后，投入的资金区分性质分别计入开发成本和期间费用。

(2) A大厦竣工后，按照协议约定乙方向甲方分配开发产品时，根据《企业会计准则第7号——非货币性资产交换》第三条的规定，应当以换出资产的公允价值确定换入资产入账价值，换出资产公允价值与账面价值之间的差额计入当期损益。对于换出资产为存货的情形，视同销售处理，根据《企业会计准则第14号——收入》的规定，按其公允价值确认销售收入，同时结转销售成本。

此过程涉及的纳税处理如下。

①增值税。乙方的该项目为营改增后的新项目，只能适用一般计税方法。

分出40%开发产品价款=100 000×40%=40 000（万元）。

销售收入=40 000÷(1+9%)=36 697.25（万元）。

销项税额=36 697.25×9%=3 302.75（万元）。

乙方投资40 000万元，假设成本为31 000万元，取得增值税专用发票（不含税金额28 500万元，进项税额2 500万元），则可抵扣进项税额2 500。

应交增值税为 3 302.75 − 2 500 = 802.75（万元）。

②印花税。乙方以开发产品 A 大厦 40% 房产换取甲方 60% 土地使用权的行为，分别发生了不动产转让和土地使用权转让行为，按照印花税的有关规定，需要依照"产权转移书据"按 0.5‰ 缴纳印花税。

乙方应交印花税 =（40 000 + 40 000）× 0.5‰ = 40（万元）。

③契税。根据《中华人民共和国契税法》的规定，土地使用权交换、房屋交换，交换价格相等的，免缴契税。同样，这里难以定论的地方在于，以房产换土地使用权是否也可免缴契税。

④土地增值税。根据财税字〔1995〕48 号文件的规定，合作建房分房自用环节暂免征收土地增值税，但是乙方将分得房产直接用于销售，则应当计征土地增值税。

⑤企业所得税。凡开发合同或协议中约定向投资各方分配开发产品的，企业在首次分配开发产品时，如该项目已结算计税成本，其应分配给投资方开发产品的计税成本与其投资额之间的差额计入当期应纳税所得额；如未结算计税成本，则将投资方的投资额视同销售收入进行相关的税务处理。

乙方分配给甲方的开发产品计税成本是 11 400 万元（28 500 × 40%），开发费用为 3 600 万元 [（40 000 − 31 000）× 40%]。甲方转让给乙方的 60% 土地使用权可视为投资额，按照《房地产开发经营业务企业所得税处理办法》第三十一条的规定，首次分出开发产品时，按应分出开发产品的市场公允价值和土地使用权转移过程中应支付的相关税费计算确认该项土地使用权的成本。公允价值为 100 000 × 40% = 40 000（万元），其中按简易计税方法计算的应交增值税为 1 904.76 万元 [40 000/（1 + 5%）× 5%]，土地成本为 38 095.24 万元 [40 000 ÷（1 + 5%）]。

本业务环节应纳税所得额 = 36 697.25 − 11 400 − 3 600 − 802.75 − 40 = 20 854.5（万元）

应交企业所得税 = 20 854.5 × 25% = 5 213.63（万元）

乙方以房换地会计处理如下：

借：开发成本——土地使用权　　　　　　　　　　38 095.24
　　应交税费——应交增值税（简易计税）　　　　 1 904.76
　　贷：主营业务收入　　　　　　　　　　　　　36 697.25
　　　　应交税费——应交增值税（销项税额）　　 3 302.75
借：主营业务成本　　　　　　　　　　　　　　　11 400

贷：开发产品　　　　　　　　　　　　　　　　　　　　　　11 400
　借：税金及附加　　　　　　　　　　　　　　　　　　　　　　　　40
　　贷：银行存款　　　　　　　　　　　　　　　　　　　　　　　　40

（3）乙方将分得房产对外出售税务与会计处理。

出售价款90 000万元，销售收入为90 000÷(1+9%)=82 568.81（万元），销项税额为82 568.81×9%=7 431.19（万元）。应交增值税额802.75万元。

①应交增值税=7 431.19+802.75=8 233.94（万元）。

②税金及附加：

应交城市维护建设税=8 233.94×7%=576.38（万元）。

应交教育费附加=8 233.94×3%=247.02（万元）。

应交地方教育附加=8 233.94×2%=164.68（万元）。

税金及附加合计=576.38+247.02+164.68=988.08（万元）。

③土地增值税。乙方将分得房产对外出售，应当缴纳土地增值税。取得土地使用权的成本为38 095.24万元，开发成本=28 500×60%=17 100（万元），加计扣除=(38 095.24+17 100)×20%=11 039.05（万元），开发费用按取得土地使用权的支付金额和房地产开发成本之和的10%计算扣除，(38 095.24+17 100)×10%=5 519.52（万元），土地增值税允许扣除项目金额=38 095.24+17 100+988.08+11 039.05+5 519.52=72 741.89（万元）。

增值额=82 568.81-72 741.89=9 826.92（万元）。

增值率=9 826.92÷72 741.89×100%=13.51%。

应缴纳土地增值税=9 826.92×30%=2 948.08（万元）。

④印花税。乙方将分得房产对外出售，要按照"产权转移书据"缴纳印花税。

应缴纳印花税=90 000×0.5‰=45（万元）。

⑤企业所得税。乙方分得房产销售应交企业所得税。

应纳税所得额=82 568.81-38 095.24-17 100-988.08-2 948.08-45=23 392.41（万元）。

应交企业所得税=23 392.41×25%=5 848.10（万元）。

乙方本业务环节会计处理如下：

　借：银行存款　　　　　　　　　　　　　　　　　　　　　　90 000

  贷：主营业务收入   82 568.81
    应交税费——应交增值税（销项税额） 7 431.19
借：税金及附加   3 936.16
  贷：应交税费——应交城市维护建设税   576.38
    ——应交教育费附加   247.02
    ——应交地方教育附加   164.68
    ——应交土地增值税   2 948.08
借：主营业务成本   (38 095.24+17 100) 55 195.24
  贷：开发产品   55 195.24

4.2.3 开发建设阶段典型问题

（一）建筑施工合同计税方法的选择

  营改增后，房地产开发项目涉及新老项目划分的问题。一般纳税人销售自行开发的房地产老项目，可以选择适用简易计税方法按照5%的征收率计税。一经选择简易计税方法计税的，36个月内不得变更为一般计税方法计税。

  房地产老项目包括以下项目。

  （1）建筑工程施工许可证注明的合同开工日期在2016年4月30日前的房地产项目。

  （2）建筑工程施工许可证未注明合同开工日期或者未取得建筑工程施工许可证，但建筑工程承包合同注明的开工日期在2016年4月30日前的建筑工程项目。

  一般纳税人销售自行开发的房地产老项目适用简易计税方法计税的，以取得的全部价款和价外费用为销售额，不得扣除对应的土地价款。

  如果房地产企业没有老项目，则不用考虑这个问题；或者有老项目，但没有选择适用简易计税方法也不用考虑这个问题。如果有老项目，也有新项目，老项目选择适用简易计税方法，则会面临简易计税项目不得抵扣增值税进项税额的问题。在计税成本对象的确定上，还要把建筑工程施工许可证这个划分依据考虑进去，以避免将进项税额能抵扣的转出了，不能抵扣的反而多抵扣。

（二）建筑服务总分包差额计税规则

  一般纳税人跨县（市）提供建筑服务，适用一般计税方法计税的，应以取得的全部价款和价外费用为销售额计算应纳税额。纳税人应以取得的全部价款和价外费用扣除支付的分包款后的余额，按照2%的预征率在建筑服务发生地预缴税款后，向机构所在地主管税务机关进行纳税申报。

一般纳税人跨县（市）提供建筑服务，选择适用简易计税方法计税的，应以取得的全部价款和价外费用扣除支付的分包款后的余额为销售额，按照3%的征收率计算应纳税额。纳税人应按照上述计税方法在建筑服务发生地预缴税款后，向机构所在地主管税务机关进行纳税申报。

试点纳税人中的小规模纳税人（以下称"小规模纳税人"）跨县（市）提供建筑服务，应以取得的全部价款和价外费用扣除支付的分包款后的余额为销售额，按照3%的征收率计算应纳税额。纳税人应按照上述计税方法在建筑服务发生地预缴税款后，向机构所在地主管税务机关进行纳税申报。

纳税人在同一地级行政区范围内跨县（市、区）提供建筑服务，按照上述规定计算销售额和纳税申报，但无须预缴增值税。

简易计税方法下如何扣除支付的分包款项呢？《国家税务总局关于国内旅客运输服务进项税抵扣等增值税征管问题的公告》（国家税务总局公告2019年第31号）第七条"关于建筑服务分包款差额扣除"规定，纳税人提供建筑服务，按照规定允许从其取得的全部价款和价外费用中扣除的分包款，是指支付给分包方的全部价款和价外费用。这里总包方支付的分包款是打包支出的概念，即其中既包括货物价款，也包括建筑服务价款。

另外，可以参考原江苏省国家税务局政策口径："试点纳税人提供建筑服务适用简易计税方法的，以取得的全部价款和价外费用扣除支付的分包款后的余额为销售额"。

（1）上述"支付的分包款"，包括向分包方支付的货物的款项。允许总包方从销售额中扣除的分包款，既包括分包方自产，也包括分包方购进后再销售的货物的款项。

（2）《纳税人跨县（市、区）提供建筑服务增值税征收管理暂行办法》（国家税务总局公告2016年第17号，以下简称《暂行办法》）第四条规定："纳税人跨县（市、区）提供建筑服务，按照以下规定预缴税款：（一）一般纳税人跨县（市、区）提供建筑服务，适用一般计税方法计税的，以取得的全部价款和价外费用扣除支付的分包款后的余额，按照2%的预征率计算应预缴税款。（二）一般纳税人跨县（市、区）提供建筑服务，选择适用简易计税方法计税的，以取得的全部价款和价外费用扣除支付的分包款后的余额，按照3%的征收率计算应预缴税款。（三）小规模纳税人跨县（市、区）提供建筑服务，以取得的全部价款和价外费用扣除支付的分包款后的余额，按照3%的征收率计算应预缴税款。"

该条第一款所称"支付的分包款",与财税〔2016〕36号文件附件2第一条第(三)项第9点规定中所称"支付的分包款"口径一致,即:纳税人提供建筑服务,无论是计算销售额,还是计算预缴税款,允许扣除的分包款均包含向分包方支付的货物的款项。

(3)建筑工程总包方按照财税〔2016〕36号文件、《暂行办法》规定从取得的全部价款和价外费用中扣除支付的货物部分的分包款,须在分包合同中明确约定有关分包方向总包方提供货物的相关条款,注明货物名称、数量及预算金额等基本信息。

以上所称货物,包括但不限于活动板房、机器设备、钢结构件、网架、玻璃幕墙、铝合金门窗等。

(4)建筑工程总包方按照财税〔2016〕36号文件、《暂行办法》规定从取得的全部价款和价外费用中扣除支付的分包款,其扣除凭证,应当符合《暂行办法》第六条的规定,否则不得扣除。

总包方以从分包方取得的货物部分的增值税发票为扣除凭证的,应符合《暂行办法》第六条的规定:"纳税人按照上述规定从取得的全部价款和价外费用中扣除支付的分包款,应当取得符合法律、行政法规和国家税务总局规定的合法有效凭证,否则不得扣除。上述凭证是指:(一)从分包方取得的2016年4月30日前开具的建筑业营业税发票;(二)从分包方取得的2016年5月1日后开具的,备注栏注明建筑服务发生地所在县(市、区)、项目名称的增值税发票。(三)国家税务总局规定的其他凭证。"税务机关为建筑业纳税人代开建筑服务发票或货物销售发票时,纳税人要求在备注栏注明建筑服务发生地所在县(市、区)项目名称的,税务机关不得拒绝。

(5)建筑工程总包方应当按照不同项目准确区分从分包方取得的建筑服务发票和货物销售发票,并按照财税〔2016〕36号文件、《暂行办法》规定的计算方法计算扣除。

其中,总包方取得分包方开具的增值税专用发票,并且已经按照财税〔2016〕36号文件规定的差额扣除计算销售额政策申报缴纳增值税的,不得就同一张发票重复计算进项税抵扣。

(三)会计成本与产品开发的计税成本

通常情况下,房地产开发企业的销售行为在开发产品完工前即已开始,完工后还会继续发生,直至开发产品全部售完。在会计处理上,对预售收入通过

"合同负债"科目核算,开发产品完工交付确认收入时由"合同负债"科目转入"主营业务收入"或"销售收入"科目。开发产品完工前不结转销售成本,完工后根据配比原则对应结转已售部分的开发成本进行结转。所以,房地产开发企业的利润表在项目完工前不能体现开发产品的经营成果。

鉴于房地产行业的特殊性,《房地产开发经营业务企业所得税处理办法》第六条规定,企业通过正式签订《房地产销售合同》或《房地产预售合同》所取得的收入,应确认为销售收入的实现。这说明房地产开发企业企业所得税收入的确认没有做完工前后的区分,与会计核算截然不同。所以在计算企业所得税时,不能把会计核算的主营业务收入视为税务处理收入;反之,税务处理收入的确认条件也不能作为会计核算的规范。

1. 开发产品完工前的成本确认

开发产品完工前发生的成本费用通过"开发成本"科目反映,"开发成本"成本项目的内容与《房地产开发经营业务企业所得税处理办法》中计税成本支出的内容相同,均包括土地征用费及拆迁补偿费、前期工程费、建筑安装工程费、基础设施建设费、公共配套设施费以及开发间接费六大成本项目。

会计处理对开发产品完工前的预售收入不进行损益结转,"开发成本"科目累计借方发生额或期末余额反映了开发产品项目成本费用的实际投入。在税务处理上,《房地产开发经营业务企业所得税处理办法》第九条规定:"企业销售未完工开发产品取得的收入,应先按预计计税毛利率分季(或月)计算出预计毛利额,计入当期应纳税所得额。"这说明税务处理并不直接计算完工前开发产品取得的收入对应的计税成本,而是间接地以计税毛利率来确定销售毛利额。

2. 开发产品完工条件的确认

开发产品完工是结算计税成本的前提,《房地产开发经营业务企业所得税处理办法》规定,除土地开发之外,开发产品符合下列条件之一的,应视为已经完工:(1)开发产品竣工证明材料已报房地产管理部门备案;(2)开发产品已开始投入使用;(3)开发产品已取得了初始产权证明。如果同时满足这三个条件,则遵循时点界定孰先原则,把最早的一个时点确定为开发产品完工时点。

另外,《国家税务总局关于房地产开发企业开发产品完工条件确认问题的通知》(国税函〔2010〕201号)、《国家税务总局关于房地产企业开发产品完工标准税务确认条件的批复》(国税函〔2009〕342号)也明确,房地产开发企业建造、开发的开发产品无论工程质量是否通过验收合格,或是否办理完工(竣工)备案手续以及会计决算手续,当其开发产品开始投入使用时均应视为已经完工。开发产品开始投入使用是指房地产开发企业开始办理开发产品交付手续（包括入住手续）或已开始实际投入使用。

首先，房地产开发企业的开发产品如果没有实际竣工验收即提前办理入住手续，则存在计税成本资料不全、结算不完整等问题。这种情况下必须结算计税成本，否则就会出现结算的当年度计税成本远远小于实际成本的情况，从而对当年度企业所得税产生重大影响。其次，如果开发产品的实际毛利率高于《房地产开发经营业务企业所得税处理办法》规定的未完工开发产品的预计计税毛利率，企业开发产品完工后结算计税成本，必然需要在年度纳税申报中调整实际毛利额与对应的预计毛利额之间的差额，增加应纳税所得额且在当年产生较大金额的企业所得税。这是企业所不愿意的，所以会出现部分房地产开发企业虽然已将开发产品交付业主使用，但仍以种种理由将开发项目长期挂账不进行完工项目的结算，或者以竣工验收手续不全为理由不进行备案，不办理初始产权证明等情况。为防止这些情况的发生，便于调控，企业必须根据该办法的规定，按照三个时点孰先的原则进行企业所得税的计税处理。

3. 开发产品完工后的成本确认

开发产品完工交付业主，说明权利状态发生变化，会计要确认销售收入，"开发成本"科目归集的成本费用相应地按照已售建筑面积占可售建筑面积的比例结转。

会计处理以每年12月31日为截止日，此时"开发成本"科目归集的成本费用不一定能够全部取得结算发票。为保证会计损益的真实性、准确性，"开发成本"科目也包括为准确核算单位建筑面积开发成本预提的工程成本，所以按照已售建筑面积和单位开发成本结转的销售成本能够反映开发项目的实际经营情况。

税务处理与会计处理有所不同。《房地产开发经营业务企业所得税处理办法》第九条规定："开发产品完工后，企业应及时结算其计税成本并计算此前销售收入的实际毛利额，同时将其实际毛利额与其对应的预计毛利额之间的差额，计入当年度企业本项目与其他项目合并计算的应纳税所得额。"

开发产品完工后，按照会计政策规定因未交付产品尚不符合确认收入的条件，企业仍应以该办法第九条的规定及时结算其计税成本并计算此前销售收入的实际毛利额，同时将其实际毛利额与其对应的预计毛利额之间的差额，计入当年度企业本项目与其他项目合并计算的应纳税所得额。

4. 预提成本影响完工产品计税成本的确定

考虑到房地产开发企业的成本结算相对于税法认定的完工条件相对滞后，《房地产开发经营业务企业所得税处理办法》第三十五条规定："开发产品完工以后，企业可在完工年度企业所得税汇算清缴前选择确定计税成本核算的终止日，不得滞后。"该条内容可进一步归纳为：第一，开发产品当年度完工必须结算计税成本；第二，计税成本核算有终止日，即完工年度企业所得税汇算清缴前。该规定遵从了《企业所得税法实施条例》第九条"企业应纳税所得额的计算，以权责发生制为原则，属于当期的收入和费用，不论款项是否收付，均作为当期的收入和费用；不属于当期的收入和费用，即使款项已经在当期收付，均不作为当期的收入和费用"的规定。这样就给了房地产开发企业充分的核算申报时间，即企业可以在年度结束后5个月的汇算清缴期内，完成出包工程结算，索取发票，完整确定完工项目的计税成本，补计需要在当年度税前扣除的应计未计、应提未提项目。

开发产品完工结转成本，由此产生的会计销售成本与企业所得税计税成本时点差异主要表现在以下几个方面。

(1) 会计成本与交付入住的建筑面积和确认的收入相配比，计税成本只考虑实际毛利额，不考虑实际结转成本。

(2) 会计成本年终结算以12月31日为截止点，计税成本可以次年5月31日前的某一时点为核算终止点。

(3) 实务中存在开发产品完工后工程的结算成本仍然无法最终确定的情况，会计成本包含项目结算或未结算的预提成本，计税成本除实际发生且已取得合法凭据的支出外，按照《房地产开发经营业务企业所得税处理办法》第三十二条的规定将预提成本费用计入完工产品的计税成本。除此之外的建造成本费用以及其他应当取得但未取得合法凭据的建造成本费用，不得计入计税成本。如果企业据此或因其他原因不进行完工开发产品计税成本的结算，根据该办法第三十五条的规定，主管税务机关有权确定或核定其计税成本，据此进行纳税调整，并按《税收征收管理法》的有关规定对其进行处理。

所以，年终汇算完工项目的应纳税所得额的计算公式如下。

完税项目应纳税所得额 = 完工项目收入 − (账面成本 − 会计预提费用 −

不合法凭据支出 + 税法允许预提金额) −

期间费用 − 税金及附加

(4) 12月31日至次年5月31日之间取得的合法凭据，会计上作为次年度发生的成本费用或冲减预提成本，税法上则可以计入当年度计税成本。

5. 售楼涉及的财税处理

房地产开发企业为了扩大影响，便于接待客户，使其充分了解本企业开发产品的品质从而实现销售，一般会在不同区域设立售楼部、样板间以及其他营销设施。区域的位置会相应地影响其会计和税务处理，详见表4-2。

表4-2　　　　　　　　　营销设施核算情况

企业名称（盖章）：

	区域	类型	会计处理
售楼部、样板间	利用楼宇内的商品房装修装饰后作为项目营销设施使用	日后整体出售的	开发成本——建筑安装工程费
		不能判断可否随主体一并出售	开发成本——开发间接费
	利用开发小区内楼宇外的明显位置建造临时设施作为营销设施使用		开发成本——开发间接费
	将小区内的配套设施（如会所）装修装饰后作为项目营销设施临时使用	设施属于非营利性且产权归全体业主	开发成本——公共配套设施
		设施属于营利性	作为独立开发产品和成本计算单位
		企业自用的	通过在建工程归集后转入固定资产或投资性房地产
	在开发小区外的人口密集区租入或自建销售网点	租用的	销售费用
		自建的	其折旧计入销售费用

房地产开发企业的项目营销设施包括售楼部、样板间、接待中心、展台、展位等不同类型，根据其建设与使用的特点，可以分为以下四种模式。

（1）将开发完成或部分完成的楼宇内的商品房装修装饰后作为项目营销设施使用，项目销售完毕作为开发产品销售或转为企业自用或出租。

（2）利用开发小区内楼宇外的明显位置建造临时设施（如售楼部、样板间）作为项目营销设施使用，项目销售完毕即拆除或转为企业自用或出租。此种模式常见于样板间提前开发，而开发产品尚未动工或在建状态的情形。

（3）将开发小区内的配套设施（如会所）装修装饰后作为项目营销设施临时使用，项目销售完毕作为开发产品销售或转为企业自用或出租，或者移交物业公司，产权归全体业主所有。

（4）在开发小区外的人口密集区租入或自建销售网点，项目销售完毕转为其他项目使用或出租、销售。采取此种形式的目的是招揽蓄客。

对于第一种模式，根据《房地产开发经营业务企业所得税处理办法》的规定，计入开发间接费核算的营销设施建造费包括项目小区楼宇之内的装修装饰费用和楼宇之外的售楼部、样板间等营销设施的建造费用。楼宇之内的商品房临时作为售楼部、样板间使用的，因其本身属于特定的成本对象，所以其建造成本按照正常的开发产品核算，其装修装饰费用若不能判断未来是否可以随商品房主体一并出售，则归属于开发间接费核算。

开发间接费应当按照《房地产开发经营业务企业所得税处理办法》第二十九条的规定，对于共同成本和不能分清负担对象的间接成本，应按受益的原则和配比的原则分配至各成本对象，具体分配方法包括占地面积法、建筑面积法、直接成本法、预算造价法，企业根据需要可以自行确定分配方法。

另外，房地产开发企业由"开发产品"转入"固定资产"或"投资性房地产"的商品房之后又销售的，需要注意《房地产开发经营业务企业所得税处理办法》第二十四条的规定，企业开发产品转为自用，其实际使用时间累计未超过12个月又销售的，不得在税前扣除折旧费用。

对于第二种模式，作为售楼部、样板间使用的临时设施，其发生的建设成本及装修费用在"开发成本"科目核算。完工后，其成本从"开发成本"科目转入"开发间接费"科目作为共同成本摊销处理，如果非自用或出租，也可以按照《房地产开发经营业务企业所得税处理办法》的规定直接计入开发间接费核算。

对于第三种模式，这类营销设施的最终用途是小区规划设计已经确定的，即便临时作为项目营销设施使用，也不可以直接计入开发间接费核算。《房地产开发经营业务企业所得税处理办法》第十七条规定，企业在开发小区内建造的会所、物业管理场所、电站、热力站、水厂、文体场馆、幼儿园等配套设施，按以下规定进行处理：①属于非营利性且产权属于全体业主的，或无偿赠与地方政府、公用事业单位的，可将其视为公共配套设施，其建造费用按公共配套设施费的有关规定进行处理。②属于营利性的，或产权归企业所有的，或未明确产权归属的，或无偿赠与地方政府、公用事业单位以外其他单位的，应当单独核算其成本。除企业自用应按建造固定资产进行处理外，其他的一律按建造开发产品进行处理。

对于第四种模式，房地产开发企业除在项目小区内设置建造营销设施外，还可能在项目小区外的人口密集区设置项目展示区、接待处、售楼部等。这些设施可能是房地产开发企业租入使用的,也有可能是自建的。销售环节在项目小区之外的营销设施方面发生的成本费用,无论是税务处理还是会计处理都应当通过销售费用反映。如果属于企业自建构成的固定资产,由此计提的折旧费计入销售费用。

4.3 开发产品成本的核算和分配

建设施工是房地产开发的重要阶段,在此阶段,房地产开发企业要在土地上完成项目开发,形成最终开发产品。这一阶段,房地产开发企业需要取得进项税额进行抵扣,后续企业所得税成本费用的扣除以及土地增值税扣除项目金额的确定,也以该阶段成本的确认和核算结果为依据。

4.3.1 开发成本及其核算概述

房地产开发企业开发成本核算是指企业将开发一定数量的商品房所支出的全部费用按成本项目进行归集和分配,最终计算出开发项目总成本和单位建筑面积成本的过程。日益精细化的经营管理,要求正确地进行成本、费用核算,全面系统地反映各核算对象在整个开发周期里开发成本的构成情况,实现成本核算和成本控制的目标,并为房地产开发企业控制成本、洞悉成本动向、掌控投资进度等提供客观依据。

开发成本是指房地产开发企业在开发过程中所发生的各项费用支出。为正确核算开发成本,房地产开发企业要按照成本核算的基本程序,科学、合理、严密地组织本企业的成本核算工作,最终达到控制成本的目的。

(一)开发成本概述

1. 开发成本分类

开发成本按用途可分为以下四类。

(1)土地开发成本。土地开发成本指房地产开发企业开发土地(即建设场地)所发生的各项费用支出。

(2)房屋开发成本。房屋开发成本指房地产开发企业开发各种房屋(包括商品房、出租房、周转房、代建房等)所发生的各项费用支出。

(3)配套设施开发成本。配套设施开发成本指房地产开发企业开发能有偿转让的大配套设施及不能有偿转让、不能直接计入开发产品成本的公共配套设施所发生的各项费用支出。

(4) 代建工程开发成本。代建工程开发成本指房地产开发企业接受委托单位的委托，代为开发除土地、房屋以外的其他工程（如市政工程等）所发生的各项费用支出。

2. 开发成本核算的具体范围

为进一步明确六个成本项目的主要内容，便于实践应用中有针对性地归集各种合同及协议，对以上六个成本项目核算范围进一步做以下归纳。

(1) 土地征用费及拆迁补偿费。土地征用费及拆迁补偿费主要包括以下内容。

①土地征用费，主要包括支付的土地出让金、土地使用费、土地转让费、土地效益金、土地开发费，交纳的契税、耕地占用税，支付的土地变更用途和超面积补交的地价、补偿合作方地价、合作项目建房转入分给合作方的房屋成本和相应税费等。

②拆迁补偿费，主要包括有关地上、地下建筑物或附着物的拆迁补偿支出、安置及动迁支出、农作物补偿费、危房补偿费等。拆迁旧建筑物回收的残值应估价入账，分别冲减有关成本。

③市政配套费，主要包括向政府部门交纳的大市政配套费，征用生地向当地市政公司交纳的红线外道路、水、电、气、热、通信等的建造费、管线铺设费等。当然，根据会计核算习惯，该项成本核算内容也可记入"前期工程费——报批报建费用"科目。

④其他费用，如土地开发权批复费、土地面积丈量测绘费等。房地产开发企业项目无论新老项目，也无论增值税是适用一般计税方法还是选择适用简易计税方法，除购买其他企业土地外，支付的上述费用均直接计入开发成本；若购买的是其他企业的土地，且取得了增值税专用发票，则以不含税价格计入开发成本。

房地产开发企业中的一般纳税人（以下简称"一般纳税人"）销售自行开发的房地产项目，适用一般计税方法计税，按照取得的全部价款和价外费用，扣除当期销售房地产项目对应的土地价款后的余额计算销售额。销售额的计算公式如下。

销售额 = (全部价款和价外费用 – 当期允许扣除的土地价款) ÷ (1 + 9%)

当期允许扣除的土地价款按照以下公式计算。

当期允许扣除的土地价款 = (当期销售房地产项目建筑面积 ÷ 房地产项目可供销售建筑面积) × 支付的土地价款

当期销售房地产项目建筑面积，是指当期进行纳税申报的增值税销售额对应的计容积率的地上建筑面积，不包括地下车位建筑面积。

房地产项目可供销售建筑面积，是指房地产项目计容积率的地上可以出售的总建筑面积，不包括销售房地产项目时未单独作价结算的配套公共设施的建筑面积和地下车位建筑面积。

支付的土地价款，是指向政府、土地管理部门或受政府委托收取土地价款的单位直接支付的土地价款，在计算销售额时从全部价款和价外费用中扣除土地价款，应当取得省级以上（含省级）财政部门监（印）制的财政票据。土地价款包括土地受让人向政府部门支付的征地和拆迁补偿费用、土地前期开发费用和土地出让收益等。

（2）前期工程费。前期工程费主要包括以下内容。

①项目行政及经营性收费，主要指项目报批报建按规定向政府有关部门交纳的费用以及建设管理过程中应支付的各项收费，如城市基础设施配套费、建设工程档案技术服务费、质量监督检查费、规划信息技术服务费、建设工程审图服务费、防雷技术服务费、人防工程建设费、招投标管理费等。所取得的票据包括政府非税收入收据以及其他单位所开具的增值税发票。项目成本预测时具体数据应以地方收费标准为依据。

②可行性研究费，主要指项目立项时所支付给社会中介机构的市场调研服务费、可研报告服务费、环评报告服务费、地质灾害危险评估服务费、交通评估服务费、专家评审服务费等。

③规划设计费，主要包括项目立项后的总体规划设计费，景观工程设计费，给排水工程设计费，装饰装修设计费，燃气工程设计费，高低压外网设计费，营销设施设计费，制图费，晒图费，鸟瞰图、规划设计模型制作费等。

规划设计费一般可以按项目总投资额的一定百分比估算，通常为建安工程费的3%左右。

④勘察测绘费，主要包括水文、地质、文物和地基勘察勘探费，沉降观测费，日照测试费，拨地钉桩费，验线费，复线费，定线费，放线费，地籍测量费，建筑面积测绘费等，可根据所需工作量结合有关收费标准估算。

⑤"三通一平"费，主要包括接通红线外施工用临时给排水设施的费用（含地下排水管、沟开挖铺设费用），供电、道路等设施的设计、建造、装饰和进行场地平整（包括开工前垃圾清运）发生的费用等，其中道路的费用含按规定应交的占道费、道路挖掘费。

⑥临时设施费,主要包括临时场地占用费、临时借用空地租赁费,以及沿红线周围设置的临时围墙、围栏等设施的设计、建造、装饰等费用。临时设施内配置如空调、电视机、家具等的成本不属于临时设施费。

⑦预算编、审费,主要指聘请社会中介服务机构为项目编制或审查预算而发生的费用。

⑧其他费用,主要包括挡光费、危房补偿鉴定费、危房补偿鉴定技术咨询费等。

(3) 基础设施建设费。基础设施建设费主要包括以下内容。

①道路工程费,主要指小区内道路铺设费。

②供电工程费,主要包括变(配)电设备的购置费、设备安装及电缆铺设费、供(配)电贴费、电源建设费、交纳的电增容费等。

③给排水工程费,主要包括自来水、雨(污)水排放、防洪等给排水设施的建造、管线铺设费用,以及向自来水公司交纳的水增容费等。

④煤气工程费,主要包括煤气管道的铺设费、增容费、集资费,煤气配套费,煤气挂表费等。

⑤供暖工程费,主要包括暖气管道的铺设费、集资费。

⑥通信工程费,主要包括电话线路的铺设费、电话配套费、电话电缆集资费、交纳的电话增容费等。

⑦电视工程费,主要指小区内有线电视(闭路电视)的线路铺设费和按规定应交纳的有关费用。

⑧照明工程费,主要指小区内路灯等照明设施支出。

⑨绿化工程费,主要包括小区内人工草坪、栽花、种树等绿化支出,绿地建设费。

此外,基础设施建设费还包括小区周围设置的永久性围墙、围栏支出,园区大门支出,园区监控工程费,自然下沉整改费等。

基础设施费还可以拆分为两大类:地上基础设施费和地下基础设施费。地上基础设施费又称园林环境工程费,地下基础设施费又称地下管网工程费。基础设施费通常采用单位指标估算法来计算。

(4) 建筑安装工程费。建筑安装工程费包括项目开发过程中发生的列入建筑安装工程施工图预算项目的各项费用(含设备费、向工程承包方支付的临时设施费和劳动保险费),有甲供材、甲供设备的,还应包括相应的甲供材费、甲供设备费。发包工程的建筑安装工程费应依据承包方提供的经建设方审定的

"工程价款结算单"来确定。项目启动测算时可采用单元估算法、单位指标估算法、工程量近似匡算法、概算指标估算法以及类似工程经验估算法等方法。建筑安装工程费主要包括以下内容。

一是土建工程费，包括：①基础工程费，包括土石方、桩基、护壁（坡）工程费，基础处理费，桩基咨询费。②主体工程费，即土建结构（含地下室部分）工程费。③有甲供材的，还应包括相应的甲供材费。

二是专项工程费，包括：①电气（强电）工程费，指主体工程内的照明等电气设施的采购及安装费。②电信（弱电）工程费，指主体工程内的通信、保安监视、有线电视系统等电信设施的采购及安装费。③给排水工程费，指主体工程内的上下水、热水等给排水设施的采购及安装费。④电梯工程费，指主体工程内的电梯采购及其安装、调试费。⑤空调工程费，指主体工程内的换热站、冷冻站、风机盘管控制、楼宇自控系统等空调设施的采购及安装费。⑥消防工程费，指主体工程内的自动喷洒、消防栓、消防报警系统等消防设施的采购及安装费。⑦燃气工程费，指主体工程内的燃气管线等燃气设施的采购及安装费。⑧采暖工程费，指主体工程内的水暖、汽暖等供热设施的采购及安装费。⑨上述各项如有甲供材、甲供设备，还应分别包括相应的甲供材费、甲供设备费。

三是装修工程费，主要指内外墙、地板（毯）、门窗、厨洁具、电梯间、天（顶）棚、雨篷等的装修费，有甲供材的，还应包括相应的甲供材费。

四是项目或工程监理费，指支付给聘请的项目或工程监理单位的费用（若不能直接分清成本对象，也可以作为共同成本计入开发间接费分摊处理）。

五是其他费用，主要包括工程收尾所发生的零星工程费和承包方保修期后应由开发商承担的维修费（零星工程费和承包方保修期后应由开发商承担的维修费能够归类的，应按从属主体原则归类计入上述相应费用），现场垃圾清运费，工程保险费等。

这里需要注意两个问题。

第一，营改增后，房地产开发企业建筑工程应该取得什么样的建筑服务增值税专用发票？

【例4-7】建筑公司一般计税方法下如何开具增值税专用发票

A建筑公司为一般纳税人，采用一般计税方法计算增值税。2×19年5月收取B公司工程款100万元。

问：A公司如何开具增值税专用发票？

【解析】

金额（不含税）、税额的计算方法如下：税额＝1 000 000÷(1＋9%)×9%＝82 568.81（元）。

金额＝1 000 000－82 568.81＝917 431.19（元）。

按照上述金额和税额开具增值税专用发票。

B公司取得增值税专用发票后，可以抵扣进项税额82 568.81元。

发票备注栏应注明建筑服务发生地所在县（市、区）及项目名称。

第二，建筑企业建筑工程采用简易计税方法计算增值税，如果有分包工程，应该如何开具建筑服务增值税专用发票？

【例4－8】建筑公司简易计税方法下如何开具增值税专用发票

A建筑公司为一般纳税人，采用简易计税方法计算增值税。2×19年5月收取B房地产公司工程款100万元，支付C公司分包款80万元。

问：A公司如何开具增值税专用发票？

【解析】

金额（不含税）、税额的计算方法如下：

税额＝1 000 000÷(1＋3%)×3%＝29 126.21（元）。

金额＝1 000 000－29 126.21＝970 873.79（元）。

按照上述金额和税额开具增值税专用发票。

发票备注栏应注明建筑服务发生地所在县（市、区）及项目名称。

B房地产公司取得增值税专用发票后，可以抵扣进项税额29 126.21元。

A建筑公司按差额计算申报税额：

(1 000 000－800 000)÷(1＋3%)×3%＝5 825.24（元）。

(5) 公共配套设施费。公共配套设施费成本项目下按各项配套设施设立明细科目，具体核算内容可分为以下几种。

①在开发小区内发生的不会产生经营收入的不可经营性公共配套设施支出，如建造消防站、水泵房、水塔、锅炉房、变电所、居委会、派出所、岗亭、儿童乐园、自行车棚、景观（建筑小品）环廊、街心公园、凉亭、固定公共厕所等设施的支出。

②在开发小区内发生的根据法规或经营惯例，其经营收入归经营者或业主管理委员会的可经营性公共配套设施的支出，如建造幼托机构、邮局、图书馆、阅览室、健身房、游泳池、球场等设施的支出。

③在开发小区内发生的城市规划中规定的大配套设施项目不能有偿转让和

取得经营收益权时,没有投资来源的费用。

④对于产权、收入归属情况较为复杂的地下室、车位等设施,应根据当地政府法规、开发商的销售承诺等具体情况确定是否摊入本成本项目。如果开发商通过补交地价或人防工程费等措施,得到政府部门认可,取得了该配套设施的产权,则应作为经营性项目独立核算。

公共配套设施费核算原则应是判定其是否具有营利性。营利性配套设施原则上要作为开发产品核算,非营利性配套设施作为公共配套设施核算,利用地下基础设施建成的车位、车库作为公共配套设施核算,但是土地增值税清算时可能还要作为非普通住宅或非住宅清算。

(6) 开发间接费。开发间接费包括以下内容。

①现场工程管理费用,主要包括内部独立核算的,开发项目现场管理人员的工资及福利费、社会保险费、修理费、办公费、办公用水电费、差旅费、市内交通费、运输费、通信费、劳动保护费、低值易耗品摊销、周转房摊销、工程造价咨询费、工程技术咨询费等。

②利息及借款费用,主要指直接用于项目开发的所借入资金的资本化利息支出,汇兑损失减去利息收入和汇兑收益的净额,以及为借入资金所发生的融资服务费、顾问费等借款费用。

③物业管理基金、公建维修基金或其他专项基金,主要指按规定应拨付给业主管理委员会的由物业管理公司代管的物业管理基金、公建维修基金或其他专项基金。

④工程专项检测费,主要包括按规定支付给质检部门的质量检验费,项目发生的材料和设备的质量检验费、工程质量自检费、工程竣工验收费等质量鉴定性费用。

⑤其他费用,主要包括项目交付使用后发生的,按规定或协议应由开发商承担的,补贴给物业管理公司的水、电、煤气、暖气等价差,以及其他应计入开发间接费的费用。

【例4-9】某宗土地占地面积为40 000平方米,土地购置成本为5亿元。其中住宅楼基底座占地面积为17 000平方米,写字楼基底座占地面积为6 500平方米,幼儿园基底座占地面积为1 000平方米,物业管理楼基底座占地面积为500平方米,属于公共配套设施的小区围墙、供水设备、供气设施、配电设施、绿地、道路和露天健身场地等占地面积为15 000平方米。请计算各类开发产品需要分配的土地成本金额。

【解析】

住宅楼应分配的土地成本 = 17 000 ÷ 25 000 × 5 = 3.4（亿元）。

写字楼应分配的土地成本 = 6 500 ÷ 25 000 × 5 = 1.3（亿元）。

幼儿园应分配的土地成本 = 1 000 ÷ 25 000 × 5 = 0.2（亿元）。

物业管理楼应分配的土地成本 = 500 ÷ 25 000 × 5 = 0.1（亿元）。

小区围墙、供水设备、供气设施、配电设施、绿地、道路和露天健身场地等占地面积成本已经由各个成本对象分别按比例负担，不再单独分配土地成本。

（二）成本核算的主要对象

由于开发的规模不同，房地产开发的成本归集对象也不同。对于小规模的开发，如单幢或几幢房屋的开发，可以将全部开发量作为成本归集对象，设立一个成本核算单位。但是对于大规模的开发，如旧城改造或小区规模性开发，就必须科学地确定成本归集对象。在这种情况下，成本核算不能过细，因为许多直接开发费用很难分摊到每幢房屋，成本核算过细会增加工作量，导致核算工作太烦琐。同时，成本核算也不能简单地以小区为核算单位，因为一个小区从开始建设到完全竣工往往需要很长的时间，而开发的商品房是陆续完工出售的，如果成本核算过于简单，会导致成本核算资料滞后，失去其在成本结算和管理上的作用。

《房地产开发经营业务企业所得税处理办法》（国税发〔2009〕31号）规定：成本对象是指为归集和分配开发产品开发、建造过程中的各项耗费而确定的费用承担项目。因此，对于不同业态并存的综合性房地产开发项目，合理划分成本对象是十分必要的，它是准确反映不同结构类型、不同用途开发产品获利水平的基础，也是准确计算房地产开发企业所得税和土地增值税的基础。

房地产开发企业要正确划分成本对象。对房地产开发项目以独立编制设计预算和施工预算（即独立编制《建筑工程预算书》）的单位工程为成本对象。对同一开发地点、结构类型相同的群体开发项目，如果开工、竣工时间相近，由同一单位施工，可以合并为一个成本对象。

企业单独建造的停车场所，应作为成本对象单独核算。利用地下基础设施形成的停车场所，则作为公共配套设施进行处理。

因此，在确定成本核算对象时应注意以下几点。

1. 合理划分成本核算对象

确定成本核算对象之前，要透彻了解开发项目的经营计划，合理确定项目分期，清楚项目立项文件，包括国有土地使用证、建设用地规划许可证、建设工程规划许可证和建设工程施工许可证"四证"等项目合法性文件中关于项目建设内容、土地性质等方面的规定，清楚所有开发产品的处理方式及其可能发生的变化，提高成本核算对象划分的合理性。

2. 保持成本核算数据口径一致

确定成本核算对象时，应结合本企业的项目开发特点和实际情况与预算部门或成本部门充分沟通，规范成本核算对象使用的名称，保持部门间成本核算对象划分一致，以提高成本信息的通用性。在项目策划阶段、项目实施阶段和项目决算阶段，要保持成本核算对象划分方法一致，保持项目预算和项目决算成本核算数据口径一致。

3. 细化成本核算对象

成本核算对象宜细不宜粗，以适应开发产品处理方式可能发生的变化，满足计算土地增值税、对成本核算进行安排和分配共同成本的需要。细化成本核算对象时要有利于保证成本核算的真实性、准确性和完整性。

（三）成本对象的确定原则

根据《房地产开发经营业务企业所得税处理办法》的规定，成本对象按照以下六个原则确定。

（1）可售原则。开发产品能够对外经营销售的，应作为独立的成本对象进行成本核算；不能对外经营销售的，可先作为过渡性成本对象进行归集，然后再将相关成本摊入能够对外经营销售的成本对象。

（2）定价差异原则。开发产品因其产品类型或功能不同等而导致其预期售价存在较大差异的，应分别作为成本对象进行核算。

（3）成本差异原则。开发产品因建筑上存在明显差异可能导致其建造成本出现较大差异的，应分别作为成本对象进行核算。

（4）分类归集原则。对同一开发地点、竣工时间相近、产品结构类型没有明显差异的群体开发的项目，可以作为一个成本对象进行核算。

（5）功能区分原则。开发项目某组成部分相对独立，且具有不同使用功能时，可以作为独立的成本对象进行核算。

（6）权益区分原则。开发项目属于受托代建的或多方合作开发的，应结合上述原则分别划分成本对象进行核算。

房地产开发企业应依据计税成本对象确定原则确定已完工开发产品的成本对象，在将已确定的成本对象报送主管税务机关后，不得随意调整或相互混淆成本对象。如确需调整成本对象，应就调整的原因、依据和调整前后成本变化情况等出具专项报告,在调整当年企业所得税年度纳税申报时报送主管税务机关。

(四) 成本核算的基本程序

为正确核算开发产品的成本,房地产开发企业应严格按照成本核算的程序进行成本核算。成本核算的基本程序如下。

1. 确定成本核算对象

根据成本核算对象的确定原则和项目特点,确定成本核算对象。

2. 归集开发成本

设置有关成本核算会计科目,建立成本台账,归集和核算开发成本。

3. 确定成本分摊方法

按受益原则、配比原则及合理原则的要求,确定应分摊成本费用在各成本核算对象之间的分配方法和标准。

4. 在成本核算对象之间分摊成本

将归集的开发成本费用按确定的方法和标准在各成本核算对象之间进行分配。

5. 计算各成本核算对象的开发总成本

编制项目开发成本计算表,计算各成本核算对象的开发总成本。

6. 正确划分完工和在建开发产品之间的开发成本

分别结转完工开发产品成本,并按建筑面积计算完工产品单位成本。

7. 正确划分可售面积、不可售面积 (由主管部门确定)

根据有关规定分别计算可售面积、不可售面积应负担的成本,按与结算销售收入配比的原则正确结转完工开发产品的销售成本。

8. 编制成本报表

根据成本管理和核算要求,总括反映各成本核算对象的成本情况。

综上所述,对于房地产开发企业的成本核算来讲,成本核算对象和成本项目的划分和确定是正确核算开发成本的基础。

(五) 成本核算的主要方法

房地产开发企业开发建造的开发产品应按制造成本法进行计量与核算。其中,应计入开发产品成本的费用为直接成本和能够分清成本对象的间接成本,直接计入成本对象;共同成本和不能分清成本对象的间接成本,应按受益原则和配比原则分配至各成本对象。企业应根据项目的具体情况,科学选择成本分配方法。

1. 占地面积法

占地面积法是指按已动工开发成本对象占地面积占开发用地总面积的比例分配成本的方法。占地面积法主要用于开发项目土地成本的分摊。

一次性开发的,按某一成本对象占地面积占全部成本对象占地总面积的比例进行分配。

分期开发的,首先按本期全部成本对象占地面积占开发用地总面积的比例进行分配,然后再按某一成本对象占地面积占期内全部成本对象占地总面积的比例进行分配。期内全部成本对象应负担的占地面积为期内开发用地占地面积减除应由各期成本对象共同负担的占地面积。

2. 建筑面积法

建筑面积法是指按已动工开发成本对象建筑面积占开发用地总建筑面积的比例分配成本的方法。

一次性开发的,按某一成本对象建筑面积占全部成本对象建筑面积的比例进行分配。

分期开发的,首先按期内成本对象建筑面积占开发用地计划建筑面积的比例进行分配,然后再按某一成本对象建筑面积占期内成本对象总建筑面积的比例进行分配。

3. 直接成本法

直接成本法是指按期内某一成本对象的直接开发成本占期内全部成本对象直接开发成本的比例分配成本的方法。

4. 预算造价法

预算造价法是指按期内某一成本对象预算造价占期内全部成本对象预算造价的比例分配成本的方法。

【例4-10】某房地产公司在一块10 000平方米的土地上进行房地产开发,取得土地使用权支付的出让金为1 000万元。该房地产公司在这块土地上建造了两幢楼。一幢为写字楼,占地面积(包括周围的道路和绿地)为4 000平方米,建筑面积为15 000平方米;一幢为公寓,占地面积为6 000平方米,建筑面积为16 000平方米。公寓的经营配套设施中游泳池占地面积为100平方米,建筑面积为500平方米。公寓已出售80%,写字楼尚未转让。

请问:(1)公寓应分摊的土地出让金为多少?

(2)游泳池应分摊的土地出让金为多少?

(3)本期公寓销售部分应分摊的土地出让金为多少?

【解析】

（1）公寓应分摊的土地出让金 = 6 000 ÷ 10 000 × 1 000 = 600（万元）。

（2）游泳池应分摊的土地出让金 = 100 ÷ 6 000 × 600 = 10（万元）。

（3）本期公寓销售部分应分摊的土地出让金 = (600 - 10) × 80% = 472（万元）。

4.3.2 成本费用的归集与分配

（一）土地征用费及拆迁补偿费的归集与分配

土地征用费及拆迁补偿费是指为取得土地开发使用权（或开发权）而发生的各项费用，主要包括土地买价或出让金、大市政配套费、契税、耕地占用税、土地使用费、土地闲置费、土地变更用途和超面积补交的地价及相关税费、拆迁补偿支出、安置及动迁支出、回迁房建造支出、农作物补偿费、危房补偿费等。

1. 土地征用费及拆迁补偿费的归集

（1）能分清成本核算对象的，应将发生的土地征用费及拆迁补偿费直接计入有关成本核算对象的"土地征用费及拆迁补偿费"成本项目。

【例4-11】2×19年6月，X房地产公司通过竞拍拍得了A、B、C三块土地，其中A块土地支付全额地价款8 000万元，但至今未实际取得A土地，未开始规划建设甲项目；B块土地价款总额为3亿元，已支付2亿元，并已实际取得了该块土地，规划建设乙项目；C块土地支付全额价款1亿元，并已实际取得了该块土地，规划建设丙项目。

【解析】

X房地产公司根据有关原始凭证入账，会计分录如下：

借：预付账款——A土地　　　　　　　　　　　80 000 000
　　贷：银行存款　　　　　　　　　　　　　　80 000 000
借：开发成本——乙项目——土地征用费及拆迁补偿费——土地出让金
　　　　　　　　　　　　　　　　　　　　　300 000 000
　　贷：银行存款　　　　　　　　　　　　　200 000 000
　　　　应付账款——B土地　　　　　　　　100 000 000
借：开发成本——丙项目——土地征用费及拆迁补偿费——土地出让金
　　　　　　　　　　　　　　　　　　　　　100 000 000
　　贷：银行存款　　　　　　　　　　　　　100 000 000

(2) 分不清成本核算对象的，应先将发生的土地征用费及拆迁补偿费进行归集，会计期末按照一定的分配标准分配给各受益对象。

【例 4-12】2×19 年 6 月，X 房地产公司通过竞拍拍得了 B 块土地，土地价款总额为 3 亿元，B 块土地上整体项目规划分为商业区、住宅区和别墅区，具体技术经济指标未知。

【解析】

X 房地产公司根据有关原始凭证入账，会计分录如下：

借：开发成本——土地征用费及拆迁补偿费——土地出让金——待分摊成本
                300 000 000
  贷：银行存款   300 000 000

2. 土地征用费及拆迁补偿费的分配

按照税法的有关规定，土地成本一般按占地面积法进行分配。如果确需结合其他方法进行分配，应经税务机关同意。

如果成本对象的占地面积可以取得，原则上房地产开发企业应该按占地面积分摊土地征用费及拆迁补偿费。房地产开发企业取得成本对象占地面积的途径有两个：一是政府规划审批部门在项目规划中测定的占地面积，二是房地产开发企业根据项目规划自行测定的占地面积。

但在项目实际运作时，并不是对所有的成本对象都可以取得其占地面积。无法取得垂直排列的成本对象各自的占地面积，如有的开发产品一至三层裙房为购物中心，三层以上是写字楼，作为成本对象，购物中心和写字楼的占地面积是重合的，因此，这种情况下就不能按占地面积分摊土地征用费及拆迁补偿费。

无法按占地面积分摊土地征用费及拆迁补偿费的，从现在可以采用的分摊方法来看，建筑面积法是较合理的方法。

（二）前期工程费的归集与分配

1. 前期工程费的归集

前期工程费是指在取得土地开发权之后，项目开发前期的筹建、规划、设计、可行性研究、水文地质勘查、测绘、"三通一平"等前期费用支出。

（1）能分清成本核算对象的，前期工程费应直接计入有关成本核算对象的"前期工程费"成本项目。

（2）分不清成本核算对象的，应先将前期工程费进行归集，会计期末按照一定的分配标准分配给各受益对象。

【例 4-13】 X 房地产开发公司有一块土地,规划分两期开发,现已支付工程招投标代理服务费 21.2 万元,可行性研究编制费 31.8 万元,地基测量钉桩费 8.48 万元,临时道路修建费 21.80 万元,建设场地平整费 109 万元,临时围栏费 87.20 万元。

【解析】

X 房地产公司根据有关原始凭证入账,会计分录如下(假设 X 房地产公司与涉及的业务单位都是一般纳税人):

借:开发成本——前期工程费——报批报建费——待分摊成本

212 000

——规划设计费——待分摊成本

318 000

——勘察丈量费——待分摊成本

84 800

——"三通一平"费——待分摊成本

1 308 000

——临时设施费——待分摊成本

872 000

——应交税费——应交增值税(进项税额)

214 800

贷:银行存款/应付账款等

3 009 600

增值税进项税额的计算:$(21.2+31.8+8.48)\div(1+6\%)\times6\% + (21.80+109+87.20)\div(1+9\%)\times9\% = 21.48$(万元)。

2. 前期工程费的分配

前期工程费的分配方法包括占地面积法、建筑面积法、直接成本法和预算造价法。房地产开发企业在分摊时,可以自行选择其中的一种方法。对于前期工程费中的具体支出项目,应具体分析,分别采用不同的分摊方法。如果没有切实的理由,前期工程费的支出应采用统一的分摊方法,也就是说,不能人为地通过分摊方法的选择来调节各成本对象的成本。

(三)建筑安装工程费的归集与分配

建筑安装工程费是指项目开发过程中发生的列入建筑安装工程施工图预算项目的各项费用(含设备费、出包工程中向承包方支付的临时设施费和劳动保险费),有甲供材料、设备的,还应包括相应的甲供材料费、设备费。建筑安装工程费具体包括土建工程费、安装工程费和装修工程费等。房地产开发企业应根据工程的不同施工方式，采用不同的核算方法核算建筑安装工程费。

1. 发包方式下建筑安装工程费的核算

采用发包方式进行建筑安装工程施工的开发项目，其建筑安装工程支出，应根据企业承付的已完工工程价款确定，直接计入有关成本核算对象的"建筑安装工程费"成本项目。

（1）工程价款结算办法。

对发包的基础设施和建筑安装工程，一般采用招标、议标方式，通过工程公开招标或邀请施工企业议标，将工程发包给施工企业的，按工程标价进行结算。房地产开发企业与施工企业在工程承包合同中规定的工程价款的结算，应根据国家有关工程价款结算办法，结合当地的有关规定具体确定。从目前各个地区所采用的工程价款结算办法来看，主要有以下三种。

①按月结算。按月结算就是按照每月实际完成的分部分项工程进行结算。根据验收合格的各月份的已完工分部分项工程的工程数量和预算单价等计算的工程造价，就是该月份应结算和支付的工程款。

②分段结算。分段结算就是将一个单位工程按形象进度划分为几个阶段（部位），如基础、结构、装饰、竣工等，按照完成阶段，分段验收结算工程价款。

③竣工一次结算。开发项目或单项工程施工工期在12个月以内，或者工程承包合同价值较小的，可以实行工程价款每月月中预支、竣工后一次结算。即在工程开工后，每月按当月施工计划所列工作量预付工程款，于工程竣工验收后，按工程承包合同价值扣除预付工程款后进行结算。

不论采用何种结算办法，施工期间结算的工程价款一般都不得超过承包工程合同价值的95%。尾款待工程竣工验收后清算，或到工程质量保证期时支付。

（2）支付工程合同款的核算。

房地产开发企业与施工企业有关的发包工程款和预付备料款、工程款，可以通过"应付账款——应付工程款"或"预付账款——预付工程款"两个科目进行核算，"应付账款"和"预付账款"科目均应按客户单位名称设置明细科目，在日常会计核算中，这两个往来科目启用一个即可。

以"预付账款"为例，房地产开发企业按照规定预付给承包施工企业的备料款和工程款，借记"预付账款——预付工程款"科目；按照工程价款结算账单应付给承包施工企业的工程款时，借记"开发成本"等科目，将扣回的预付备料款和预付工程款记入"预付账款——预付工程款"科目的贷方。合同最终结算时,将"预付账款——预付工程款"科目的借方余额结转到"开发成本"等科目,若"预付账款——预付工程款"科目出现贷方余额,反映尚欠承包施工企业的款项。

【例4-14】X房地产公司与Y建筑公司签订发包工程合同总值为20 000万元,按照合同规定,开工前应预付备料款2 000万元,预付工程款400万元,以银行存款支付。

【解析】

X房地产公司根据有关原始凭证入账,会计分录如下:

(1) 预付Y建筑公司备料款时。

借:预付账款——Y公司——预付工程款　　　　　20 000 000
　　贷:银行存款　　　　　　　　　　　　　　　　　　　　20 000 000

(2) 预付Y建筑公司工程款时。

借:预付账款——Y公司——预付工程款　　　　　4 000 000
　　贷:银行存款　　　　　　　　　　　　　　　　　　　　4 000 000

(3) 工程价款结算时,施工企业提供的工程价款结算账单中的已完工程价值为3 270万元,减去应扣回预付备料款2 000万元、预付工程款400万元,尚应支付工程款870万元 (3 270-2 000-400)。

借:开发成本　　　　　　　　　　　　　　　　　　30 000 000
　　应交税费——应交增值税(进项税额)　　　　　2 700 000
　　贷:预付账款——Y公司——预付工程款　　　　　　　32 700 000

(4) 支付应付工程款时。

借:预付账款——Y公司——预付工程款　　　　　8 700 000
　　贷:银行存款　　　　　　　　　　　　　　　　　　　　8 700 000

房地产开发企业按照发包工程合同与承包施工企业定期进行工程价款结算,既可以保证房地产开发企业开发产品成本的准确性,也可以准确反映房地产开发企业的负债情况。

计提工程结算价款属于预提费用,一般发生在会计期末。在会计处理上,房地产开发企业可以根据实际情况进行预提。根据税法规定,发包工程未最终办理结算而未取得全额发票的,在证明资料充分的前提下,其发票不足金额可以预提,但最高不得超过合同总金额的10%。因此,在税务处理上可能存在纳税调整的问题。

2. 自营方式下建筑安装工程费的核算

采用自营方式进行建筑安装工程施工的开发项目，其发生的各项建筑安装工程支出，一般可直接计入有关成本核算对象的"建筑安装工程费"成本项目，即记入"开发成本——具体成本对象——建筑安装工程费"科目的借方和"库存材料""应付职工薪酬""银行存款"等科目的贷方。

如果房地产开发企业自行施工建造大型建筑安装工程，可以设置"工程施工""施工间接费用"等科目，用来核算和归集各项建筑安装工程支出，月末将其实际成本转入"开发成本——具体成本对象——建筑安装工程费"科目。房地产开发企业用于项目开发的各项设备，即附属于工程主体的各项设备，应在出库交付安装时，记入"开发成本——具体成本对象——建筑安装工程费"科目的借方和"库存设备"科目的贷方。

3. 建筑安装工程费的分配

如果房地产开发企业对建筑安装工程采用招标方式发包，并将几个工程一并招标发包，则在发生建筑安装工程费时，应先将其支出通过"开发成本——建筑安装工程费——待分摊成本"科目进行归集，会计期末按照一定的分配标准分配给各受益对象。应由开发产品受益的，将其分配计入有关成本核算对象，即记入"开发成本——具体受益成本对象——建筑安装工程费"科目的借方。应由投资性房地产或固定资产受益的，将其分配记入"在建工程"科目的借方。

（1）按工程结算额分配。

建筑安装工程费与其他成本项目不同。因为房地产开发产品一般以每一独立编制设计概算或施工图预算的单项开发工程为成本核算对象，也就是说，成本核算对象都具有独立的设计概算或施工图预算，所以房地产开发企业发生的建筑安装工程费在最后完工结算工程价款时，都可以准确确定每一个成本核算对象的建筑安装工程费。因此，一般情况下，房地产开发企业应在工程完工时，按照工程结算值将建筑安装工程费分配计入相应的成本核算对象。

（2）按工程预算造价分配。

如果房地产开发企业对建筑安装工程采用招标方式发包，并将几个工程合并招标发包，则在工程完工结算工程价款时，可以按各项工程的预算造价的比例，计算实际建筑安装工程费，并计入相应的成本核算对象，公式如下：

工程实际建筑安装工程费 = 工程标价 × 该项工程预算造价 ÷ 各项工程预算造价之和

【例 4-15】X 房地产公司将两幢商品房建筑安装工程进行招标，标价为 9 000 万元。这两幢商品房的预算造价为：1 号商品房为 5 500 万元，2 号商品房为 4 500 万元，合计 10 000 万元（以上金额均为不含税金额）。

【解析】

工程完工结算工程价款时，计算各幢商品房的实际建筑安装工程费。

1 号商品房应分配的建筑安装工程费 = 9 000 × 5 500 ÷ 10 000 = 4 950（万元）。

2 号商品房应分配的建筑安装工程费 = 9 000 × 4 500 ÷ 10 000 = 4 050（万元）。

会计分录如下：

借：开发成本——1 号商品房——建筑安装工程费　49 500 000
　　　　　　——2 号商品房——建筑安装工程费　40 500 000
　　贷：银行存款/应付账款　　　　　　　　　　　90 000 000

（四）开发间接费的归集与分配

1. 开发间接费的归集

开发间接费是指房地产开发企业内部独立核算单位为直接组织和管理开发产品的开发建设而发生的各项费用。开发间接费属于直接为开发房地产而发生的费用，如果开发的项目分期，或者开发的产品类型较多，则所发生的开发间接费不能确定应由哪项开发产品负担，因而无法将其直接计入各项开发产品成本。为了核算的方便，应将其先记入"开发间接费用"科目，然后再按照适当的分配标准，最终分配计入各项开发产品的成本。

房地产开发企业所属各内部独立核算单位发生的为直接组织和管理开发产品的各项开发间接费，都要同时记入"应付职工薪酬""累计折旧""长期待摊费用"等科目的贷方，以及"开发间接费用"科目的借方。

2. 开发间接费的分配

每月月末，应对开发间接费进行分配，按实际发生数计入有关开发产品的成本。开发间接费的分配方法包括占地面积法、建筑面积法、直接成本法和预算造价法等。不论是土地开发、房屋开发、配套设施还是代建工程，均应分配开发间接费。为了简化核算手续并防止重复分配，对应计入房屋等开发成本的自用土地和不能有偿转让的配套设施的开发成本，均不分配开发间接费。这部分开发产品应负担的开发间接费，可直接分配计入有关房屋开发成本。也就是说，企业内部独立核算单位发生的开发间接费，可仅对有关开发房屋、商品性土地、能有偿转让的配套设施及代建工程进行分配。

除了开发产品应负担开发间接费以外，如果房地产开发企业同时开发应计入投资性房地产或固定资产的房屋，则开发间接费还应对投资性房地产或固定资产项目进行分配，分配金额相应记入"在建工程"科目的借方。

（五）基础设施建设费的归集与分配

1. 基础设施建设费的归集

基础设施建设费是指项目开发过程中发生的小区内、建筑安装工程施工图预算项目之外的道路、供电、供水、供气、供热、排污、排洪、通信、照明、绿化等基础设施工程费用，红线外两米与大市政接口的费用，以及向水、电、气、热、通信等大市政公司支付的费用。能分清成本核算对象的，应直接将基础设施建设费计入有关成本核算对象的"基础设施建设费"成本项目，即记入"开发成本——具体成本对象——基础设施建设费"科目的借方；分不清成本核算对象的，应先将基础设施建设费通过"开发成本——基础设施建设费——待分摊成本"科目进行归集，会计期末按照一定的分配标准分配给各受益对象。

由开发产品受益的，将基础设施建设费分配计入有关成本核算对象，记入"开发成本——具体受益成本对象——基础设施建设费"科目的借方；由投资性房地产或固定资产受益的，将基础设施建设费分配记入"在建工程"科目的借方。

2. 基础设施建设费的分配

基础设施建设费的分配方法包括占地面积法、建筑面积法、直接成本法和预算造价法。房地产开发企业在分配时，可以自行选择其中一种方法。对于基础设施建设费中的具体支出项目，应具体分析，分别采用不同的分配方法。如果没有切实的理由，基础设施建设费的支出项目应采用统一的分配方法，也就是说，不能人为地通过分配方法的选择来调节各成本核算对象的成本。

4.4 公共配套设施费的会计核算

4.4.1 成本对象的核算和确定

（一）公共配套设施的分类

房地产开发企业开发的公共配套设施，可以分为以下两类。

（1）在开发小区内开发不能有偿转让的公共配套设施，如居委会、派出所、消防设施、幼儿园、自行车棚、水塔、锅炉房等。

（2）能有偿转让的城市规划中规定的大型配套设施项目，包括：开发小区内营业性公共配套设施，如商店、银行、邮局等；开发小区内非营业性配套设施，如中小学、文化站、医院等；开发项目之外的，为居民服务的给排水、供电、供气设施及交通道路等。

第（2）类的公共配套设施，如果没有投资来源，不能有偿转让，也将它归入第（1）类，计入房屋开发成本。

（二）支出的核算原则

为了正确核算和反映企业开发建设中各种公共配套设施所发生的支出，并准确地计算房屋开发成本和配套设施的开发成本，对公共配套设施支出的核算原则如下：

（1）对于在开发小区内不能有偿转让的公共配套设施，不能直接计入有关房屋开发成本，应在"开发成本——公共配套设施"科目下核算。如果工程规模较大，可以将各公共配套设施作为成本核算对象。如果工程规模不大，与其他项目建设地点较近，且开竣工时间相差不多，并由同一施工单位施工，也可考虑将它们合并作为一个成本核算对象。

对于只为一个单体开发项目服务的，应摊入开发项目成本，同时造价较低的配套设施，可以不单独作为成本核算对象，发生的开发费用直接计入单体开发项目的成本。

（2）能有偿转让的城市规划中规定的大型公共配套设施项目，应以各配套设施项目作为成本核算对象，以正确计算各配套设施的开发成本。

根据公共设施的核算原则，对配套设施支出的归集分为三种情况（见表4-3），即在配套设施开发成本中核算的配套设施支出，只包括不能直接计入有关房屋等成本核算对象的不能有偿转让的配套设施支出和能有偿转让的大型公共配套设施支出。

表4-3　　　　　　　　公共配套设施支出的归集

情况	会计核算
能分清并直接计入某个成本核算对象的第一类配套设施支出	可直接计入有关房屋等开发成本，并在"开发成本——房屋开发成本"科目中归集其发生的支出
不能直接计入有关房屋开发成本的第一类配套设施支出	应先在"开发成本——公共配套设施"科目进行归集，于开发完成后再按一定标准分配计入有关房屋等开发成本
能有偿转让的第二类大配套设施支出	应在"开发成本——公共配套设施"科目进行归集

4.4.2 会计核算方法

（一）预提公共配套设施费

由于小区的开发时间较长，所以在开发小区时先建房屋，后建公共配套设施。当房屋建好或已经出售时，很可能有的公共配套设施尚未完工。这种房屋开发与配套设施建设的时间差，使得那些已具备使用条件并已出售的房屋应负担的配套设施费，无法按配套设施的实际开发成本进行结转和分配，只能以未完成配套设施的预算成本或计划成本为基数，计算出已出售房屋应负担的数额，用预提方式计入出售房屋等的开发成本。

值得注意的是，并不是所有的公共配套设施都可以预提成本，只有不能有偿转让的公共配套设施在尚未完工的情况下，且公共配套设施必须符合已在售房合同、协议等中明确承诺建造且不可撤销，或按照法律法规规定必须配套建造的条件，才可以按照预算成本预提建造费用。能有偿转让的公共配套设施则不能预提成本。

预提公共配套设施费的步骤如下。

（1）预提成本。预提公共配套设施费时，根据预提金额，借记"开发成本——公共配套设施费——具体成本对象"等科目，贷记"应付账款——预提费用"科目。

（2）实际发生费用。实际发生公共配套设施费时，按支付款项的金额，借记"应付账款——预提费用"科目，贷记"银行存款""应付账款——应付工程款"科目。

（3）完工结算。当成本结算完成，对已经按照预提成本结转的销售成本和资产账面价值以及开发产品成本进行调整。如果实际成本大于预提成本，按其差额，借记"主营业务成本""投资性房地产""固定资产""开发产品"等科目，贷记"银行存款""应付账款——应付工程款"等科目。如果实际成本小于预提成本，按其差额，借记"应付账款——预提费用"科目，贷记"主营业务成本""投资性房地产""固定资产""开发产品"等科目。

开发产品预提的配套设施费的计算，一般可按以下公式进行。
某项开发产品预提的公共配套设施费 = 该项开发产品预算成本（或计划成本）×
公共配套设施费预提率
公共配套设施费预提率 = 该公共配套设施的预期成本（或计划成本）÷
应负担该公共配套设施费各开发产品的预算
成本（或计划成本）合计

上式中：应负担配套设施费的开发产品一般包括开发房屋、能有偿转让的在开发小区内开发的大配套设施。

【例 4-16】预提公共配套设施费的会计核算

A 房地产开发小区内幼托所设施开发成本应由 B 商品房、C 公寓、D 写字楼、E 商铺和 F 配套设施商店负担。由于幼托所设施在商品房等完工出售时尚未完工，为了及时结转完工的商品房等成本，所以应先将幼托所设施配套设施费预提计入商品房等的开发成本。假定各项开发产品和幼托所设施的预算成本如下：商品房 2 000 万元、公寓 500 万元、写字楼 600 万元、商铺 400 万元、商店 1 500 万元、幼托所 125 万元。

【解析】

幼托所设施配套设施预提率 = 125 ÷ (2 000 + 500 + 600 + 400 + 1 500) × 100% = 2.5%。

各项开发产品预提幼托所设施的配套设施费为：

商品房 = 2 000 × 2.5% = 50（万元）；

公寓 = 500 × 2.5% = 12.5（万元）；

写字楼 = 600 × 2.5% = 15（万元）；

商铺 = 400 × 2.5% = 10（万元）；

商店 = 1 500 × 2.5% = 37.5（万元）。

(1) 预提公共配套设施费时。

借：开发成本——商品房——公共配套设施费　　　　500 000
　　　　　　——公寓——公共配套设施费　　　　　125 000
　　　　　　——写字楼——公共配套设施费　　　　150 000
　　　　　　——商铺——公共配套设施费　　　　　100 000
　　　　　　——商店——公共配套设施费　　　　　375 000
　　贷：应付账款——预提费用　　　　　　　　　1 250 000

(2) 支付配套设施费时。

借：应付账款——预提费用　　　　　　　　　　　1 250 000
　　贷：银行存款/应付账款　　　　　　　　　　　1 250 000

(3) 按预提率计算各项开发产品的公共配套设施费时，其与实际支出数的差额，应在配套设施完工时，按预提数的比例，调整增加或减少有关开发产品的成本。假设本例中实际支出数为 1 300 000 元。

配套设施完工时（实际成本大于预提成本）。

如果开发产品没有全部销售完,则会计处理如下:
借:开发产品　　　　　　　　　　　　　　　　50 000
　　贷:银行存款/应付账款　　　　　　　　　　　　50 000
如果开发产品已全部销售完,则会计处理如下:
借:销售费用——其他　　　　　　　　　　　　50 000
　　贷:银行存款/应付账款　　　　　　　　　　　　50 000

(二) 公共配套设施费的会计核算

(1) 不能有偿转让的公共配套设施支出的核算包括两种情况:配套设施单独作为成本对象的核算和配套设施不作为成本对象的核算。具体会计核算如下。

①配套设施单独作为成本对象核算的不能有偿转让的公共配套设施开发成本,通过"开发成本——具体成本对象——公共配套设施"科目进行核算,并于会计期末按照一定的分配标准分配给各受益对象。

②配套设施不作为成本对象核算的不能有偿转让的公共配套设施开发成本,如果只为单个开发项目服务,应计入开发项目成本,借记"开发成本——具体成本对象"科目,贷记"银行存款""应付账款"等科目。

(2) 能有偿转让的公共配套设施项目应该通过"开发成本——具体成本对象——成本项目"科目进行核算,企业自用的应按建造固定资产进行核算的除外。

对能有偿转让的公共配套设施分配的不能有偿转让的公共配套设施支出,应计入能有偿转让公共配套设施开发成本明细账的"公共配套设施"成本项目,即借记"开发成本——具体成本对象(能有偿转让)——公共配套设施"科目,贷记"开发成本——具体成本对象(不能有偿转让)——公共配套设施"科目。

对能有偿转让的公共配套设施分配的开发间接费用,应计入各能有偿转让的公共配套设施明细账的"开发间接费用"成本项目,借记"开发成本——具体成本对象——公共配套设施"科目,贷记"开发间接费用"科目。

【例4-17】公共配套设施费的会计核算

A房地产开发企业根据建设规划要求,在开发小区内负责建设一间商店和一座水塔、一所幼托所。上述设施均发包给施工企业施工,其中商店建成后,有偿转让给商业部门。水塔和幼托所的开发支出按规定计入有关开发产品的成本。水塔与商品房等同步开发,幼托所与商品房等不同步开发,其支出经批准采用预提办法。

上述各配套设施发生的有关支出如表4-4所示。

表 4-4　　　　　　　　　公共配套设施支出明细情况

单位：万元

项目	商店	水塔	幼托所	合计
支付征地拆迁费	1 500	50	100	1 650
支付承包设计单位前期工程款	30	10	20	60
应付承包施工企业基础设施工程款	100	5	10	115
应付承包施工企业建筑安装工程款	1 200	30	50	1 280
分配水塔设施配套设施费	5	-5		0
分配开发间接费	40			40
预提幼托所设施配套设施费	5			5
合计	2 880	90	180	3 150

【解析】

A 房地产开发企业相关会计处理如下。

（1）用银行存款支付征地拆迁费时。

借：开发成本——商店——土地征用费及拆迁补偿费
　　　　　——拆迁补偿费——公共配套设施　15 000 000
　　开发成本——水塔——土地征用费及拆迁补偿费
　　　　　——拆迁补偿费——公共配套设施　　500 000
　　开发成本——幼托所——土地征用费及拆迁补偿费
　　　　　——拆迁补偿费——公共配套设施　1 000 000
　贷：银行存款　　　　　　　　　　　　　16 500 000

（2）用银行存款支付承包设计单位前期工程款时。

借：开发成本——商店——前期工程款——公共配套设施 300 000
　　　　　——水塔——前期工程款——公共配套设施 100 000
　　　　　——幼托所——前期工程款——公共配套设施
　　　　　　　　　　　　　　　　　　　　　　200 000
　贷：银行存款　　　　　　　　　　　　　　　600 000

（3）将应付施工企业基础设施工程款和建筑安装工程款入账时。

借：开发成本——商店——基础设施费——公共配套设施
　　　　　　　　　　　　　　　　　　　　　1 000 000
　　　　　——水塔——基础设施费——公共配套设施 50 000
　　　　　——幼托所——基础设施费——公共配套设施
　　　　　　　　　　　　　　　　　　　　　　100 000

　　　　——商店——建造安装工程费——公共配套设施
　　　　　　　　　　　　　　　　　　　　　　12 000 000
　　　　——水塔——建造安装工程费——公共配套设施
　　　　　　　　　　　　　　　　　　　　　　 300 000
　　　　——幼托所——建造安装工程费——公共配套设施
　　　　　　　　　　　　　　　　　　　　　　 500 000
　　　贷：应付账款——应付工程款　　　　　13 950 000

（4）按规定应将开发成本分配计入商品房等开发产品成本，不能有偿转让的公共配套设施，如水塔设施，在完工验收后，应将其发生的实际开发成本按一定的标准（有关开发产品的实际成本、预算成本或计划成本），分配计入有关房屋和能转让公共配套设施的开发成本，做如下会计处理：

　　　借：开发成本——商品房　　　　　　　　900 000
　　　　　——商店——公共配套设施费——公共配套设施
　　　　　　　　　　　　　　　　　　　　　　 50 000
　　　　贷：开发成本——土地征用费及拆迁补偿费——公共配套设施
　　　　　　　　　　　　　　　　　　　　　　500 000
　　　　　　——前期工程款——公共配套设施　 100 000
　　　　　　——基础设施费——公共配套设施　 50 000
　　　　　　——建造安装工程费——公共配套设施 300 000

（5）分配应计入商店配套设施开发成本的开发间接费用时。

　　　借：开发成本——商店——开发间接费——公共配套设施 400 000
　　　　贷：开发成本——开发间接费　　　　 400 000

（6）预提应由商店配套设施开发成本负担的幼托所设施支出时。

　　　借：开发成本——商店——公共配套设施费——公共配套设施
　　　　　　　　　　　　　　　　　　　　　　 50 000
　　　　贷：应付账款——预提费用　　　　　　 50 000

（7）对能有偿转让给有关部门的公共配套设施，如上述商店设施，应在完工验收后将其实际成本自"开发成本——商店——公共配套设施"科目的贷方转入"开发产品——商店——公共配套设施"科目的借方。

　　　借：开发产品——商店——公共配套设施　28 800 000
　　　　贷：开发成本——商店——土地征用费及拆迁补偿费——拆迁补偿费
　　　　　　——公共配套设施　　　　　　　　15 000 000

  ——前期工程款——公共配套设施   300 000
  ——基础设施费——公共配套设施   1 000 000
  ——建造安装工程费——公共配套设施 12 000 000
  ——公共配套设施费——公共配套设施 100 000
  ——开发间接费——公共配套设施   400 000

能有偿转让的公共配套设施有偿转让收入，应作为销售收入处理。

（8）对用预提方式将配套设施支出计入有关开发产品成本的公共配套设施，如幼托所等设施，应在完成验收后，将其实际发生的开发成本冲减预提的配套设施费，做如下会计处理：

  借：开发成本——商品房   1 750 000
    应付账款——预提费用   50 000
    贷：开发成本——幼托所——土地征用费及拆迁补偿费——拆迁补偿费
     ——公共配套设施   1 000 000
     ——前期工程款——公共配套设施   200 000
     ——基础设施费——公共配套设施   100 000
     ——建造安装工程费——公共配套设施 500 000

如预提配套设施费大于或小于实际开发成本，可将其多提数或少提数冲减有关开发产品成本或做追加分配。如有关开发产品已完工并办理竣工决算，可将其差额冲减或追加分配于尚未办理竣工决算的开发产品的成本。

4.5　土地开发成本与代建工程成本会计核算

4.5.1　土地开发成本会计核算

  房地产开发企业开发的土地，按其用途可以分为两类：第一，为了转让、出租而开发的商品土地；第二，为开发商品房而开发的自用土地。前者是企业的最终开发产品，其费用支出单独构成土地的开发成本；而后者则是企业的中间开发产品，其费用支出应计入房屋开发成本。

  企业开发的土地，开发的层次、程度和内容都不相同：有的只是进行场地的清理平整，如原有建筑物、障碍物的拆除和土地的平整；有的除了场地平整外，还要进行地下各种管线的铺设、地面道路的建设等。因此，企业要根据所开发土地的具体情况设置土地开发项目的成本项目。根据土地开发支出的一般情况,企业对土地开发成本的核算,可设置以下几个成本项目:①土地征用费及拆迁补偿费;②前期工程费;③基础设施费;④开发间接费。

【例4-18】土地开发成本的会计核算

A房地产开发企业受市政府委托,对一块面积为10万平方米的地块进行土地储备整理,并于2×19年11月,发生了下列有关土地开发支出:

(1) 11月5日,用现金支付征地拆迁费150万元;

(2) 11月11日,用银行存款支付规划设计单位210万元设计费用;

(3) 11月20日,用银行存款支付施工单位50万元管道施工费用;

(4) 本月发生开发间接费4万元,根据企业各开发项目的投入情况,应分配计入该土地开发项目2万元,于11月30日进行了费用的分摊结转。

【解析】

A企业的会计处理如下。

(1) 核算土地征用费及拆迁补偿费时。

借:开发成本——土地开发成本——土地征用费及拆迁补偿费
                 1 500 000
 贷:银行存款   1 500 000

(2) 核算前期费用时。

借:开发成本——土地开发成本——前期工程费 2 100 000
 贷:银行存款   2 100 000

(3) 核算配套设施费时:

借:开发成本——土地开发成本——配套设施费 500 000
 贷:银行存款   500 000

(4) 核算开发间接费用时。

借:开发成本——土地开发成本——开发间接费用 20 000
 贷:开发间接费用   20 000

已完工土地开发成本的结转,应根据已完成开发土地的用途,采用不同的成本结转方法。为转让、出租而开发的商品性土地,在开发完成并经有关部门验收后,应将其实际成本从"开发成本——土地开发成本"科目的贷方转入"开发产品"科目的借方。

【例4-19】结转土地开发成本的会计核算(1)

假如上述地块累计支出100万元后,完工并办理了验收手续。

【解析】

应做如下会计分录：

借：开发产品　　　　　　　　　　　　　　　1 000 000
　　贷：开发成本　　　　　　　　　　　　　　　　　1 000 000

为本企业商品房开发用的土地，应于土地开发完成并投入使用时，将土地开发的实际成本结转计入有关商品房等项目的开发成本，结转计入开发成本的土地开发支出。

【例4-20】结转土地开发成本的会计核算（2）

假如A企业拍卖得到了某成片危改地块，可用于开发别墅、多层和高层住宅。假设上述地块系其中的一部分，用于营建高档别墅。

【解析】

在该地块开发完成后做如下会计分录：

借：开发成本——房屋开发成本——土地征用费及拆迁补偿费
　　　　　　　　　　　　　　　　　　　　　　1 000 000
　　贷：开发成本——土地开发成本　　　　　　　　1 000 000

4.5.2　代建工程成本会计核算

代建工程是指房地产开发企业接受委托单位的委托，代为开发的各种工程，包括土地、房屋、市政工程等。

房地产开发企业发生的各项代建工程支出和对代建工程分配的开发间接费用，应记入"开发成本——代建工程"科目的借方和"银行存款""应付账款——应付工程款""库存材料""原材料"等科目的贷方。同时，应按照成本核算对象和成本项目分别归集各个代建工程开发成本明细分类账。代建工程开发成本明细分类账的格式基本上和房屋开发明细分类账相同。

完成全部开发过程并经验收的代建工程，应将其实际开发成本自"开发成本——代建工程"科目的贷方转入"开发产品"科目的借方，并在将代建工程移交委托代建单位、办妥工程结算手续后，将代建工程开发成本自"开发产品"科目的贷方转入"主营业务成本"科目的借方。

第 5 章
销售（预售）阶段的税务与会计处理

5.1 销售（预售）阶段业务概述

房地产开发企业销售（预售）阶段的业务包括土地使用权转让、房屋及建筑物（包括商品房、精装修房、其他建筑物）销售、代建工程、其他业务等。

5.1.1 土地使用权转让

土地使用权转让是指房地产开发企业通过出让等形式取得土地使用权后，将土地使用权再转让的行为，包括出售、投资、交换和赠与等，属于土地使用权买卖的二级市场行为。根据《城市房地产管理法》和《城市房地产转让管理规定》的规定，房地产权利人可以通过买卖、赠与或者其他合法方式将其房地产转让予他人或法律实体。房屋转让时，房屋所有权和该房屋所在地的土地使用权需同时转让，房地产转让当事人须签订书面房地产转让合同并在合同签订后 90 日内向房地产所在地的房地产管理部门办理转让登记备案手续。

房地产开发企业出于经营的需要，常采取不同的拿地方式，这不仅会影响土地购置成本，而且会影响企业契税、增值税、企业所得税、土地增值税等税务成本。因此，项目开发纳税策划首先要从取得土地环节入手。

土地使用权转让的条件。如果以出让方式初步取得土地使用权，在符合下列条件后方可转让房地产：（1）按照出让合同约定已经支付全部土地使用权出让金，并取得土地使用权证；（2）按照出让合同约定进行开发且属于房屋建设工程的项目，实际投入房屋建设工程的资金额应占全部投资总额的 25% 以上。

以出让方式初步取得土地使用权的，转让房地产后，其土地使用权的使用年限为原土地使用权出让合同约定的使用年限减去原土地使用者已经使用年限后的剩余部分。

受让人拟改变原出让合同约定的土地用途的，必须首先取得原出让方和有关市、县人民政府规划行政主管部门的同意，签订土地使用权出让合同变更协议或重新签订土地使用权出让合同，对土地使用权出让金做出相应调整。

房地产开发企业取得土地使用权方式可以归纳为"招拍挂"（包括净地出让和非净地出让）、划拨取得、购买在建工程、合作开发、收购项目公司、特殊开发项目用地等方式。

以划拨方式取得土地使用权的，转让土地使用权须按照国务院的规定，报有批准权的人民政府审批。否则须由受让方办理土地使用权出让手续，并依照有关法律规定缴纳出让金。

转让土地使用权应签订转让合同，在合同中载明土地的位置、四周边界和面积、地上附着物、土地用途、建筑物高度、绿化面积、土地转让期限、土地转让金的支付方式和违约责任等。

土地使用权转让的价格，受地理位置、经济环境、土地用途、土地转让期限和房地产市场供求等因素影响。

（一）土地使用权出让及年限规定

根据《中华人民共和国城镇国有土地使用权出让和转让暂行条例》的规定，土地使用权出让是指国家以土地所有者的身份将土地使用权在一定年限内让与土地使用者，并由土地使用者向国家支付土地使用权出让金的行为。土地使用权出让应当签订出让合同。

土地使用权的出让，由市、县人民政府负责，有计划、有步骤地进行。

土地使用权出让的地块、用途、年限和其他条件，由市、县人民政府土地管理部门会同城市规划和建设管理部门、房产管理部门共同拟订方案，按照国务院规定的批准权限报经批准后，由土地管理部门实施。土地使用权出让合同应当按照平等、自愿、有偿的原则，由市、县人民政府土地管理部门与土地使用者签订。

土地使用权出让最高年限按下列用途确定：①居住用地70年；②工业用地50年；③教育、科技、文化、卫生、体育用地50年；④商业、旅游、娱乐用地40年；⑤综合或者其他用地50年。

居住用地，又名住宅用地，是指用于建造居民居住用房所占用的土地，主要包括经济适用房用地、普通住宅用地和高档住宅用地等。

工业用地，是指开展工业生产或与工业生产相配套的各种活动所占用的土地，包括车间用地、仓库用地、辅助用房用地及附属设施用房用地等。

商业用地，是指开展商业、旅游、娱乐活动所占用的土地，如用于建造商店、粮店、饮食店、公园、游乐场、影剧院和俱乐部等用地。

其他用地，是指建造教育用房、医疗用房、科学实验研究用房等所占用的土地，如办公室、教室、医院、科研所等用地。

《国务院办公厅关于加快培育和发展住房租赁市场的若干意见》（国办发〔2016〕39号）第十二条规定：允许改建房屋用于租赁。允许将商业用房等按规定改建为租赁住房，土地使用年限和容积率不变，土地用途调整为居住用地，调整后用水、用电、用气价格应当按照居民标准执行。该规定表明，商用土地可以调整为居住用地，即只要补齐土地出让金，就可办理商改住。这意味着商场改建的公寓和住宅适用同样的政策，且不再执行商业用地的水电价格，这样，物业的市场价值及回报得以提升，房地产开发企业也有了更多选择。

（二）"招拍挂"方式

（1）招标出让国有土地使用权，是指市、县国土资源管理部门发布招标公告或者发出投标邀请书，邀请特定或者不特定的法人、自然人和其他组织参加国有土地使用权投标，根据投标结果确定土地使用者的行为。

（2）拍卖出让国有土地使用权，是指市、县国土资源管理部门发布拍卖公告，由竞买人在指定时间、地点进行公开竞价，根据出价结果确定土地使用者的行为。

（3）挂牌出让国有土地使用权，是指市、县国土资源管理部门发布挂牌公告，按公告规定的期限将拟出让宗地的交易条件在指定的土地交易场所挂牌公布，接受竞买人的报价申请并更新挂牌价格，根据挂牌期限截止时的出价结果或现场竞价结果确定土地使用者的行为。

"招拍挂"方式具有公开性、竞争性的特点，一般不存在低价出让国有土地使用权的问题。

（4）以下六类情形必须纳入招标、拍卖、挂牌出让国有土地使用权范围：①供应商业、旅游、娱乐和商品住宅等各类经营性用地以及有竞争要求的工业用地；②其他土地供地计划公布后，同一宗地有两个或者两个以上意向用地者的；③划拨土地使用权改变用途，国有土地划拨决定书或法律、法规、行政规定等明确应当收回土地使用权，实行招标、拍卖、挂牌出让的；④划拨土地使用权转让，国有土地划拨决定书或法律、法规、行政规定等明确应当收回土地使用权，实行招标、拍卖、挂牌出让的；⑤出让土地使用权改变用途，国有土地使用权出让合同约定或法律、法规、行政规定等明确应当收回土地使用权，实行招标、拍卖、挂牌出让的;⑥依法应当招标、拍卖、挂牌出让的其他情形。

一般来讲,入市交易的土地使用权应具备以下条件。

(1) 规划用地范围必须权属清楚,面积准确,没有与周围用地单位的权属问题。没有法院查封、抵押或其他项权利责任。

(2) 地上物已完成拆除,场地已平整清理,达到"三通一平"条件。遗留物必须有处理原则、主责单位和最终处理完毕时限。用地范围内留有未完成拆迁居民的,严禁入市交易。

(3) 必须具备规划主管部门正式核发的建设项目规划条件。

目前,各地在土地使用权出让方面不再因循守旧,创新方式频出。

2011年8月,北京西部最大规模的居住用地——门头沟区永定镇东辛秤村地块以北京首宗"限地价、竞房价"土地使用权出让的方式挂牌上市,该宗地房屋售价最高限定在13 600元/平方米。这是北京市继2009年成功试点"限房价、竞地价"的出让方式、2010年成功试点"限地价、竞配建政策性住房"的出让方式之后推出的又一新的交易方式。

限地价、竞房价的挂牌交易方式:该种交易方式固定了宗地的出让价格,同时限制了商品住房的最高售价,由竞买人向下投报商品房销售价格,按照"售价最低者得"的原则确定竞得人。

限房价、竞地价的挂牌交易方式:该种交易方式与挂牌方式基本一致,但是确定了未来商品住房的限售均价,按照"价高者得"的原则确定竞得人。

限地价、竞配建政策性住房的挂牌交易方式:该种交易方式通过事先限定土地使用权交易上限价格,如达到上限则转为在此上限价格的基础上竞配保障性住房面积,由承诺配建面积最高者竞得土地。

《石家庄市人民政府关于深入推进土地节约集约利用的意见》(石政发〔2015〕52号)提出创新工业用地供地方式。在工业用地出让中除采用以法定最高年限,由土地使用者支付出让金,取得土地使用权的方式以外,可采取以下方式取得国有土地使用权。

①试行弹性出让年限方式。在法定最高出让年限内,根据产业发展要求或用地单位经营情况确定工业用地国有建设用地使用权出让年限,出让年限一般不高于20年。

②探索先租赁后出让方式。在供应工业用地时,可以采取先租赁后出让方式。租赁应当采取招标、拍卖、挂牌方式。租赁期满,经当地政府或园区管委会认定企业经营状况良好、租赁合同履行到位、符合产业导向等条件的,由承

租人申请，按原批准土地开发建设与利用条件，可以协议方式办理土地出让手续。租赁期限一般不超过 5 年。

③经认定不符合上述条件，或者承租人未申请继续使用的，土地使用权由政府收回，地上建筑物按照评估残值补偿。

土地市场始终是房价的"晴雨表"，房地产开发企业以"招拍挂"方式拿地，应首先了解土地"招拍挂"的规则，方能做到瞻前顾后、有的放矢。

房地产开发企业通过"招拍挂"方式获取的土地使用权可以进一步划分为净地出让和非净地出让。

"净地"是相对于"毛地"来说的，两者都是俗称。从形态上看，毛地指地上存在需要拆除的建筑物、构筑物等设施的土地；净地指国家在出让土地时，已经完成拆除平整，不存在需要拆除的建筑物、构筑物等设施的土地。净地出让是指国家在完成征地拆迁、土地平整后将土地出让给使用者的一种出让方式。

土地出让将以净地出让为主。根据《国土资源部 住房和城乡建设部关于进一步加强房地产用地和建设管理调控的通知》（国土资发〔2010〕151 号）的规定，土地出让必须以宗地为单位提供规划条件、建设条件和土地使用标准，严格执行商品住房用地单宗出让面积规定，不得将两宗以上地块捆绑出让，"毛地"不得出让。

2016 年发布的《深圳市城市更新办法》第三十一条规定："除鼓励权利人自行改造外，对由政府统一组织实施城市更新的，可以在拆迁阶段通过招标的方式引入企业单位承担拆迁工作，拆迁费用和合理利润可以作为收（征）地（拆迁）补偿成本从土地出让收入中支付；也可以在确定开发建设条件且已制定城市更新单元规划的前提下，由政府在土地使用权招标、拍卖、挂牌出让中确定由中标人或者竞得人一并实施城市更新，建筑物、构筑物及其他附着物的拆除清理由中标人或者竞得人负责。"

该条规定说明，新形势下，无论是二线、三线城市，还是一线城市，带有附加条件的土地使用权出让仍然具有市场。

土地使用权出让后，任何单位和个人无权擅自更改规划和建设条件。因非企业原因确需调整的，必须依据《中华人民共和国城乡规划法》规定的公开程序进行。由开发建设单位提出申请调整规划和建设条件而不按期开工的，必须收回土地使用权，重新按招标、拍卖、挂牌方式出让。

无论是净地出让还是非净地出让，取得土地使用权都要按规定缴纳相关税费，容易出现问题的方面如下。

（1）契税计税依据确定。

（2）"招拍挂"方式土地所支付价款超过政府招商引资所确定的协议价款涉及的土地款返还会计和税务处理。

（3）非净地出让情况下增加的拆迁补偿方面的货币支出及非货币支出会计和税务处理。

（4）是否取得了财政票据以及其他可以冲减增值税销售额的有效票据。

（三）**划拨方式**

土地使用权划拨是指县级以上人民政府依法批准，在土地使用者缴纳补偿、安置等费用后将该幅土地交付其使用，或者将土地使用权无偿交付给土地使用者使用的行为。《中华人民共和国城镇国有土地使用权出让和转让暂行条例》第四十四条规定："划拨土地使用权，除本条例第四十五条规定的情况外，不得转让、出租、抵押。"第四十五条规定："符合下列条件的，经市、县人民政府土地管理部门和房产管理部门批准，其划拨土地使用权和地上建筑物、其他附着物所有权可以转让、出租、抵押：（一）土地使用者为公司、企业、其他经济组织和个人；（二）领有国有土地使用证；（三）具有地上建筑物、其他附着物合法的产权证明。"《城市房地产管理法》第四十条规定："以划拨方式取得土地使用权的，转让房地产时，应当按照国务院规定，报有批准权的人民政府审批。有批准权的人民政府准予转让的，应当由受让方办理土地使用权出让手续，并依照国家有关规定缴纳土地使用权出让金。以划拨方式取得土地使用权的，转让房地产报批时，有批准权的人民政府按照国务院规定决定可以不办理土地使用权出让手续的，转让方应当按照国务院规定将转让房地产所获收益中的土地收益上缴国家或者作其他处理。"

营改增后，根据《营业税改征增值税试点过渡政策的规定》（财税〔2016〕36号附件3）第一条第三十七款的规定，土地所有者出让土地使用权和土地使用者将土地使用权归还给土地所有者，免征增值税。

因此，划拨用地使用者经批准可以转让土地，若认定为其已取得出让用地，则转让者应计算缴纳增值税。若认定为土地使用权归还政府，政府再出让土地，则免征增值税。

此外，对以划拨方式取得土地使用权的，转让房地产时，属于《城市房地产管理法》第二十四条规定情形之一的，经有批准权的人民政府批准，可以不办理土地使用权出让手续：第一，用于国家机关用地和军事用地；第二，城市基础设施用地和公益事业用地；第三，国家重点扶持的能源、交通、水利等项目用地；第四，法律、行政法规规定的其他用地。

（四）收购项目公司方式

房地产市场的变化常常令人措手不及，资金链紧张、断裂往往就在一瞬间，有地却无力经营的企业为自保自救只好选择卖地。直接转让土地使用权限制多，税负重，变转让土地使用权为转让股权，则有利于降低税负。如果不想丧失全部控制权，可以保留一定比例股份或由受让方增资来共同开发，也可以先将土地投入某一全资子公司，再转让子公司股权。

例如，甲房地产公司取得土地使用权后，因资金短缺无力开发，为了避免土地使用权被收回，甲房地产公司想把土地出售给乙公司赚取差额利润。

若甲公司转让土地使用权，则涉及增值税、土地增值税、城市维护建设税、教育费附加等税费。若甲公司以土地使用权作价投资设立子公司，将土地使用权过户到子公司名下，再转让子公司股权，则乙公司取得该子公司100%的股权，相当于持有该土地使用权。在这里，甲公司以无形资产投资入股，参与接受投资方的利润分配、共同承担投资风险的行为，要征收一次增值税，另外，若是房地产开发企业，也不能暂免土地增值税。至于股权转让，目前并未有政策明确。

股权转让增值税的纳税主体是股权转让方，不过并不是所有股权转让行为都要缴纳增值税，个人和个体户转让上市公司股权免征增值税；任何持股主体，转让未上市公司的股权都不属于增值税征收范围；只有公司、合伙企业和个人独资企业作为持股主体转让上市公司股权时，才需要按转让金融商品缴纳增值税。

金融商品转让的增值税税率：一般纳税人为6%，小规模纳税人为3%，股权转让的增值税公式为：

$$应纳税额 =（股权转让收入 - 股权购买成本 - 转让过程中所支付的相关合理费用）/（1.6\%）\times 6\%$$

若甲公司除土地外，无其他实质性经营资产，也可以换一种方式实现目的。即吸收乙公司增资入股，稀释甲公司股权，甲公司逐渐退出土地开发经营。目前，这种方式较为流行，税务成本也低。

（五）社会保障性住房建设用地

社会保障性住房建设用地用于满足低收入阶层的基本住房需要，属于政府必须提供的公共产品，能够弥补"七通一平"的成本即可。社会保障性住房建设用地不能以"招拍挂"方法解决，而应由政府按规定有计划地供应。

社会保障性住房，是指政府提供的限定建设标准、供应对象和销售价格或租金标准，具有保障性质的住房，具体包括社会保障性商品房（如经济适用住房）、社会保障性租赁房、廉租房和安置房（含拆迁安置房、解危安置房以及落实侨房政策安置房）等。

根据《广西壮族自治区保障性住房管理暂行办法的通知》（桂政办发〔2013〕77号）的规定，保障性住房，包括廉租住房、公共租赁住房、经济适用住房、限价商品住房（含城市棚户区、国有工矿棚户区、国有林区棚户区、国有垦区棚户区、侨区危房和城中村改造，以及旧住宅小区危房改造等方式建设的保障性住房）。

经济适用住房是指以城镇中低收入家庭为供应对象，建设用地实行行政划拨，享受政府扶持政策，按国家住宅建设标准建设，具有社会保障性质的普通住房。经济适用住房建设用地以划拨方式供应。经济适用住房建设用地应纳入当地年度土地供应计划，在申报年度用地指标时单独列出，确保优先供应。政府对于棚户区改造中的经济适用住房和廉租住房用地实行划拨供应，免收土地出让金和城市基础设施配套费等各种行政事业性收费和政府性基金。

根据《财政部 国家税务总局关于棚户区改造有关税收政策的通知》（财税〔2013〕101号）的规定，棚户区是指简易结构房屋较多、建筑密度较大、房屋使用年限较长、使用功能不全、基础设施简陋的区域，具体包括城市棚户区、国有工矿（含煤矿）棚户区、国有林区棚户区和国有林场危旧房、国有垦区危房。棚户区改造是指列入省级人民政府批准的棚户区改造规划或年度改造计划的改造项目；改造安置住房是指相关部门和单位与棚户区被征收人签订的房屋征收（拆迁）补偿协议或棚户区改造合同（协议）中明确用于安置被征收人的住房或通过改建、扩建、翻建等方式实施改造的住房。

《国务院关于加快棚户区改造工作的意见》（国发〔2013〕25号）在加大棚户区改造支持力度方面指出：

（1）多渠道筹措资金。要采取增加财政补助、加大银行信贷支持、吸引民间资本参与、扩大债券融资、企业和群众自筹等办法筹集资金。

（2）确保建设用地供应。棚户区改造安置住房用地纳入当地土地供应计划优先安排，并简化行政审批流程，提高审批效率。安置住房中涉及的经济适用住房、廉租住房和符合条件的公共租赁住房建设项目可以通过划拨方式供地。

（3）落实税费减免政策。对棚户区改造项目，免征城市基础设施配套费等各种行政事业性收费和政府性基金。落实好棚户区改造安置住房税收优惠政策，将优惠范围由城市和国有工矿棚户区扩大到国有林区、垦区棚户区。电力、通信、市政公用事业等企业要对棚户区改造给予支持，适当减免入网、管网增容等经营性收费。

（4）完善安置补偿政策。棚户区改造实行实物安置和货币补偿相结合，由棚户区居民自愿选择。各地区要按国家有关规定制定具体安置补偿办法，禁止强拆强迁，依法维护群众合法权益。对经济困难、无力购买安置住房的棚户区居民，可以通过提供租赁型保障房等方式满足其基本居住需求，或在符合有关政策规定的条件下，纳入当地住房保障体系筹解决。

《国土资源部 住房和城乡建设部关于进一步加强房地产用地和建设管理调控的通知》（国土资发〔2010〕151号）规定，地方各级住房城乡建设（房地产、规划、住房保障）、国土资源主管部门要按照住房建设规划和编制计划的要求，共同商定城市住房供地和建设的年度计划，并根据年度计划实行宗地供应预安排，共同商定将确定的保障性住房、棚户区改造住房、公共租赁住房和中小套型普通商品住房年度建设任务落实到地块。要在确保保障性住房、棚户区改造住房和中小套型普通商品住房用地不低于住房用地供应总量70%的基础上，结合各地实际，选择地块，探索以划拨和出让方式加大公共租赁住房供地建房、逐步与廉租住房并轨、简化并实施租赁住房分类保障的途径。

社会保障性住房有一定政策优惠，因此，房地产开发企业配套建设的保障性住房应单独核算其收入和成本。

（六）取得土地使用权涉及的税费

（1）耕地占用税。依据《中华人民共和国耕地占用税法》，以纳税人实际占用的耕地面积为计税依据，按照规定的适用税额一次性征收，应纳税额为纳税人实际占用的耕地面积（平方米）乘以适用税额。

（2）契税。房地产开发企业受让土地应按规定缴纳契税。

（3）印花税。房地产开发企业无论是受让土地还是购买土地，均应缴纳印花税，税率为万分之五。

（4）当前中国的土地增值税实行四级超率累进税率，对土地增值率高的多征，增值率低的少征，无增值的不征，例如增值额未超过50%的部分，税率为30%，增值额超过200%的部分，则要按60%的税率进行征税。

除以上税金外，涉及土地登记费以及房地产开发过程中要缴纳的行政事业性收费和政府性基金，具体办理仍以土地使用权证办理过程中的地方政策为准。

根据《国家税务总局关于未办理土地使用权证转让土地有关税收问题的批复》（国税函〔2007〕645号）的规定，土地使用者转让、抵押或置换土地，无论其是否取得了该土地的使用权属证书，无论其在转让、抵押或置换土地过程中是否与对方当事人办理了土地使用权属证书变更登记手续，只要土地使用者享有占有、使用、收益或处分该土地的权利，且有合同等证据表明其实质转让、抵押或置换了土地并取得了相应的经济利益，土地使用者及其对方当事人就应当依照税法规定缴纳土地增值税和契税等相关税收。

另外，参照《辽宁省地方税务局关于企业所得税若干税收政策问题的通知》（辽地税发〔2007〕11号）的规定，企业购买房屋、土地，无论采取何种付款方式，只要没有办理产权变更手续，房屋或土地的折旧或摊销费用就不允许在税前扣除。

【例5-1】不动产转让如何计征增值税

2015年A公司将房产以1 000万元出售给B公司，2019年B公司又以2 000万元出售。问：B公司为一般纳税人，转让不动产如果选择适用简易计税方法，应交增值税是多少？

【解析】

政策依据：一般纳税人销售其2016年4月30日前取得（不含自建）的不动产，可以选择适用简易计税方法，以取得的全部价款和价外费用减去该项不动产购置原价或者取得不动产时的作价后的余额为销售额，按照5%的征收率计算应纳税额。纳税人应按照上述计税方法在不动产所在地预缴税款后，向机构所在地主管税务机关进行纳税申报。纳税人按规定从取得的全部价款和价外费用中扣除不动产购置原价或者取得不动产时的作价的，应当取得符合法律、行政法规和国家税务总局规定的合法有效凭证。否则，不得扣除。

上述凭证包括以下方面。

（1）税务部门监制的发票。

（2）法院判决书、裁定书、调解书，以及仲裁裁决书、公证债权文书。

（3）国家税务总局规定的其他凭证。

B公司取得A公司营改增前开具的转让土地使用权发票，营改增后简易计税方式下应交增值税 = (2 000 - 1 000) ÷ (1 + 5%) × 5% = 47.62（万元）。

【例5-2】有法院裁定书转让不动产可否差额纳税

2015年A公司资金链断裂，公司负责人因涉嫌非法吸收公众存款罪而入狱。为了让项目工程能继续开发，当地政府出面由B公司通过抵债方式以

1 000万元承接了该项目在建工程。但是B公司除政府会议纪要、法院裁定书外，并无该项目转让发票，A公司也肯定没有缴纳该项目销售不动产营业税等。2019年B公司将该项目以2 000万元出售给C公司。B公司为一般纳税人，转让不动产选择适用简易计税方法。问：B公司应交增值税是多少？应交增值税是否为（2 000－1 000）÷（1＋5%）×5%＝47.62（万元）？

【解析】

我们先看营改增前该项业务如何处理。

对于B公司来说，营改增前按照《财政部 国家税务总局关于营业税若干政策问题的通知》（财税〔2003〕16号）的规定，单位和个人销售或转让其购置的不动产或受让的土地使用权，以全部收入减去不动产或土地使用权的购置或受让原价后的余额为营业额。单位和个人销售或转让抵债所得的不动产、土地使用权的，以全部收入减去抵债时该项不动产或土地使用权作价后的余额为营业额。B公司开发的项目销售额为2 000万元，如果可以适用该差额计税规定，则缴纳营业税可以按照1 000万元计算。但是《中华人民共和国营业税暂行条例》第六条规定的差额征税合法有效凭证仅包括发票、财政票据、境外单位的款项签收票据。A公司没有缴纳营业税，B公司当然也没有该项目转让发票，税务机关要求B公司就全额2 000万元缴纳营业税，B公司认为该要求不合理。B公司想，政府会议纪要、法院裁定书等能否作为扣除凭据呢？

《国家税务总局关于金融企业销售未取得发票的抵债不动产和土地使用权征收营业税问题的批复》（国税函〔2005〕77号）明确：你局《关于金融企业销售未取得发票的抵债不动产和土地使用权如何征收营业税问题的请示》（桂地税报〔2004〕60号）收悉。经研究，批复如下：《财政部 国家税务总局关于营业税若干政策问题的通知》（财税〔2003〕16号）第四条规定的合法有效凭证，包括法院判决书、裁定书、调解书，以及可由人民法院执行的仲裁裁决书、公证债权文书。

但是该规定在国家税务总局2011年清理规范性文件时被《国家税务总局关于公布全文失效废止部分条款失效废止的税收规范性文件目录的公告》（国家税务总局公告2011年第2号）废止了。该文件废止后，能不能以法院的文书作为差额征税凭证，又成为税企争议的问题。针对这一情况，《国家税务总局关于明确若干营业税问题的公告》（国家税务总局公告2015年第92号）对因发生债务纠纷等情况，纳税人取得的不动产难以拿到对方开具的发票，只能以法院判决书、裁定书等凭证证明不动产的产权转移和价格这种情形，准予将上述法院判决书、裁定书等凭证，也作为纳税人差额缴税的合法扣除凭证。

营改增之后，B公司转让不动产没有原始转让发票是否也可以差额纳税呢？答案是肯定的。因为纳税人按规定从取得的全部价款和价外费用中扣除不动产购置原价或者取得不动产时的作价的，应当取得符合法律、行政法规和国家税务总局规定的合法有效凭证。这里的有效凭证包括法院判决书、裁定书、调解书，以及仲裁裁决书、公证债权文书。

【例 5-3】土地使用权转让如何计征增值税

2015年A公司将土地使用权以1 000万元出售给B公司，2019年B公司又以2 000万元出售。B公司为一般纳税人。问：B公司转让土地使用权可否选择适用简易计税方法？应交增值税是多少？

【解析】

财税〔2016〕47号文件规定，纳税人转让2016年4月30日前取得的土地使用权，可以选择适用简易计税方法，以取得的全部价款和价外费用减去取得该土地使用权的原价后的余额为销售额，按照5%的征收率计算缴纳增值税。

情况一：A公司开具发票给B公司。B公司应交增值税为（2 000 - 1 000）÷（1 + 5%）× 5% = 47.62（万元）。

情况二：A公司开具发票给B公司，B公司把发票弄丢了。B公司应交增值税为（2 000 - 1 000）÷（1 + 5%）× 5% = 47.62（万元）。

情况三：A公司没有开具发票给B公司，因发生债务纠纷等情况，B公司依据法院判决书承接了A公司土地。B公司应交增值税为（2 000 - 1 000）÷（1 + 5%）× 5% = 47.62（万元）。

【例 5-4】接受投资取得的土地使用权再转让可否差额纳税

2015年A公司以土地使用权作价1 000万元投资设立了B公司，2019年B公司将土地使用权以2 000万元出售。B公司为一般纳税人，选择适用简易计税方法。问：B公司应交增值税是多少？应交增值税是否为（2 000 - 1 000）÷（1 + 5%）× 5% = 47.62（万元）？

【解析】

财税〔2016〕47号文件规定，"纳税人转让2016年4月30日前取得的土地使用权"，"取得"方式同取得不动产一样并未排除投资取得。同投资不动产一样，对于投资取得土地使用权可以在简易计税方法中差额扣除的观点笔者不认同，上一环节未产生纳税义务本环节即应全额计税。所以B公司应交增值税为2 000 ÷（1 + 5%）× 5% = 95.24（万元）。

【例5-5】"招拍挂"方式取得的土地使用权再转让可否差额纳税

2015年A公司通过"招拍挂"方式以1 000万元取得土地一宗，2019年将土地转让给B公司，取得价款2 000万元。A公司为一般纳税人，选择适用简易计税方法。问：A公司应交增值税是多少？

【解析】

应交增值税为（2 000 - 1 000）÷（1 + 5%）×5% = 47.62（万元）。

【例5-6】小规模纳税人转让土地使用权如何纳税

2017年A公司（小规模纳税人）将拥有的土地使用权出售，出售价款2 000万元，原始土地发票无法提供。问：应交增值税是否为2 000÷（1 + 5%）×5% = 95.24（万元）？

【解析】

此方法征收率适用错误。

参考《湖南省国家税务局营业税改征增值税政策指引之四》。

问：纳税人转让土地使用权，应如何计税？

答：纳税人在转让建筑物或者构筑物时一并转让其所占土地的使用权的，按照"销售不动产"缴纳增值税。

纳税人仅转让土地使用权的，应按"销售无形资产——转让土地使用权"缴纳增值税，具体分以下两种情况。

一是根据财税〔2016〕47号文件规定，纳税人转让2016年4月30日前取得的土地使用权，可以选择适用简易计税方法，以取得的全部价款和价外费用减去取得该土地使用权的原价后的余额为销售额，按照5%的征收率计算缴纳增值税。

二是纳税人发生除财税〔2016〕47号文件规定情形以外的转让土地使用权行为，一般纳税人应以销售额全额按适用税率计算缴纳增值税，小规模纳税人应以销售额全额按3%的征收率计算缴纳增值税。

参考原海南省国家税务局的营改增政策解答。

问：小规模纳税人转让土地使用权如何计税？

答：小规模纳税人将取得的土地使用权未经开发直接转让的，为销售土地使用权，以取得的全部价款和价外费用为销售额，按照3%的征收率计算应纳增值税税额。小规模纳税人将取得的土地使用权经开发后转让的，为转让建筑物或者构筑物时一并转让其所占土地的使用权，按照销售不动产征收增值税，以取得的全部价款和价外费用为销售额，按照5%的征收率计算应纳增值税税额。

因此，小规模纳税人 A 公司应交增值税为 2 000÷(1＋3%)×3% = 58.25（万元）。

5.1.2 商品房销售

（一）商品房预售与现售

1. 商品房预售

商品房预售，是指房地产开发企业将正在建设中的房屋预先出售给承购人，由承购人支付定金或房价款的行为。商品房现售的税务处理相对简单，而由于税会差异的存在以及房地产行业纳税的特殊性，商品房预售税务处理表现出不同的特点。

《城市商品房预售管理办法》（中华人民共和国建设部令第 131 号）规定，商品房预售应当符合下列条件：

（1）已交付全部土地使用权出让金，取得土地使用权证书；

（2）持有建设工程规划许可证和施工许可证；

（3）按提供预售的商品房计算，投入开发建设的资金达到工程建设总投资的 25%以上，并已经确定施工进度和竣工交付日期。

商品房预售实行许可制度。房地产开发企业进行商品房预售，应当向房地产管理部门申请预售许可，取得商品房预售许可证。未取得商品房预售许可证的，不得进行商品房预售。

房地产开发企业申请预售许可，应当提交下列证件（复印件）及资料：

（1）商品房预售许可申请表；

（2）开发企业的营业执照和资质证书；

（3）土地使用权证、建设工程规划许可证、施工许可证；

（4）投入开发建设的资金占工程建设总投资的比例符合规定条件的证明；

（5）工程施工合同及关于施工进度的说明；

（6）商品房预售方案。预售方案应当说明预售商品房的位置、面积、竣工交付日期等内容，并应当附预售商品房分层平面图。

房地产开发企业预售商品房时，应当向承购人出示商品房预售许可证明。房地产开发企业应当自商品房预售合同签订之日起 30 日内，到商品房所在地的县级以上人民政府房地产开发主管部门和负责土地管理工作的部门备案。

通常情况下，房地产开发项目完工之前即已开始预售并获得各种形式的经济利益流入，从而应承担一定的纳税义务。

2. 商品房现售

商品房现售,是指房地产开发企业将竣工验收合格的商品房出售给买受人,并由买受人支付房价款的行为。根据《商品房销售管理办法》第七条的规定,商品房现售应当符合以下条件:

(1) 现售商品房的房地产开发企业应当具有企业法人营业执照和房地产开发企业资质证书;

(2) 取得土地使用权证书或者使用土地的批准文件;

(3) 持有建设工程规划许可证和施工许可证;

(4) 已通过竣工验收;

(5) 拆迁安置已经落实;

(6) 供水、供电、供热、燃气、通信等配套基础设施具备交付使用条件,其他配套基础设施和公共设施具备交付使用条件或者已确定施工进度和交付日期;

(7) 物业管理方案已经落实。

从税务角度看,商品房具备上述条件并非完工标志,不具备上述条件可能也需要按照现房进行税务处理。

(二) 自行销售与委托销售

房地产开发企业可以自行销售商品房,也可以委托房地产中介机构代理销售商品房。后者主要有以下几种方式:

(1) 采取支付手续费方式委托销售开发产品;

(2) 采取视同买断方式委托销售开发产品;

(3) 采取基价(保底价)并实行超基价双方分成方式委托销售开发产品;

(4) 采取包销方式委托销售开发产品。

(三) 一次性付款、分期付款与按揭付款

承购人购买商品房,可以根据持有的资金情况,选择不同的付款方式。

1. 一次性付款

一般而言,一次性付款要求承购人在付清定金后 10~30 天内补足所有房款。此种付款方式下,房地产开发企业会给予一定的价格折扣,价格相对而言比较优惠。

2. 分期付款

分期付款是指承购人按照销售合同约定的价款和付款日期分期支付购房款。分期付款分为以下三种类型。

（1）预收款销售商品房，指在商品房交付前按合同或协议约定分期付款，房地产开发企业在收到最后一笔款项后才将商品房交付给承购人。

（2）分期收款销售商品房，指商品房已交付给承购人，承购人按合同或协议约定分期支付购房款。

（3）以上两种方式的结合，指在商品房交付前，承购人已按销售合同约定分期支付部分房款，商品房交付后分期支付余款。

3. 按揭付款

按揭付款，是指承购人支付首付款，余款以所购商品房做抵押，向银行申请贷款，由银行先行支付房款给房地产开发企业，承购人按月向银行分期支付本息的付款方式。按揭贷款实行双重担保，即"抵押加保证"，借款人（即承购人）以所购的住房给贷款银行做抵押，在借款人取得该住房的房产证和办妥抵押登记之前，由房地产开发企业提供第二重担保（连带保证责任）。发放贷款时，贷款银行会收取一定比例的按揭保证金（一般为贷款额的10%），作为房地产开发企业承担连带保证责任的保证金。一旦借款人发生违约情形，贷款银行有权从按揭保证金专户中直接扣收保证金，以此作为借款人违约拖欠贷款本息、罚息等的担保。

按揭付款方式下，贷款比例最高可达购房价款总额的80%；在房地产调控政策下，贷款比例有所下降，一般为50%；具体的贷款比例由银行根据借款人的资信、经济状况和抵押物的审查情况来确定；贷款的最长期限不超过30年；贷款利率按合同签订时中国人民银行公布的个人住房贷款利率执行，如果在合同执行期间遇到利率调整，贷款利率将采取一年一定的原则，在第二年的1月1日做相应调整。

贷款银行不同，按揭贷款的程序也不完全相同。房地产开发企业办理按揭贷款的程序通常如下。

（1）确定按揭银行。房地产项目在对外销售之前，一般由房地产开发企业与银行签订按揭协议，约定由该银行对房地产开发企业的房地产项目提供按揭贷款，其中包括贷款的额度、最高年限和成数以及房地产开发企业的保证责任等。

（2）开展销售活动。房地产开发企业在取得项目的预售许可证后对社会公开销售，与承购人签订商品房买卖合同。采用按揭付款方式的，承购人按照规定支付首付款，剩余购房款向银行申请按揭贷款，并办理商品房买卖合同的登记手续。

（3）贷款银行审查并批准。贷款银行对经律师见证、公证处公证的提交资料进行审查，对合格者予以批准。

（4）签订抵押贷款合同及保证合同。银行与承购人签订抵押贷款合同，银行与房地产开发企业签订保证合同。

（5）抵押合同公证。抵押贷款合同签订后，到贷款银行认可的公证处办理相关公证手续。

（6）办理该商品房的保险。抵押期间保险单正本由贷款银行收押。

（7）贷款银行经审批提供文件资料后发放贷款，通常按贷款合同或保证合同的约定直接汇入房地产开发企业在贷款银行开立的银行账户。

（8）房产证办理完毕，房地产开发企业向贷款银行申请解冻按揭保证金。

（四）商品房销售流程

商品房销售流程主要包括前期策划及营销、取得商品房预售许可证后开盘预售、签订销售合同及收款、商品房交付和办理房屋权属登记及房产证等环节。

1. 前期策划及营销

房地产开发企业是以商品房销售为核心的企业，前期策划可能在拿地前进行，也可能在拿地后进行。该阶段主要工作是确定项目定位，准确定位目标市场，制定产品目标与发展计划，选择性价比最好的产品。前期策划是销售的重要阶段，对产品未来的销售状况有重要影响。

房地产营销的目的是通过详细的介绍、生动的描述来塑造产品的形象，刺激客户的购买欲。在销售阶段，房地产开发企业通常会采取一系列的营销手段，目前我国常用的营销方法包括广告、房地产展销会、活动推介、网络推广以及人员推销等。广告是房地产营销手段中应用较多、富有成效的一种方法，广告的形式包括户外路牌展板广告、电视广告、电台广播和报纸杂志广告、网络广告等。

2. 取得商品房预售许可证后开盘预售

项目开发建设达到规定条件的可以取得商品房预售许可证，然后就可以确定开盘日期对外发售。开盘是指房地产开发企业在取得商品房预售许可证后开始对外公开发售商品房，房地产开发企业为成功地将开发的商品房推向市场，一般会在开盘日举行一个盛大的开盘仪式。

3. 签订销售合同及收款

开盘后，客户即可到现场看房，有意向购买的客户可与销售人员就房屋销售价格等合同条款进行协商，协商一致的签订商品房买卖合同；双方也可以对标准合同文本中的空白事项予以约定，需要签订补充协议的，双方商定具体补充内容。合同签订后，要在规定时间内向当地房管部门办理备案，销售合同到房管部门办理备案登记后生效。合同签订后，承购人要根据所签合同约定的付款时间交付房价款及契税。

4. 商品房交付

房地产开发企业应当按照合同约定，将符合交付使用条件的商品房按期交付给承购人。

商品房交付时必须符合交付使用条件，即入住条件。关于交付使用条件，《中华人民共和国建筑法》《城市房地产管理法》《城市房地产开发经营管理条例》都规定，建筑工程竣工经验收合格后，方可交付使用，未经验收或者验收不合格的，不得交付使用。同时，《中华人民共和国消防法》规定，单体建筑必须经过消防验收，才能交付使用。

"三书一证一表"齐全是楼房质量经过国家有关部门权威认可的标准，是商品房交付使用的必要条件。"三书"是指住宅质量保证书、住宅使用说明书及建筑工程质量认定书，"一证"是指房地产开发建设项目竣工综合验收合格证，"一表"是指建筑工程竣工验收备案表。建设部1998年发布的《商品住宅实行住宅质量保证书和住宅使用说明书制度的规定》（建房〔1998〕102号）第三条规定："房地产开发企业在向用户交付销售的新建商品住宅时，必须提供住宅质量保证书和住宅使用说明书。"经过验收合格发给房地产开发建设项目竣工综合验收合格证，经过备案发给建筑工程竣工验收备案表。

另外，对于具体的交付使用条件，还要看具体的商品房买卖合同。可能在商品房买卖合同及其附件、补充协议中加以约定，如将公共配套设施（包括水、电、煤气、宽带、有线、安防、绿化、道路和电梯等）验收合格作为交付使用的条件，同时在合同中约定房地产开发企业未达到交付使用条件时的违约责任。

符合交房条件的商品房即可按合同约定办理交付手续。商品房交付的具体程序如下。

（1）通知业主办理入住手续。

房屋竣工并办理政府综合验收后，未与业主交接前，房地产开发企业一般会委派工程部、客服部、物业公司组成内部验房团，对即将交付业主使用的房屋进行预检，对发现的问题及时整改。经过预检后，房地产开发企业将钥匙移交给物业公司，由物业公司安排业主验房。对于达到交房条件的房屋，房地产开发企业会通过报纸公告、电话联系或寄发通知书等方式告知业主办理商品房移交手续。房地产开发企业售楼部一般根据合同中约定的交房日期,提前半个月或一个月寄发入住通知书等交房通知,有的还同时打电话通知业主。此时,业主一般会按约前往,因为合同中通常约定,如果业主未能在约定期限内前去验房,视同同意交接,如果无故不交接;有的房地产开发企业还将从合同约定的交接日起,按日收取万分之一至万分之三的保管费,业主如遇出差在外或有特殊情况不能按约前往,应书面通知房地产开发企业,并说明原因。

(2)确认身份。

业主应该根据入住通知书的要求,携带相关资料到售楼部确认身份,并联系验收交接事宜。这些资料一般包括:入住通知书、买卖合同或预售合同、身份证的原件和复印件及家庭成员照片(物业建档资料用)。如果委托他人验房,被委托人在持有效身份证明文件的同时,还须出具业主的授权委托书。物业公司现场核对缴款情况,在款项全部交清的情况下与业主办理商品房移交手续。

(3)现场验房、交钥匙。

实物交付是商品房买卖中主要的义务,出卖人完成了实物交付,就是履行了合同的最主要的义务。物业公司指派一名相关人员陪同业主现场验房,若验收合格,业主须在商品房验收交接表上签字认可,领取房屋钥匙和住户手册等资料,同时须按规定缴纳有关费用。若验收不合格,业主应将不足事项明确记录在楼房验收交接表中,可暂不办理入住手续,再次交接时间由双方另行约定,但一般不应超过30天。

5. 办理房屋权属登记及房产证

房地产开发企业应当在商品房交付使用之日起60日内,将需要由其提供的办理房屋权属登记的资料报送房屋所在地房地产行政主管部门,并协助承购人办理土地使用权变更和房屋所有权登记手续。

5.1.3 精装修房销售

房地产开发企业销售自己开发的房地产项目,如为精装修房,家电、家具等随同房屋一起销售,其家电、家具应该如何纳税,这个问题一直困扰着财务人员。

根据财税〔2016〕36号文件附件2《营业税改征增值税试点有关事项的规定》的规定,属于兼营业务,即纳税人销售货物、加工修理修配劳务、服务、无形资产或者不动产适用不同税率或者征收率的,应当分别核算适用不同税率或者征收率的销售额,未分别核算销售额的,从高适用税率或征收率。

营改增后，国家税务总局未进一步明确房地产开发企业销售精装修房，附带的家电、家具等应如何缴纳增值税。因此，在当地税务机关没有发布相关规定的情况下，房屋和附带的家电、家具销售，应该按照各自的适用税率分别计算缴纳增值税。

但是也有部分省市发布了具体的税务处理意见，这些处理意见的总体原则是对精装修房附带的家电、家具不单独视同货物销售。如河北省、海南省、内蒙古自治区、厦门市规定，房地产开发企业销售精装修房，在《商品房买卖合同》中注明的装修费用（含装饰、设备等费用），已经包含在房价中，因此不属于税法中所称的无偿赠送，无须视同销售。即按房屋销售价格，适用9%的增值税税率，统一计算缴纳增值税，无须单独计税。

湖北省规定，房地产企业销售不动产，将不动产与货物一并销售，且货物包含在不动产价格以内的，不单独对货物按照适用税率征收增值税。

深圳市规定，房地产企业销售带精装修的房屋，按照销售不动产征收增值税。

原山东省国家税务局在《山东省国家税务局全面推开营改增试点政策指引（七）》第九条"房地产开发企业'买房送装修、送家电'征税问题"中规定，房地产开发企业销售住房赠送装修、家电，作为房地产开发企业的一种营销模式，其主要目的为销售住房。购房者统一支付对价，可参照混合销售的原则，按销售不动产适用税率申报缴纳增值税。笔者对这里参照混合销售的原则，稍有不同的意见。根据《营业税改征增值税试点有关事项的规定》对混合销售的规定：一项销售行为如果既涉及货物又涉及服务，为混合销售。而这里的"买房送装修、送家电"则是一项销售行为，涉及货物销售和不动产销售，笔者更倾向于该业务属于兼营行为。

5.1.4 其他建筑物销售

销售其他建筑物包括销售能有偿转让的公共配套设施、周转房等。

对于建成后能够有偿转让的公共配套设施，房地产开发企业应单独核算其成本，作为开发产品对外销售。改变公共配套设施用途的，视同商品房对外销售处理。

5.1.5 代建工程

房地产开发企业的代建工程包括代建房屋、场地和城市道路、基础设施等市政工程。在房地产开发实务中，代建工程存在以下两种方式。

第一种方式是受托方（房地产开发企业）与委托方（委托建房单位）实行全额结算（原票转交），只向委托方收取代建手续费的业务，即在建设过程中施工方、设计方、监理方等不与受托方签订合同，而直接与委托方签订合同，受托方只收取一定代理费的房地产开发方式。具体操作要求如下：

（1）由委托方自行立项；
（2）不发生土地使用权或产权转移；
（3）受托方不垫付资金，单独收取代建手续费（或管理费）；
（4）受托方事先与委托方订有委托代建合同；
（5）施工企业将建筑业发票全额开具给委托方。

第二种方式是受托方与委托方实行拨付结算，即在建设过程中施工方、设计方、监理方等直接与受托方（房地产开发企业）签订合同，不与委托方签订合同，资金由委托方拨付给受托方，再由受托方拨付给施工方、设计方、监理方等的房地产开发方式。代建工程最后销售或移交给委托方，受托方不收委托方的代建手续费。

5.1.6 其他业务

房地产开发企业的其他业务是指除主营业务以外的其他业务，包括商品房售后服务、材料销售等。

（一）商品房售后服务

房地产开发企业的商品房售后服务是指企业接受其他单位的委托，对已经销售的商品房进行管理，如房屋及其所属设备的维修、电梯看管、卫生清理和治安管理等劳务性的服务。企业提供这种售后服务时，可向用户收取服务费，形成商品房售后服务收入。

（二）材料销售

房地产开发企业的材料销售是指企业将不需用的库存材料对外销售。房地产开发企业的开发周期比较长，项目开发结束后，通常需要对开发阶段剩余的材料物资进行销售处理，销售材料取得的价款构成企业的材料销售收入。

5.2 销售（预售）房款的税务与会计处理

房地产销售（预售）阶段是房地产开发企业取得收入、实现资金回笼的重要阶段。房地产开发企业的主要业务是从事土地、房屋和其他建筑物的开发经营，故此阶段的主要业务是转让开发的土地、销售商品房及其他建筑物。销售（预售）阶段应纳税费包括增值税、城市维护建设税、教育费附加、土地增值税、企业所得税和印花税等。

5.2.1　会员费、诚意金的税务与会计处理

会员费、诚意金是在签订商品房认购协议书之前收取的款项，最终会退还给客户或转为购房款。

按照商品房预售的相关规定，房地产开发企业只有取得政府行政主管部门核发的商品房预售许可证之后才能够与客户签订商品房认购协议书。也就是说，房地产开发企业收取的会员费、诚意金是企业在预售之前收取的款项。这部分款项因为没有商品房预售许可证的支撑，约束力很弱，购房者可随时收回此款项。

会员费、诚意金与定金不同。定金的法律定义是合同当事人为保证合同履行，由一方当事人预先向对方交付一定数额的金钱或替代物作为担保。定金要以签订合同为前提，没有签订合同时预付的金额不可定义为"定金"。会员费或诚意金在我国现行法律中不具有法律约束力，不具有担保性质。如果未来合同履行则冲抵房款，合同不履行一般退还给当事人，且退还时不能适用"定金双倍返还罚则"。

房地产企业收取的会员费和诚意金，并不是按照合同约定收取的，而是在签订认购协议书之前收取，最终会退还给客户的款项或转为购房款。因此会员费和诚意金并不受《合同法》的约束，仅具有暂收应付的性质，所以一般通过"其他应付款"科目进行核算。

5.2.2　定金的税务与会计处理

定金是指在签订商品房销售（预售）合同之前收取的款项，在销售合同签订后转作购房款。如果客户在协议规定的期限内不签订购房合同，房地产企业一般不退还客户已经交付的定金。

房地产企业收取的定金，无论是否开具发票，都应按照规定预缴增值税，并预缴企业所得税与土地增值税。

销售中收到的定金通过其他应付款账户进行核算。定金是规范的法律概念，是一种担保形式，是合同当事人一方于合同履行前，为证明合同的成立和确保

合同的履行，在应支付的规定数额内预先支付一定金额的款项作为债权的担保。因此商品房销售过程中收取的定金通过其他应付款核算更为合理。

5.2.3 代收款项的税务与会计处理

营改增后，房地产开发企业代收的各项费用，分以下情况处理。

（1）构成销售额的代收费用。

《增值税暂行条例》第六条规定：销售额为纳税人销售货物或者应税劳务向购买方收取的全部价款和价外费用，但是不包括收取的销项税额。价外费用包括价外向购买方收取的手续费、补贴、基金、集资费、返还利润、奖励费、违约金、滞纳金、延期付款利息、赔偿金、代收款项、代垫款项、包装费、包装物租金、储备费、优质费、运输装卸费以及其他各种性质的价外收费。下列项目不包括在内。

第一，受托加工应征消费税的消费品所代收代缴的消费税。

第二，同时符合以下条件的代垫运输费用：承运部门的运输费用发票开具给购买方的、纳税人将该项发票转交给购买方的。

第三，代为收取的政府性基金或者行政事业性收费。

（2）房地产主管部门或者其指定机构、公积金管理中心、房地产开发企业以及物业管理部门代收的住宅专项维修基金。

房地产开发企业代收的经营类费用，比如代为收取的煤气、供暖、水、电、网络等费用，需要作为价外费用缴纳增值税，同时对应的进项税额也允许抵扣。

住房专项维修基金是属全体业主共同所有的一项代管基金，专项用于物业保修期满后物业共用部位、共用设施设备的维修和更新、改造。鉴于住房专项维修基金资金所有权及使用的特殊性，对房地产主管部门或其指定机构、公积金管理中心、开发企业以及物业管理单位代收的住房专项维修基金，不需要并入销售额计征增值税。

【例5-7】A房地产公司2×19年7月销售给承购人甲商品房一套，该套商品房含税价款1 090 000元，该商品房分摊的土地价款为218 000元。城市维护建设税税率为7%，教育费附加征收率为3%，地方教育附加征收率为2%，土地增值税预征率为3%，企业所得税预计毛利率为15%。

【解析】

具体收款情况如下。

（1）A房地产公司收到承购人甲的购房定金30 000元，依据收款收据记账联、现金缴款单或银行收账通知进行会计处理：

借：银行存款 30 000
　　贷：合同负债——甲 30 000

（2）预收承购人甲支付的首付款460 000元。依据收款收据记账联、现金缴款单或银行收账通知进行会计处理：

借：银行存款 460 000
　　贷：合同负债——甲 460 000

（3）承购人甲按揭贷款到账600 000元，依据销售不动产发票记账联、银行收账通知进行会计处理：

借：银行存款 600 000
　　贷：合同负债——甲 600 000

（4）收到承购人甲交付的维修基金5 800元，依据收款收据记账联、现金缴款单或银行收账通知进行会计处理：

借：银行存款 5 800
　　贷：其他应付款——甲——维修基金 5 800

（5）计算应缴纳的增值税及附加、企业所得税、土地增值税、印花税：

①应交增值税：（1 090 000 - 218 000）÷（1 + 9%）×9% = 72 000（元）；

②应交城市维护建设税：72 000 × 7% = 5 040（元）；

③应交教育费附加：72 000 × 3% = 2 160（元）；

④应交地方教育附加：72 000 × 2% = 1 440（元）；

⑤预交土地增值税：（1 090 000 - 72 000）× 3% = 30 540（元）；

⑥应交印花税：1 090 000 ÷（1 + 9%）× 0.5‰ = 500（元）；

⑦应交企业所得税：[1 090 000 ÷（1 + 9%）× 15% - （5 040 + 2 160 + 1 440 + 30 540 + 500）] × 25% = 27 580（元）。

（6）结转销售房款并依据完税凭证和付款证明进行会计处理：

①借：合同负债——甲 1 090 000
　　贷：主营业务收入 1 000 000
　　　　应交税费——应交增值税（销项税额） 72 000
　　　　　　　　——应交增值税（销项税额抵减） 18 000

②借：应交税费——应交增值税（销项税额抵减） 18 000
　　贷：主营业务成本 18 000

③借：税金及附加 8 640

贷：应交税费——应交城市维护建设税		5 040
——应交教育费附加		2 160
——应交地方教育附加		1 440
④借：应交税费——应交增值税（销项税额）		72 000
——应交城市维护建设税		5 040
——应交教育费附加		2 160
——应交地方教育附加		1 440
——应交所得税		27 580
——应交土地增值税		30 540
税金及附加		500
贷：银行存款		139 260

（7）支付代收维修基金。

依据维修基金缴存凭证代收单位留存联和支付维修基金的付款证明进行会计处理：

借：其他应付款——甲——维修基金　　　　　　5 800
　　贷：银行存款　　　　　　　　　　　　　　　　　　5 800

5.3　商品房销售收入的税务与会计处理

5.3.1　收入的确认与计量

（一）收入的会计确认

2017年7月5日，财政部修订发布了《企业会计准则第14号——收入》（以下简称"新收入准则"），这是对收入相关准则进行的首次全面修订。新收入准则规范了收入确认、计量以及对相关信息的披露，主要修改了以下内容。

1. 统一收入确认模型，解决收入确认时点的问题

新收入准则将旧收入和建造合同两项准则纳入统一的收入确认模型，要求采用统一的收入确认方法，规范所有与客户之间的合同产生的收入，更好地解决了"在某一时段内"还是"在某一时点"确认收入的问题。

2. 收入确认时点的判断标准由风险报酬转移变成控制权转移

旧收入准则要求区分销售商品收入和提供劳务收入，并且强调在将商品所有权上的主要风险和报酬转移给购买方时确认销售商品收入。新收入准则打破

了商品和劳务的界限，要求客户在取得相关商品（或服务）控制权时确认收入，此举更加科学合理地反映了企业的收入确认过程。

3. 解决了包含多重交易安排合同的收入确认问题

新收入准则对包含多重交易安排合同的会计处理提供了更明确的指引，要求企业在合同开始日对合同进行评估，识别合同所包含的各单项履约义务，按照各单项履约义务所承诺商品（或服务）的单独售价的相对比例将交易价格分摊至各单项履约义务，进而在履行各单项履约义务时确认相应的收入。

4. 对于某些特定交易（或事项）的收入确认和计量给出了能更好地指导实务操作的规定

新收入准则对某些特定交易（或事项）的收入确认和计量给出了明确规定。例如，区分总额和净额确认收入、附有质量保证条款的销售、附有客户额外购买选择权的销售、向客户授予知识产权许可、售后回购、无须退还的初始费等，这些规定在实务操作中更实用，能够满足企业收入核算的实际需要，从而提高会计信息的可比性与可靠性。

在确认条件方面，新收入准则的收入确认条件如下：

（1）合同各方已批准该合同并承诺将履行各自义务；

（2）该合同明确了合同各方与所转让商品或提供劳务（以下简称"转让商品"）相关的权利和义务；

（3）该合同有明确的与所转让商品相关的支付条款；

（4）该合同具有商业实质，即履行该合同将改变企业未来现金流量的风险、时间分布或金额；

（5）企业因向客户转让商品而有权取得的对价很可能收回。

实务中，多数房地产开发企业在满足以下条件时确认收入：

（1）对于房地产开发产品销售收入，买卖双方已签订销售合同并在房管部门备案；

（2）房地产开发产品已建造完工并达到预期可使用状态，经相关主管部门验收合格并办妥备案手续；

（3）买方按销售合同付款条款支付了约定的购房款项并取得销售合同约定的入伙资格，即卖方收到全部购房款或取得收取全部购房款权利，相关经济利益能全部流入企业时，确认销售收入。

简单地说，只要房款已经全部收到或按揭手续已经办结，开发产品已经竣工验收，开发产品已经交付使用即可结转销售收入。

再简单地说，只要交房即可确认并结转销售收入。

值得注意的是，根据新收入准则第十一条规定，房地产企业现房销售显然按照时点履约理解更为合适。对于期房销售，在旧收入准则下是不确认收入的，作为预收账款处理，新收入准则下是否确认收入也要看是否满足新收入准则第十一条规定的三个条件。

（1）期房预售，由于开发产品尚未完工，客户无法在企业履约的过程中消耗企业履约带来的经济利益，不符合第一个条件。

（2）房屋在建过程中，客户一般也无法控制房屋，不符合第二个条件。

（3）期房预售时预售合同一般已经明确了房号，此时对预售的单套房屋来说具有不可替代性，同时房屋预售合同也会明确约定房款的支付进度，支付进度一般为一个时段，若客户逾期付款会产生相应的违约金。因此，房地产开发企业签订预售合同后即明确了收款的权利，可满足第三个条件。综上所述，房地产开发企业期房销售属于时段履约，需要在一段时间内确认销售收入，也就是说，无须等到"交房"时点，预售之后就可以按照履约进度来确认销售收入。

（二）收入的会计计量

关于收入的会计计量，新收入准则规定的计量方式如下。

（1）企业应当按照分摊至各单项履约义务的交易价格计量收入。交易价格，是指企业因向客户转让商品而预期有权收取的对价金额。企业代第三方收取的款项以及企业预期将退还给客户的款项，应当作为负债进行会计处理，不计入交易价格。

（2）企业应当根据合同条款，并结合其以往的习惯做法确定交易价格。在确定交易价格时，企业应当考虑可变对价、合同中存在的重大融资成分、非现金对价、应付客户对价等因素的影响。

（3）合同中存在可变对价的，企业应当按照期望值或最可能发生金额确定可变对价的最佳估计数，但包含可变对价的交易价格，应当不超过在相关不确定性消除时累计已确认收入极可能不会发生重大转回的金额。企业在评估累计已确认收入是否极可能不会发生重大转回时，应当同时考虑收入转回的可能性及其比重。每一资产负债表日，企业应当重新估计应计入交易价格的可变对价金额。可变对价金额发生变动的，按照新收入准则第二十四条和第二十五条的规定进行会计处理。

（4）合同中存在重大融资成分的，企业应当按照假定客户在取得商品控制权时即以现金支付的应付金额确定交易价格。该交易价格与合同对价之间的差额，应当在合同期间内采用实际利率法摊销。合同开始日，企业预计客户取得商品控制权与客户支付价款间隔不超过一年的，可以不考虑合同中存在的重大融资成分。

（5）客户支付非现金对价的，企业应当按照非现金对价的公允价值确定交易价格。非现金对价的公允价值不能合理估计的，企业应当参照其承诺向客户转让商品的单独售价间接确定交易价格。非现金对价的公允价值因对价形式以外的原因而发生变动的，应当作为可变对价，按照新收入准则第十六条的规定进行会计处理。单独售价，是指企业向客户单独销售商品的价格。

（6）企业应付客户（或向客户购买本企业商品的第三方）对价的，应当将该应付对价冲减交易价格，并在确认相关收入与支付（或承诺支付）客户对价二者孰晚的时点冲减当期收入，但应付客户对价是为了向客户取得其他可明确区分商品的除外。

企业应付客户对价是为了向客户取得其他可明确区分商品的，应当采用与本企业其他采购相一致的方式确认所购买的商品。企业应付客户对价超过向客户取得可明确区分商品公允价值的，超过的金额应当冲减交易价格。向客户取得的可明确区分商品公允价值不能合理估计的，企业应当将应付客户对价全额冲减交易价格。

（7）合同中包含两项或多项履约义务的，企业应当在合同开始日，按照各单项履约义务所承诺商品的单独售价的相对比例，将交易价格分摊至各单项履约义务。企业不得因合同开始日之后单独售价的变动而重新分摊交易价格。

（8）企业在类似环境下向类似客户单独销售商品的价格，应作为确定该商品单独售价的最佳证据。单独售价无法直接观察的，企业应当综合考虑其能够合理取得的全部相关信息，采用市场调整法、成本加成法、余值法等方法合理估计单独售价。在估计单独售价时，企业应当最大限度地采用可观察的输入值，并对类似的情况采用一致的估计方法。

企业在商品近期售价波动幅度巨大，或者因未定价且未曾单独销售而使售价无法可靠确定时，可采用余值法估计其单独售价。

5.3.2 税法关于收入的确认与计量的规定

《国家税务总局关于确认企业所得税收入若干问题的通知》（国税函〔2008〕875号）规定，企业销售商品同时满足下列条件的，应确认收入的实现：

（1）商品销售合同已经签订，企业已将商品所有权相关的主要风险和报酬转移给购货方；

（2）企业对已售出的商品既没有保留通常与所有权相联系的继续管理权，也没有实施有效控制；

（3）收入的金额能够可靠地计量；

（4）已发生或将发生的销售方的成本能够可靠地核算。

对比以上对于收入的确认条件可以看出，对于特定的房地产行业，《房地产开发经营业务企业所得税处理办法》对收入的确认不同于《企业会计准则第14号——收入》关于销售商品的收入确认条件，也不同于一般企业税务处理的收入确认条件，所以正确理解该办法关于销售收入的确认规定对于准确计算房地产开发企业所得税至关重要。

通常情况下，房地产开发企业的销售行为在开发产品完工前即已开始，完工后还会继续，直至全部开发产品售出完毕。合同成立前，会计处理上对于预售开发产品所收到的首付款、按揭款、定金等一般在"预收账款"科目核算，合同成立后，通过"合同负债"科目核算开发产品完工交付确认销售收入时由"合同负债"科目转入"主营业务收入"或"产品销售收入"科目；与此相对应的成本费用和缴纳的税金及附加在产品完工交付之前分别在"开发成本""开发产品""应交税费"科目借方归集，确认收入时分别转入"主营业务成本""产品销售成本""税金及附加"等科目。在项目完工交付之前，除期间费用外，利润表不能体现开发产品的经营成果。

对于房地产经营业务企业所得税的收入处理，《房地产开发经营业务企业所得税处理办法》第六条规定：企业通过正式签订《房地产销售合同》或《房地产预售合同》所取得的收入，应确认为销售收入的实现。这说明税务对收入的处理与会计对收入的处理截然不同，在计算企业所得税时，不能把会计核算上的销售收入等同于税务处理上的销售收入，也不能将税务处理上的销售收入确认条件作为会计处理的核算规范。

（一）开发产品完工条件及确认收入的时点

《房地产开发经营业务企业所得税处理办法》第三条规定，企业房地产开发经营业务包括土地的开发，建造、销售住宅、商业用房以及其他建筑物、附着物、配套设施等开发产品。除土地开发外，其他开发产品符合下列条件之一的，应视为已经完工：

（1）开发产品竣工证明材料已报房地产管理部门备案；

（2）开发产品已开始投入使用；

(3) 开发产品已取得了初始产权证明。

《国家税务总局关于房地产开发企业开发产品完工条件确认问题的通知》（国税函〔2010〕201号）规定：根据《国家税务总局关于房地产开发经营业务征收企业所得税问题的通知》（国税发〔2006〕31号）规定精神和《国家税务总局关于印发〈房地产开发经营业务企业所得税处理办法〉的通知》（国税发〔2009〕31号）第三条规定，房地产开发企业建造、开发的开发产品，无论工程质量是否通过验收合格，或是否办理完工（竣工）备案手续以及会计决算手续，当企业开始办理开发产品交付手续（包括入住手续）或已开始实际投入使用时，为开发产品开始投入使用，应视为开发产品已经完工。房地产开发企业应按规定及时结算开发产品计税成本，并计算企业当年度应纳税所得额。

《房地产开发经营业务企业所得税处理办法》第九条规定，企业销售未完工开发产品取得的收入，应先按预计计税毛利率分季（或月）计算出预计毛利额，计入当期应纳税所得额。

开发产品完工后，企业应及时结算其计税成本并计算此前销售收入的实际毛利额，同时将其实际毛利额与其对应的预计毛利额之间的差额，计入当年度企业本项目与其他项目合并计算的应纳税所得额。

在实务中，房地产开发企业通常以税法规定的开发产品完工条件作为房地产企业的收入确认条件。笔者认为，这种确认收入的方法与企业会计准则确认收入的条件是相符的，因为只有在通过验收及竣工备案后，开发产品的开发成本才能可靠计量。

对于房地产开发企业，商品房销售满足下列条件之一，则应确认收入。

（1）工程已经竣工并通过有关部门验收。通过有关部门验收，是指取得政府有关部门发放的竣工备案表。

（2）完成房屋交付手续或购买方已接到书面交房通知，且购买方在通知确定的交付使用时限结束后无正当理由拒绝收房。

房地产开发企业在房屋实际交付时可能存在以下两种情况。

一是业主正常来公司办理房屋交接手续。填写房屋交接单，凭业主方签字确认的房屋交接单确认销售收入。

二是业主没来办理房屋交接手续。按销售合同规定的送达方式送达后，业主在合同约定的时限内没来办理手续的，如按合同规定可以视同房屋已交付的，则确认销售收入。送达的标识：采取报纸公告的，留存报纸原件；采用快递方式的，留存快递底单；采用邮局寄出的，留存邮局回执；采用传真、电话等其他方式的，都要有相应的记录或回单。

（二）确认完工开发产品收入的重要性

明确开发产品的完工标准非常重要。开发产品达到完工标准这一时点，不仅是预售收入转化为销售收入的分水岭，也是开发成本结转为销售成本的分水岭，意义重大。

因为未完工产品达到完工条件，所以必须确认完工产品的收入。由于未完工产品预售时已经按照预计毛利率确认毛利预缴企业所得税，因此若实际毛利率大于计税毛利率，则需要将两者之间的差额计入应纳税所得额。这可能涉及本期补缴企业所得税问题。

未完工产品完工后，房地产开发企业面临的税务稽查风险加大。因为在开发产品完工前，税务机关只检查房地产销售收入和期间费用，一般不会检查开发成本。但开发产品完工后，税务机关就会全面检查开发成本。

（三）确认开发产品计税成本的时点选择

开发产品完工以后，与开发产品销售收入相匹配，开发产品的计税成本也必须在适当时点予以结转。按照实践操作要求，企业可在完工年度企业所得税汇算清缴前选择确定计税成本核算的终止日，不得滞后。凡已完工开发产品在完工年度未按规定结算计税成本，主管税务机关有权确定或核定其计税成本，据此进行纳税调整，并按《税收征收管理法》的有关规定对其进行处理。

但是，需要澄清的是，开发产品的计税成本的结转并不是说当月达到完工标准，当月就必须结转开发成本，而是在本年度汇算清缴前结转即可，即在完工次年的5月31日之前（完工当年的汇算清缴结束前）结转开发产品收入和开发产品计税成本。所以，房地产开发企业一般可在汇算清缴期间进行收入和成本的结转。

5.3.3 房地产销售收入的会计处理

房地产开发企业符合商品房销售收入确认的条件时，应借记"合同负债"科目，贷记"主营业务收入""应交税费——应交增值税（销项税额）"等科目。

在达到收入确认条件时，应将在收入结转之前收到的商品房销售款全部记入"合同负债"科目的贷方，在结转收入时，全部由"合同负债"科目转入"主营业务收入"科目，这样能够保证"合同负债"科目的完整性。

【例5-8】中联房地产公司开发的项目,自2×19年4月开始预售,到2×19年12月项目所建商品房竣工交付时,共收得销售回款5.45亿元(含税价),已知销售房产分摊的土地价款为2.18亿元。

【解析】

2×19年12月,中联房地产公司根据有关原始凭证结转销售收入,会计处理如下:

借:合同负债　　　　　　　　　　　　　　　　545 000 000
　　贷:主营业务收入　　　　　　　　　　　　　　500 000 000
　　　　应交税费——应交增值税(销项税额)　　　 27 000 000
　　　　　　　　——应交增值税(销项税额抵减)　 18 000 000

5.3.4　商品房面积差的会计处理

面积差是指房地产开发企业销售的商品房竣工交付时,实际销售面积与原签订销售合同时的预计销售面积之间存在的差异。

面积差的处理方式是房地产开发企业与客户在销售合同中重要的约定事项。一般情况下,其约定的处理方式有以下两种:按实际销售面积结算价款,多退少补;实际销售面积超出原预售面积的部分,由房地产开发企业负担,客户不需要补交房款。根据不同的处理方式,关于面积差的会计处理如下。

房地产开发企业退还面积差涉及的房款,应按退还的金额,借记"合同负债"科目,贷记"银行存款"等科目。房地产开发企业收到客户补交的面积差房款,应按收到的金额,借记"银行存款"等科目,贷记"合同负债"科目。竣工交付时,将其从"合同负债"科目转入"主营业务收入"科目。如果面积差由房地产开发企业承担,则企业不需要进行会计处理。

5.3.5　委托销售收入的会计处理

(一)支付手续费方式

房地产开发企业采取支付手续费方式销售商品房的,在委托房地产代理销售机构销售商品房时因不需要进行实物交付,通常不应确认销售商品房收入,也不需要进行会计处理,而应在符合收入确认条件时确认销售商品收入的实现。实现收入时,借记"银行存款"科目,贷记"主营业收入""应交税费——应交增值税(销项税额)"科目。销售实现后,按合同或协议约定支付给房地产代理销售机构的手续费应作为销售费用处理,借记"销售费用""应交税费——应交增值税（进项税额）"科目，贷记"银行存款"等科目。

（二）视同买断方式

房地产开发企业采取视同买断方式委托销售商品房的，如果房地产开发企业和受托方之间的协议明确标明，受托方在取得代销商品房后，无论是否能够卖出、是否获利，均与委托方无关，那么房地产开发企业和受托方之间的代销商品房交易，与房地产开发企业直接销售商品房给受托方没有实质区别，在符合销售商品房收入确认条件时，房地产开发企业应确认收入。

如果房地产开发企业和受托方之间的协议明确标明，将来受托方没有将商品房售出可以将商品房退回给委托方，或受托方因代销商品房出现亏损时可以要求房地产开发企业补偿，那么房地产开发企业在交付商品房时不应确认收入，受托方也不做购买商品房处理；受托方将商品房销售后，按实际售价确认销售收入，并向房地产开发企业开具代销清单，房地产开发企业收到代销清单并在符合收入确认条件时，再确认本企业的销售收入。

【例5-9】A房地产公司委托甲专业销售公司销售其开发的商品房10套，协议价为525万元（含增值税，采用简易计税方法核算，征收率为5%），成本为350万元。代销协议约定，双方签订代销协议后，无论商品房是否能够卖出、是否获利，均与A房地产公司无关。A房地产公司委托甲专业销售公司代销商品，属于视同买断方式。

【解析】

A房地产公司的会计处理如下：

（1）委托销售的商品房移交给甲专业销售公司时，应确认销售收入：

借：应收账款　　　　　　　　　　　　　　　　5 250 000
　　贷：主营业务收入　　　　　　　　　　　　5 000 000
　　　　应交税费——应交增值税（销项税额）　　 250 000

（2）结转房屋销售成本：

借：主营业务成本　　　　　　　　　　　　　　3 500 000
　　贷：开发产品——房屋　　　　　　　　　　3 500 000

（3）收到甲专业销售公司销售商品房款：

借：银行存款　　　　　　　　　　　　　　　　5 250 000
　　贷：应收账款　　　　　　　　　　　　　　5 250 000

5.3.6　销售退回的税务与会计处理

新收入准则第三十二条规定："对于附有销售退回条款的销售，企业应当在客户取得相关商品控制权时，按照因向客户转让商品而预期有权收取的对价金额（即，不包含预期因销售退回将退还的金额）确认收入，按照预期因销售退回将退还的金额确认负债；同时，按照预期将退回商品转让时的账面价值，扣除收回该商品预计发生的成本（包括退回商品的价值减损）后的余额，确认为一项资产，按照所转让商品转让时的账面价值，扣除上述资产成本的净额结转成本。每一资产负债表日，企业应当重新估计未来销售退回情况，如有变化，应当作为会计估计变更进行会计处理。"

（一）销售退回的会计核算

在资产负债表日对销售退回采用未来适用法核算。在销售时根据销售退回率对可能退回部分确认了负债，如果退货率有误差，则只调整未来，不追溯过去。

（二）销售退回的税务处理

1. 增值税处理

根据《国家税务总局关于红字增值税发票开具有关问题的公告》（国家税务总局公告2016年第47号）及《国家税务总局关于修订〈增值税专用发票使用规定〉的通知》（国税发〔2006〕156号）的规定，销售退回业务，在销售时按照销售额全部确认销项税额，实际发生退货时开具红字发票冲减当期的销项税额。

2. 企业所得税处理

根据《国家税务总局关于确认企业所得税收入若干问题的通知》（国税函〔2008〕875号）的规定，商品销售时全部确认应纳税额，实际发生退货时再冲减退货当期的收入和成本。而会计上只对有控制权的不会退回部分确认收入，由此产生的暂时性差异，需要进行递延所得税的会计处理。

属于日后事项的，需要通过"以前年度损益调整"等科目追溯调整报告年度的财务报表，并进行相关的递延所得税会计处理。新收入准则不再将销售退回作为资产负债表日后调整事项处理，而是作为日常业务采用未来适用法进行处理。

5.3.7 打折促销和首付打折销售的税务处理

（一）打折促销

打折促销是指将房价先升到一定高度，然后许诺返点让利，如"八五折"销售。房价提升便于老业主寻得心理平衡，打折促销又可以吸引新业主，因此很多房地产开发企业以打折促销方式为主要的促销手段。不过,房地产开发企业对外宣传打折销售,最终还是按净价签约。

《营业税改征增值税试点实施办法》第四十三条规定:"纳税人发生应税行为,将价款和折扣额在同一张发票上分别注明的,以折扣后的价款为销售额;未在同一张发票上分别注明的,以价款为销售额,不得扣减折扣额。"

(二)首付打折销售

某房地产公司为了促销,承诺只要10%的首付即能办理四成按揭款。以100万元单套商品房为例,该公司将总价提升为110万元,客户只要交纳11万元即可成交,为办理按揭需要的另外30%首付款33万元可以开具发票但不需客户支付,该企业将这10%首付款做成商业折扣。问:该公司这种促销行为应该如何进行纳税处理?

分析:

首先,当房地产开发企业为业主正式开具销售不动产发票时,如果不能将折扣额和房价款开具在同一张发票上,则应当按照110万元全额计算增值税的不含税销售额,为 $110 \div (1 + 9\%) = 100.92$(万元)。其次,《国家税务总局关于确认企业所得税收入若干问题的通知》(国税函〔2008〕875号)规定:"企业为促进商品销售而在商品价格上给予的价格扣除属于商业折扣,商品销售涉及商业折扣的,应当按照扣除商业折扣后的金额确定销售商品收入金额。债权人为鼓励债务人在规定的期限内付款而向债务人提供的债务扣除属于现金折扣,销售商品涉及现金折扣的,应当按可变对价进行会计处理。企业因售出商品的质量不合格等原因而在售价上给予减让属于销售折让;企业因售出商品质量、品种不符合要求等原因而发生的退货属于销售退回。企业已经确认销售收入的售出商品发生销售折让和销售退回,应当在发生当期冲减当期销售商品收入。"

根据上述规定,企业给予客户的折扣既不属于商业折扣,也不属于销售折让,相当于提前承诺给客户的一种现金折扣。现金折扣按照上述规定不能直接冲减销售收入,而是计入财务费用处理,所以企业所得税确认收入为 $110 \div (1 + 9\%) - 9.08 = 91.84$(万元),可变的主营业务收入9.08万元,计入应纳税所得额的金额 $= 100.92 - 9.08 = 91.84$(万元)。关于土地增值税的处理,《国家税务总局关于土地增值税清算有关问题的通知》(国税函〔2010〕220号)规定,土地增值税清算时,已全额开具商品房销售发票的,按照发票所载金额确认收入;未开具发票或未全额开具发票的,以交易双方签订的销售合同所载的售房金额及其他收益确认收入。对于该公司来说,如果按折扣额开具发票,则以发票金额100万元计算确认收入91.74万元，否则以110万元计算确认收入100.92万元，但是可变的主营业务收入9.08万元就不能计入土地增值税扣除项目抵减了。

5.3.8 违约金收支的税务处理

房地产开发企业在项目开发和销售活动中，经常会发生签订业务合同后，由于种种客观原因合同不能履行，双方需要协商取消合同的情况。按合同规定，违约方要向对方支付相应的违约金。

（一）未履行合同的情况

1. 支付违约金方的税务处理

《企业所得税法》第八条规定："企业实际发生的与取得收入有关的、合理的支出，包括成本、费用、税金、损失和其他支出，准予在计算应纳税所得额时扣除。"不能履行合同按规定支付对方的违约金，是企业在正常的生产经营过程中发生的与取得生产经营收入有关的、合理的支出。《企业所得税法实施条例》第二十七条进一步明确："企业所得税法第八条所称有关的支出，是指与取得收入直接相关的支出。企业所得税法第八条所称合理的支出，是指符合生产经营活动常规，应当计入当期损益或者有关资产成本的必要和正常的支出。"因此，企业因不能履行合同而支付给对方的违约金，不属于《企业所得税法》规定的不得扣除范围，而如果是符合企业生产经营活动常规的支出，则可以在当期企业所得税税前扣除。

【例5-10】A房地产公司撤销与B公司签订的房屋销售合同，支付给B公司违约金10万元。问：A房地产公司支付的违约金能否税前扣除？

【解析】

由于A房地产公司没有销售房屋给B公司，并没有取得销售不动产收入，因此该笔款项不属于价外费用，不缴纳增值税。B公司无须为A公司开具发票。但是A公司可以凭借购销合同、协议和付款收据税前扣除这笔违约金。

此外，如果是境内公司与境外企业签订的合同，因境内公司的原因而违约，需向境外企业支付的违约金，根据《企业所得税法》第三条和第四条及《企业所得税法实施条例》第六条和第七条的规定，取得违约金的境外企业取得中国境内机构和个人支付的合同违约金，应视为来源于中国境内的所得，负有企业所得税纳税义务。同时，如该非居民企业系缔约国一方居民，则还要考虑两国税收协定中"其他所得"条款的规定。

2. 收取违约金方的税务处理

收取违约金的一方，应注意增值税和企业所得税方面的问题。按照营改增政策规定，纳税人对销售应税服务、无形资产、销售不动产的情况下收取的违约金负有纳税义务；对不属于销售应税服务、无形资产、销售不动产等行为收取的违约金，不应征收增值税。

在企业所得税方面，《企业所得税法实施条例》第二十二条规定：企业所得税法第六条第（九）项所称其他收入，是指企业取得的除企业所得税法第六条第（一）项至第（八）项规定的收入外的其他收入，包括企业资产溢余收入、逾期未退包装物押金收入、确实无法偿付的应付款项、已作坏账损失处理后又收回的应收款项、债务重组收入、补贴收入、违约金收入、汇兑收益等。因未履约合同而取得的违约金，属于企业的其他收入，应并入当期应纳税所得额，按企业适用税率计征企业所得税。

另外，根据现行印花税政策的规定，签订的业务合同如果是《中华人民共和国印花税法》所列举的应纳税凭证，签订合同的双方应按规定于合同书签订时立即计税贴花。如果合同不再履行，签订合同的双方已贴印花税，则不得申请退税或者抵用。

（二）履行合同的情况

房地产开发企业经济交易中所产生的违约金，既可能是卖方向买方收取的，也可能是买方向卖方收取的；既存在于货物采购和销售环节，也存在于销售应税服务、无形资产、不动产环节。违约金收取方式不同，会计处理和税务处理自然存在差别。

1. 房地产开发企业作为卖方收取违约金

房地产开发企业的经营业务以销售无形资产或不动产为主，根据营改增政策规定，销售额为收取的全部价款和价外费用。价外费用，是指价外收取的各种性质的收费，但不包括以下项目。

（1）代为收取并符合《营业税改征增值税试点实施办法》第十条规定的政府性基金或者行政事业性收费。

（2）以委托方名义开具发票代委托方收取的款项。房地产开发企业在销售房屋过程中收取的违约金也属于价外费用，应当缴纳增值税，会计处理时计入营业外收入。在这种情况下，房地产开发企业收取违约金开具发票也符合规定。但是由于买方客户多属于自然人，不存在税前扣除的问题，实务中开具发票的情形并不多见。不过，对于房地产开发企业来说，这种违约金收入无论如何进行会计处理,同样要计算缴纳增值税、土地增值税和企业所得税。

【例5-11】A房地产公司销售房屋给B公司,由于B公司没有按期付款,因此支付A房地产公司违约金10万元。问:对这笔违约金,B公司应如何在税前扣除?

【解析】

对于A房地产公司来说,这10万元是销售不动产过程中收取的价外费用,应当缴纳增值税,因此应当开具发票给B公司。B公司若没有取得发票,则不应当在所得税税前扣除。

2. 房地产开发企业作为卖方支付违约金

房地产开发企业在销售无形资产、不动产业务中,会因各种原因不能达到销售合同的约定条件,被迫支付给客户违约金。在这种情况下,违约金直接计入营业外支出,并视具体情况决定是否代扣代缴个人所得税。如果房地产开发企业将此违约金处理为对客户的折扣或折让,根据《营业税改征增值税试点实施办法》第四十三条的规定,纳税人发生应税行为,将价款和折扣额在同一张发票上分别注明的,以折扣后的价款为销售额;未在同一张发票上分别注明的,以价款为销售额,不得扣减折扣额。若开发票将违约金视作折扣或折让扣除,则可少计增值税,否则不能减少增值税销售额。

3. 房地产开发企业作为买方收取违约金

在开发产品开发建造过程中,房地产开发企业要采购大量的适用增值税的商品和货物。比如,房地产开发企业与电梯供货厂家签订合同,合同履行过程中,电梯供货厂家未及时供货从而构成违约,要支付给房地产开发企业违约金。在这种情况下,买方收取违约金,不必给卖方开具发票,开具收据即可。相应地,买方收取的违约金不缴纳增值税。对违约金进行会计处理时,买方计入营业外收入,卖方计入营业外支出,但是若要税前扣除,则必须要有充分的证明依据。

4. 房地产开发企业作为买方支付违约金

根据增值税相关政策的规定,纳税人缴纳增值税的销售额为向购买方收取的全部价款和价外费用,此价外费用包含违约金。所以违约金应当缴纳增值税。同样,房地产开发企业作为购买方支付的违约金价款若构成货物或劳务成本,也有理由向供货方索取包含此部分违约金的全额供货发票,这样房地产开发企业可以将违约金直接增加开发成本,否则计入营业外支出。

5.4 商品房销售成本的税务与会计处理

5.4.1 开发产品的税务与会计处理

房地产开发企业会计核算是遵循收入和成本配比的原则进行的,即房地产开发企业根据收入实现原则确认销售收入和销售面积时,应同时结转相应的开发产品的销售成本。

根据国税发〔2009〕31号第九条规定,开发产品完工后,企业应及时结算其计税成本并计算此前销售收入的实际毛利额,同时将其实际毛利额与其对应的预计毛利额之间的差额,计入当年度企业本项目与其他项目合并计算的应纳税所得额。

在年度纳税申报时,企业须出具对该项开发产品实际毛利额与预计毛利额之间差异调整情况的报告以及税务机关需要的其他相关资料。

开发产品竣工验收达到预定可使用状态,成本结算完成后,编制《开发产品成本明细表》,详细列明每种开发产品的总成本、总面积、单位面积成本和总套数等信息,使用的面积要和测绘部门出具的实测面积一致。开发产品的分类要根据成本核算对象的划分和实际核算需要进行确定。《开发产品成本明细表》作为开发产品成本结转的依据,附在凭证后面,借记"开发产品"的相关明细科目,贷记"开发成本"的相关明细科目。

【例5-12】A房地产开发公司开发的项目于2×19年10月竣工交付,该商品房全部对外销售,开发过程中共发生开发成本50 000万元。

【解析】

商品房竣工交付时,A房地产公司根据有关原始凭证结转库存产品成本,做如下会计处理:

借:开发产品　　　　　　　　　　　　　　　500 000 000
　　贷:开发成本　　　　　　　　　　　　　　　500 000 000

开发产品的会计成本与计税成本基本保持一致。若有违规成本或虚拟成本,可能会导致二者出现差异。

5.4.2 开发产品销售时的税务与会计处理

会计期末根据收入确认原则分产品确认实现的销售收入和销售面积,同时根据实现的销售面积结转相应的开发产品销售成本。计算公式如下：

结转的已实现销售开发产品成本 = 已销售的建筑面积 × 该开发产品单位建筑面积成本

会计处理为：借记"主营业务成本"科目，贷记"开发产品"科目。结转销售成本时，编制《开发产品成本明细表》并附在凭证后面，该表详细登记实现销售的每套房源信息。

开发产品销售收入的范围为销售开发产品过程中取得的全部价款，包括现金、现金等价物及其他经济利益。企业代有关部门、单位和企业收取的各种基金、费用和附加等，凡纳入开发产品价内或由企业开具发票的，应按规定全部确认为销售收入；未纳入开发产品价内并由企业之外的其他收取部门、单位开具发票的，可作为代收代缴款项进行管理。

【例5-13】接【例5-12】，A房地产公司开发的项目于2×19年10月竣工交付，该商品房全部对外销售，开发过程中共发生开发成本50 000万元。该项目总可售建筑面积为10万平方米，商品房竣工交付时，已实现销售建筑面积6万平方米。

【解析】

A房地产公司根据有关原始凭证结转开发产品销售成本，做如下会计处理：

该开发产品单位建筑面积成本 = 总成本 ÷ 总可售建筑面积 = 50 000 ÷ 10 ÷ 10 000 = 0.5（万元/平方米）。

结转的已实现销售开发产品成本 = 已销售建筑面积 × 该开发产品单位建筑面积成本 = 60 000 × 0.5 = 30 000（万元）。

借：主营业务成本　　　　　　　　　　　　　　300 000 000
　　贷：开发产品　　　　　　　　　　　　　　　　300 000 000

5.4.3 成本差异的税务与会计处理

成本差异发生在土地增值税清算之前的，应先在开发成本中归集，然后按已售与未售的比例，分别转入"主营业务成本"和"开发产品"科目。成本差异发生在土地增值税清算之后，差异较小的，可作为销售费用；若差异很大，可申请重新清算土地增值税，即重新进行成本费用的认定和土地增值税清算，但在实际工作中，这一做法很难得到税务机关的认同。

5.5 社会保障性住房政策优惠及税收实践应用

5.5.1 配建社会保障性住房税务处理

随着土地拍卖市场的不断发展,有些城市选择了以"限地价+竞配建"的土地出让方式作为调控手段,即当地块竞拍价达到一定价位后,竞买方式转为竞投配建社会保障性住房,配建的社会保障性住房须无偿移交给当地政府,竞得人须在成交后与当地政府先签订配建社会保障性住房建设移交协议,再与市自然资源部门签订国有建设用地出让合同。

例如,2019年4月,宁波江北区公开挂牌出让一宗商住地,出让面积7.44万平方米,起拍价14.42亿元,折合楼面价1万元/平方米。同时,该地块设置楼面价上限为2.01万元/平方米,若达上限,则竞配社会保障性住房面积。

【例5-14】恒源房地产企业为增值税一般纳税人,竞拍的某宗土地出让总价8 000万元,规划总建筑面积140 000平方米,其中配建社会保障性住房面积35 000平方米,商品房市场售价3万元/平方米,建筑施工成本60 000万元,其他开发成本7 000万元。

【解析】

社会保障性住房配建建筑施工成本按建筑面积分摊,配建成本=(60 000×35 000÷140 000)÷(1+9%)=13 761.47(万元)。

社会保障性住房配建其他开发成本按建筑面积分摊,配建成本=(7 000×35 000÷140 000)÷(1+9%)=1 605.50(万元)。

问:上述"限地价+竞配建"的土地出让方式要考虑哪些税务问题?

【解析】

问题一:配建的社会保障性住房无偿移交是否视同销售计征增值税?

这种情况有两种处理方式。第一种方式是,根据《营业税改征增值税试点实施办法》第十四条的规定,单位或者个人向其他单位或者个人无偿转让无形资产或者不动产视同销售无形资产或不动产。

第二种方式是,移交而不是转让,且当地政府将无偿获得的社会保障性住房如用于公益事业或者以社会公众为对象,则不视同销售不动产。比如,案例中配建商品房销售额为0元。

本书倾向于第一种处理方式,计征增值税。无偿移交社会保障性住房是履行当初拿地时做出的约定,实质也不能说是"无偿",用于公益事业或者以社会公众为对象不是房地产开发企业的行为,而是政府的行为。

问题二:配建的社会保障性住房以什么价格视同销售计征增值税?

《营业税改征增值税试点实施办法》第四十四条规定,纳税人发生视同销售行为而无销售额的,主管税务机关有权按照下列顺序确定销售额。

(1)按照纳税人最近时期销售同类服务、无形资产或者不动产的平均价格确定。

(2)按照其他纳税人最近时期销售同类服务、无形资产或者不动产的平均价格确定。

(3)按照组成计税价格确定。组成计税价格的公式如下。

$$组成计税价格 = 成本 \times (1 + 成本利润率)$$

成本利润率由国家税务总局确定。

这种情形有两种处理方式。第一种方式是,按照商品房市场售价3万元/平方米确定社会保障性住房视同销售价格,配建社会保障性住房销售额=(35 000×3)÷(1+9%)=96 330.28(万元),同时土地价款增加105 000万元,可抵减销项税额。

第二种方式是,考虑到竞得人配建的社会保障性住房须无偿移交给当地政府,在整个过程中竞得人并未获取利益,按商品房价格核定社会保障性住房销售额不尽合理,本书希望能够参照《国家税务总局关于纳税人开发回迁安置用房有关营业税问题的公告》(国家税务总局公告2014年第2号)的规定,纳税人以自己名义立项,在该纳税人不承担土地出让价款的土地上开发回迁安置房,并向原居民无偿转让回迁安置房所有权的行为,以配建社会保障性住房的工程成本加利润的方式予以核定。假设成本利润率为10%,则组成计税价格=成本×(1+成本利润率)=(13 761.47+1 605.50)×(1+10%)=16 903.67(万元)。

无论采取哪一种方法,在开发产品最终均为销售的情况下,在确定销项税额的同时也会按同等金额确定销项税额抵减额,实际增值税并未额外增加。

问题三:配建的社会保障性住房成本是不是契税的计征依据?

《中华人民共和国契税法》规定,成交价格指土地、房屋权属转移合同确定的价格,包括承受者应交付的货币、实物、无形资产或者其他经济利益。该宗土地支付出让总价8 000万元,还额外承担了社会保障性住房的无偿建设移交,契税成交价格应为竞拍价、配建社会保障性住房的建设成本与其他经济利益之和,成交价格 =(8 000 + 13 761.47 + 1 605.50)×(1 + 10%)= 25 703.67(万元)。

问题四:配建的社会保障性住房企业所得税如何处理?

根据《房地产开发经营业务企业所得税处理办法》第七条的规定,应视同销售,于开发产品所有权或使用权转移,或实际取得利益权利时确认收入(或利润)的实现。

配建社会保障性住房销售额 =(35 000 × 3)÷(1 + 9%)= 96 330.28(万元),同时土地价款增加 105 000 万元。

问题五:配建的社会保障性住房土地增值税如何处理?

根据《国家税务总局关于房地产开发企业土地增值税清算管理有关问题的通知》(国税发〔2006〕187号)第三条的规定,视为房地产开发企业换取其他单位和个人的非货币性资产,发生所有权转移时应视同销售房地产。案例中配建的社会保障性住房销售收入计算与企业所得税中收入计算相同。同时增加可扣除的土地价款,如果产品均对外销售,对于纳税人反而有利,因为可加计扣除的基数更大了。

5.5.2 公共租赁住房建设和运营的税收优惠

当前社会保障性住房以公共租赁住房为主。公共租赁住房是指纳入省、自治区、直辖市、计划单列市人民政府及新疆生产建设兵团批准的公共租赁住房发展规划和年度计划,以及按照《关于加快发展公共租赁住房的指导意见》(建保〔2010〕87号)和市、县人民政府制定的具体管理办法进行管理的公共租赁住房。

2011年以来,各级政府相继出台了关于房价调控、保障性住房建设的相关规定或实施意见,这样就从中央到地方明确了在商品房建设过程中将配建保障性住房作为拿地的前置条件、准入的强制手段。例如《石家庄市人民政府关于加快保障性安居工程建设的实施意见》(石政发〔2011〕6号)第五条规定:2011年3月1日起,挂牌出让的商品住房用地新上项目,须按照项目总建筑面积10%(5%为廉租住房、5%为公共租赁住房)以上的比例配建保障性租赁住房。配建的廉租住房无偿移交政府;配建的公共租赁住房,政府按建筑安装成本价回购。由政府主导投资建设的经济适用住房项目按住宅总建筑面积15%的比例配建保障性租赁住房,政府按照物价局核定的经济适用住房销售价格回购;非政府投资建设的经济适用住房项目,配建的保障性租赁住房,政府按照物价局核定的经济适用住房销售价格扣除利润和管理费用后的价格回购。城中村改造、旧城改造项目按规划住宅总建筑面积扣除回迁安置面积后按5%的比例配建保障性租赁住房，政府按建筑安装成本价回购。

新的文件已无廉租房的规定，统一改称为"公共租赁住房"。

公共租赁住房（简称"公租房"）有哪些税收扶持政策呢？

根据《财政部 税务总局关于公共租赁住房税收优惠政策的公告》（财政部、国家税务总局公告2019年第61号）、《营业税改征增值税试点过渡政策的规定》（财税〔2016〕36号文件附件3）、《国务院办公厅关于保障性安居工程建设和管理的指导意见》（国办发〔2011〕45号）及住房和城乡建设部、财政部、国家税务总局等部门联合印发的《关于加快发展公共租赁住房的指导意见》（建保〔2010〕87号）等文件精神，继续对公共租赁住房建设和运营给予税收优惠。

（1）对公租房建设期间用地及公租房建成后占地，免征城镇土地使用税。在其他住房项目中配套建设公租房，按公租房建筑面积占总建筑面积的比例免征建设、管理公租房涉及的城镇土地使用税。

（2）对公租房经营管理单位免征建设、管理公租房涉及的印花税。在其他住房项目中配套建设公租房，按公租房建筑面积占总建筑面积的比例免征建设、管理公租房涉及的印花税。

（3）对公租房经营管理单位购买住房作为公租房，免征契税、印花税；对公租房租赁双方免征签订租赁协议涉及的印花税。

（4）对企事业单位、社会团体以及其他组织转让旧房作为公租房房源，且增值额未超过扣除项目金额20%的，免征土地增值税。

（5）企事业单位、社会团体以及其他组织捐赠住房作为公租房，符合税收法律法规规定的，对其公益性捐赠支出在年度利润总额12%以内的部分，准予在计算应纳税所得额时扣除，超过年度利润总额12%的部分，准予结转以后三年内在计算应纳税所得额时扣除。

（6）个人捐赠住房作为公租房，符合税收法律法规规定的，对其公益性捐赠支出未超过其申报的应纳税所得额30%的部分，准予从其应纳税所得额中扣除。

（7）对符合地方政府规定条件的城镇住房保障家庭从地方政府领取的住房租赁补贴，免征个人所得税。

（8）对公租房免征房产税。对经营公租房所取得的租金收入，免征增值税。

公租房经营管理单位应单独核算公租房租金收入，未单独核算的，不得享受免征增值税、房产税优惠政策。

（9）享受上述税收优惠政策的公租房是指纳入省、自治区、直辖市、计划单列市人民政府及新疆生产建设兵团批准的公租房发展规划和年度计划，或者市、县人民政府批准建设（筹集），并按照《关于加快发展公共租赁住房的指导意见》（建保〔2010〕87号）和市、县人民政府制定的具体管理办法进行管理的公租房。所以，房地产开发公司在建造商品房时配建的公租房，可免征相应部分的城镇土地使用税和印花税。免征税额按照配建的建筑面积占总建筑面积的比例来计算，但必须提供政府部门出具的相关证明材料，否则无法享受免税。

5.5.3 棚户区改造的税收优惠

棚户区是指在国有土地上集中连片建设的，简易结构房屋较多、建筑密度较大、房屋使用年限较长、使用功能不全、基础设施简陋的区域。棚户区改造是指列入省级人民政府批准的城市和国有工矿棚户区改造规划的建设项目。改造安置住房是指相关部门和单位与棚户区被拆迁人签订的拆迁安置协议中明确用于安置被拆迁人的住房。

城市和国有工矿棚户区改造是保障性安居工程的重要组成部分，住房和城乡建设部、国家发展和改革委员会、财政部、国土资源部、中国人民银行2009年联合印发的《关于推进城市和国有工矿棚户区改造工作的指导意见》（建保〔2009〕295号），对推进城市和国有工矿棚户区改造曾提出明确要求。《国务院办公厅关于促进房地产市场平稳健康发展的通知》（国办发〔2010〕4号）也要求各地要通过城市棚户区改造和新建、改建、政府购置等方式增加廉租住房及经济适用住房房源，着力解决城市低收入家庭的住房困难。2010年2月5日出台的《财政部关于切实落实相关财政政策积极推进城市和国有工矿棚户区改造工作的通知》（财综〔2010〕8号）明确指出，进一步从多渠道筹集和落实棚户区改造资金，落实棚户区改造税费优惠政策。在一系列政策中，财政税收优惠可以归纳为三个层次。第一个层次，税收的免征优惠，对城市和工矿棚户区改造的安置住房免税，包括免征城镇土地使用税、免征土地增值税、免征印花税和减征契税，对个人购买90平方米以下经济适用住房的减按1%征收契税，购买超过90平方米，但符合普通住房标准的改造安置住房，按法定税率减半计征契税。第二个层次，对城市和国有工矿棚户区改造中的安置住房项目免收行政事业性收费和政府性基金，包括免收防空地下室易地建设费、白蚁防治费等行政事业性收费,免收城市基础设施配套费、散装水泥专项资金、新型墙体材料专项基金、城市教育附加费、地方教育附加、城镇公用事业附加等政府性基金。第三个层次,作为政府对棚户区改造中的经济适用住房和廉租住房用地实行划拨供应,免收土地出让金。这三个层次的财税政策对促进城市和工矿棚户区的改造作用是非常大的。

《财政部 国家税务总局关于棚户区改造有关税收政策的通知》(财税〔2013〕101号)为贯彻落实《国务院关于加快棚户区改造工作的意见》(国发〔2013〕25号)有关要求,对棚户区改造所述税收政策优惠做出了更为明确的规定。

一、对改造安置住房建设用地免征城镇土地使用税。对改造安置住房经营管理单位、开发商与改造安置住房相关的印花税以及购买安置住房的个人涉及的印花税予以免征。

在商品住房等开发项目中配套建造安置住房的,依据政府部门出具的相关材料、房屋征收(拆迁)补偿协议或棚户区改造合同(协议),按改造安置住房建筑面积占总建筑面积的比例免征城镇土地使用税、印花税。

二、企事业单位、社会团体以及其他组织转让旧房作为改造安置住房房源且增值额未超过扣除项目金额20%的,免征土地增值税。

三、对经营管理单位回购已分配的改造安置住房继续作为改造安置房源的,免征契税。

四、个人首次购买90平方米以下改造安置住房,按1%的税率计征契税;购买超过90平方米,但符合普通住房标准的改造安置住房,按法定税率减半计征契税。

五、个人因房屋被征收而取得货币补偿并用于购买改造安置住房,或因房屋被征收而进行房屋产权调换并取得改造安置住房,按有关规定减免契税。个人取得的拆迁补偿款按有关规定免征个人所得税。

六、本通知所称棚户区是指简易结构房屋较多、建筑密度较大、房屋使用年限较长、使用功能不全、基础设施简陋的区域,具体包括城市棚户区、国有工矿(含煤矿)棚户区、国有林区棚户区和国有林场危旧房、国有垦区危房。棚户区改造是指列入省级人民政府批准的棚户区改造规划或年度改造计划的改造项目;改造安置住房是指相关部门和单位与棚户区被征收人签订的房屋征收(拆迁)补偿协议或棚户区改造合同(协议)中明确用于安置被征收人的住房或通过改建、扩建、翻建等方式实施改造的住房。

七、本通知自2013年7月4日起执行。《财政部 国家税务总局关于城市和国有工矿棚户区改造项目有关税收优惠政策的通知》（财税〔2010〕42号）同时废止。2013年7月4日至文到之日的已征税款，按有关规定予以退税。

按照城镇土地使用税政策规定，在城市、县城、建制镇、工矿区范围内使用土地的单位和个人为城镇土地使用税的纳税人，应当缴纳城镇土地使用税。按照《城镇土地使用税暂行条例》的规定，由财政部另行规定免税的能源、交通、水利设施用地和其他用地可以免缴城镇土地使用税。财税〔2013〕101号文件规定的改造安置住房建设用地免征城镇土地使用税即属于财政部的另行规定，类似于《财政部 税务总局关于公共租赁住房税收优惠政策的公告》（财税〔2019〕61号）第一条的规定，对公共租赁住房建设期间用地及公共租赁住房建成后占地，免征城镇土地使用税。在其他住房项目中配套建设公共租赁住房，按公共租赁住房建筑面积占总建筑面积的比例免征建设、管理公共租赁住房涉及的城镇土地使用税。

房地产开发企业取得土地使用权，按照《财政部 国家税务总局关于房产税、城镇土地使用税有关政策的通知》（财税〔2006〕186号）的规定，以出让或转让方式有偿取得土地使用权的，应由受让方从合同约定交付土地时间的次月起缴纳城镇土地使用税；合同未约定交付土地时间的，由受让方从合同签订的次月起缴纳城镇土地使用税。

棚户区改造项目是利用原土地拆旧返新，一般不需要另购土地，若全部改造均用作安置住房，按照财税〔2013〕101号文件的规定是免征城镇土地使用税的。但是通常情况下，城市和国有工矿棚户区多是二层简易楼房、筒子楼、平房，按照多层住宅、高层住宅开发，建筑面积会成倍增加。房地产开发企业为追求高额回报，不会将取得土地全部用于安置住房建设。因此，非安置住房是一定要缴纳城镇土地使用税的。财税〔2013〕101号文件规定了具体计算方式，要依据政府部门出具的相关材料和房屋拆迁补偿协议，按改造安置住房建筑面积占总建筑面积的比例计算。

5.5.4 开发经济适用住房的政策优惠

经济适用住房是指具有保障性质的政策性商品住房。政府通过土地划拨、减免行政事业性收费、政府承担小区外基础设施建设、控制开发贷款利率、落实税收优惠政策等措施，降低经济适用住房的建设成本。经济适用住房实行国家指导价，由政府物价部门会同有关部门按照保本微利的原则确定。另外，经济适用住房要实行申请、审批和公示制度。集资、合作建房是经济适用住房的组成部分，其建设标准、参加对象和优惠政策按照经济适用住房的有关规定执行。

1. 政策优惠

开发建设经济适用住房，政策优惠是多方面的，最直接的优惠当属当地政府给予的土地划拨和行政事业性收费的直接减免。《经济适用住房管理办法》明确规定了以下内容。

（1）经济适用住房建设用地以划拨方式供应。经济适用住房建设用地应纳入当地年度土地供应计划，在申报年度用地指标时单独列出，确保优先供应。

（2）经济适用住房建设项目免收城市基础设施配套费等各种行政事业性收费和政府性基金。经济适用住房项目外基础设施建设费用，由政府负担。

（3）经济适用住房建设单位可以以在建项目进行抵押向商业银行申请住房开发贷款。此外，《财政部 国家发展和改革委员会关于不动产登记收费有关政策问题的通知》（财税〔2016〕79号）规定，对于经济适用房等保障性住房所有权及其占用的建设用地使用权申请登记的，减半收取不动产登记费。

2. 税收优惠

现行的税收政策对开发经济适用住房也给予了多方面的税收政策扶持。

（1）契税。根据《中华人民共和国契税法》及继续执行的契税优惠政策文件的规定，对廉租住房经营管理单位购买住房作为廉租住房、经济适用住房经营管理单位回购经济适用住房继续作为经济适用住房房源的，免征契税；对个人购买经济适用住房，在法定税率基础上减半征收契税。

（2）土地增值税。《土地增值税暂行条例》第八条规定，纳税人建造普通标准住宅出售，增值额未超过扣除项目金额20%的，免征土地增值税。普通标准住宅的标准各省规定不一样。根据《国务院办公厅转发建设部等部门关于做好稳定住房价格工作意见的通知》（国办发〔2005〕26号）的规定，享受税收优惠政策的住房原则上应同时满足以下条件：①住宅小区建筑容积率在1.0以上；②单套建筑面积在120平方米以下；③实际成交价格低于同级别土地上住房平均交易价格1.2倍以下。各省、自治区、直辖市要根据实际情况，制定本地区享受优惠政策普通住房的具体标准。允许单套建筑面积和价格标准适当浮动，但向上浮动的比例不得超过上述标准的20%。经济适用住房限定套型面积和销售价格，按照合理标准建设，一般都可以作为普通住宅享受税收优惠。如果违规操作，如某地出现的利用经济适用住房项目开发建造别墅的情形，是绝对不能享受税收优惠的。

（3）企业所得税。《房地产开发经营业务企业所得税处理办法》第八条规定，企业销售属于经济适用住房、限价房和危改房的未完工开发产品的计税毛利率由各省、自治区、直辖市税务局按不低于3%的标准确定。《经济适用住房管理办法》对经济适用住房的价格规定：房地产开发企业实施的经济适用住房项目利润率按不高于3%核定；市、县人民政府直接组织建设的经济适用住房只能按成本价销售，不得有利润。

房地产开发企业需要注意的是，要享受税收优惠政策，就要按规定向税务机关报送经济适用住房资料。虽然各地实际情况可能有所不同，但报送的资料主要包括项目计划批准证书、立项报告、经济适用住房批准文件及主管税务机关要求报送的其他资料。

3. 经济适用住房价格构成

房地产开发企业开发经济适用住房尽管有一定的政策扶持和税收优惠，但是其总体项目利润率要求控制在3%以内，所以，想方设法扩大开发规模、增加建筑面积和提高售价等都属于违规操作。经济适用住房的价格确定应当以保本微利为原则，根据《国家计委、建设部关于印发经济适用住房价格管理办法的通知》（计价格〔2002〕2503号）的规定确定。经济适用住房价格主要包括以下内容。

（1）征地和拆迁补偿、安置费，指按照法律、法规规定用于征用土地和拆迁补偿、安置所支付的费用等。

（2）勘察设计和前期工程费及行政事业性收费，指建设项目前期工作所发生的工程勘察、规划、建筑设计、项目可行性研究、施工通水、通电、通路及平整场地的费用及按规定交纳的行政事业性收费等。

（3）建筑安装工程费，指列入施工图预算项目的主体房屋土建工程费、工程监理费以及水电气暖安装工程费等。

（4）住宅小区基础设施建设费（含小区非营业性配套公建费），指在小区用地规划红线以内，与住房同步配套建设的道路、室外供水、供电、供气、供热、通信、照明、排污、环卫、绿化、消防、有线电视等公共基础设施建设费用，以及按政府批准的小区规划建设的物业管理用房、公共非机动车停车棚、公厕、围墙等非营业性公共配套设施建设的费用等。

（5）管理费，指房地产开发企业为经济适用住房建设组织开发所发生的费用，按照不超过以上（1）至（4）项费用之和的2%计算。

（6）贷款利息，指房地产开发企业为经济适用住房建设筹措资金所发生的银行贷款利息支出。利率以商业银行提供贷款的利率为准。利息支出数应为扣除利息收入后的净支出。

（7）税金，指城市维护建设税和教育费附加等，依照国家规定的税目和税率（征收率）计算。

（8）利润，按照不超过以上（1）至（4）费用之和的3%计算。

5.6 商品房转让及销售的会计处理

5.6.1 商品房销售收入的会计核算

（一）商品房销售收入的确认

房地产开发企业对外销售商品房，按照企业会计准则中商品销售收入的确认原则处理。企业会计准则中并没有针对房地产开发企业的收入确认做专门的规定，而是给出了收入确认的原则，会计人员需要根据企业会计准则及企业自身情况做出具体的会计职业判断。

合同开始日，企业应当对合同进行评估，识别该合同所包含的各单项履约义务，并确定各单项履约义务是在某一时段内履行，还是在某一时点履行，然后，在履行各单项履约义务时分别确认收入。企业应当在履行了合同中的履约义务，即在客户取得相关商品控制权时确认收入。取得相关商品控制权，是指客户能够主导该商品的使用并从中获得几乎全部经济利益，也包括有能力阻止其他方主导该商品的使用并从中获得经济利益。取得商品控制权要具备以下三个条件。一是客户必须拥有现时权利，能够主导该商品的使用并从中获得几乎全部经济利益。如果客户只能在未来的某一期间主导该商品的使用并从中获益，则表明其尚未取得该商品的控制权。二是客户有能力主导该商品的使用，即客户在其活动中有权使用该商品，或者能够允许或阻止其他方使用该商品。三是客户能够获得商品几乎全部的经济利益。商品的经济利益是指商品的潜在现金流量，既包括现金流入的增加，也包括现金流出的减少。客户可以通过使用、消耗、出售、处置、交换、抵押或持有等多种方式直接或间接地获得商品的经济利益。

（二）收入确认条件

企业与客户之间的合同同时满足下列五项条件的，企业应当在客户取得相关商品控制权时确认收入：

（1）合同各方已批准该合同并承诺将履行各自义务；

（2）该合同明确了合同各方与所转让商品或提供劳务相关（以下简称"转让商品"）的权利和义务；

（3）该合同有明确的与所转让商品相关的支付条款；

（4）该合同具有商业实质，即履行该合同将改变企业未来现金流量的风险、时间分布或金额；

（5）企业因向客户转让商品而有权取得的对价很可能收回。

企业应当在客户取得相关商品控制权时点确认收入。在判断控制权是否转移时，企业应当综合考虑下列迹象。

（1）企业就该商品享有现时收款权利，即客户就该商品负有现时付款义务。例如，甲房地产开发企业与客户签订销售商品房合同，约定客户有权在签订合同十日内付款。在客户收到企业开具的发票并且对商品房查验后，客户能够自主确定商品的销售价格或商品的使用情况，此时甲房地产开发企业享有收款权利，客户负有现时付款义务。

（2）企业已将该商品的法定所有权转移给客户，即客户已拥有该商品的法定所有权。例如，房地产开发企业向客户销售商品房，在客户付款后取得房屋产权证时，表明企业已将该商品房的法定所有权转移给客户。

（3）企业已将该商品实物转移给客户，即客户已占有该商品实物。例如，房地产开发企业与客户签订交款提房合同，客户验收合格并付款时表明企业已将该商品实物转移给客户，即客户已占有该商品实物。

（4）企业已将该商品所有权上的主要风险和报酬转移给客户，即客户已取得该商品所有权上的主要风险和报酬。例如，甲房地产公司向客户销售商品房办理产权转移手续后，该商品房价格上涨或下跌带来的利益或损失全部属于客户，表明客户已取得该商品房所有权上的主要风险和报酬。

（5）客户已接受该商品。例如，房地产开发企业向客户销售商品房，客户现场进行查验并签订购房合同时，表明客户已接受该商品。

（6）其他表明客户已取得商品控制权的迹象。

（三）**收入确认和计量的步骤**

根据《企业会计准则第14号——收入》（2017），收入确认和计量大致分为五步。

第一步，识别与客户订立的合同。合同是指双方或多方之间订立有法律约束力的权利义务的协议。合同有书面形式、口头形式以及其他形式。合同的存在是企业确认客户合同收入的前提。企业与客户之间的合同一经签订，企业即享有从客户取得与转移商品和服务对价的权利，同时负有向客户转移商品和服务的履约义务。

第二步，识别合同中的单项履约义务。履约义务是指合同中企业向客户转让可明确区分商品或服务的承诺。企业应当将向客户转让可明确区分商品（或者商品的组合）的承诺以及向客户转让一系列实质相同且转让模式相同的、可明确区分商品的承诺作为单项履约义务。例如，企业与客户签订合同，向其销售商品并提供安装服务，该安装服务简单，除该企业外其他供应商也可以提供此类安装服务，该合同中销售商品和提供安装服务为两项单项履约义务。若该安装服务复杂且商品需要按客户定制要求修改，则合同中销售商品和提供安装服务合并为单项履约义务。

第三步，确定交易价格。交易价格是指企业因向客户转让商品而预期有权收取的对价金额，不包括企业代第三方收取的款项（如增值税）以及企业预期将退还给客户的款项。合同条款所承诺的对价，可能是固定金额、可变金额或两者兼有。例如，甲公司与客户签订合同为其建造一栋厂房，约定的价款为100万元，4个月完工，交易价格就是固定金额100万元。假如合同约定若提前1个月完工，客户将额外奖励甲公司10万元，甲公司估计合同工程提前1个月完工的概率为95%，则甲公司预计有权收取的对价为110万元，即交易价格包括固定金额100万元和可变金额10万元。

第四步，将交易价格分摊至各单项履约义务。当合同中包含两项或多项履约义务时，需要将交易价格分摊至各单项履约义务，分摊的方法是在合同开始日，按照各单项履约义务所承诺商品的单独售价（企业向客户单独销售商品的价格）的相对比例，将交易价格分摊至各单项履约义务。企业分摊至各单项履约义务的交易价格能够反映其因向客户转让已承诺的相关商品而有权收取的对价金额。

第五步，履行各单项履约义务时确认收入。企业将商品转移给客户，客户取得了相关商品的控制权，意味着企业履行了合同履约义务，此时，企业应确认收入。企业将商品控制权转移给客户，可能在某一时段内（即履行履约义务的过程中）发生，也可能在某一时点（即履约义务完成时）发生。企业应当根据实际情况，首先判断履约义务是否满足在某一时段内履行的条件，如不满足，则该履约义务属于在某一时点履行的履约义务。

收入确认和计量五个步骤中，第一步、第二步和第五步主要与收入的确认有关，第三步和第四步主要与收入的计量有关。需要说明的是，一般而言，确认和计量任何一项合同收入应考虑上述所有步骤。但履行某些合同义务确认收入不一定要经过五个步骤，如企业按照第二步确定某项合同仅为单项履约义务时，可以从第三步直接进入第五步确认收入，不需要第四步（分摊交易价格）。

（四）商品房销售收入的确定

对于房地产开发企业而言，商品房销售是其获得收入的主要来源，下面主要对如何确定商品房的销售收入进行论述。

1. 整幢出售

整幢出售的，直接计算其全部价款，于收入实现时确认为商品房销售收入。

2. 整幢房屋分套出售

整幢房屋分套出售的，往往以各套房屋应计建筑面积来计算每套房屋的价格并结转房屋成本。各套房屋的应计建筑面积，包括自用建筑面积和公用建筑面积（即公摊面积）。各套房屋的自用建筑面积，包括各套房屋分门户以内的起居室（厅）、卧室、书房、厨房、卫生间、储藏室、过道和阳台等面积。各套房屋的公用建筑面积，包括其应按比例分摊的公共使用的门厅、楼梯、电梯井（厅）、公共通道、垃圾管道以及突出屋面的有围护结构的楼梯间、水箱间、电梯机房等面积。其售价和成本结转应按各套房屋自用建筑面积和应分摊的公用建筑面积计算确定，计算公式如下：

$$某幢房屋公用建筑面积分配率 = 该幢房屋公用建筑面积 \div 各套房屋自用建筑面积总和 \times 100\%$$

【注】房地产开发企业开发产品的视同销售行为有哪些？

《房地产开发经营业务企业所得税处理办法》第七条规定，企业将开发产品用于捐赠、赞助、职工福利、奖励、对外投资、分配给股东或投资人、抵偿债务、换取其他企事业单位和个人的非货币性资产等行为，应视同销售，于开发产品所有权或使用权转移，或于实际取得利益权利时确认收入（或利润）的实现。确认收入（或利润）的方法和顺序为：

（1）按本企业近期或本年度最近月份同类开发产品市场销售价格确定；

（2）由主管税务机关参照当地同类开发产品市场公允价值确定；

（3）按开发产品的成本利润率确定。开发产品的成本利润率不得低于15%，具体比例由主管税务机关确定。

【例5-15】*房屋销售价款的计算*

北方房地产开发公司开发了美丽花园小区，小区内房屋全部是用于出售的商品房。总建筑面积共72 000平方米，其中，全部房屋的套内自用建筑面积总和为60 000平方米,公用建筑面积为12 000平方米。该公司出售一套自用建筑面积为80平方米的房屋,该商品房每建筑平方米售价6 000元,请计算这套房屋的总售价。

【解析】

公用建筑面积分配率 = 12 000 ÷ 60 000 × 100% = 20%。

该套房屋销售应计建筑面积 = 80 × (1 + 20%) = 96(平方米)。

该套房屋销售价款 = 6 000 × 96 = 576 000(元)。

(五) 商品房销售应设置的主要会计科目

为了核算房地产开发企业转让与销售房地产阶段的业务,房地产开发企业应设置以下会计科目,见表5-1。

表5-1　　　　　商品房销售应设置的主要会计科目

科目名称	会计核算
主营业务收入	"主营业务收入"科目核算房地产开发企业对外转让、销售、结算开发产品等所取得的收入。该科目贷方登记企业按规定确认的主营业务收入,借方登记期末结转入"本年利润"科目的主营业务收入。期末,该科目的余额转入"本年利润"科目后无余额
主营业务成本	"主营业务成本"科目核算房地产开发企业对外转让、销售、结算开发产品等应结转的经营成本。该科目借方登记本期已对外转让、销售和结算开发产品的实际成本,贷方登记期末结转入"本年利润"科目的经营成本。期末,该科目的余额转入"本年利润"科目后无余额
应收账款	"应收账款"科目核算房地产开发企业因销售开发产品等经营活动应无条件(即,仅取决于时间流逝)向客户收取的款项。该科目借方登记企业销售开发产品等经营活动应收取的款项,贷方登记收回的应收账款
合同资产	"合同资产"科目核算房地产开发企业已向客户转让商品而有权收取对价的权利,且该权利取决于时间流逝之外的其他因素。该科目借方登记因已转让商品而有权收取的对价金额;贷方登记取得无条件收款权的金额;期末借方余额,反映企业已向客户转让商品而有权收取的对价金额。该科目按合同进行明细核算
合同负债	"合同负债"科目核算房地产开发企业已收或应收客户对价而应向客户转让商品的义务。该科目贷方登记企业在向客户转让商品之前,已经收到或已经取得无条件收取合同对价权利的金额;借方登记企业向客户转让商品时冲销的金额;期末贷方余额,反映企业在向客户转让商品之前,已经收到的合同对价或已经取得的无条件收取合同对价权利的金额。该科目按合同进行明细核算

(六) 商品房预售的会计处理

房地产开发企业的开发项目达到规定开发程度,取得商品房预售许可证后,出售在建中的开发产品，收取预收款项，称为预售。预售款计入合同负债，按合同规定预收款项。诚意金、订金具有预付款性质，是当事人的一种支付手段，不具有担保性质，如合同履行则冲抵房款，不履行不适用"定金双倍返还罚则"。若诚意金、订金并非合同约定，仅按《订房单》或《承诺书》或类似凭据约定收取，不受《民法典》约束和保护，仅具有暂收应付性质，因此在"其他应付款"科目核算。房地产开发企业进行商品房预售，一般涉及诚意金、办卡费、预售定金、预售款以及代收的配套费用、维修基金、办证费等业务的会计核算。

1. 定金的核算

预售商品房时承购人交纳的定金，可以通过"其他应付款"或"合同负债"科目核算，不论财务上如何核算，房地产开发企业收取定金都应缴纳税金及附加。

2. 预售房款的核算

房地产开发企业按照合同或协议规定向承购单位或个人预收的预售房款，在会计处理上采用"合同负债"科目来核算。企业收到预交购房款，包括承购人按揭贷款的到账金额，应借记"库存现金"或"银行存款"科目，贷记"合同负债"科目。

同时，房地产开发企业按税法规定应缴纳的增值税、城市维护建设税、教育费附加、土地增值税和企业所得税，在"应交税费"科目下设置"应交增值税""应交城市维护建设税""应交教育费附加""应交土地增值税""应交企业所得税"明细科目，实际缴纳税费时，借记"应交税费"各明细科目，贷记"银行存款"科目。

3. 按揭保证金的核算

一般情况下，为便于按揭保证金的划转，银行会要求房地产开发企业同时开立一个一般结算户和一个按揭保证金户。按揭保证金户储存的资金是不能随便动用的资金，企业在报建的时候，相关部门会要求银行开具相应的资金证明，按揭保证金不能计算在内。

房地产开发企业向贷款银行交纳的按揭保证金，有的由贷款行在放贷时从贷款额中直接扣收，有的是在银行发放贷款后由房地产开发企业从一般结算户转入按揭保证金户。贷款行直接扣收按揭贷款保证金的，借记"银行存款""其他货币资金——按揭保证金户"科目，贷记"合同负债"科目；房地产开发企业将按揭保证金从一般结算户转入按揭贷款保证金户时，借记"其他货币资金——

按揭保证金户"科目,贷记"银行存款"科目。承购人违约,未及时还款时,贷款行从按揭保证金户中扣收承购人还贷本息时,借记"其他应收款"科目,贷记"其他货币资金——按揭保证金户"科目;承购人补缴还款额时,做相反会计分录。按揭保证金解冻时,借记"银行存款"科目,贷记"其他货币资金——按揭保证金户"科目。

【例 5-16】以银行按揭方式销售房屋的会计处理

北方房地产公司采用银行按揭方式销售商品房一套,房屋价款 180 万元,承购人缴纳首付款 70 万元,按揭贷款 110 万元。2×17 年 5 月,该套商品房按揭贷款到账,贷款行从按揭贷款额中直接收取 10% 的按揭保证金。自放款次月起,承购人开始还贷款。2×17 年 12 月 5 日还款日,承购人未及时还款,贷款银行从公司按揭保证金户扣款 6 500 元;12 月底,承购人补缴了还款额。2×18 年 2 月该套商品房房产证书办理完毕,按揭贷款保证金解冻转入对应的一般结算户。

【解析】

(1) 承购人支付首付款,应依据销售不动产发票记账联、收款收据记账联、现金缴款单或银行收账通知等收款证明,进行会计处理:

借:银行存款　　　　　　　　　　　　　　700 000
　　贷:合同负债　　　　　　　　　　　　　　700 000

(2) 商品房按揭贷款到账,应依据银行收账通知等收款证明进行会计处理:

借:银行存款　　　　　　　　　　　　　　990 000
　　其他货币资金——按揭保证金户　　　　110 000
　　贷:合同负债　　　　　　　　　　　　　1 100 000

(3) 承购人违约,贷款银行从按揭保证金户扣款,应依据贷款银行扣款证明进行会计处理:

借:其他应收款——××客户　　　　　　　6 500
　　贷:其他货币资金——按揭保证金户　　　6 500

(4) 承购人补缴还款额,依据银行收账通知等收款证明进行会计处理:

借:其他货币资金——按揭保证金户　　　　6 500
　　贷:其他应收款——××客户　　　　　　6 500

(5) 按揭保证金解冻,依据银行转款单据进行会计处理:

借:银行存款　　　　　　　　　　　　　　110 000
　　贷:其他货币资金——按揭保证金户　　　110 000

4. 代收配套设施费、办证费、维修基金的核算

房地产开发企业在预收房款的同时会代收天然气初装费、暖气初装费、有线电视安装费、房产证办证费以及维修基金等。住宅专项维修资金,是指专项用于住宅共用部位、共用设施设备保修期满后的维修和更新、改造的资金。住宅共用部位,是指根据法律、法规和房屋买卖合同,由单幢住宅内业主或者单幢住宅内业主及与之结构相连的非住宅业主共有的部位,一般包括住宅的基础、承重墙体、柱、梁、楼板、屋顶以及户外的墙面、门厅、楼梯间、走廊通道等。共用设施设备,是指根据法律、法规和房屋买卖合同,由住宅业主或者住宅业主及有关非住宅业主共有的附属设施设备,一般包括电梯、天线、照明、消防设施、绿地、道路、路灯、沟渠、池、井、非经营性车场车库、公益性文体设施和共用设施设备使用的房屋等。代收的配套设施费、办证费、维修基金应作为其他应付款核算。

【例5-17】销售房屋时代收配套设施费、办证费、维修基金的会计核算

北方房地产公司2×17年6月销售给承购人甲商品房一套,该套商品房价款为500 000元。

【解析】

具体收款情况如下。

(1) 公司收到承购人甲的购房定金30 000元,依据收款收据记账联、现金缴款单或银行收账通知进行会计处理:

借:银行存款　　　　　　　　　　　　　　　30 000
　　贷:合同负债——甲　　　　　　　　　　　　30 000

(2) 预收承购人甲支付的首付款120 000元,依据收款收据记账联、现金缴款单或银行收账通知进行会计处理:

借:银行存款　　　　　　　　　　　　　　　120 000
　　贷:合同负债——甲　　　　　　　　　　　　120 000

(3) 承购人甲按揭贷款到账350 000元,依据销售不动产发票记账联、银行收账通知进行会计处理:

借:银行存款　　　　　　　　　　　　　　　350 000
　　贷:合同负债——甲　　　　　　　　　　　　350 000

(4) 收到承购人甲交纳配套设施费15 000元,维修基金4 600元,办证费800元,依据收款收据记账联、现金缴款单或银行收账通知进行会计处理:

借:银行存款　　　　　　　　　　　　　　　20 400

贷：其他应付款——甲——配套设施费 15 000

——甲——维修基金 4 600

——甲——办证费 800

（七）商品房销售的会计处理

房地产开发企业应当合理确认销售商品房收入的实现，并将已实现的收入按时入账。

销售商品房的收入，应按企业与承购人签订的销售合同或协议金额或双方接受的金额确定。如果同时满足收入确认条件，房地产开发企业应确认商品房销售收入实现，将预收的房款确认为主营业务收入，应借记"银行存款"或"应收账款"（补交差额部分）、"合同负债"科目，贷记"主营业务收入"科目（全部房款，不含增值税）。并同时结转相关的成本和确认税金及附加，将"开发产品"科目转入"主营业务成本"科目，按规定计算出的城市维护建设税、教育费附加，借记"税金及附加"科目，贷记"应交税费——应交城市维护建设税""应交税费——应交教育费附加"科目。

【例5-18】商品房销售的会计处理

北方房地产公司2×20年6月将其正在开发的商品房预售，合同收入2 600万元，2×20年12月开发的商品房已全部办理竣工验收并交房，商品房实际开发成本为1 520万元。北方房地产公司于当月确认商品房销售收入，并办理土地增值税清算，应交土地增值税120万元，已预缴土地增值税78万元。

【解析】

（1）商品房办理竣工验收时，按实际成本结转开发成本：

借：开发产品——商品房 15 200 000

贷：开发成本 15 200 000

（2）商品房移交时，确认商品房销售收入：

借：合同负债 26 000 000

贷：主营业务收入 23 853 211

应交税费——应交增值税（销项税额） 2 146 789

（3）月末，结转商品房销售成本：

借：主营业务成本 15 200 000

贷：开发产品——商品房 15 200 000

（4）清算土地增值税：

借：税金及附加 1 200 000

贷：应交税费——应交土地增值税　　　　　　　1 200 000

（5）清算后补缴土地增值税时，依据土地增值税完税凭证和付款证明进行会计处理：

　　借：应交税费——应交土地增值税　　　　　　　420 000
　　　　贷：银行存款　　　　　　　　　　　　　　　　　420 000

（八）特殊情况下商品房销售的处理

房地产开发企业会计实务中，可能遇到一些特殊的销售商品业务。在将销售商品收入确认和计量原则运用于特殊销售商品收入的会计处理时，应结合这些特殊销售商品交易的形式，并注重交易的实质。

1. 分期收款销售收入的核算

采用分期收款方式销售开发产品，每期实现的销售收入，是按当期收到的价款或合同约定当期应收的价款确定的，即不论价款是否收到，都应按合同规定的时间和金额确认销售收入的实现。而其销售成本的结转时间，应与分期收款销售收入实现的时间相一致，当期结转的销售成本应按开发产品销售成本占销售收入的比例进行计算，其计算公式如下。

本期应结转的销售成本＝本期确认的销售收入×销售总成本÷销售总收入

【例 5-19】 分期收款销售房屋的会计核算

A 房地产公司采用分期收款结算方式出售高级公寓一栋，合同规定总价款为 6 000 000 元，相应增值税销项税额为 540 000 元。分三次收取价款：房屋移交时，收取总价款的 50%；第二年收取 30%；第三年收取 20%。该商品房的实际开发成本为 5 000 000 元。做如下会计分录：

【解析】

（1）移交商品房时，结转分期收款销售商品房的实际成本：

　　借：分期收款开发产品　　　　　　　　　　　　5 000 000
　　　　贷：开发产品——商品房　　　　　　　　　　　5 000 000

（2）移交房屋，收取 50% 的价款时：

　　借：银行存款　　　　　　　　　　　　　　　　3 270 000
　　　　贷：主营业务收入——商品房销售收入　　　　　3 000 000
　　　　　　应交税费——应交增值税（销项税额）　　　　270 000

依据我国现行法规，不动产权属移交时，应该全额缴纳增值税。

同时，结转相应的经营成本：

　　借：主营业务成本——商品房销售成本　　　　　　2 500 000

　　　　贷：分期收款开发产品　　　　　　　　　　　　　2 500 000

　　企业在第二、第三年收取价款时，分别按各自的比例确认销售收入，结转销售成本和计算税金及附加。

　　2. 委托方式销售开发产品销售收入的核算

　　采取委托方式销售开发产品的，应按以下原则确认收入的实现。

　　（1）采取支付手续费方式委托销售开发产品的，应按实际销售额，于收到代销单位代销清单时确认收入的实现。

　　（2）采取视同买断方式委托销售开发产品的，应按合同或协议规定的价格，于收到代销单位代销清单时确认收入的实现。

　　（3）采取包销方式委托销售开发产品的，应按包销合同或协议约定的价格于付款日确认收入的实现。包销方提前付款的，在实际付款日确认收入的实现。

　　（4）采取基价（保底价）并实行超过基价双方分成方式委托销售开发产品的，应按基价加按超过基价分成比例计算的价格，于收到代销单位代销清单时确认收入的实现。

　　下面主要介绍支付手续费方式和视同买断方式下的会计处理。

　　（1）支付手续费方式

　　房地产开发企业采取支付手续费方式委托销售商品房的，在委托房地产代理销售机构销售商品房时因不需要进行实物交付，通常不应确认销售商品房收入，也不需要进行会计处理，而应在符合收入确认条件时确认销售商品房收入的实现。实现收入时，借记"银行存款"科目，贷记"主营业务收入""应交税费——应交增值税（销项税额）"科目；结转成本，借记"主营业务成本"科目，贷记"开发产品"科目；提取税金，借记"税金及附加"科目，贷记"应交税费"科目。销售成立后，按合同或协议约定支付给房地产代理销售机构的手续费应作为销售费用处理，借记"销售费用""应交税费——应交增值税（进项税额）"科目，贷记"银行存款"科目等。

　　【例5-20】采取支付手续费方式委托销售商品房时的会计核算

　　北方房地产公司委托甲专业销售公司销售其开发的商品房，双方约定，房屋销售价格由北方房地产公司定价，销售收款后甲专业销售公司按售价的2%收取手续费。月末，北方房地产公司收到甲专业销售公司开具的代销清单，共销售房屋10套，售价共计500万元。房屋开发成本为350万元。不考虑其他因素。

【解析】

(1) 委托销售时，因不需要进行实物交付，不需要进行会计处理。

(2) 承购人交纳房款时，依据收款收据记账联、现金缴款单或银行收账通知等收款证明进行会计处理：

借：银行存款　　　　　　　　　　　　　　　　5 000 000
　　贷：合同负债　　　　　　　　　　　　　　　　5 000 000

(3) 收到代销清单，支付甲专业销售公司销售手续费时，依据销售公司开具的代理销售发票和付款证明进行会计处理：

借：销售费用　　　　　　　　　　　　　　　　100 000
　　应交税费——应交增值税（进项税额）　　　　6 000
　　贷：银行存款　　　　　　　　　　　　　　　　106 000

(4) 房屋竣工验收，移交承购人时，应确认商品房销售收入：

借：合同负债　　　　　　　　　　　　　　　　5 000 000
　　银行存款　　　　　　　　　　　　　　　　　450 000
　　贷：主营业务收入　　　　　　　　　　　　　　5 000 000
　　　　应交税费——应交增值税（销项税额）　　　450 000

(5) 确认收入的同时，结转房屋销售成本：

借：主营业务成本　　　　　　　　　　　　　　3 500 000
　　贷：开发产品——商品房　　　　　　　　　　　3 500 000

(2) 视同买断方式

采取视同买断方式委托销售开发产品的，属于企业与购买方签订销售合同或协议，或企业、受托方、购买方三方共同签订销售合同或协议的，如果销售合同或协议中约定的价格高于买断价格，则应按销售合同或协议中约定的价格计算的价款于收到受托方已销开发产品清单之日确认收入的实现；

如果属于前两种情况中销售合同或协议中约定的价格低于买断价格，以及属于受托方与购买方签订销售合同或协议的，则应按买断价格计算的价款于收到受托方已销开发产品清单之日确认收入的实现。

【例 5-21】采取视同买断方式委托销售商品房的会计核算

北方房地产公司委托甲专业销售公司销售其开发的商品房10套，协议价为500万元，成本为350万元。代销协议约定，双方签订代销协议后，无论商品房是否能够卖出、是否获利，均与北方房地产公司无关。

【解析】

北方房地产公司委托甲专业销售公司代销商品,属于视同买断方式。北方房地产公司的会计处理如下。

(1) 代销商品房移交甲专业销售公司时,确认销售收入。

借:应收账款　　　　　　　　　　　　　　　　　5 450 000
　　贷:主营业务收入　　　　　　　　　　　　　　5 000 000
　　　　应交税费——应交增值税(销项税额)　　　450 000

(2) 结转房屋销售成本。

借:主营业务成本　　　　　　　　　　　　　　　3 500 000
　　贷:开发产品——商品房　　　　　　　　　　　3 500 000

(3) 收到甲专业销售公司销售商品房款,依据银行收账通知等收款证明进行会计处理:

借:银行存款　　　　　　　　　　　　　　　　　5 450 000
　　贷:应收账款　　　　　　　　　　　　　　　　5 450 000

3. 附有销售退回条件的开发产品销售收入的确定

附有销售退回条件的商品销售,是指承购人依照有关协议有权退货的销售方式。在这种销售方式下,如果企业能够按照以往的经验对退货的可能性做出合理估计,应在发出商品时,将估计不会发生退货的部分确认收入,估计可能发生退货的部分不确认收入。如果企业不能合理地确定退货的可能性,则在售出商品的退货期满时确认收入。

4. 销售折扣、折让及退回的核算

房地产开发企业在销售过程中,由于各种原因会发生现金折扣、商业折扣、销售折让或销售退回等情况,应当分不同情况进行处理。

现金折扣,是指房地产开发企业为鼓励承购人在规定的期限内付款而向承购人提供的债务扣除。销售商品房涉及现金折扣的,应当按可变对价进行会计处理。现金折扣在实际发生时直接按折扣后的金额确定收入不考虑按照折扣金额确定的可变收入的影响。

商业折扣,是指房地产开发企业为促进商品房销售而在商品房标价上给予的价格扣除。销售商品房涉及商业折扣的,应当按照扣除商业折扣后的金额确定销售商品房收入金额。

销售折让,是指房地产开发企业因售出商品房的质量不合格等原因而在售价上给予的减让。房地产开发企业已经确认销售商品房收入的售出商品房发生销售折让的，应当在发生时冲减当期销售商品房收入；属于资产负债表日后事项的，依据《企业会计准则第 29 号——资产负债表日后事项》进行会计处理。

销售退回，是指房地产开发企业售出的商品由于质量、品种不符合要求等原因而发生的退货。销售退回应当分以下情况处理。

（1）未确认收入的商品房退回，其会计处理比较简单，按照退回承购人的房款，借记"合同负债"科目，贷记"银行存款"科目；采用分期收款方式销售的，应按照分期收款发出商品的成本，借记"开发产品"科目，贷记"分期收款开发产品"科目。

（2）已确认收入的销售商品退回，一般情况下应直接冲减退回当月的销售收入、销售成本等。如果该项销售已发生现金折扣，应在退回当月一并处理，按已付或应付的余额冲减营业收入时，借记"主营业务收入"科目，贷记"银行存款""应付账款"等科目；按退回商品的成本，借记"开发产品"科目，贷记"主营业务成本"科目。

（3）资产负债表日及之前售出的商品在资产负债表日至财务会计报告批准报出日之间发生退回的，应当作为资产负债表日后事项的调整事项处理，调整报告年度的收入、成本等。如果该项销售在资产负债表日及之前已经发生现金折扣，还应同时冲减报告年度的现金折扣。

5.6.2 土地使用权转让的会计核算

房地产开发企业开发的商品性土地，可以将土地使用权进行转让，但在向其他单位转让时，必须按照法律和合同的规定，投入相当的资金，完成相应的开发。

土地使用权的转让，应签订转让合同，在合同中载明土地的位置、四周边界和面积、地上附着物、土地用途、建筑物高度、绿化面积、土地转让期限、土地转让金的支付方式和违约责任等。

土地使用权转让的交易，可以采用协议、招标、拍卖等方式。土地使用权转让的价格，根据地理位置、经济环境、土地用途、土地使用权转让期限、房地产市场供求等因素决定，并报当地土地管理机关备案。

对其他单位转让的土地使用权，应在移交、转让土地使用权，并将发票、账单提交买主时，按其转让价格借记"银行存款""应收账款"等科目，贷记"主营业务收入——土地转让收入"科目。

月份终了，应将转让土地使用权的实际开发成本自"开发产品——商品性土

地"科目的贷方转入"主营业务成本"或"主营业务成本——土地转让成本"科目的借方,做会计分录如下:

借:主营业务成本——土地转让成本
　　贷:开发产品——商品性土地

【例5-22】 土地使用权转让的会计核算

北方房地产公司对外转让已开发完成的土地一块,价值2 000万元,实际取得成本为1 300万元,已办妥转让手续,价款已收讫并存入开户银行。

【解析】

应进行如下会计处理:

(1) 依据发票账单、收款证明,确认已实现的土地转让收入。

借:银行存款　　　　　　　　　　　　　　　　21 800 000
　　贷:主营业务收入——土地转让收入　　　　　20 000 000
　　　　应交税费——应交增值税(销项税额)　　 1 800 000

(2) 结转已转让土地的实际成本。

借:主营业务成本——土地转让成本　　　　　　13 000 000
　　贷:开发产品——商品性土地　　　　　　　　13 000 000

(3) 按照规定,计算应纳税额(假定城市维护建设税税率为7%,教育费附加征收率为3%)。

应交增值税 = (2 000 − 1 300) × 9% = 63(万元)。

应交城市维护建设税 = 63 × 7% = 4.41(万元)。

应交教育费附加 = 63 × 3% = 1.89(万元)。

应交印花税 = 2 000 × 0.5‰ = 1(万元)。

应交土地增值税:

①扣除项目金额 = 1 300 + 4.41 + 1.89 + 1 = 1 307.3(万元)。

②增值额 = 2 000 − 1 307.3 = 692.7(万元)。

③增值率 = 692.7 ÷ 1 307.3 × 100% = 52.99%。

④应交土地增值税 = 692.7 × 40% − 1 307.3 × 5% = 211.72(万元)。

借:税金及附加　　　　　　　　　　　　　　　2 174 720
　　贷:应交税费——应交城市维护建设税　　　　　44 100
　　　　　　　　——应交教育费附加　　　　　　　18 900
　　　　　　　　——应交土地增值税　　　　　　2 111 720

借：税金及附加——印花税　　　　　　　　　　　　10 000
　　应交税费——应交增值税（已交税金）　　　　　630 000
　贷：银行存款　　　　　　　　　　　　　　　　　640 000

5.6.3　配套设施转让的会计核算

房地产开发企业在房地产开发过程中，按照城市建设规划开发的大型配套设施，如商店、邮局、银行储蓄所等，可以进行有偿转让。对有关单位有偿转让的配套设施，应在办理财产交接手续，并在将配套设施工程价款账单提交有关单位时，按其转让价格借记"银行存款""应收账款"等科目，贷记"主营业务收入——配套设施销售收入"科目。

月份终了，应将转让配套设施的实际开发成本自"开发产品——配套设施"科目的贷方转入"主营业务成本——配套设施销售"科目的借方，做会计分录如下：

借：主营业务成本——配套设施销售成本
　贷：开发产品——配套设施

开发企业如将开发的大型配套设施，如商店用于本企业从事第三产业经营，应视同自用固定资产进行处理，并将用于经营的配套设施的实际开发成本，自"开发产品——配套设施"科目的贷方转入"固定资产"科目的借方，做会计分录如下：

借：固定资产
　贷：开发产品——配套设施

5.6.4　销售周转房的会计核算

在改变周转房用途将其对外销售时，应视同商品房销售加以处理。在销售周转房以前，往往要对其进行改装修复。在改装修复时发生的各项费用，应借记"销售费用"科目，贷记"应付账款""银行存款"等科目。周转房在改装修复后对外销售时，应办理房屋交接手续，并根据账单价款借记"应收账款""银行存款"等科目，贷记"主营业务收入——周转房销售收入"科目。同时应结转对外销售周转房的销售成本。在结转周转房销售成本时，应按周转房的原值扣除累计摊销额后的净值，借记"周转房——周转房摊销""主营业务成本——周转房销售成本"科目，贷记"周转房——在用周转房"科目。

5.6.5 代建工程收入的会计核算

在实际工作中,房地产开发企业的代建工程,一般采用竣工后一次结算的办法。企业在一开始可向发包单位预收一定数额的工程款和备料款,相关款项在"合同负债"科目核算,期末或竣工后结算工程价款时,从应收工程款中扣除。

【例 5-23】代建工程收入的会计核算

北方房地产开发企业接受委托代建一项工程,发生以下业务。

(1) 收到委托方按合同拨付的材料款 250 万元。

借:银行存款 2 500 000
　　贷:合同负债 2 500 000

(2) 按工程施工进度向委托方预收工程款 150 万元。

借:银行存款 1 500 000
　　贷:合同负债 1 500 000

(3) 代建的工程竣工,验收合格,结算工程价款 500 万元,增值税销项税额 45 万元。

借:合同负债 4 000 000
　　应收账款 1 450 000
　　贷:主营业务收入——代建工程结算收入 5 000 000
　　　　应交税费——应交增值税(销项税额) 450 000

(4) 与委托方结清工程款,收取余款 145 万元,做如下会计分录:

借:银行存款 1 450 000
　　贷:应收账款 1 450 000

5.6.6 其他业务收入的会计核算

其他业务收入是指企业根据收入准则确认的除主营业务以外的其他经营活动实现的收入,包括出租固定资产、出租无形资产、出租包装物和商品、销售材料等实现的收入。

为了核算和监督企业其他业务收入的实现及其相关成本的结转情况,房地产开发企业应设置下列会计账户。

(1) "其他业务收入"账户。该账户用来核算根据收入准则确认的除主营业务以外的其他经营活动实现的收入。该账户的贷方登记其他业务收入的增加,借方登记其他业务收入的减少和转出。企业确认的其他业务收入，借记"银行存款""应收账款"等账户，贷记本账户、"应交税费——应交增值税（销项税额）"等账户。企业以原材料进行非货币性资产交换（在非货币性资产交换具有商业实质且公允价值能够可靠计量的情况下）或债务重组，应按照用于交换或抵债的原材料的公允价值，借记有关资产账户或"应付账款"等账户，贷记本账户。本账户应当按照其他业务收入种类进行明细核算。期末，应将本账户余额转入"本年利润"账户，结转后本账户应无余额。

需要说明的是，企业（租赁）出租固定资产取得的租赁收入在"租赁收入"账户核算，不在本账户核算。采用成本模式计量的投资性房地产取得的租金收入，通过本账户核算。

（2）"其他业务成本"账户。该账户核算企业除主营业务活动以外的其他经营活动所发生的支出，包括销售材料的成本、出租固定资产的累计折旧、出租无形资产的累计摊销、出租包装物的成本或摊销额、采用成本模式计量的投资房地产的累计折旧或累计摊销等。企业发生的其他业务支出，借记本账户，贷记"原材料""包装物""低值易耗品""累计折旧""累计摊销""应付职工薪酬""银行存款"等账户。企业以原材料进行非货币性资产交换（在非货币性资产交换具有商业实质且公允价值能够可靠计量的情况下）或债务重组，应按照用于交换或抵债的原材料的账面余额，借记本账户，贷记"原材料"账户。已计提存货跌价准备的，还应同时结转已计提的存货跌价准备。本账户应当按照其他业务支出的种类进行明细核算。期末，应将本账户余额转入"本年利润"账户，结转后本账户应无余额。

需要说明的是，企业除主营业务活动以外的其他经营活动发生的相关税费在"税金及附加"账户核算，不在本账户核算。

【注】在计算企业所得税时哪些收入为不征税收入？

（1）财政拨款。

财政拨款是指各级人民政府对纳入预算管理的事业单位、社会团体等组织拨付的财政资金，但国务院和国务院财政、税务主管部门另有规定的除外。

（2）依法收取并纳入财政管理的行政事业性收费、政府性基金。

行政事业性收费，是指依照法律法规等有关规定，按照国务院规定程序批准，在实施社会公共管理，以及在向公民、法人或者其他组织提供特定公共服务过程中，向特定对象收取并纳入财政管理的费用。

政府性基金，是指企业依照法律、行政法规等有关规定，代政府收取的具有专项用途的财政资金。

(3) 国务院规定的其他不征税收入。

国务院规定的其他不征税收入是指企业取得的，由国务院财政、税务主管部门规定专项用途并经国务院批准的财政性资金。

【例5-24】其他业务收入的会计核算

A房地产公司的一个研究开发项目获得成功，并申请了专利，该无形资产的成本为80 000元，现将该无形资产出售，获得转让收入100 000元。增值税销项税额6 000元，发生培训费用等支出2 000元。

【解析】

该企业做如下会计分录：

借：银行存款   106 000
  贷：其他业务收入   100 000
    应交税费——应交增值税（销项税额） 6 000
借：其他业务成本   80 000
  贷：无形资产——专利权   80 000
借：其他业务成本   2 000
  贷：银行存款   2 000

第 6 章 其他业务的税务与会计处理

6.1 出租和自营物业的税务处理

6.1.1 出租和自营物业税务处理概述

（一）自行开发转自持环节

1. 增值税

房地产开发企业将自行开发的部分房地产项目转为自持，没有发生交易行为，不属于增值税的应税行为。

2. 土地增值税

《国家税务总局关于房地产开发企业土地增值税清算管理有关问题的通知》（国税发〔2006〕187号）第三条第（二）款规定，房地产开发企业将开发的部分房地产转为企业自用或用于出租等商业用途时，如果产权未发生转移，不征收土地增值税，在税款清算时不列收入，不扣除相应的成本和费用。

3. 企业所得税

房地产开发企业将自行开发的部分房地产项目转为自持，只是企业内部资产的用途改变，作为内部处置资产，按照《国家税务总局关于企业处置资产所得税处理问题的通知》（国税函〔2008〕828号）第一条规定，不视同销售确认所得税收入，相关资产的计税基础延续计算。在会计处理上，计入固定资产或者投资性房地产，按照规定计提折旧费用，按照规定可以在企业所得税前扣除。

（二）持有并出租环节

1. 增值税

自持物业用于出租涉及增值税，在"竞地价+竞配建+竞自持面积"的拿地方式下，通常规定了自持部分只出租不能出售（或规定期限内不能出售）。《纳税人提供不动产经营租赁服务增值税征收管理暂行办法》第二条规定："纳税人以经营租赁方式出租其取得的不动产（以下简称出租不动产），适用本办法。取得的不动产，包括以直接购买、接受捐赠、接受投资入股、自建以及抵债等各种形式取得的不动产。"第三条第二款规定："一般纳税人出租其2016年5月1日后取得的不动产，适用一般计税方法计税。"

需要提醒纳税人注意的是，如果是采取预收款方式取得租金的，根据《财政部 税务总局关于建筑服务等营改增试点政策的通知》（财税〔2017〕58号）第二点规定进行处理：《营业税改征增值税试点实施办法》（财税〔2016〕36号印发）第四十五条第（二）项修改为"纳税人提供租赁服务采取预收款方式的，其纳税义务发生时间为收到预收款的当天"。

2. 房产税

《国家税务总局关于房产税城镇土地使用税有关政策规定的通知》（国税发〔2003〕89号）第一条规定："对售出前房地产开发企业已使用或出租、出借的商品房应按规定征收房产税。"

3. 城镇土地使用税

自持物业用于出租，按照《城镇土地使用税暂行条例》的规定，房地产开发企业拿地后要按规定缴纳城镇土地使用税，将自持物业出租时，其房产、土地的实物或权利状态并没有发生变化，因此仍要求继续缴纳城镇土地使用税。

4. 企业所得税

自持物业用于出租，《企业所得税法实施条例》第十九条规定："企业所得税法第六条第（六）项所称租金收入，是指企业提供固定资产、包装物或者其他有形资产的使用权取得的收入。租金收入，按照合同约定的承租人应付租金的日期确认收入的实现。"按照此规定，租金收入需作为应纳税所得额计算企业所得税。

需要提醒纳税人注意的是，和增值税的处理不同，如果采用预收租金方式并且出现跨年的情况，根据《国家税务总局关于贯彻落实企业所得税法若干税收问题的通知》（国税函〔2010〕79号）第一点进行处理：关于租金收入确认问题，根据《企业所得税法实施条例》第十九条的规定，企业提供固定资产、包装物或者其他有形资产的使用权取得的租金收入，应按交易合同或协议规定的承租人应付租金的日期确认收入的实现。其中，如果交易合同或协议中规定租赁期限跨年度，且租金提前一次性支付的，根据《企业所得税法实施条例》

第九条规定的收入与费用配比原则，出租人可对上述已确认的收入，在租赁期内，分期均匀计入相关年度收入。

6.1.2 出租和自营物业后续支出的会计核算

（一）自营物业装修的会计核算

房地产开发企业核算自营物业装修支出时，初次装修费用单独计价，在"固定资产"科目下设置"装修费用"明细科目进行核算，不计残值，按10年计提折旧。再次装修时如果第一次装修费用没有提足折旧，剩余部分一次性计入当期损益，记入"其他业务成本"科目。再次装修发生的残值收入冲减装修费用后仍按照上述方法核算。装修时一并购入的可单独辨认和计量的电器和家具等，应单独作为固定资产进行管理和核算。

（二）自营物业改建的会计核算

自营物业改建支出在进行核算时，发生的改建支出应予以资本化，记入房地产开发企业的"固定资产"科目，具体核算方法与出租物业相同。

（三）自营物业日常维修的会计核算

与出租物业相同，自营物业日常维修支出也应直接计入当期损益。

（四）自营物业计提折旧的会计核算

房地产开发企业按期（月）计提自营物业的折旧，借记"其他业务成本"科目，贷记"累计折旧"科目。处置自营物业时还应同时结转累计折旧。

（五）自营物业土地使用权摊销的会计核算

房地产开发企业自营物业所占用的土地，通过"无形资产"科目核算，房地产开发企业按期（月）计提相应的无形资产摊销时，借记"其他业务成本"科目，贷记"累计摊销"科目。处置自营物业时，还应同时结转这部分累计摊销。

6.1.3 出租和自营物业处置的会计核算

当自营物业被处置，或者永久退出使用且预计不能从其处置中取得经济利益时，应当终止确认该项自营物业。

企业出售、转让、报废自营物业或发生自营物业毁损时，应当将处置收入扣除账面价值和相关税费后的金额计入当期损益。自营物业的账面价值是自营物业成本扣减累计折旧和累计减值准备后的金额。具体核算过程如下。

房地产开发企业处置自营物业时，按该项固定资产账面价值，借记"固资产清理"科目；按已提的累计折旧，借记"累计折旧"科目；按其账面原价，贷记"固定资产"科目。已计提减值准备的，还应同时结转已计提的减值准备。

处置自营物业时应支付的相关税费及其他费用，借记"固定资产清理"科目，贷记"银行存款""应交税费"等科目。

收回出售自营物业的价款时，借记"银行存款"等科目，贷记"固定资产清理"科目。

自营物业清理完成后，产生生产经营期间正常的处理损失的，借记"资产处置损益——处置非流动资产损失"科目，贷记"固定资产清理"科目，产生处理收益的，借记"固定资产清理"科目，贷记"资产处置损益——处置非流动资产利得"科目。

6.1.4 自营物业对外投资的税务处理

房地产开发企业以自营物业对外投资（即不动产对外投资）的税务处理如下：营改增前不动产对外投资不征营业税，但营改增后不动产对外投资应征收增值税。

（一）自建的库存商品房对外投资

（1）房地产开发企业以老项目（2016年4月30日前开工）商品房对外投资，视同销售不动产，可以选择简易计税方法，按照5%的征收率缴纳增值税，也可以选择一般计税方法，按照9%的税率缴纳增值税（此种情况计算销售额时可以扣减对应的土地成本）。

（2）房地产开发企业以新项目（2016年5月1日后开工）商品房对外投资，视同销售不动产，必须采用一般计税方法，按照9%的税率缴纳增值税（此种情况计算销售额时可以扣减对应的土地成本）。

（二）自建商品房转为固定资产后对外投资

（1）房地产开发企业以老项目（2016年4月30日前开工）商品房对外投资，可以选择简易计税方法，按照5%的征收率缴纳增值税，也可以选择一般计税方法，按照9%的税率缴纳增值税（此种情况下计算的销售额不能扣减土地成本）。

（2）房地产开发企业以新项目（2016年5月1日后开工）商品房对外投资，必须采用一般计税方法，按照9%的税率缴纳增值税（此种情况计算销售额时可以扣减对应的土地成本）。

（三）以取得的（除自建外）不动产类固定资产对外投资

（1）房地产开发企业以2016年4月30日前取得的不动产类固定资产（包

括购买、接受捐赠、接受投资、抵债等获得的不动产，不包括自建不动产）对外投资，若选择简易计税方法，以投资作价扣除不动产取得的原值，按照5%的征收率计算缴纳增值税；若选择一般计税方法，以投资作价作为税基，按照9%的税率计算缴纳增值税。

（2）房地产开发企业以2016年5月1日后取得的不动产类固定资产（包括购买、接受捐赠、接受投资、抵债等获得的不动产，不包括自建不动产）对外投资，必须选择一般计税方法，以投资作价作为税基，按照9%的税率计算缴纳增值税。

6.2 旧城改造项目税收政策实践应用

拆迁是因房地产开发项目需要对在开发区属他人所有或使用的房产权益，依照有关法律、法规和规章的规定而实施的依法转移房地产权益的行为过程，主要是指国家按有关法定程序收回土地使用权或改变使用性质时，对土地上附着物和房屋原用户、住户进行的拆迁、安置和补偿。

6.2.1 拆迁基本程序

（1）申请规划用地许可证，确定拆迁的地域范围。

（2）编制拆迁计划与方案。

（3）申请房屋拆迁许可证。

（4）核发房屋拆迁许可证。

（5）委托代办单位。

（6）发布公告。

（7）签订拆迁、安置和补偿协议。

（8）动迁。

（9）实施房屋拆迁。

拆迁人必须对被拆迁人进行安置、补偿，被拆迁人必须执行批准的拆迁决定。

拆迁人与被拆迁人必须在拆迁管理部门规定的拆迁期限内就有关问题签订书面协议，以协议方式确定当事人双方的权利和义务。协议的主要条款有补偿形式、补偿金额、安置地点、安置面积、搬迁过渡方式、过渡期限、违约责任及当事人认为需要订立的其他条款。

6.2.2 拆迁相关政策

房屋拆迁补偿形式包括货币补偿、安置房屋补偿以及货币补偿和安置房屋补偿相结合三种方式。

货币补偿,即拆迁人将被拆除房屋的价值以货币结算方式补偿给被拆除房屋的所有人。安置房屋补偿,即拆迁人以易地建设或原地建设的房屋补偿给被拆除房屋的所有人,使原所有人继续保持其对房屋的所有权,也就是我们常说的"拆一还一"的实物补偿形式。

为减少公众对暴力拆迁的争议,《国有土地上房屋征收与补偿条例》以"被征收人"取代"被拆迁人"这一概念,并规定,政府为公共利益进行的拆迁,必须通过正常的程序,即只有在取得被征收人的同意、给予充分补偿的基础上,方能进行房屋的拆迁。而商业性开发,也必须由开发商与房主先进行谈判,在达成协议后才能拆迁。如果双方无法达成一致,房主完全可以拒绝让出房屋。该条例对征收补偿做出了如下规定。

(1) 做出房屋征收决定的市、县级人民政府对被征收人给予的补偿包括:①被征收房屋价值的补偿;②因征收房屋造成的搬迁、临时安置的补偿;③因征收房屋造成的停产停业损失的补偿。

(2) 征收个人住宅,被征收人符合住房保障条件的,做出房屋征收决定的市、县级人民政府应当优先给予住房保障。具体办法由市、县级人民政府规定。

(3) 对被征收房屋价值的补偿金额,不得低于房屋征收决定公告之日被征收房屋类似房地产的市场价格。被征收房屋的价值,由具有相应资质的房地产价格评估机构按照房屋征收评估办法评估确定。对评估确定的价值有异议的,可以向房地产价格评估机构申请复核评估。对复核结果有异议的,可以向房地产价格评估专家委员会申请鉴定。

(4) 房地产价格评估机构由被征收人协商选定。被征收人选定房地产价格评估机构的具体办法由市、县级人民政府规定。房地产价格评估机构应当独立、客观、公正地开展房屋征收评估工作,任何单位或者个人不得干预。

(5) 被征收人选择房屋产权调换的,应当分别计算被征收房屋的价值和用于产权调换的房屋的价款,结清差额。因旧城区改建征收个人住宅,被征收人选择在改建地段进行房屋产权调换的,做出房屋征收决定的市、县级人民政府应当提供改建地段或者就近地段的房屋。

(6) 对因征收房屋造成的搬迁,房屋征收部门应当向被征收人支付搬迁费;

选择房屋产权调换的，产权调换房屋交付前，房屋征收部门应当向被征收人支付临时安置费或者提供周转用房。

（7）对因征收房屋造成的停产停业损失的补偿，根据房屋被征收前的效益、停产停业期限等因素确定。具体办法由市、县级人民政府规定。

（8）对征收范围内的违法建筑和超过批准期限的临时建筑，不予补偿；对未超过批准期限的临时建筑，应当给予补偿。市、县级人民政府在做出房屋征收决定前，应当组织有关部门依照法律、法规对征收范围内未经依法登记的建筑予以认定、处理。

（9）房屋征收部门与被征收人依照该条例的规定，就补偿方式、补偿金额和支付期限、用于产权调换房屋的地点和面积、搬迁费、临时安置费或者周转用房、停产停业损失、搬迁期限、过渡方式和过渡期限等事项，订立补偿协议。补偿协议订立后，一方当事人不履行补偿协议规定的义务的，另一方当事人可以依法向人民法院提起诉讼。

（10）房屋征收部门与被征收人在征收补偿方案确定的签约期限内达不成补偿协议，或者被征收房屋所有权人不明确的，由房屋征收部门报请做出房屋征收决定的市、县级人民政府依照该条例的规定，按照征收补偿方案做出补偿决定，并及时予以公告。

2011年6月3日，住房和城乡建设部发布《国有土地上房屋征收评估办法》，对国有土地上房屋征收评估做出了具体规范。该办法适用于评估国有土地上被征收房屋和用于产权调换房屋的价值，测算被征收房屋类似房地产的市场价格，以及对相关评估结果进行复核评估和鉴定。其中第八条明确：被征收房屋价值评估目的应当表述为"为房屋征收部门与被征收人确定被征收房屋价值的补偿提供依据，评估被征收房屋的价值"。用于产权调换的房屋价值评估目的应当表述为"为房屋征收部门与被征收人计算被征收房屋价值与用于产权调换房屋的价值"。

6.2.3 应关注的问题

目前，房地产开发企业拿地方式除净地竞价出让外，还有"三旧改造"（旧城镇、旧厂房、旧村庄改造）、协议出让、原划拨土地经批准改为出让等方式，因而除向政府缴纳土地出让金外，还会涉及向政府部门支付征地和拆迁补偿费用、土地前期开发费用、土地出让受益等，或者向原土地使用人支付各项搬迁补偿费、拆迁补偿费等。综合起来，我们应从以下方面分析税收问题。

要拆谁的房子？是拆企业的房子还是家庭的房子？有什么不同？

以谁为主体来拆房子？是自己拆自己的房子，还是开发商拆别人的房子，或者是以政府为主体拆迁？

房子怎么拆？是先给钱，还是建好回迁房再给钱，或者是先给部分钱以后接着给房？

为什么要拆？拆了房子拿土地准备干什么？是直接转让土地使用权，还是以地建房？

房子拆了有地了，怎么转让土地使用权？是净地转让还是带附加条件转让，譬如限地价竞配建房？

土地使用权由谁来转让？是政府，还是政府直接控制的企业，譬如城投公司，或者开发商？

谁买下了土地使用权？是拆迁房子的主体，还是其他企业？拆迁房子的主体获得了什么收益？

拆迁前后涉及哪些税种？增值税、土地增值税、契税、企业所得税等各有什么特点？

【例6-1】旧城改造项目取得土地使用权如何确认契税计税依据

甲房地产公司竞价取得某市旧城改造项目，除向政府缴纳土地出让金、各项配套费10 000万元外，还涉及拆迁还建50套商品房和货币拆迁补偿1 000万元。问：该公司前期办证时要缴纳的契税计税依据是多少？

【解析】

假设50套拆迁还建商品房依据被拆迁房屋面积和被拆迁房屋地段每平方米应支付的拆迁补偿标准及安置费用确定价值为2 500万元，则该公司取得旧城改造项目的企业所得税土地计税成本＝10 000万元＋1 000万元＋契税＋2 500万元。对于契税的计税依据，《财政部 国家税务总局关于国有土地使用权出让等有关契税问题的通知》（财税〔2004〕134号）规定，以竞价方式出让的，其契税计税价格一般应确定为竞价的成交价格，土地出让金、市政建设配套费以及各种补偿费用应包括在内。

依上述规定，该公司以竞价方式取得的旧城改造项目，契税的计税依据为13 500万元（10 000＋1 000＋2 500）。这与企业所得税土地计税成本是有差别的。

【例6-2】安置回迁房如何进行税务处理

乙房地产公司2×17年5月开发某城中村改造项目，该项目用地面积为

20 000 平方米，住宅建筑面积为 60 000 平方米。其中，用于安置回迁户村民的住宅面积为 10 000 平方米，其余 50 000 平方米的住宅由开发商自行销售或使用。该项目于 2×19 年 9 月完工。2×19 年 12 月开发项目全部销售完毕，房屋已交付业主入住；自行销售收入 25 000 万元。平均销售价格为 5 000 元/平方米。该项目工程竣工决算成本包括开发成本 16 000 万元，其中：土地征用费（不包括拆迁补偿费）6 000 万元，前期工程费 700 万元，建筑安装工程费 7 200 万元，基础设施建设费 1 600 万元，公共配套设施费 200 万元，开发间接费 300 万元。向某公司借款的利息为 400 万元（假定不超过金融企业同类同期贷款利率）。问：如何进行税务处理？

【解析】

1. 计算确定项目销售成本

（1）拆迁补偿费支出 = 10 000 × 5 000 ÷ 10 000 = 5 000（万元），整个项目土地成本 = 6 000 + 5 000 = 11 000（万元），含税销售收入 = 25 000 + 5 000 = 30 000（万元）。

（2）单位可售面积计税成本 =（16 000 + 5 000）÷ 60 000 = 0.35（万元/平方米）。

（3）补偿安置房销售成本 = 10 000 × 0.35 = 3 500（万元）。

（4）整个项目销售成本 = 3 500 + 50 000 × 0.35 = 21 000（万元）。

2. 企业所得税处理

《企业所得税法实施条例》第六十六条第三款规定："通过捐赠、投资、非货币性资产交换、债务重组等方式取得的无形资产，以该资产的公允价值和支付的相关税费为计税基础。"

以房屋进行拆迁补偿安置若无拆迁补偿协议价格，则要执行《房地产开发经营业务企业所得税处理办法》第七条的规定："企业将开发产品用于捐赠、赞助、职工福利、奖励、对外投资、分配给股东或投资人、抵偿债务、换取其他企事业单位和个人的非货币性资产等行为，应视同销售，于开发产品所有权或使用权转移，或于实际取得利益权利时确认收入（或利润）的实现。确认收入（或利润）的方法和顺序为：（一）按本企业近期或本年度最近月份同类开发产品市场销售价格确定；（二）由主管税务机关参照当地同类开发产品市场公允价值确定；（三）按开发产品的成本利润率确定。开发产品的成本利润率不得低于 15%，具体比例由主管税务机关确定。"因此，乙房地产公司的开发项目在 2×19 年 12 月交付入住时，同时也要确认销售收入和土地拆迁补偿支出。

【例6-3】取得土地使用权后收到的拆迁返还款如何进行会计和税务处理

中创房地产房地产2×18年拟参与某市城中村改造项目,前期先期垫付拆迁补偿资金20 000万元,2×19年通过"招拍挂"方式取得土地使用权,一次性支付土地使用权出让金50 000万元。拆迁补偿经政府评审后,一次性返还该房地产23 000万元,其中包含拆迁评审费2 000万元。问:在上述过程中企业该如何进行税务处理?

【解析】

当前土地出让要求以"熟地"出让,拆迁主要由政府主导,《国有土地上房屋征收与补偿条例》第四条规定:市、县级人民政府负责本行政区域的房屋征收与补偿工作。市、县级人民政府确定的房屋征收部门组织实施本行政区域的房屋征收与补偿工作。因此,房地产开发企业虽然参与拆迁,但并不是拆迁主体,也不是征收人。不过由于政府无充裕资金做支持,可能要求房地产开发企业先期介入拆迁,在房地产开发企业交纳土地出让金后,政府部门对房地产开发企业先期垫付资金进行部分返还。如果房地产开发企业竞拍土地成功,企业财务人员习惯于将所支付的实际支出及取得的所有票据计入土地成本,所以会产生上述错误观点。换一个角度来讲,假设房地产开发企业竞拍土地没有成功,那么企业当如何进行会计和税务处理呢?

增值税处理:根据增值税政策规定,建筑企业以清包工方式提供建筑服务,不采购工程所需的材料或只采购辅料,可选择适用简易计税方法按照3%的征收率计算缴纳增值税。因此,该企业若负责实质拆迁,提供建筑物拆除、平整土地劳务取得的收入可按"建筑服务"清包工简易计税方法缴纳增值税,税额 = 2 000÷(1+3%)×3% = 58.25(万元)。另外,该企业先期代理支付动迁补偿款,其收支差额,应按"经纪代理"税目缴纳增值税,税额 = (23 000 - 2 000 - 20 000)÷(1+6%)×6% = 56.60(万元)。

企业所得税处理:建筑服务收入[2 000÷(1+3%) = 1 941.75(万元)],加上代理支付动迁补偿款差额[(23 000 - 2 000 - 20 000)÷(1+6%) = 943.40(万元)],应计入当年的应纳税所得额。企业实际发生的与上述业务相关的成本费用可以在发生当年扣除。

土地增值税处理:《土地增值税暂行条例》第二条规定,转让国有土地使用权、地上的建筑物及其附着物并取得收入的单位和个人,为土地增值税的纳税义务人。《土地增值税暂行条例实施细则》第二条规定,条例第二条所称的转让国有土地使用权、地上的建筑物及其附着物并取得收入,是指以出售或者其他方式有偿转让房地产的行为。中创房地产企业取得的返还款 23 000 万元,属于提供建筑物拆除、平整土地劳务取得的收入、经纪代理服务取得的收入,以及先期垫付资金,不属于转让不动产收入,此收入不计算土地增值税清算收入,不征收土地增值税。

契税处理:企业缴纳的土地使用权出让金 50 000 万元可以全额计入开发成本中的土地征用费及拆迁补偿费。契税计税依据为所缴纳的土地使用权出让金 50 000 万元。

6.3 代建开发房地产的税务与会计处理

6.3.1 代建模式应符合的条件

代建模式至少应符合以下四个条件。

(1) 土地使用权归委托方所有,所有项目报批报建手续都在委托方名下。
(2) 项目建设资金由委托方提供,代建方不垫资。
(3) 签署代建协议,代建方仅收取管理费用或者相关服务费。
(4) 建设施工发票直接开给委托方。

【例 6-4】甲单位委托乙公司建设其办公大楼,乙公司负责办理拿地、规划、建设,甲单位按照约定进程支付款项,那么乙公司是否为代建?

又如,丙单位从政府手中以出让形式取得一块土地,委托丁公司建设其办公大楼,由丙单位办理立项、规划等手续,约定资金由丙单位提供,开发完成后,丙单位向丁公司支付项目总投入的 5% 的管理费。丁公司是否为代建?

【解析】

国税函〔1998〕554 号文件规定,房地产企业取得土地使用权并办理施工手续后根据委托方的要求进行施工,并按施工进度向委托方收取款项,工程完工后,替委托方办理产权转移等手续,上述房地产的行为属于销售不动产,应按"销售不动产"税目征收营业税。而营改增后,该规定是否有效及是否具有可操作性并没有明确的文件规定。增值税应该是沿袭营业税的相关政策的,由此看来,房屋立项及土地产权的归属问题是影响房地产代建项目纳税模式的重要因素。

由代建模式应符合的条件可以看出,本案例中,甲单位委托乙公司建设办公大楼属于房地产开发,而不是代建,只不过属于房地产开发的一种特殊行为,即定向开发业务。而丙单位委托丁公司建设办公大楼符合代建的条件,属于代建业务。

6.3.2 代建模式的税务与会计处理

1. 税务处理

(1) 增值税。

符合税法规定的代建模式,代建方应就取得的代建管理费或者服务费按"其他现代服务业"缴纳6%的增值税。

(2) 企业所得税。

将代建管理费确认收入,同时根据企业的应纳税所得额,按照25%(或者企业享受的优惠税率)缴纳企业所得税。

2. 会计处理

(1) 在代建业务中,委托方转入代建方的建设款项只需记入代建方往来科目即可,即"其他应付款——代建××项目",同时,代建方支付给实际建设施工企业的建设款应冲减该往来科目,最终剩余部分即为代建方管理费,结转确认代建方的收入并缴纳相关税费。

(2) 委托方同实际建设施工企业直接签署协议,或者委托方、代建方与建设施工企业签署三方协议,明确建设施工企业将发票直接开给委托方,代建方负责工程质量、进度等的把关。

在实际工作中,需要特别注意的是,企业在相关合同签署、会计处理及合规票据提供等细节问题方面,需要认真处理,以免业务与会计处理相背离。

第7章
房地产企业涉及税种的税务处理

7.1 增值税的税务处理

7.1.1 纳税人

根据规定,在中华人民共和国境内销售自行开发的房地产项目的企业,为增值税纳税人。

自行开发,是指在依法取得土地使用权的土地上进行基础设施和房屋建设。

房地产开发企业以接盘等形式购入未完工的房地产项目继续开发后,以自己的名义立项销售的,属于销售自行开发的房地产项目。

7.1.2 基本政策

商品房销售包括商品房现售和商品房预售。

(一)商品房现售

商品房现售,是指房地产开发企业将竣工验收合格的商品房出售给买受人,并由买受人支付房价款的行为。商品房现售应当符合以下条件:

(1)现售商品房的房地产开发企业应当具有企业法人营业执照和房地产开发企业资质证书;

(2)取得土地使用权证书或者使用土地的批准文件;

(3)持有建设工程规划许可证和施工许可证;

(4)已通过竣工验收;

(5)拆迁安置已经落实;

(6)供水、供电、供热、燃气、通信等配套基础设施具备交付使用条件,其他配套基础设施和公共设施具备交付使用条件或者已确定施工进度和交付

日期;

(7) 物业管理方案已经落实。

(二) 商品房预售

商品房预售,是指房地产开发企业将正在建设中的房屋预先出售给承购人,由承购人支付定金或房价款的行为。商品房预售应当符合以下条件:

(1) 已交付全部土地使用权出让金,取得土地使用权证书;

(2) 持有建设工程规划许可证和施工许可证;

(3) 按提供预售的商品房计算,投入开发建设的资金达到工程建设总投资的 25% 以上,并已经确定施工进度和竣工交付日期;

(4) 向县级以上人民政府房产管理部门办理预售登记,取得商品房预售许可证明。

7.1.3 征税范围

(一) 房地产企业增值税征税范围

房地产开发企业销售自行开发的房地产项目适用销售不动产税目。

销售不动产,是指转让不动产所有权的业务活动。不动产,是指不能移动或者移动后会引起性质、形状改变的财产,包括建筑物、构筑物等。

建筑物,包括住宅、商业营业用房、办公楼等可供居住、工作或者进行其他活动的建造物。

构筑物,包括道路、桥梁、隧道、水坝等建造物。

转让建筑物有限产权或者永久使用权的,转让在建的建筑物或者构筑物所有权的,以及在转让建筑物或者构筑物时一并转让其所占土地的使用权的,按照销售不动产缴纳增值税。

所销售的不动产在境内的,属于在境内销售不动产。

(二) 不征收增值税项目

在资产重组过程中,通过合并、分立、出售、置换等方式,将全部或者部分实物资产以及与其相关联的债权、负债和劳动力一并转让给其他单位和个人,其中涉及的不动产、土地使用权转让行为,不征收增值税。

(三) 视同销售

单位或者个人向其他单位或者个人无偿转让不动产,视同销售不动产,但用于公益事业或者以社会公众为对象的除外。

7.1.4 税率、征收率和预征率

（一）税率

房地产开发企业中的一般纳税人（以下简称"一般纳税人"）销售自行开发的房地产项目税率为9%。

（二）征收率

房地产开发企业中的小规模纳税人销售自行开发的房地产项目，以及一般纳税人按规定可选择简易计税方法的，征收率为5%。

（三）预征率

房地产开发企业采取预收款方式销售自行开发的房地产项目，应在收到预收款时按照3%的预征率预缴增值税。

7.1.5 应纳税额的计算

（一）计税方法

增值税的计税方法，包括一般计税方法和简易计税方法。

1. 一般计税方法

房地产开发企业中的一般纳税人销售自行开发的房地产项目，适用一般计税方法计税。

2. 简易计税方法

（1）房地产开发企业中的一般纳税人销售自行开发的房地产老项目，可以选择适用简易计税方法按照5%的征收率计税。一经选择简易计税方法计税的，36个月内不得变更为一般计税方法计税。

房地产老项目是指：建筑工程施工许可证注明的合同开工日期在2016年4月30日前的房地产项目；建筑工程施工许可证未注明合同开工日期或者未取得建筑工程施工许可证但建筑工程承包合同注明的开工日期在2016年4月30日前的建筑工程项目。

（2）房地产开发企业中的小规模纳税人，销售自行开发的房地产项目，按照5%的征收率计税。

（3）自2019年11月1日起，取消一般纳税人简易办法征收备案，取消后由纳税人通过办理申报直接享受，无须再报税务机关备案或核准。

（4）房地产开发企业中的一般纳税人以围填海方式取得土地并开发的房地产项目，围填海工程建筑工程施工许可证或建筑工程承包合同注明的围填海开工日期在 2016 年 4 月 30 日前的，属于房地产老项目，可以选择适用简易计税方法按照 5% 的征收率计算缴纳增值税。

一般纳税人发生财政部和国家税务总局规定的特定应税销售行为，一经选择适用简易计税方法计税，36 个月内不得变更。

（二）销售额的确定

1. 全部价款及价外费用的规定

（1）销售额通常是全部价款和价外费用。

销售额，是指纳税人发生应税行为取得的全部价款和价外费用，财政部和国家税务总局另有规定的除外。

房地产开发企业中的一般纳税人销售其开发的房地产项目（选择简易计税方法的房地产老项目除外），以取得的全部价款和价外费用，扣除受让土地时向政府部门支付的土地价款后的余额为销售额。"向政府部门支付的土地价款"包括土地受让人向政府部门支付的征地和拆迁补偿费用、土地前期开发费用和土地出让收益等。

（2）以下价外费用不计入销售额。

价外费用，是指价外收取的各种性质的收费，但不包括以下项目。

①代为收取并同时满足以下条件的政府性基金或者行政事业性收费。

a. 由国务院或者财政部批准设立的政府性基金，由国务院或者省级人民政府及其财政、价格主管部门批准设立的行政事业性收费。

b. 收取时开具省级以上（含省级）财政部门监（印）制的财政票据。

c. 所收款项全额上缴财政。

②以委托方名义开具发票代委托方收取的款项。

2. 一般计税方法的销售额确定及土地价款的扣减

（1）销售额的计算公式。

房地产开发企业中的一般纳税人销售自行开发的房地产项目，适用一般计税方法计税的，按照取得的全部价款和价外费用，扣除当期销售房地产项目对应的土地价款后的余额计算销售额。销售额的计算公式如下。

销售额 =（全部价款和价外费用 - 当期允许扣除的土地价款）÷（1 + 9%）

（2）当期允许扣除的土地价款的计算公式。

当期允许扣除的土地价款按照以下公式计算。

当期允许扣除的土地价款 =（当期销售房地产项目建筑面积 ÷ 房地产项目可供销售建筑面积）× 支付的土地价款

当期销售房地产项目建筑面积，是指当期进行纳税申报的增值税销售额对应的建筑面积。

房地产项目可供销售建筑面积，是指房地产项目可以出售的总建筑面积，不包括销售房地产项目时未单独作价结算的配套公共设施的建筑面积。

支付的土地价款，是指向政府、土地管理部门或受政府委托收取土地价款的单位直接支付的土地价款。

（3）土地价款的具体规定。

①向政府部门支付的土地价款，包括土地受让人向政府部门支付的征地和拆迁补偿费用、土地前期开发费用和土地出让收益等。房地产开发企业中的一般纳税人销售其开发的房地产项目（选择简易计税方法的房地产老项目除外），在取得土地时向其他单位或个人支付的拆迁补偿费用也允许在计算销售额时扣除。纳税人按上述规定扣除拆迁补偿费用时，应提供拆迁协议、拆迁双方支付和取得拆迁补偿费用凭证等能够证明拆迁补偿费用真实性的材料。

②房地产开发企业（包括多个房地产开发企业组成的联合体）受让土地向政府部门支付土地价款后，设立项目公司对该受让土地进行开发，同时符合下列条件的，可由项目公司按规定扣除房地产开发企业向政府部门支付的土地价款。

a. 房地产开发企业、项目公司、政府部门三方签订变更协议或补充合同，将土地受让人变更为项目公司。

b. 政府部门出让土地的用途、规划等条件不变的情况下，签署变更协议或补充合同时，土地价款总额不变。

c. 项目公司的全部股权由受让土地的房地产开发企业持有。

③房地产开发企业向政府部门支付的土地价款，以及向其他单位或个人支付的拆迁补偿费用，按照财税〔2016〕140号文件第七、八条规定，允许在计算销售额时扣除但未扣除的，从2016年12月（税款所属期）起按照现行规定计算扣除。

④在计算销售额时从全部价款和价外费用中扣除土地价款，应当取得省级以上（含省级）财政部门监（印）制的财政票据。

⑤一般纳税人应建立台账登记土地价款的扣除情况，扣除的土地价款不得超过纳税人实际支付的土地价款。

3. 适用简易计税方法计税的销售额

适用简易计税方法计税的，以取得的全部价款和价外费用为销售额，不得扣除对应的土地价款。

4. 核定销售额

纳税人发生应税行为,价格明显偏低或者偏高且不具有合理商业目的的,或者发生视同销售行为而无销售额的,主管税务机关有权按照下列顺序确定销售额。

①按照纳税人最近时期销售同类服务、无形资产或者不动产的平均价格确定。

②按照其他纳税人最近时期销售同类服务、无形资产或者不动产的平均价格确定。

③按照组成计税价格确定。组成计税价格的公式如下。

$$组成计税价格 = 成本 \times (1 + 成本利润率)$$

成本利润率由国家税务总局确定。

不具有合理商业目的,是指以谋取税收利益为主要目的,通过人为安排,减少、免除、推迟缴纳增值税税款,或者增加退还增值税税款。

(三) 增值税进项税额抵扣

一般纳税人销售自行开发的房地产项目,兼有一般计税方法计税、简易计税方法计税、免征增值税的房地产项目而无法划分不得抵扣的进项税额的,应以建筑工程施工许可证注明的"建设规模"为依据进行划分。不得抵扣的进项税额的计算公式如下。

不得抵扣的进项税额 = 当期无法划分的全部进项税额 ×(简易计税、免税房地产项目建设规模 ÷ 房地产项目总建设规模)

(四) 预缴税款

房地产开发企业采取预收款方式销售自行开发的房地产项目,应在收到预收款时按照3%的预征率预缴增值税。

1. 一般纳税人的预缴

一般纳税人采取预收款方式销售自行开发的房地产项目,应在收到预收款时按照3%的预征率预缴增值税。

应预缴税款按照以下公式计算。

$$应预缴税款 = 预收款 \div (1 + 适用税率或征收率) \times 3\%$$

适用一般计税方法计税的,按照9%的适用税率计算;适用简易计税方法计税的,按照5%的征收率计算。

一般纳税人应在取得预收款的次月纳税申报期向主管税务机关预缴税款。

2．小规模纳税人的预缴

房地产开发企业中的小规模纳税人（以下简称"小规模纳税人"）采取预收款方式销售自行开发的房地产项目，应在收到预收款时按照3%的预征率预缴增值税。

应预缴税款按照以下公式计算。

$$应预缴税款 = 预收款 \div (1 + 5\%) \times 3\%$$

小规模纳税人应在取得预收款的次月纳税申报期或主管税务机关核定的纳税期限向主管税务机关预缴税款。

3．预缴申报的资料报送

房地产开发企业销售自行开发的房地产项目，按照规定预缴税款时，应填报2份《增值税预缴税款表》。

4．预缴税款抵减应纳税额

（1）未抵减免完的预缴税款可以结转下期继续抵减。

一般纳税人销售自行开发的房地产项目适用一般计税方法计税的，应按照《营业税改征增值税试点实施办法》（以下简称《试点实施办法》）第四十五条规定的纳税义务发生时间，以当期销售额和9%的适用税率（注：现行税率9%）计算当期应纳税额，抵减已预缴税款后，向主管税务机关申报纳税。未抵减完的预缴税款可以结转下期继续抵减。

一般纳税人销售自行开发的房地产项目适用简易计税方法计税的，应按照《试点实施办法》第四十五条规定的纳税义务发生时间，以当期销售额和5%的征收率计算当期应纳税额，抵减已预缴税款后，向主管税务机关申报纳税。未抵减完的预缴税款可以结转下期继续抵减。

小规模纳税人销售自行开发的房地产项目，应按照《试点实施办法》第四十五条规定的纳税义务发生时间，以当期销售额和5%的征收率计算当期应纳税额，抵减已预缴税款后，向主管税务机关申报纳税。未抵减完的预缴税款可以结转下期继续抵减。

（2）完税凭证是抵减的凭证。

房地产开发企业以预缴税款抵减应纳税额，应以完税凭证作为合法有效凭证。

5．预缴税款的会计处理及何时抵缴未交增值税

企业预缴增值税时，借记"应交税费——预交增值税"科目，贷记"银行存款"科目。月末，企业应将"预交增值税"明细科目余额转入"未交增值

税"明细科目,借记"应交税费——未交增值税"科目,贷记"应交税费——预交增值税"科目。

房地产开发企业在预缴增值税后,应直至纳税义务发生时方可从"应交税费——预交增值税"科目结转至"应交税费——未交增值税"科目。

根据上述规定,房地产项目预缴税款可以抵减的时间是在项目纳税义务发生之后。纳税义务发生之前,该项目对应的预缴税款不能抵减,只有当项目纳税义务发生了,项目对应预缴税款才予以抵减。

6. 未预缴的处罚

纳税人未按照规定的期限办理纳税申报和报送纳税资料的,或者扣缴义务人未按照规定的期限向税务机关报送代扣代缴、代收代缴税款报告表和有关资料的,由税务机关责令限期改正,可以处 2 000 元以下的罚款;情节严重的,可以处 2 000 元以上 10 000 元以下的罚款。

7. 一般纳税人的暂停预缴

一般纳税人跨省(自治区、直辖市或者计划单列市)销售取得的与机构所在地不在同一省(自治区、直辖市或者计划单列市)的不动产,在机构所在地申报纳税时,计算的应纳税额小于已预缴税额,且差额较大的,由国家税务总局通知不动产所在地省级税务机关,在一定时期内暂停预缴增值税。

7.1.6 征收管理

(一)纳税申报

房地产开发企业销售自行开发的房地产项目适用一般计税方法计税的,应按照纳税义务发生时间,以当期销售额和9%的适用税率计算当期应纳税额,抵减已预缴税款后,向主管税务机关申报纳税。未抵减完的预缴税款可以结转下期继续抵减。

房地产开发企业销售自行开发的房地产项目适用简易计税方法计税的,应按照纳税义务发生时间,以当期销售额和5%的征收率计算当期应纳税额,抵减已预缴税款后,向主管税务机关申报纳税。未抵减完的预缴税款可以结转下期继续抵减。

(二)纳税义务发生时间

(1)纳税人发生应税行为并收讫销售款项或者取得索取销售款项凭据的当天;先开具发票的,为开具发票的当天。

收讫销售款项,是指纳税人销售不动产过程中或者完成后收到款项。

取得索取销售款项凭据的当天，是指书面合同确定的付款日期；未签订书面合同或者书面合同未确定付款日期的，为不动产权属变更的当天。

（2）纳税人发生视同销售情形的，其纳税义务发生时间为不动产权属变更的当天。

在实践中，目前各地对房地产企业销售不动产的增值税纳税义务发生时间有不同的规定。

（三）纳税地点

固定业户应当向其机构所在地或者居住地主管税务机关申报纳税。总机构和分支机构不在同一县（市）的，应当分别向各自所在地的主管税务机关申报纳税；经财政部和国家税务总局或者其授权的财政和税务机关批准，可以由总机构汇总向总机构所在地的主管税务机关申报纳税。

属于固定业户的试点纳税人，总分支机构不在同一县（市），但在同一省（自治区、直辖市、计划单列市）范围内的，经省（自治区、直辖市、计划单列市）财政厅（局）和国家税务总局批准，可以由总机构汇总向总机构所在地的主管税务机关申报缴纳增值税。

（四）发票管理

纳税人提供应税服务，应当向索取增值税专用发票的接受方开具增值税专用发票，并在增值税专用发票上分别注明销售额和销项税额。

属于下列情形之一的，不得开具增值税专用发票。

（1）向消费者个人提供应税服务。

（2）适用免征增值税规定的应税服务。

小规模纳税人提供应税服务，接受方索取增值税专用发票的，可以向主管税务机关申请代开。

7.1.7 税收优惠与发票开具规定

（一）税收减免

纳税人提供应税服务适用免税、减税规定的，可以放弃免税、减税，依照相关规定缴纳增值税。放弃免税、减税后，36个月内不得再申请免税、减税。

纳税人提供应税服务同时适用免税和零税率规定的，优先适用零税率。

个人提供应税服务的销售额未达到增值税起征点的，免征增值税；达到起征点的，全额计算缴纳增值税。

增值税起征点不适用于认定为一般纳税人的个体工商户。

增值税起征点幅度如下。

（1）按期纳税的，为月销售额 5 000 ~ 20 000 元（含本数）。

（2）按次纳税的，为每次（日）销售额 300 ~ 500 元（含本数）。

起征点的调整由财政部和国家税务总局规定。省、自治区、直辖市财政厅（局）和国家税务总局应当在规定的幅度内，根据实际情况确定本地区适用的起征点，并报财政部和国家税务总局备案。

（二）税收优惠

1. 取消增值税备案

自 2019 年 11 月 1 日起，取消增值税备案，取消后由纳税人通过办理申报直接享受，无须再报税务机关备案或核准。

2. 房改房优惠

为配合国家住房制度改革，企业、行政事业单位按房改成本价、标准价出售住房免征增值税。

（三）发票开具规定

1. 增值税发票种类

（1）增值税专用发票。

增值税专用发票由基本联次或者基本联次附加其他联次构成，分为三联版和六联版两种。基本联次为三联：第一联为记账联，是销售方记账凭证；第二联为抵扣联，是购买方扣税凭证；第三联为发票联，是购买方记账凭证。其他联次用途，由纳税人自行确定。纳税人办理产权过户手续需要使用发票的，可以使用增值税专用发票第六联。

（2）增值税普通发票。

①增值税普通发票（折叠票）。

增值税普通发票（折叠票）由基本联次或者基本联次附加其他联次构成，分为两联版和五联版两种。基本联次为两联：第一联为记账联，是销售方记账凭证；第二联为发票联，是购买方记账凭证。其他联次用途，由纳税人自行确定。纳税人办理产权过户手续需要使用发票的，可以使用增值税普通发票第三联。

②增值税普通发票（卷票）。

增值税普通发票（卷票）有两种规格：57mm × 177.8mm、76mm × 177.8mm，均为单联。自 2017 年 7 月 1 日起，纳税人可按照《中华人民共和国发票管理办法》及其实施细则要求，书面向税务机关要求使用印有本单位名称的增值税普通发票（卷票），税务机关按规定确认印有该单位名称发票的种类和数量。纳税人通过新系统开具印有本单位名称的增值税普通发票（卷票）。印有本单位名称的增值税普通发票（卷票），由国家税务总局统一招标采购的增值税普通发票（卷票）中标厂商印制，其式样、规格、联次和防伪措施等与原有增值税普通发票（卷票）一致，并加印企业发票专用章。使用印有本单位名称的增值税普通发票（卷票）的企业，按照《国家税务总局 财政部关于冠名发票印制费结算问题的通知》（税总发〔2013〕53号）规定，与发票印制企业直接结算印制费用。

③增值税电子普通发票。

增值税电子普通发票的开票方和受票方需要纸质发票的，可以自行打印增值税电子普通发票的版式文件，其法律效力、基本用途、基本使用规定等与税务机关监制的增值税普通发票相同。

（3）机动车销售统一发票。

从事机动车零售业务的单位和个人，在销售机动车（不包括销售旧机动车）收取款项时，开具机动车销售统一发票。机动车销售统一发票为计算机六联式发票：第一联为发票联，是购货单位付款凭证；第二联为抵扣联，是购货单位扣税凭证；第三联为报税联，由车辆购置税征收单位留存；第四联为注册登记联，由车辆登记单位留存；第五联为记账联，是销货单位记账凭证；第六联为存根联，由销货单位留存。

（4）二手车销售统一发票。

自2018年4月1日起，二手车交易市场、二手车经销企业、经纪机构和拍卖企业应当通过增值税发票管理新系统开具二手车销售统一发票。

二手车销售统一发票"车价合计"栏次仅注明车辆价款。二手车交易市场、二手车经销企业、经纪机构和拍卖企业在办理过户手续过程中收取的其他费用，应当单独开具增值税发票。

2. 纳税人开具发票的基本规定

（1）开票系统的使用。

①增值税一般纳税人销售货物、提供加工修理修配劳务和发生应税行为，使用新系统开具增值税专用发票、增值税普通发票、机动车销售统一发票、二手车销售统一发票、增值税电子普通发票。

纳入新系统推行范围的小规模纳税人，使用新系统开具增值税普通发票、机动车销售统一发票、二手车销售统一发票、增值税电子普通发票。

纳入增值税小规模纳税人自开增值税专用发票试点的小规模纳税人需要开具增值税专用发票的，可以通过新系统自行开具，主管税务机关不再为其代开。纳入增值税小规模纳税人自开增值税专用发票试点的小规模纳税人销售其取得的不动产，需要开具增值税专用发票的，须向税务机关申请代开。

②国家税务总局编写了《商品和服务税收分类与编码（试行）》，并在新系统中增加了商品和服务税收分类与编码相关功能。使用新系统的增值税纳税人，应使用新系统选择相应的商品和服务税收分类与编码开具增值税发票。

自2018年1月1日起，纳税人通过增值税发票管理新系统开具增值税发票时，商品和服务税收分类编码对应的简称会自动显示并打印在发票票面"货物或应税劳务、服务名称"或"项目"栏次中。

③纳税人应在互联网连接状态下在线使用新系统开具增值税发票，新系统可自动上传已开具的发票明细数据。

纳税人因网络故障等原因无法在线开票的，在税务机关设定的离线开票时限和离线开具发票总金额范围内仍可开票，超限将无法开具发票。纳税人开具发票次月仍未连通网络上传已开具发票明细数据的，也将无法开具发票。纳税人需连通网络上传发票数据后方可开票，若仍无法连通网络，需携带专用设备到税务机关进行征期报税或非征期报税后方可开票。

纳税人已开具未上传的增值税发票为离线发票。离线开票时限是指自第一份离线发票开具时间起开始计算可离线开具的最长时限。离线开票总金额是指可开具离线发票的累计不含税总金额，离线开票总金额按不同票种分别计算。

纳税人离线开票时限和离线开票总金额的设定标准及方法由各省、自治区、直辖市和计划单列市税务局确定。

按照有关规定不使用网络办税或不具备网络条件的特定纳税人，以离线方式开具发票，不受离线开票时限和离线开具发票总金额限制。

（2）销售商品、提供服务以及从事其他经营活动的单位和个人，对外发生经营业务收取款项，收款方应当向付款方开具发票；特殊情况下，由付款方向收款方开具发票。

销售方开具增值税发票时，发票内容应按照实际销售情况如实开具，不得根据购买方要求填开与实际交易不符的内容。销售方开具发票时，通过销售平台系统与增值税发票税控系统后台对接，导入相关信息开票的，系统导入的开票数据内容应与实际交易相符，如不相符应及时修改完善销售平台系统。

所有单位和从事生产、经营活动的个人在购买商品、接受服务以及从事其他经营活动支付款项,应当向收款方取得发票。取得发票时,不得要求变更品名和金额。

任何单位和个人不得有下列虚开发票行为:

①为他人、为自己开具与实际经营业务情况不符的发票;

②让他人为自己开具与实际经营业务情况不符的发票;

③介绍他人开具与实际经营业务情况不符的发票。

不符合规定的发票,不得作为税收凭证用于办理涉税业务,如计税、退税、抵免等。

(3)增值税纳税人购买货物、劳务、服务、无形资产或不动产,索取增值税专用发票时,须向销售方提供购买方名称(不得为自然人)、纳税人识别号或统一社会信用代码、地址、电话、开户行及账号信息,不需要提供营业执照、税务登记证、组织机构代码证、开户许可证、增值税一般纳税人资格登记表等相关证件或其他证明材料。

自 2017 年 7 月 1 日起,购买方为企业(包括公司、非公司制企业法人、企业分支机构、个人独资企业、合伙企业和其他企业)的,索取增值税普通发票时,应向销售方提供纳税人识别号或统一社会信用代码;销售方为其开具增值税普通发票时,应在"购买方纳税人识别号"栏填写购买方的纳税人识别号或统一社会信用代码。

个人消费者购买货物、劳务、服务、无形资产或不动产,索取增值税普通发票时,不需要向销售方提供纳税人识别号、地址、电话、开户行及账号信息,也不需要提供相关证件或其他证明材料。

(4)纳税人应在发生增值税纳税义务时开具发票。

单位和个人在开具发票时,必须做到按照号码顺序填开,填写项目齐全,内容真实,字迹清楚,全部联次一次打印,内容完全一致,并在发票联和抵扣联加盖发票专用章。

开具发票应当使用中文。民族自治地方可以同时使用当地通用的一种民族文字。

(5)增值税专用发票应按下列要求开具:

①项目齐全,与实际交易相符;

②字迹清楚,不得压线、错格;

③发票联和抵扣联加盖发票专用章;

④按照增值税纳税义务的发生时间开具。

不符合上述要求的增值税专用发票，购买方有权拒收。

一般纳税人销售货物、提供加工修理修配劳务和发生应税行为可汇总开具增值税专用发票。汇总开具增值税专用发票的，同时使用新系统开具《销售货物或者提供应税劳务清单》，并加盖发票专用章。

属于下列情形之一的，不得开具增值税专用发票。

①向消费者个人销售货物、提供应税劳务或者发生应税行为的。

②销售货物、提供应税劳务或者发生应税行为适用增值税免税规定的，法律、法规及国家税务总局另有规定的除外。

③部分适用增值税简易征收政策规定的：增值税一般纳税人的单采血浆站销售非临床用人体血液选择简易计税的；纳税人销售旧货，按简易办法依3%征收率减按2%征收增值税的；纳税人销售自己使用过的固定资产，适用按简易办法依3%征收率减按2%征收增值税政策的。

纳税人销售自己使用过的固定资产，适用简易办法依照3%征收率减按2%征收增值税政策的，可以放弃减税，按照简易办法依照3%征收率缴纳增值税，并可以开具增值税专用发票。

④法律、法规及国家税务总局规定的其他情形。

（6）纳税人在开具增值税专用发票当月，发生销货退回、开票有误等情形，收到退回的发票联、抵扣联符合作废条件的，按作废处理；开具时发现有误的，可即时作废。

作废增值税专用发票须在新系统中将相应的数据电文按"作废"处理，在纸质增值税专用发票（含未打印的增值税专用发票）各联次上注明"作废"字样，全联次留存。

同时具有下列情形的，应按作废处理：收到退回的发票联、抵扣联，且时间未超过销售方开票当月；销售方未抄税且未记账；购买方未认证，或者认证结果为"纳税人识别号认证不符""增值税专用发票代码、号码认证不符"。

（7）纳税人开具增值税专用发票后，发生销货退回、开票有误、应税服务中止等情形但不符合发票作废条件，或者因销货部分退回及发生销售折让，需要开具红字增值税专用发票的，按以下方法处理。

①购买方取得增值税专用发票已用于申报抵扣的，购买方可在新系统中填开并上传《开具红字增值税专用发票信息表》（以下简称《信息表》），在填开《信息表》时不填写相对应的蓝字增值税专用发票信息，应暂依《信息表》所列增值税税额从当期进项税额中转出，待取得销售方开具的红字增值税专用发

票后,与《信息表》一并作为记账凭证。

购买方取得增值税专用发票未用于申报抵扣,但发票联或抵扣联无法退回的,购买方填开《信息表》时应填写相对应的蓝字增值税专用发票信息。

销售方开具增值税专用发票尚未交付购买方,以及购买方未用于申报抵扣并将发票联及抵扣联退回的,销售方可在新系统中填开并上传《信息表》。销售方填开《信息表》时应填写相对应的蓝字增值税专用发票信息。

②主管税务机关通过网络接收纳税人上传的《信息表》,系统自动校验通过后,生成带有"红字发票信息表编号"的《信息表》,并将信息同步至纳税人端系统中。

③销售方凭税务机关系统校验通过的《信息表》开具红字增值税专用发票,在新系统中以销项负数开具。红字增值税专用发票应与《信息表》一一对应。

④纳税人也可凭《信息表》电子信息或纸质资料到税务机关对《信息表》内容进行系统校验。

(8)纳税人开具增值税普通发票后,如发生销货退回、开票有误、应税服务中止等情形但不符合发票作废条件,或者因销货部分退回及发生销售折让,需要开具红字发票的,应收回原发票并注明"作废"字样或取得对方有效证明。

纳税人需要开具红字增值税普通发票的,可以在所对应的蓝字发票金额范围内开具多份红字发票。红字机动车销售统一发票需与原蓝字机动车销售统一发票一一对应。

3. 税务机关代开发票基本规定

(1)代开发票范围。

①已办理税务登记的小规模纳税人(包括个体工商户)以及国家税务总局确定的其他可予代开增值税专用发票的纳税人,发生增值税应税行为,可以申请代开增值税专用发票。

②有以下情形之一的,可以向税务机关申请代开增值税普通发票:被税务机关依法收缴发票或者停止发售发票的纳税人,取得经营收入需要开具增值税普通发票的;正在申请办理税务登记的单位和个人,对其自领取营业执照之日起至取得税务登记证件期间发生的业务收入需要开具增值税普通发票的;应办理税务登记而未办理的单位和个人,主管税务机关应当依法予以处理,并在补办税务登记手续后,对其自领取营业执照之日起至取得税务登记证件期间发生的业务收入需要开具增值税普通发票的;依法不需要办理税务登记的单位和个人,临时取得收入,需要开具增值税普通发票的。

（2）代开发票种类。

税务机关使用新系统代开增值税专用发票和增值税普通发票。代开增值税专用发票使用六联票，代开增值税普通发票使用五联票。

纳税人销售其取得的不动产和其他个人出租不动产申请代开增值税专用发票，第四联由代开发票岗位留存，以备发票扫描补录；第五联交征收岗位留存，用于代开发票与征收税款的定期核对；其他联次交纳税人。纳税人因其他业务申请代开增值税专用发票的，第五联由代开发票岗位留存，以备发票的扫描补录；第六联交税款征收岗位，用于代开发票税额与征收税款的定期核对；其他联次交增值税纳税人。

税务机关代开发票部门通过新系统代开增值税发票，系统自动在发票上打印"代开"字样。

（3）代开发票办理流程。

①提交《代开增值税发票缴纳税款申报单》。

②自然人申请代开发票，提交身份证件及复印件。

其他纳税人申请代开发票，提交加载统一社会信用代码的营业执照经办人身份证件及复印件。

③申报缴纳增值税等有关税费。

④领取发票。

4. 税务机关代开发票具体规定

（1）税务机关代开发票岗位应按下列要求填开增值税发票。

①"单价"和"金额"栏分别填写不含增值税税额的单价和销售额。

②"税率"栏填写增值税征收率。

③"销售方名称"栏填写代开税务机关名称。

④"销售方纳税人识别号"栏填写代开税务机关的统一代码。

⑤"销售方开户行及账号"栏填写税收完税凭证字轨及号码或系统税票号码（免税代开增值税普通发票可不填写）。

⑥备注栏。备注栏内注明纳税人名称和纳税人识别号。税务机关为跨县（市、区）提供不动产经营租赁服务、建筑服务的小规模纳税人（不包括其他个人）代开增值税发票时，在发票备注栏中自动打印"YD"字样。税务机关为纳税人代开建筑服务发票时应在发票的备注栏注明建筑服务发生地县（市、区）名称及项目名称。税务机关为个人保险代理人汇总代开增值税发票时，应在备注栏内注明"个人保险代理人汇总代开"字样。税务机关为出售或出租不动产

代开发票时应在备注栏注明不动产的详细地址。

⑦代开增值税普通发票的，购买方为自然人或符合下列 4 项条件之一的单位（机构），可不填写纳税人识别号：我国在境外设立的组织机构；非常设组织机构；组织机构的内设机构；军队、武警部队的序列单位等。

（2）印章加盖。

增值税纳税人应在代开增值税专用发票的备注栏上，加盖本单位的发票专用章（为其他个人代开的特殊情况除外）。税务机关在代开增值税普通发票以及为其他个人代开增值税专用发票的备注栏上，加盖税务机关代开发票专用章。

（3）月销售额不超过 3 万元（按季纳税 9 万元）的增值税小规模纳税人代开增值税专用发票税款有关问题。

增值税小规模纳税人月销售额不超过 3 万元（按季纳税 9 万元）的，当期因代开增值税专用发票已经缴纳的税款，在增值税专用发票全部联次追回或者按规定开具红字增值税专用发票后，可以向主管税务机关申请退还。

5. 房地产相关发票开具特殊规定

（1）销售不动产发票开具基本规定。

销售不动产，纳税人自行开具或者税务机关代开增值税发票时，应在发票"货物或应税劳务、服务名称"栏填写不动产名称及房屋产权证书号码（无房屋产权证书的可不填写），"单位"栏填写面积单位，备注栏注明不动产的详细地址。

（2）房地产开发企业销售自行开发的房地产项目发票开具规定。

①房地产开发企业中的一般纳税人销售其自行开发的房地产项目（选择简易计税方法的房地产老项目除外），以取得的全部价款和价外费用，扣除受让土地时向政府部门支付的土地价款、在取得土地时向其他单位或个人支付的拆迁补偿费用后的余额为销售额。

房地产开发企业中的一般纳税人销售自行开发的房地产老项目，可以选择适用简易计税方法，以取得的全部价款和价外费用为销售额，不得扣除对应的土地价款。

发票开具：一般纳税人销售自行开发的房地产项目，自行开具增值税发票。一般纳税人销售自行开发的房地产项目，其 2016 年 4 月 30 日前收取并已向原主管地税机关申报缴纳营业税的预收款，未开具营业税发票的，可以开具增值税普通发票，不得开具增值税专用发票，该规定并无开具增值税普通发票的时间限制。一般纳税人向其他个人销售自行开发的房地产项目，不得开具增值税专用发票。

②房地产开发企业中的小规模纳税人，销售自行开发的房地产项目，按照5%的征收率计税。

发票开具：小规模纳税人销售自行开发的房地产项目，自行开具增值税普通发票。购买方需要增值税专用发票的，小规模纳税人向主管税务机关申请代开。小规模纳税人销售自行开发的房地产项目，其2016年4月30日前收取并已向原主管地税机关申报缴纳营业税的预收款，未开具营业税发票的，可以开具增值税普通发票，不得申请代开增值税专用发票，该规定并无开具增值税普通发票的时间限制。小规模纳税人向其他个人销售自行开发的房地产项目，不得申请代开增值税专用发票。

一般纳税人销售自行开发的房地产项目，自行开具增值税发票。小规模纳税人销售自行开发的房地产项目，自行开具增值税普通发票。购买方需要增值税专用发票的，小规模纳税人向主管税务机关申请代开。

房地产开发企业向其他个人销售自行开发的房地产项目，不得开具增值税专用发票或者申请代开增值税专用发票。

房地产开发企业销售自行开发的房地产项目，其2016年4月30日前收取并已向主管地税机关申报缴纳营业税的预收款，未开具营业税发票的，可以开具增值税普通发票，不得开具增值税专用发票或者申请代开增值税专用发票。

全面推行小规模纳税人自行开具增值税专用发票。国家税务总局进一步扩大小规模纳税人自行开具增值税专用发票范围，小规模纳税人（其他个人除外）发生增值税应税行为、需要开具增值税专用发票的，可以自愿使用增值税发票管理系统自行开具。

销售不动产，纳税人自行开具或者税务机关代开增值税发票时，应在发票"货物或应税劳务、服务名称"栏填写不动产名称及房屋产权证书号码（无房屋产权证书的可不填写），"单位"栏填写面积单位，备注栏注明不动产的详细地址。

纳税人2016年5月1日前发生的营业税涉税业务，包括已经申报缴纳营业税或补缴营业税的业务，需要补开发票的，可以开具增值税普通发票。纳税人应完整保留相关资料备查。

自2019年9月20日起，纳税人需要通过增值税发票管理系统开具13%、9%、6%税率蓝字发票的，应向主管税务机关提交《开具原适用税率发票承诺书》，办理临时开票权限。临时开票权限有效期限为24小时，纳税人应在获取临时开票权限的规定期限内开具原适用税率发票。

纳税人办理临时开票权限,应保留交易合同、红字发票、收讫款项证明等相关材料,以备查验。

纳税人未按规定开具原适用税率发票的,主管税务机关应按照现行有关规定进行处理。

6. 其他开具规定

(1) 差额征税发票开具规定。

纳税人或者税务机关通过新系统中差额征税开票功能开具增值税发票时,录入含税销售额(或含税评估额)和扣除额,系统自动计算税额和不含税金额,备注栏自动打印"差额征税"字样,发票开具不应与其他应税行为混开。

(2) 电子发票开具规定。

①使用增值税电子普通发票的纳税人应通过增值税电子发票系统开具。

②增值税电子普通发票的开票方和受票方需要纸质发票的,可以自行打印增值税电子普通发票的版式文件,其法律效力、基本用途、基本使用规定等与税务机关监制的增值税普通发票相同。

(3) 机动车销售统一发票开具规定。

①纳税人从事机动车(旧机动车除外)零售业务须开具机动车销售统一发票。

②"纳税人识别号"栏内打印购买方纳税人识别号,如购买方需要抵扣增值税税款,该栏必须填写。

③填写"购买方名称及身份证号码/组织机构代码"栏时,"身份证号码/组织机构代码"应换行打印在"购买方名称"的下方。

④"完税凭证号码"栏内打印代开机动车销售统一发票时对应开具的增值税完税凭证号码,自开机动车销售统一发票时此栏为空。

⑤纳税人销售免征增值税的机动车,通过新系统开具时应在机动车销售统一发票"增值税税率或征收率"栏选填"免税",机动车销售统一发票"增值税税率或征收率"栏自动打印显示"免税","增值税税额"栏自动打印显示"＊＊＊";机动车销售统一发票票面"不含税价"栏和"价税合计"栏填写金额相等。

⑥如发生退货,应在价税合计的大写金额第一字前加"负数"字样,在小写金额前加"-"号。

⑦纳税人丢失机动车销售统一发票的,如在办理车辆登记和缴纳车辆购置

税手续前丢失,应先按照以下程序办理补开机动车销售统一发票的手续,再按已丢失发票存根联的信息开红字发票。

补开机动车销售统一发票的具体程序为:①丢失机动车销售统一发票的消费者到机动车销售单位取得机动车销售统一发票存根联复印件(加盖销售单位发票专用章);②到机动车销售方所在地主管税务机关盖章确认并登记备案;③由机动车销售单位重新开具与原机动车销售统一发票存根联内容一致的机动车销售统一发票。

(4)收购业务发票开具规定。

纳税人通过新系统使用增值税普通发票开具收购发票,系统在发票左上角自动打印"收购"字样。

(5)稀土企业发票开具规定。

①从事稀土产品生产、商贸流通的增值税一般纳税人必须通过新系统开具增值税专用发票和增值税普通发票。

②销售稀土产品必须开具增值税专用发票,增值税专用发票的"货物或应税劳务"栏内容通过系统中的稀土产品目录库选择,"单位"栏选择公斤或吨,"数量"栏按照折氧化物计量填写,系统在发票左上角自动打印"XT"字样。

③销售稀土产品以及其他货物或应税劳务,应当分别开具发票。销售稀土矿产品和稀土冶炼分离产品也应当分别开具发票,不得在同一张发票上混开。

④不得汇总开具增值税专用发票。

(6)预付卡业务发票开具规定。

①单用途商业预付卡(以下简称"单用途卡")业务按照以下规定执行。

单用途卡发卡企业或者售卡企业(以下统称"售卡方")销售单用途卡,或者接受单用途卡持卡人充值取得的预收资金,不缴纳增值税。售卡方可按照规定,向购卡人、充值人开具增值税普通发票,不得开具增值税专用发票。

持卡人使用单用途卡购买货物或服务时,货物或者服务的销售方应按照现行规定缴纳增值税,且不得向持卡人开具增值税发票。

销售方与售卡方不是同一个纳税人的,销售方在收到售卡方结算的销售款时,应向售卡方开具增值税普通发票,并在备注栏注明"收到预付卡结算款",不得开具增值税专用发票。

售卡方从销售方取得的增值税普通发票,作为其销售单用途卡或接受单用途卡充值取得预收资金不缴纳增值税的凭证,留存备查。

②支付机构预付卡(以下简称"多用途卡")业务按照以下规定执行。

支付机构销售多用途卡取得的等值人民币资金,或者接受多用途卡持卡人充值取得的充值资金,不缴纳增值税。支付机构可按照规定,向购卡人、充值人开具增值税普通发票,不得开具增值税专用发票。

持卡人使用多用途卡,向与支付机构签署合作协议的特约商户购买货物或服务,特约商户应按照现行规定缴纳增值税,且不得向持卡人开具增值税发票。

特约商户收到支付机构结算的销售款时,应向支付机构开具增值税普通发票,并在备注栏注明"收到预付卡结算款",不得开具增值税专用发票。

支付机构从特约商户取得的增值税普通发票,作为其销售多用途卡或接受多用途卡充值取得预收资金不缴纳增值税的凭证,留存备查。

③发售加油卡、加油凭证销售成品油的纳税人(以下简称"预售单位")在售卖加油卡、加油凭证时,应按预收账款方法做相关会计处理,不征收增值税。

预售单位在发售加油卡或加油凭证时可开具普通发票,如购油单位要求开具增值税专用发票,待用户凭卡或加油凭证加油后,根据加油卡或加油凭证回笼记录,向购油单位开具增值税专用发票。接受加油卡或加油凭证销售成品油的单位与预售单位结算油款时,接受加油卡或加油凭证销售成品油的单位根据实际结算的油款向预售单位开具增值税专用发票。

(7)不征收增值税项目发票开具规定。

商品和服务税收分类与编码的6"未发生销售行为的不征税项目",用于纳税人收取款项但未发生销售货物、应税劳务、服务、无形资产或不动产的情形。

"未发生销售行为的不征税项目"下设601"预付卡销售和充值"、602"销售自行开发的房地产项目预收款"、603"已申报缴纳营业税未开票补开票"。

使用"未发生销售行为的不征税项目"编码,发票税率栏应填写"不征税",不得开具增值税专用发票。

(8)营业税涉税业务发票补开。

纳税人2016年5月1日前发生的营业税涉税业务,包括已经申报缴纳营业税或补缴营业税的业务,需要补开发票的,可以开具增值税普通发票。纳税人应完整保留相关资料备查。

(9)税务机构改革涉及发票问题。

2018年6月15日起,启用新的发票监制章。

7. 发票查验、丢失处理及违章处理

（1）发票查验。

取得增值税发票的单位和个人可登录全国增值税发票查验平台，对新系统开具的增值税专用发票、增值税普通发票、机动车销售统一发票、二手车销售统一发票和增值税电子普通发票的发票信息进行查验，单位和个人通过网页浏览器首次登录平台时，应下载安装根证书文件，查看平台提供的发票查验操作说明。

（2）发票丢失处理。

纳税人丢失增值税专用发票的，按以下方法处理。

一般纳税人丢失已开具增值税专用发票的抵扣联，如果丢失前已认证相符，可使用增值税专用发票发票联复印件留存备查；如果丢失前未认证，可使用增值税专用发票发票联认证，增值税专用发票发票联复印件留存备查。

一般纳税人丢失已开具增值税专用发票的发票联，可将增值税专用发票抵扣联作为记账凭证，增值税专用发票抵扣联复印件留存备查。

一般纳税人丢失已开具增值税专用发票的发票联和抵扣联，如果丢失前已认证相符，购买方可凭销售方提供的相应增值税专用发票记账联复印件及销售方主管税务机关出具的《丢失增值税专用发票已报税证明单》（以下统称《证明单》），作为增值税进项税额的抵扣凭证；如果丢失前未认证，购买方凭销售方提供的相应增值税专用发票记账联复印件进行认证，认证相符的可凭增值税专用发票记账联复印件及销售方主管税务机关出具的《证明单》，作为增值税进项税额的抵扣凭证。增值税专用发票记账联复印件和《证明单》留存备查。

（3）发票违章处理。

①违反《中华人民共和国发票管理办法》的规定，有下列情形之一的，由税务机关责令改正，可以处1万元以下的罚款，有违法所得的予以没收：应当开具而未开具发票，或者未按照规定的时限、顺序、栏目，全部联次一次性开具发票，或者未加盖发票专用章的；使用税控装置开具发票，未按期向主管税务机关报送开具发票的数据的；扩大发票使用范围的；以其他凭证代替发票使用的；跨规定区域开具发票的；未按照规定缴销发票的；未按照规定存放和保管发票的。

②跨规定的使用区域携带、邮寄、运输空白发票，以及携带、邮寄或者运输空白发票出入境的，由税务机关责令改正，可以处1万元以下的罚款；情节严重的，处1万元以上3万元以下的罚款；有违法所得的予以没收。

丢失发票或者擅自损毁发票的，依照前款规定处罚。

③违反《中华人民共和国发票管理办法》第二十二条第二款的规定虚开发票的，由税务机关没收违法所得；虚开金额在1万元以下的，可以并处5万元以下的罚款；虚开金额超过1万元的，并处5万元以上50万元以下的罚款；构成犯罪的，依法追究刑事责任。

非法代开发票的，依照前款规定处罚。

④有下列情形之一的，由税务机关处1万元以上5万元以下的罚款，情节严重的，处5万元以上50万元以下的罚款，有违法所得的予以没收：转借、转让、介绍他人转让发票、发票监制章和发票防伪专用品的；知道或者应当知道是私自印制、伪造、变造、非法取得或者废止的发票而受让、开具、存放、携带、邮寄、运输的。

⑤对违反发票管理法规情节严重构成犯罪的，税务机关应当依法移送司法机关处理。

⑥一般纳税人有下列情形之一的，不得使用增值税专用发票：会计核算不健全，不能向税务机关准确提供增值税销项税额、进项税额、应纳税额数据及其他有关增值税税务资料的；应当办理一般纳税人资格登记而未办理的；有《税收征收管理法》规定的税收违法行为，拒不接受税务机关处理的；有虚开增值税专用发票、私自印制增值税专用发票、向税务机关以外的单位和个人买取增值税专用发票、借用他人增值税专用发票、未按《增值税专用发票使用规定》第十一条开具增值税专用发票、未按规定保管增值税专用发票和专用设备、未按规定申请办理防伪税控系统变更发行、未按规定接受税务机关检查等行为之一，经税务机关责令限期改正而仍未改正的。

8. 企业取得超经营范围的收入如何开具发票

（1）临时性业务：建议向主管税务机关说明情况后，增加相应征收品目，自行开具发票。需要增值税专用发票的，建议携带代开增值税专用发票所需资料至主管税务机关办税服务大厅，向主管税务机关说明情况，由主管税务机关办理代开增值税专用发票事宜。

（2）经常性业务：建议先联系工商部门变更经营范围，再由主管税务机关增加相应的征收品目及征收率，自行开具发票。需要增值税专用发票的，建议先联系工商部门变更经营范围，再携带代开增值税专用发票所需资料至主管税务机关办税服务大厅办理代开增值税专用发票事宜。

7.1.8 案例分析

【例7-1】房地产开发企业收取诚意金的增值税纳税义务发生时间分析

某房地产开发企业于2×19年8月通过拍卖方式获取土地一宗，土地面积为10万平方米，土地价款为1亿元，约定于2×20年11月付清。该企业拟建设电梯公寓20万平方米、商铺2万平方米。2×20年6月取得施工许可证，开始施工建设，工期为18个月。3月中旬，工程正在进行地下室的施工，房地产开发企业还没有获取商品房预售许可证。许多购房准业主在"申请会员可以享受优惠房价"的诱惑下，没有签订购房合同仅凭"会员申请书"，就纷纷缴付诚意金订购房屋。该房地产开发企业共收取诚意金5 000万元，大大缓解了开发建设的资金压力。那么，对于该房地产开发企业收取的诚意金5 000万元，应如何进行税务与会计处理？

【解析】

根据财税〔2016〕36号文件附件1《营业税改征增值税试点实施办法》第四十五条的规定，房地产开发企业增值税纳税义务发生时间为：

第一，纳税人发生应税行为并收讫销售款项或者取得索取销售款项凭据的当天；先开具发票的，为开具发票的当天。

收讫销售款项，是指纳税人销售服务、无形资产、不动产过程中或者完成后收到款项。

取得索取销售款项凭据的当天，是指书面合同确定的付款日期；未签订书面合同或者书面合同未确定付款日期的，为服务、无形资产转让完成的当天或者不动产权属变更的当天。

第二，纳税人提供租赁服务采取预收款方式的，其纳税义务发生时间为收到预收款的当天。

第三，纳税人发生本办法第十四条规定情形的，其纳税义务发生时间为服务、无形资产转让完成的当天或者不动产权属变更的当天。

基于以上税收政策依据，可以得出以下两点结论。

一是当收到预收款时，房地产开发企业没有发生增值税纳税义务。

二是房地产开发企业在开发过程中的增值税纳税发生义务时间确定必须同时具备三个条件：①房地产开发企业发生转让开发产品的行为；②房地产企业收到了款项；③以上两个条件必须同时具备。

根据财税〔2016〕36号文件附件1《营业税改征增值税试点实施办法》第四十五条第（一）项的规定，房地产开发企业转让不动产或开发产品并收讫销售款项或者取得索取销售款项凭据的当天为增值税的纳税义务发生时间。取得索取销售款项凭据的当天，是指书面合同确定的付款日期；未签订书面合同或者书面合同未确定付款日期的,为不动产权属变更的当天。根据此政策规定,房地产开发企业的增值税纳税义务发生时间总结如下。

1. 房地产开发企业收取诚意金、订金和会员费的增值税纳税义务发生时间

房地产开发企业销售不动产,在开盘之前收取诚意金、订金和会员费时,由于应税行为根本就没有发生,而且房地产开发企业收取诚意金、订金和会员费时,由于没有签订《商品房销售合同》,也就说不上合同确定的付款日期了。由此可见,房地产开发企业向购房业主收取的诚意金、订金和会员费,按照财税〔2016〕36号附件1《营业税改征增值税试点实施办法》第四十五条第(一)项的规定,是不需要缴纳增值税的。因此,房地产开发企业在开盘之前收的诚意金、订金和会员费不构成增值税的纳税义务,在"其他应付款"科目进行核算。

2. 房地产开发企业销售期房收取的预收款或银行按揭款的增值税纳税义务发生时间

房地产开发企业开盘之后销售不动产,收到购房者的预收款,或者开盘之前交了诚意金、订金和会员费的业主有购买房屋的愿望且与房地产开发企业签订了《商品房销售合同》,则房地产开发企业将开盘之前向业主收取的诚意金、订金和会员费从"其他应付款"科目转到"合同负债"科目时,或者房地产开发企业收到银行按揭款时,根据国家税务总局公告2016年第18号第十条和第十一条的规定处理:"一般纳税人采取预收款方式销售自行开发的房地产项目,应在收到预收款时按照3%的预征率预缴增值税。""应预缴税款按照以下公式计算:应预缴税款=预收款÷(1+适用税率或征收率)×3%。适用一般计税方法计税的,按照9%的适用税率计算;适用简易计税方法计税的,按照5%的征收率计算。"因此,依据此税收政策规定,房地产开发企业销售的期房在未完工期间,还没有移交开发产品给购房者,还没有发生增值税纳税义务,真正的增值税纳税义务发生时间为房地产开发企业与购房者签订的购买合同中约定的开发产品移交的时间;如果开发产品移交时间滞后于购房合同中约定的时间,以房地产开发企业办理开发产品移交或交钥匙的时间为增值税纳税义务发生时间。

从以上房地产开发企业收取诚意金、订金和会员费的财税处理分析来看,对房地产开发企业在未取得商品房预售许可证、未与购房业主签订《商品房预售合同》的情况下,向购房业主收取的诚意金5 000万元,从会计处理角度看,应该纳入"其他应付款"科目核算,而不应该在"合同负债"科目核算;从税务处理来看,诚意金5 000万元仅仅是暂收应付款项,不是应税收入,不需要

缴纳企业所得税、增值税、土地增值税。

【例7-2】某房地产开发企业已签合同未收款的增值税纳税义务发生时间分析

某房地产公司开发的甲楼盘于2×19年竣工，公司已就之前的收入足额纳税。2×20年发生以下业务，财务人员对如何确定缴纳增值税产生了疑问。

第一，收取甲楼盘尾房预收定金100万元（房款总价500万元），但未签订《商品房销售合同》，房地产公司是在收取定金时缴纳增值税，还是在签订《商品房销售合同》或收取全部价款时缴纳增值税？

第二，若正式签订总价500万元的《商品房销售合同》，只收到部分购房款100万元，应收购房款400万元，是否按合同价500万元计算缴纳增值税？

【解析】

①第一个问题的分析。

根据财税〔2016〕36号文件附件1《营业税改征增值税试点实施办法》第四十五条的规定，增值税纳税义务发生时间为：纳税人发生应税行为并收讫销售款项或者取得索取销售款项凭据的当天；先开具发票的，为开具发票的当天。收讫销售款项，是指纳税人销售服务、无形资产、不动产过程中或者完成后收到款项。取得索取销售款项凭据的当天，是指书面合同确定的付款日期；未签订书面合同或者书面合同未确定付款日期的，为服务、无形资产转让完成的当天或者不动产权属变更的当天。根据此法律依据，该房地产公司销售甲楼盘尾房而预收定金100万元（房款总价500万元），但未签订《商品房销售合同》，只是收到了预收款，没有产生增值税纳税义务，只需在房屋所在地税务机关按照2.75万元〔100÷（1+9%）×3%〕预缴增值税。

②第二个问题的分析。

本案例中的房屋是现房销售，根据财税〔2016〕36号文件附件1《营业税改征增值税试点实施办法》第四十五条的规定，房地产公司应就收到的100万元缴纳增值税。对于未收的房款400万元，如果销售合同明确规定了分期付款日期，在合同约定的付款日期前，如果没有收到房款，则不应缴纳增值税，合同约定付款时间后，即便公司实际仍未收到房款，一样具备纳税义务。实务中，分期付款的客户由于资金困难不能按约定时间付款是常有的情形，对于此类型的应收未收款，也要及时纳税。另外，若合同没有明确规定具体的付款时间，则在房产权利实际转移的当天确定纳税义务发生时间。房产权利实际转移时间可以以房屋实际交付入住时间来确定。

【例 7-3】 房地产开发企业土地更名时增值税纳税分析

A 房地产公司通过"招拍挂"方式取得土地使用权,支付出让金取得出让金收据等,然后设立房地产项目公司 B,在该地块开发房地产项目。但土地证在 A 房地产公司名下,项目公司 B 在计算增值税时,是否准予按扣除土地价款后的差额缴纳增值税?

【解析】

财税〔2016〕140 号第八条规定:房地产开发企业(包括多个房地产开发企业组成的联合体)受让土地向政府部门支付土地价款后,设立项目公司对该受让土地进行开发,同时符合下列条件的,可由项目公司按规定扣除房地产开发企业向政府部门支付的土地价款。

(1) 房地产开发企业、项目公司、政府部门三方签订变更协议或补充合同,将土地受让人变更为项目公司;

(2) 政府部门出让土地的用途、规划等条件不变的情况下,签署变更协议或补充合同时,土地价款总额不变;

(3) 项目公司的全部股权由受让土地的房地产开发企业持有。

根据政策,项目公司 B 如果同时具备以上条件,A 房地产公司将土地使用权更名到项目公司 B 的行为不属于土地使用权转让行为,不缴纳增值税。

【例 7-4】 房地产开发企业预缴增值税可否抵减其他项目当期应纳税款

A 房地产企业甲项目当月预缴增值税 100 万元,乙项目已经完工,当月交房发生纳税义务,应交增值税 200 万元。问:甲项目预缴增值税当期能否抵减乙项目应交增值税?

【解析】

房地产开发企业项目运营周期较长,随着时间推移,企业中逐渐出现上述情况,对此应分为两种情况分析。

1. 只有一个项目的情况

如果只有一个项目,本项目的预缴税款只能等待本项目最终完工交房产生应交税款方可抵减,这个问题并无争议。

2. 同时存在多个项目的情况

如果企业同时开发多个项目,必然出现不同项目有进度差异的情况。如本案例中,甲项目刚刚开始预售,乙项目已经交房。不同项目的预缴税款和应交税款能否相抵呢?增值税以企业为单位缴纳,不以项目为单位缴纳,这是基本原则,并不因为营改增有所改变,也并未因为行业不同有所改变。增值税不仅以企业为单位缴纳,而且以月为单位(一般纳税人)进行申报,当月内本企业的所有增值税情况,包括进项、销项、预缴、应交统一汇总计算。那么基于以上两点,房地产开发企业并不能因为项目的不同而将预缴税款滞留到本项目完工,而应在一个企业范围内汇总计算,相互抵减。那么本案例中,当月的应交增值税就是200万元减去100万元后的余额。

【例7-5】房地产开发企业取得理财产品收益的增值税问题

恒兴房地产公司从银行取得长期借款,为了降低融资成本,恒兴房地产公司将部分借款投资了理财产品。2×19年1月15日,恒兴房地产公司购买智荟系列银行理财产品1 000万元,投资期限140天,预期年化收益率4.61%。恒兴房地产公司与银行签订的智荟系列银行理财产品投资协议规定,该理财产品为非保本浮动收益性理财产品,投资到期后,银行不保证本金和收益,风险等级水平为中等风险水平。

2×19年2月1日,恒兴房地产公司又购买该银行的智荟系列理财产品2 000万元,投资期限90天,预期年化收益率3.3%。恒兴房地产公司与银行签订的该系列银行理财产品投资协议规定,该系列的理财产品为保本浮动收益性理财产品,投资到期后,银行只保证理财资金本金不保证理财收益,风险等级水平为无风险水平。

恒兴房地产公司将购买的上述理财产品均持有至到期,并取得了银行支付的预期年化收益。在增值税处理方面,恒兴房地产公司取得的理财收益是否需要缴纳增值税?

【解析】

《财政部 国家税务总局关于明确金融 房地产开发 教育辅助服务等增值税政策的通知》(财税〔2016〕140号)第一条、第二条相关规定如下。

《销售服务、无形资产、不动产注释》(财税〔2016〕36号)第一条第(五)项第1点所称"保本收益、报酬、资金占用费、补偿金",是指合同中明确承诺到期本金可全部收回的投资收益。金融商品持有期间(含到期)取得的非保本的上述收益,不属于利息或利息性质的收入,不征收增值税。

纳税人购入基金、信托、理财产品等各类资产管理产品持有至到期,不属于《销售服务、无形资产、不动产注释》(财税〔2016〕36号)第一条第(五)项第4点所称的金融商品转让。

《财政部 国家税务总局关于全面推开营业税改征增值税试点的通知》(财税〔2016〕36号)附件《销售服务、无形资产、不动产注释》第一条第(五)

项第 1 点相关规定如下。

贷款，是指将资金贷与他人使用而取得利息收入的业务活动。

各种占用、拆借资金取得的收入，包括金融商品持有期间（含到期）利息（保本收益、报酬、资金占用费、补偿金等）收入、信用卡透支利息收入、买入返售金融商品利息收入、融资融券收取的利息收入，以及融资性售后回租、押汇、罚息、票据贴现、转贷等业务取得的利息及利息性质的收入，按照贷款服务缴纳增值税。

融资性售后回租，是指承租方以融资为目的，将资产出售给从事融资性售后回租业务的企业后，从事融资性售后回租业务的企业将该资产出租给承租方的业务活动。

以货币资金投资收取的固定利润或者保底利润，按照贷款服务缴纳增值税。

综上所述，恒兴房地产公司购买的智荟系列非保本浮动收益性理财产品，银行不保证本金和收益，因此，恒兴房地产公司取得的该系列理财产品非保本收益，不属于利息或利息性质的收入，不征收增值税。恒兴房地产公司购买的智荟系列保本浮动收益性理财产品，银行只保证理财资金本金不保证理财收益，恒兴房地产公司取得该理财产品收益为保本收益，应按照贷款服务缴纳增值税。

7.2 城市维护建设税及教育费附加的税务处理

7.2.1 城市维护建设税的税务处理

（一）基本概况

1. 纳税人

城市维护建设税的纳税义务人是指承担城市维护建设税纳税义务的单位和个人。原规定缴纳产品税、增值税、营业税的单位和个人为城市维护建设税的纳税人，1994 年税制改革后，缴纳增值税、消费税、营业税的单位（不包括外商投资企业、外国企业和进口货物者）和个人为城市维护建设税的纳税人。自 2016 年 5 月起全面实行营业税改增值税，营业税全面取消。按照现行税法的规定，城市维护建设税的纳税人是在征税范围内从事工商经营，缴纳"二税"（即增值税、消费税，下同）的单位和个人。任何单位或个人，只要缴纳"二税"中的一种，就必须同时缴纳城市维护建设税。自 2010 年 12 月 1 日起，对外商投资企业、外国企业及外籍个人征收城市维护建设税。

2. 征税范围

城市维护建设税的征税范围包括城市、县城、建制镇以及税法规定征税的其他地区。城市、县城、建制镇的范围应以行政区划作为划分标准,不得随意扩大或缩小各行政区域的管辖范围。

3. 计税依据

城市维护建设税是以纳税人实际缴纳的增值税、消费税税额为计税依据征收的一种税。城市维护建设税的纳税环节为纳税人缴纳增值税、消费税的环节,从商品生产到消费流转过程中只要发生增值税、消费税中一种税的纳税行为,就要以这种税为依据计算缴纳城市维护建设税。如果要免征或者减征增值税、消费税,也就要同时免征或者减征城市维护建设税。

4. 适用税率

根据《中华人民共和国城市维护建设税法》有关规定,城市维护建设税是根据城市维护建设资金的不同层次的需要而设计的,实行分区域的差别比例税率,即按纳税人所在城市、县城或镇等不同的行政区域分别规定不同的比例税率。具体规定如下。

(1) 纳税人所在地在市区的,税率为7%。这里所称的"市"是指国务院批准建制的城市,"市区"是指省人民政府批准的市辖区(含市郊)的区域范围。

(2) 纳税人所在地在县城、镇的,税率为5%。这里所称的"县城、镇"是指省人民政府批准的县城、县属镇(区级镇),县城、县属镇的范围为县人民政府批准的城镇区域范围。

(3) 纳税人所在地不在市区、县城、县属镇的,税率为1%。

纳税人在外地发生缴纳增值税和消费税的,按纳税发生地的适用税率计征城建税。

5. 税额计算

城市维护建设税应纳税额的计算比较简单,计税方法基本上与"二税"一致,其计算公式如下。

应纳税额 = (实际缴纳的增值税 + 实际缴纳的消费税) × 适用税率

财税〔2005〕25号规定:自2005年1月1日起,就生产企业出口货物全面实行免抵退税办法后,经税务局正式审核批准的当期免抵的增值税税额应纳入城市维护建设税和教育费附加的计征范围,分别按规定的税(费)率征收城市维护建设税和教育费附加。

2005年1月1日前，已按免抵的增值税税额征收的城市维护建设税和教育费附加不再退还，未征的不再补征。

所以公式中的增值税部分还应加上生产企业出口货物实行免抵退税办法产生的免抵税额；如果当期有免抵税额，一般在生产企业免抵退汇总表中会有体现。

实行免抵退的生产企业的城市维护建设税计算公式如下。

应纳税额=（增值税应纳税额+当期免抵税额+消费税）×适用税率

6. 减免规定

（1）城市维护建设税的征免规定。

①对出口产品退还增值税、消费税的，不退还已缴纳的城市维护建设税。

②海关对进口产品代征的增值税、消费税，不征收城市维护建设税。

③对"二税"实行先征后返、先征后退、即征即退办法的，除另有规定外，对随"二税"附征的城市维护建设税，一律不予退（返）还。

（2）城市维护建设税的优待规定。

由于城市维护建设税是以纳税人实际缴纳的增值税、消费税为计税依据，并随同增值税、消费税征收，所以城市维护建设税一般不能单独减免。但是如果纳税人确有困难需要单独减免，可以由省级人民政府酌情给予减税或者免税照顾。

减少或免除城市维护建设税税负的优待规定。城市维护建设税以"二税"的实缴税额为计税依据征收，一般不规定减免税，但对下列情况可免征城市维护建设税。

①海关对进口产品代征的流转税，免征城市维护建设税。

②为支持国家重大水利工程建设，对国家重大水利工程建设基金自2010年5月25日免征城市维护建设税。

7. 相关问题、法律条规及违章处理

（1）相关问题。

①凡由中央主管部门集中缴纳产品税、增值税的单位，如铁路运输、人民银行、工商银行、农业银行、中国银行、建设银行等五个银行总行和保险总公司等单位，在其缴纳增值税、消费税的同时，应按规定缴纳城市维护建设税。税款作为中央预算收入。

②石油部、电力部、石化总公司、有色金属总公司直属企业缴纳的产品税和增值税，按财政部〔84〕财预字第197号文件规定，70%作为中央预算收入

入库，30%作为地方预算收入入库。这些单位按增值税、消费税税额缴纳的城市维护建设税，不按比例上缴中央，一律留给地方，作为地方预算固定收入。

③海关对进口产品代征的增值税、消费税不征收城市维护建设税。

④国营和集体批发企业以及其他批发单位，在批发环节代扣代缴零售环节或临时经营的增值税时，不代扣城市维护建设税，而由纳税单位或个人回到其所在地申报纳税。

⑤根据《国务院关于统一内外资企业和个人城市维护建设税和教育费附加制度的通知》（国发〔2010〕35号）决定，自2010年12月1日起，对外商投资企业、外国企业及外籍个人（以下简称外资企业）征收城市维护建设税和教育费附加。现将有关问题通知如下：

对外资企业2010年12月1日（含）之后发生纳税义务的增值税、消费税、营业税（以下简称"三税"），征收城市维护建设税和教育费附加；对外资企业2010年12月1日之前发生纳税义务的"三税"，不征收城市维护建设税和教育费附加。

⑥纳税单位或个人缴纳城市维护建设税的适用税率，一律按其纳税所在地的规定税率执行。县政府设在城市市区，其在市区办的企业，按市区的规定税率计算纳税。

⑦个体商贩及个人在集市上出售商品，对其征收临时经营或产品税，是否同时按其实缴税额征收城市维护建设税，由各省、自治区、直辖市人民政府根据实际情况确定。

⑧纳税人所在地为工矿区的，依照《中华人民共和国城市维护建设税法》第四条规定，应根据行政区划分别按照7%、5%、1%的税率缴纳城市维护建设税。

（2）法律条规。

《中华人民共和国城市维护建设税法》（2020年8月11日第十三届全国人民代表大会常务委员会第二十一次会议通过）有以下规定。

第一条 在中华人民共和国境内缴纳增值税、消费税的单位和个人，为城市维护建设税的纳税人，应当依照本法规定缴纳城市维护建设税。

第二条 城市维护建设税以纳税人依法实际缴纳的增值税、消费税税额为计税依据。

城市维护建设税的计税依据应当按照规定扣除期末留抵退税退还的增值税税额。

城市维护建设税计税依据的具体确定办法，由国务院依据本法和有关税收法律、行政法规规定，报全国人民代表大会常务委员会备案。

第三条　对进口货物或者境外单位和个人向境内销售劳务、服务、无形资产缴纳的增值税、消费税税额，不征收城市维护建设税。

第四条　城市维护建设税税率如下：

（一）纳税人所在地在市区的，税率为百分之七；

（二）纳税人所在地在县城、镇的，税率为百分之五；

（三）纳税人所在地不在市区、县城或者镇的，税率为百分之一。

前款所称纳税人所在地，是指纳税人住所地或者与纳税人生产经营活动相关的其他地点，具体地点由省、自治区、直辖市确定。

第五条　城市维护建设税的应纳税额按照计税依据乘以具体适用税率计算。

第六条　根据国民经济和社会发展的需要，国务院对重大公共基础设施建设、特殊产业和群体以及重大突发事件应对等情形可以规定减征或者免征城市维护建设税，报全国人民代表大会常务委员会备案。

第七条　城市维护建设税的纳税义务发生时间与增值税、消费税的纳税义务发生时间一致，分别与增值税、消费税同时缴纳。

第八条　城市维护建设税的扣缴义务人为负有增值税、消费税扣缴义务的单位和个人，在扣缴增值税、消费税的同时扣缴城市维护建设税。

第九条　城市维护建设税由税务机关依照本法和《中华人民共和国税收征收管理法》的规定征收管理。

第十条　纳税人、税务机关及其工作人员违反本法规定的，依照《中华人民共和国税收征收管理法》和有关法律法规的规定追究法律责任。

第十一条　本法自2021年9月1日起施行。1985年2月8日国务院发布的《中华人民共和国城市维护建设税暂行条例》同时废止。

（3）违章处理。

根据《税收征收管理法》《广东省城市维护建设税实施细则》第六条的规定，纳税人必须在税务机关规定缴纳增值税、消费税期限内同时缴纳城市维护建设税。如果纳税人违反了增值税、消费税条例的有关规定，税务部门对其追收应纳税款，加收滞纳金、罚款时，亦应追征其应纳的城市维护建设税，并相应加收滞纳金或罚款。

8．征收方式

（1）城市维护建设税的纳税期限和纳税地点。

按照规定,城市维护建设税应当与"二税"同时缴纳,其纳税期限和纳税地点也与"二税"相同。比如,某施工企业所在地在 A 市,而本期它在 B 市承包工程,按规定应当就其工程结算收入在 B 市缴纳增值税,相应地,也应当在 B 市缴纳与增值税相应的城市维护建设税。

(2) 预缴税款。

对于按规定以 1 日、3 日、5 日、10 日、15 日为一期缴纳"二税"的纳税人,应在按规定预缴"二税"的同时,预缴相应的城市维护建设税。

(3) 纳税申报。

企业应当于月度终了后在进行"二税"纳税申报的同时,进行城市维护建设税的纳税申报。

(4) 税款缴纳。

对于以一个月为一期缴纳"二税"的企业,应当在缴纳当月全部"二税"税额时,同时按照纳税申报表确定的应纳税额全额缴纳城市维护建设税。

(二) 相关案例

【例 7-6】某房地产企业 2×19 年 5 月销项税额为 75.31 万元,进项税额为 57.87 万元。其中,某跨区域开发项目,取得预收款 1 000 万元。2×19 年 6 月应在项目地预缴增值税为:$1\,000 \div (1+9\%) \times 3\% = 27.52$(万元)。应在机构所在地申报增值税额为:$75.31 - 57.87 - 27.52 = -10.08$(万元)。该企业机构地适用的城市维护建设税税率为 5%,项目地适用的城市维护建设税税率为 7%,企业在预缴与申报城市维护建设税时应如何处理?

【解析】

第一种:城市维护建设税以企业"实际缴纳"的"二税"为计税依据,营改增后,由于增值税的核算与应交税款计算的特殊性,跨区域经营企业在项目地、服务提供地或销售地只是预缴增值税,所交税款并非企业实际应缴纳的增值税,因此,在预缴增值税时不应同时缴纳城市维护建设税。

第二种:营改增后由原属地征管变为"就地预缴,机构地申报",因此,应随预缴和申报地分别适用各自的税率计算缴纳城市维护建设税。

第三种:实行"就地预缴,机构地申报"后,由于跨区域经营会涉及不同的城市维护建设税税率的情况,若按预缴地和申报地各自的适用税率计算预缴和申报,一方面会造成企业财务核算、管理困难,另一方面除了会导致增值税与城市维护建设税无法比对外,对特殊情况下的税款抵、退的处理更加复杂。因此,应以机构地或经营地的适用税率统一计算。

【实务分析】

（1）预缴的增值税真的是"预缴"吗？由于增值税具有专门的核算方法和应交税款计算过程，跨区域经营企业在项目地、服务提供地或销售地按规定预缴增值税后，企业在会计处理上都做了已交增值税处理，同时，税收政策对预缴的增值税税款，在企业当期增值税应纳税额中抵减，抵减不完的，结转下期继续抵减。因此，企业按规定预缴的增值税实际上就是企业"实际缴纳"的增值税，而并非一般意义上的"预缴"，城市维护建设税应当随增值税同时缴纳。

（2）预缴与申报分别适用各自的城市维护建设税税率操作性有多大？营改增后的城市维护建设税以企业实际缴纳的增值税为依据，"实际缴纳"应当是指企业当期销项税额减进项税额后应缴纳的税额。由于增值税在财务会计核算上具有专门的核算方法和应缴纳税款计算过程，不可能也没有必要对一项业务分别核算预缴地和机构地应缴纳的增值税和计提相应的城市维护建设税；加之，一些业务完成后，机构地通过核算有可能出现异地多预缴增值税的情况，但随之多缴的城市维护建设税抵减哪个税率区域的更无法操作；再者，主管税务机关在对城市维护建设税实施税务稽查或检查时，若要按不同税率的区域计算确定补退额更是难上加难。因此，预缴与申报分别适用各自的城市维护建设税税率在财务核算上不具有可行性，在税务管理上更无操作性。

（3）"就地预缴，机构地申报"的城市维护建设税适用税率。《财政部关于贯彻执行〈中华人民共和国城市维护建设税暂行条例〉几个具体问题的规定》（财税字〔1985〕69号）明确了纳税单位或个人缴纳城市维护建设税的适用税率"一律按其纳税所在地"的规定税率执行。《财政部关于城市维护建设税几个具体业务问题的补充规定》（财税字〔1985〕143号）明确，城市维护建设税的适用税率按"纳税人所在地"的规定税率执行，对下列两种情况，可按"三税"缴纳地的税率执行：①由受托方代征代扣增值税、消费税、营业税的单位和个人；②流动经营等无固定纳税地点的单位和个人。

上述两个文件规定不一致，但目前仍然有效，各地也制定了按属地税率计算纳税的规定。比如北京市规定："外省、市来京从事经营的单位和个人，按规定应在本市缴纳产品税、增值税、营业税的，均按经营所在地的适用税率征收城市维护建设。"在营业税制下，纳税地为项目或服务提供所在地，税款计算简单直接，企业只需按不同区域项目或服务单独处理，城市维护建设税的计提、缴纳以及财务核算并无问题。在增值税制下，固定业户的纳税地点为机构所在地，为了解决地方财政收入分配问题，实行"就地预缴，机构地申报"办法，加之,就地预缴额并不一定是项目的应缴额。因此,分别确定适用税率不可取,只能选择机构地或项目地之一确定税率。

7.2.2 教育费附加的税务处理

(一) 基本概况

1. 纳费人及征费范围

凡缴纳增值税、消费税的单位和个人,均为教育费附加的纳费义务人(简称"纳费人")。凡代征增值税、消费税的单位和个人,亦为代征教育费附加的义务人。农业、乡镇企业,由乡镇人民政府征收农村教育事业附加,不再征收教育费附加。国务院相关文件(国发〔2010〕35号)和财政部、国家税务总局相关文件(财税〔2010〕103号)明确了外商投资企业、外国企业和外籍人员适用于现行有效的城市维护建设税和教育费附加政策规定,凡是缴纳增值税和消费税的外商投资企业、外国企业和外籍人员均需按规定缴纳城市维护建设税和教育费附加。

教育费附加的征费范围同增值税、消费税的征收范围。

2. 费额计算

(1) 计费依据。

以纳税人实际缴纳的增值税、消费税的税额为计费依据。

(2) 计算公式。

应纳教育费附加 =(实际缴纳的增值税 + 实际缴纳的消费税)× 3%

3. 征收管理

(1) 纳费时间。

纳费人申报缴纳增值税和消费税的同时,申报缴纳教育费附加。

(2) 其他规定。

①教育费附加由各地税务机关负责本辖区范围内的征收。

②纳费人不按规定期限缴纳教育费附加,需处以滞纳金和罚款的,由县、市人民政府规定。

③海关进口产品征收的增值税、消费税,不征收教育费附加。

4. 法律法规

教育费附加是国家为扶持教育事业发展,计征用于教育的政府性基金。1986年国务院颁布《征收教育费附加的暂行规定》(国发〔1986〕50号),规定自1986年7月1日起,以各单位和个人实际缴纳的增值税和消费税总额的

2%计征①。1994年国务院发布《国务院关于教育费附加征收问题的紧急通知》（国发明电〔1994〕2号），规定自1994年1月1日起，教育费附加征收率提高至3%，2005年国务院发布《国务院关于修改〈征收教育费附加的暂行规定〉的决定》对《征收教育费附加的暂行规定》做出修订，规定教育费附加分别与增值税和消费税同时缴纳②。教育费附加作为专项收入，由教育部门统筹安排使用。根据《国务院关于废止和修改部分行政法规的决定》，国务院对《征收教育费附加的暂行规定》进行了第三次修订。此外，一些地方政府为发展地方教育事业，还根据教育法的规定，开征了"地方教育附加"。

教育费附加以缴纳增值税和消费税的单位和个人为缴纳人，以缴纳人实际缴纳的增值税、消费税的税额为计征依据；按3%的征收率，分别与增值税、消费税同时缴纳。对农村、乡镇企业由乡人民政府征收教育事业费附加的，不另征收教育费附加。对个体商贩及个人在集市上出售商品，是否按实际缴纳的增值税、消费税税额征收教育费附加，由各省、自治区、直辖市人民政府根据实际情况规定。对由于减免增值税和消费税而发生退税的，各地可根据情况确定是否应退回已征的教育费附加。对出口产品退还增值税和消费税的，不退还已征的教育费附加。

教育费附加的缴纳环节和地点，原则上与增值税和消费税一样。

教育费附加，一律在企业的销售收入（或营业收入）中支付，缴纳后存入同级教育部门在各级银行设立的"教育费附加专户"。因此，教育费附加，应按专项资产管理，由教育部门统筹安排。地方征收的教育费附加，主要留归当地安排使用，由教育部门提出分配方案，商得同级财政部门同意后，用于改善中小学教学设施和办学条件，不得用于职工福利和发放奖金。铁道系统、人民银行，各专业银行和保险总公司等汇总缴纳增值税的单位集中缴纳的教育费附加，由教育部按年度提出分配方案，商得财政部同意后，用于基础教育的薄弱环节。国家决定征收教育费附加，并以增值税和消费税税额为计税依据，这不仅使教育经费有了稳定的资金来源，而且可以随着社会经济的增长而不断增加，对于我国教育事业的不断发展，提高全民族的科学文化水平有着重要的现实意义。

5. 减免规定

（1）对海关进口的产品征收的增值税、消费税，不征收教育费附加。

编者注：①国发〔1986〕50号中的"消费税"原文件规定为"产品税、营业税"。
②"分别与增值税和消费税同时缴纳"，原文为"分别与增值税、消费税、营业税同时缴纳"。

(2) 对由于减免增值税和消费税而发生退税的，可以同时退还已征收的教育费附加。但对出口产品退还增值税、消费税的，不退还已征的教育费附加。

(3) 对新办的商贸企业（从事批发、批零兼营以及其他非零售业务的商贸企业除外），当年新招用下岗失业人员达到职工总数30%以上（含30%），并与其签订1年以上期限劳动合同的，经人力资源和保障部门认定，税务机关审核，3年内免征教育费附加。

(4) 对下岗失业人员从事个体经营（除建筑业、娱乐业以及广告业、桑拿、按摩、网吧、氧吧外）的，自领取税务登记证①之日起，3年内免征教育费附加。

(5) 自2004年1月1日起，对为安置自谋职业的城镇退役士兵就业而新办的服务型企业（除广告业、桑拿、按摩、网吧、氧吧外）当年新安置自谋职业的城镇退役士兵达到职工总数30%以上，并与其签订1年以上期限劳动合同的，经县以上民政部门认定，税务机关审核，3年内免征教育费附加。

对自谋职业的城镇退役士兵，在国办发〔2004〕10号文下发后从事个体经营（除建筑业、娱乐业以及广告业、桑拿、按摩、网吧、氧气吧）的，自领取税务登记证之日起，3年内免征教育费附加。

(6) 经中国人民银行依法决定撤销的金融机构及其分设于各地的分支机构（包括被依法撤销的商业银行、信托投资公司、财务公司、金融租赁公司、城市信用社和农村信用社），用其财产清偿债务时，免征被撤销金融机构转让货物、不动产、无形资产、有价证券、票据等应缴纳的教育费附加。

(7) 对国家重大水利工程建设基金免征教育费附加。

(8) 自2016年2月1日起，按月纳税的月销售额或营业额不超过10万元（按季度纳税的季度销售额或营业额不超过30万元）的缴纳义务人，免征教育费附加、地方教育附加。

(二) 相关案例

增值税的附加均与增值税同时缴纳。例如，缴纳的增值税为50万元，A房地产开发公司位于市区，城市维护建设税税率为7%，教育费附加征收率为3%，地方教育附加征收率为2%，那么增值税附加的数额为：$50 \times 7\% + 50 \times 3\% + 50 \times 2\% = 6$（万元）。

---

① 编者注：税务登记证现已取消。

7.3 土地增值税的税务处理

7.3.1 增值额与适用税率

(一) 基本概况

1. 土地增值税的清算单位

土地增值税以国家有关部门审批的房地产开发项目为单位进行清算，对于分期开发的项目，以分期项目为单位清算。

开发项目中同时包含普通住宅和非普通住宅的，应分别计算增值额。

2. 土地增值税的清算条件

(1) 符合下列情形之一的，纳税人应进行土地增值税的清算：

①房地产开发项目全部竣工、完成销售的；

②整体转让未竣工决算房地产开发项目的；

③直接转让土地使用权的。

(2) 符合下列情形之一的，主管税务机关可要求纳税人进行土地增值税清算：

①已竣工验收的房地产开发项目，已转让的房地产建筑面积占整个项目可售建筑面积的比例在85%以上，或该比例虽未超过85%，但剩余的可售建筑面积已经出租或自用的；

②取得销售（预售）许可证满三年仍未销售完毕的；

③纳税人申请注销税务登记但未办理土地增值税清算手续的；

④省税务机关规定的其他情况。

3. 非直接销售和自用房地产的收入确定

(1) 房地产开发企业将开发产品用于职工福利、奖励、对外投资、分配给股东或投资人、抵偿债务、换取其他单位和个人的非货币性资产等，发生所有权转移时应视同销售房地产，其收入按下列方法和顺序确认：

①按本企业在同一地区、同一年度销售的同类房地产的平均价格确定；

②由主管税务机关参照当地当年同类房地产的市场价格或评估价值确定。

(2) 房地产开发企业将开发的部分房地产转为企业自用或用于出租等商业用途时，如果产权未发生转移，不征收土地增值税，在税款清算时不列收入，不扣除相应的成本和费用。

4. 土地增值税的扣除项目

（1）房地产开发企业办理土地增值税清算时计算与清算项目有关的扣除项目金额，应根据《土地增值税暂行条例》第六条及其实施细则第七条的规定执行。除另有规定外，扣除取得土地使用权所支付的金额、开发土地的成本、费用及与转让房地产有关税金，须提供合法有效凭证；不能提供合法有效凭证的，不予扣除。

（2）房地产开发企业办理土地增值税清算所附送的前期工程费、建筑安装工程费、基础设施费、开发间接费用的凭证或资料不符合清算要求或不实的，税务机关可参照当地建设工程造价管理部门公布的建安造价定额资料，结合房屋结构、用途、区位等因素，核定上述四项开发成本的单位面积金额标准，并据以计算扣除。具体核定方法由税务机关确定。

（3）房地产开发企业开发建造的与清算项目配套的居委会和派出所用房、会所、停车场（库）、物业管理场所、变电站、热力站、水厂、文体场馆、学校、幼儿园、托儿所、医院、邮电通信等公共设施，按以下原则处理：

①建成后产权属于全体业主所有的，其成本、费用可以扣除；

②建成后无偿移交给政府、公用事业单位用于非营利性社会公共事业的，其成本、费用可以扣除；

③建成后有偿转让的，应计算收入，并准予扣除成本、费用。

（4）房地产开发企业销售已装修的房屋，其装修费用可以计入房地产开发成本。

房地产开发企业的预提费用，除另有规定外，不得扣除。

（5）属于多个房地产项目共同的成本费用，应按清算项目可售建筑面积占多个项目可售总建筑面积的比例或其他合理的方法，计算确定清算项目的扣除金额。

5. 土地增值税清算应报送的资料

纳税人办理土地增值税清算应报送以下资料。

（1）房地产开发企业清算土地增值税书面申请、土地增值税纳税申报表。

（2）项目竣工决算报表、取得土地使用权所支付的地价款凭证、国有土地使用权出让合同、银行贷款利息结算通知单、项目工程合同结算单、商品房购销合同统计表等与转让房地产的收入、成本和费用有关的证明资料。

（3）主管税务机关要求报送的其他与土地增值税清算有关的证明资料等。

纳税人委托税务中介机构审核鉴证的清算项目，还应报送中介机构出具的

《土地增值税清算税款鉴证报告》。

6. 土地增值税清算项目的审核鉴证

税务中介机构受托对清算项目审核鉴证时，应按税务机关规定的格式对审核鉴证情况出具鉴证报告。对符合要求的鉴证报告，税务机关可以采信。

税务机关要对从事土地增值税清算鉴证工作的税务中介机构在准入条件、工作程序、鉴证内容、法律责任等方面提出明确要求，并做好必要的指导和管理工作。

7. 土地增值税的核定征收

房地产开发企业有下列情形之一的，税务机关可以参照与其开发规模和收入水平相近的当地企业的土地增值税税负情况，按不低于预征率的征收率核定征收土地增值税：

（1）依照法律、行政法规的规定应当设置但未设置账簿的；

（2）擅自销毁账簿或者拒不提供纳税资料的；

（3）虽设置账簿，但账目混乱或者成本资料、收入凭证、费用凭证残缺不全，难以确定转让收入或扣除项目金额的；

（4）符合土地增值税清算条件，未按照规定的期限办理清算手续，经税务机关责令限期清算，逾期仍不清算的；

（5）申报的计税依据明显偏低，又无正当理由的。

8. 清算后再转让房地产的处理

在土地增值税清算时未转让的房地产，清算后销售或有偿转让的，纳税人应按规定进行土地增值税的纳税申报，扣除项目金额按清算时的单位建筑面积成本费用乘以销售或转让面积计算。

单位建筑面积成本费用＝清算时的扣除项目总金额÷清算的总建筑面积

（二）**增值额**

"增值额"为纳税人转让房地产所取得的收入减除扣除项目金额后的余额。

纳税人转让房地产所取得的收入，包括货币收入、实物收入和其他收入。

计算增值额的扣除项目如下。

（1）取得土地使用权所支付的金额。

（2）开发土地的成本、费用。

（3）新建房及配套设施的成本、费用，或者旧房及建筑物的评估价格。

（4）与转让房地产有关的税金。

（5）财政部规定的其他扣除项目。

(三) 适用税率

土地增值税实行四级超率累进税率。

增值额未超过扣除项目金额50%的部分,税率为30%。

增值额超过扣除项目金额50%、未超过扣除项目金额100%的部分,税率为40%。

增值额超过扣除项目金额100%、未超过扣除项目金额200%的部分,税率为50%。

增值额超过扣除项目金额200%的部分,税率为60%。

上面所列四级超率累进税率,每级"增值额未超过扣除项目金额"的比例,均包括本比例数。

纳税人计算土地增值税时,也可用下列简便算法。

计算土地增值税税额,可按增值额乘以适用的税率减去扣除项目金额乘以速算扣除系数的简便方法计算,具体公式如下。

(1) 增值额未超过扣除项目金额50%的,土地增值税税额 = 增值额 × 30%

(2) 增值额超过扣除项目金额50%,未超过100%的,土地增值税税额 = 增值额 × 40% - 扣除项目金额 × 5%

(3) 增值额超过扣除项目金额100%,未超过200%的,土地增值税税额 = 增值额 × 50% - 扣除项目金额 × 15%

(4) 增值额超过扣除项目金额200%的,土地增值税税额 = 增值额 × 60% - 扣除项目金额 × 35%

公式中的5%、15%、35%为速算扣除系数。

7.3.2 旧房销售的土地增值税的税务处理

(一) 区分新房和旧房的政策规定

1. 中央的规定

关于新建房与旧房的界定问题。

新建房是指建成后未使用的房产。凡是已使用一定时间或达到一定磨损程度的房产均属旧房。使用时间和磨损程度标准可由各省、自治区、直辖市财政厅(局)和税务局具体规定。

2. 海南省的规定

二手房、房地产开发企业所开发的商品房已转为自用,作为固定资产核算的房产、非房地产开发企业自建自用超过一年的房产,均适用转让旧房的土地增值税政策。

(摘自琼地税发〔2009〕104号《海南省地方税务局关于土地增值税有关问题的通知》)

二手房、房地产开发企业所开发的商品房已转为自用，作为固定资产核算的房产再转让时，均适用转让旧房的土地增值税政策。

(摘自琼地税函〔2007〕356号《海南省地方税务局关于明确土地增值税若干政策问题的通知》)

3. 深圳市的规定

单位和个人自建或购买的房地产一年后转让适用旧房转让政策，不包括房地产开发企业二级市场开发销售房产。自建房迄止时间为房产证登记时间至转让合同签订，购买房地产迄止时间为购买合同签订至转让合同签订。从房地产三级市场购买的房产均认定为旧房。

(摘自深地税发〔2009〕24号《广东省深圳市地方税务局关于印发土地增值税征管工作规程的通知》)

4. 大连市的规定

对房地产开发企业转让已自用（包括出租使用）年限在一年以上再出售的房地产项目，应按照转让旧房及建筑物的有关规定缴纳土地增值税。

(摘自大地税函〔2008〕188号《大连市地方税务局关于进一步加强土地增值税清算工作的通知》)

5. 北京市的规定

对房地产开发企业建造商品房，已使用（包括自用、出租等）年限在一年以上再出售的，应按照转让旧房及建筑物的政策规定征收土地增值税，不再列入该项目土地增值税的可销售总建筑面积范围，在清税计算销售比例时予以扣除。

(摘自京地税地〔2005〕557号《北京市地方税务局关于明确土地增值税有关问题的通知》)

6. 辽宁省的规定

房地产开发企业纳税人建造商品房，已自用或出租使用年限在一年以上再出售的，应按照转让旧房及建筑物的政策规定缴纳土地增值税，不再列入土地增值税清算的范围。

(摘自辽地税发〔2007〕102号《辽宁省地方税务局关于印发〈辽宁省房地产开发企业土地增值税清算管理办法〉的通知》)

7. 重庆市的规定

以下情形属于转让旧房：房地产企业转让已纳入固定资产核算的房产；从事房地产开发以外的其他纳税人转让建造的房产；纳税人转让对外取得（购置、接收投资、抵债、受赠、交换等）的房产。

[摘自《重庆市地方税务局关于土地增值税若干政策执行问题的公告（征求意见稿）》]

（二）两种类型、两种方法

通常来说，个人转让旧房，一般不需要房地产估价师的评估报告，而企业等单位转让旧房，则需要房地产估价师的评估报告。

（三）个人转让旧房如何交土地增值税

1. 住房

《财政部 国家税务总局关于调整房地产交易环节税收政策的通知》（财税〔2008〕137号）规定，对个人销售住房暂免征收土地增值税。

《长春市人民政府办公厅转发市房地局等部门关于改善群众住房条件促进房地产市场健康发展实施意见的通知》（长府办发〔2008〕74号）第四条规定：积极培育二手房市场，个人买卖二手住房免收印花税和土地增值税。

2. 非住房

关于购房年度，下面文件有进一步的解释。

《国家税务总局关于土地增值税清算有关问题的通知》（国税函〔2010〕220号）第七条规定：《财政部 国家税务总局关于土地增值税若干问题的通知》（财税〔2006〕21号）第二条第一款规定，"纳税人转让旧房及建筑物，凡不能取得评估价格，但能提供购房发票的，经当地税务部门确认，《土地增值税暂行条例》第六条第（一）、（三）项规定的扣除项目的金额，可按发票所载金额并从购买年度起至转让年度止每年加计5%计算"。计算扣除项目时，"每年"按购房发票所载日期起至售房发票开具之日止，每满12个月计一年；超过一年，未满12个月但超过6个月的，可以视同为一年。

（四）企业转让旧房如何交土地增值税

1. 具体计算步聚

（1）计算评估价格。公式为：评估价格 = 重置成本价 × 成新度折扣率。

（2）汇总扣除项目金额。

（3）计算增值额。

（4）计算增值率。

（5）依据增值率确定适用税率。

（6）依据适用税率计算应纳税额。

（7）应纳税额＝增值额×适用税率－扣除项目金额×速算扣除系数。

2. 收入的认定

纳税人转让房地产所取得的收入，包括转让房地产的全部价款及有关的经济收益，包括货币收入、实物收入和其他收入。但对纳税人有下列情形之一的，按照房地产评估价格计算征收。

（1）转让房地产的成交价格低于房地产评估价格，又无正当理由的，由税务机关参照房地产评估价格确定转让房地产的收入。

（2）隐瞒、虚报房地产成交价格，应由评估机构参照同类房地产的市场交易价格进行评估，税务机关根据评估价格确定转让房地产的收入。

3. 扣除项目金额的认定

转让旧房土地增值税的扣除项目如何确定，应区分以下三种情况：

第一种情况，能提供旧房及建筑物评估价格的情况：

旧房及建筑物的评估价格，是指在转让已使用的房屋和建筑物时，由政府批准设立的房地产评估机构评定的重置成本价乘以成新度折扣率后的价格。

（1）关于土地款、旧房评估价估的扣除规定

转让旧房的，应按房屋及建筑物的评估价格、取得土地使用权所支付的地价款和按国家统一规定交纳的有关费用以及在转让环节缴纳的税金，作为扣除项目金额计征土地增值税。对取得土地使用权时未支付地价款或不能提供已支付的地价款凭据的，不允许扣除取得土地使用权所支付的金额。

（2）关于契税的扣除规定

对于个人购入房地产再转让的，其在购入时已缴纳的契税，在旧房及建筑物的评估价中已包括了此项因素，在计征土地增值税时，不另作为"与转让房地产有关的税金"予以扣除。

（3）关于评估费的扣除规定

纳税人转让旧房及建筑物时因计算纳税的需要而对房地产进行评估，其支付的评估费用允许在计算增值额时予以扣除。对《中华人民共和国土地增值税暂行条例》第九条规定的纳税人隐瞒、虚报房地产成交价格等情形而按房地产评估价格计算征收土地增值税所发生的评估费用，不允许在计算土地增值税时予以扣除。

(4) 关于印花税的扣除规定

允许扣除的印花税，是指在转让房地产时缴纳的印花税。房地产开发企业按照《施工、房地产开发企业财务制度》的有关规定，其缴纳的印花税列入管理费用，已相应予以扣除。其他的土地增值税纳税义务人在计算土地增值税时允许扣除在转让时缴纳的印花税。

第二种情况，不能取得评估价格，但能提供购房发票的情况：

纳税人转让旧房及建筑物，凡不能取得评估价格，但能提供购房发票的，经当地税务部门确认，按以下原则扣除：

(1) 关于土地款、旧房评估价的扣除规定

购房发票所载金额（实际上包含了《土地增值税暂行条例》中第六条的"取得土地使用权所支付的金额"及"旧房及建筑物的评估价格"两部分。

(2) 加计扣除金额的规定

按发票所载金额并从购买年度起至转让年度止每年加计5%计算。计算扣除项目时的"每年"按购房发票所载日期起至售房发票开具之日止，每满12个月计1年；超过1年，未满12个月但超过6个月的，可以视同为1年。

(3) 关于契税的扣除规定

对纳税人购房时缴纳的契税，凡能提供契税完税凭证的，准予作为"与转让房地产有关的税金"予以扣除，但不得作为加计5%的基数。

因此，不能取得评估价格，但能提供购房发票的旧房转让，土地增值税扣除项目的计算公式 = 发票所载金额 × [1 + (转让年度 − 购买年度) × 5%] + 与房地产转让有关税金（包括转让旧房时缴纳的营业税、城市维护建设税、印花税、契税以及教育费附加，必须提供相应的完税凭证）+ 与房地产转让有关费用。

第三种情况，既没有评估价格，又不能提供购房发票的情况：

转让旧房及建筑物，既没有评估价格，又不能提供购房发票的情况，地方税务机关可以根据《中华人民共和国税收征收管理法》第35条的规定，实行核定征收。

总结：一般来说，个人转让旧住房的，免税；个人转让旧的非住房的，一般按购房发票计算征收或者核定征收。企业转让旧住房的，按照转让收入与房地产估价师对旧房的评估价格的关系，分析适用哪个公式征收，即确定采用查实征收或者核定征收。

7.3.3 企业重组过程中涉及的土地增值税的税务处理

《财政部 税务总局关于继续实施企业改制重组有关土地增值税政策的通知》

（财税〔2018〕57号）有以下规定。

按照《中华人民共和国公司法》的规定，非公司制企业整体改制为有限责任公司或者股份有限公司，有限责任公司（股份有限公司）整体改制为股份有限公司（有限责任公司），对改制前的企业将国有土地使用权、地上的建筑物及其附着物（以下称"房地产"）转移、变更到改制后的企业，暂不征土地增值税。

本通知所称整体改制是指不改变原企业的投资主体，并承继原企业权利、义务的行为。

按照法律规定或者合同约定，两个或两个以上企业合并为一个企业，且原企业投资主体存续的，对原企业将房地产转移、变更到合并后的企业，暂不征土地增值税。

按照法律规定或者合同约定，企业分设为两个或两个以上与原企业投资主体相同的企业，对原企业将房地产转移、变更到分立后的企业，暂不征土地增值税。

单位、个人在改制重组时以房地产作价入股进行投资，对其将房地产转移、变更到被投资的企业，暂不征土地增值税。

上述改制重组有关土地增值税政策不适用于房地产转移任意一方为房地产开发企业的情形。

企业改制重组后再转让国有土地使用权并申报缴纳土地增值税时，应以改制前取得该宗国有土地使用权所支付的地价款和按国家统一规定缴纳的有关费用，作为该企业"取得土地使用权所支付的金额"扣除。企业在改制重组过程中经省级以上（含省级）国土管理部门批准，国家以国有土地使用权作价出资入股的，再转让该宗国有土地使用权并申报缴纳土地增值税时，应以该宗土地作价入股时省级以上（含省级）国土管理部门批准的评估价格，作为该企业"取得土地使用权所支付的金额"扣除。办理纳税申报时，企业应提供该宗土地作价入股时省级以上（含省级）国土管理部门的批准文件和批准的评估价格，不能提供批准文件和批准的评估价格的，不得扣除。

企业在申请享受上述土地增值税优惠政策时，应向主管税务机关提交房地产转移双方营业执照、改制重组协议或等效文件，相关房地产权属和价值证明、转让方改制重组前取得土地使用权所支付地价款的凭据（复印件）等书面材料。

本通知所称不改变原企业投资主体、投资主体相同，是指企业改制重组前后出资人不发生变动，出资人的出资比例可以发生变动；投资主体存续，是指原企业出资人必须存在于改制重组后的企业,出资人的出资比例可以发生变动。

7.3.4 案例分析

【例7-7】 工业用地投资于物流企业,物流企业将土地用于房地产开发,如何确定土地成本

A公司拥有一块工业用地,成本为1亿元;B公司为从事物流和兰花种植的非房地产开发企业。2×08年5月,A公司将工业用地按公允价值3亿元对B公司投资入股,供B公司扩大物流及兰花种植业务。A公司于2×10年10月将持有B公司的股权转让给C,转让价3.6亿元。B公司于2×11年8月经政府批准将上述工业用地性质变更为住宅用地,并补缴了土地出让金1.5亿元。

问题一:上述工业用地过户时,A公司要缴纳土地增值税吗?

问题二:A公司工业用地的评估增值2亿元,是否要计入A公司当年应纳税所得额?

问题三:当B公司开发并销售住宅时可抵扣土地增值税的土地成本是多少?可抵扣企业所得税的土地成本是多少?

【解析】

(1) A企业将土地使用权投资于非房地产企业,继续执行《财政部 国家税务总局关于土地增值税一些具体问题规定的通知》(财税字〔1995〕48号)规定,免征土地增值税。A公司转让B公司股权时,也不征收土地增值税。B公司3年后土地补缴出让金将工业用地变性为开发用地,A公司同样无须补缴土地增值税。

(2) 依据《企业所得税法实施条例》第二十五条、《国家税务总局关于企业处置资产所得税处理问题的通知》(国税函〔2008〕828号)规定,企业以非现金资产对外投资,因其发生了所有权转移,应视同销售确认资产转让所得。土地评估增值,应当并入A公司当年应纳税所得总额,缴纳企业所得税。

但依据《财政部 国家税务总局关于企业重组业务企业所得税处理若干问题的通知》(财税〔2009〕59号)规定,B公司收购A公司非现金资产(土地使用权),如果收购非现金资产(公允价值)占全部资产总额(公允价值)的比例超过50%,并且B公司以本企业股权作为对价,可以选择适用特殊重组办法进行所得税处理。即A公司暂不确认资产转让所得,相应地,A公司取得B公司股权的计税基础按照1亿元确定,将来计算股权转让所得时,按照计税基础扣除。

(3) B公司接受投资的土地使用权应当以公允价值作为计税基础，在计算土地增值税和企业所得税税前扣除。"取得土地使用权所支付的金额"包括现金、非现金资产、权益工具或承担的债务金额。接受投资的土地使用权，是以支付权益工具（股权）为代价取得的，其股权的公允价值与土地使用权的公允价值相等，其取得土地使用权支付的价款，即投资合同确认的价格（投资时的评估价）3亿元，此外，补缴的土地出让金1.5亿元以及缴纳的契税一并构成土地使用权的计税成本。

【例7-8】房地产开发项目若无利息支出，计算土地增值税能否扣除利息

某项目在开发过程中，因股东投入注册资本金充裕，未发生利息支出，在清算时，利息支出可以按5%计算扣除吗？是否存在税务机关不允许扣除或只能据实扣除的风险？应采取何种补救措施，使利息支出可以按5%扣除？

【解析】

《国家税务总局关于土地增值税清算有关问题的通知》（国税函〔2010〕220号）规定如下。

关于房地产开发费用的扣除问题。

（1）财务费用中的利息支出，凡能够按转让房地产项目计算分摊并提供金融机构证明的，允许据实扣除，但最高不能超过按商业银行同类同期贷款利率计算的金额。其他房地产开发费用，在按照"取得土地使用权所支付的金额"与"房地产开发成本"金额之和的5%以内计算扣除。

（2）凡不能按转让房地产项目计算分摊利息支出或不能提供金融机构证明的，房地产开发费用在按"取得土地使用权所支付的金额"与"房地产开发成本"金额之和的10%以内计算扣除。

全部使用自有资金，没有利息支出的，按照以上方法扣除。

上述具体适用的比例按省级人民政府此前规定的比例执行。

（3）房地产开发企业既向金融机构借款，又有其他借款的，其房地产开发费用计算扣除时不能同时适用本条（1）、（2）项所述两种办法。

（4）土地增值税清算时，已经计入房地产开发成本的利息支出，应调整至财务费用中计算扣除。

根据上述规定，开发项目未发生利息支出，按照"取得土地使用权所支付的金额"与"房地产开发成本"金额之和的5%以内计算扣除利息。

【例7-9】如何确定房地产企业接受投资的土地成本

甲公司开发项目用地是以接受投资方式取得的，在清算开发项目土地增值

税时对土地成本的扣除金额存在争议。

一种观点如下。《企业所得税法实施条例》第六十六条规定，通过投资方式取得的无形资产（含土地使用权），以该资产的公允价值和支付的相关税费为计税基础。据此，有人认为计算土地增值税时，也应当按照投资作价及缴纳的契税计算扣除。

另一种观点如下。有人认为，应按照股东购入土地时支付的成本（出让金及契税）确定。理由如下。

（1）因为投资方投资时免征了土地增值税，所以接受投资方只能以投资方支付的出让金及契税作为土地成本，不然就少征一次土地增值税。

（2）允许扣除的土地成本必须取得发票，因为接受投资时没有开具发票，所以不能扣除土地成本，或者只能按照投资方原历史成本扣除。

请问：上述两种观点，哪种正确？

【解析】

接受投资的土地使用权应当以公允价值作为计税基础，在计算土地增值税和企业所得税税前扣除。"取得土地使用权所支付的金额"包括现金、非现金资产、权益工具或承担的债务金额。接受投资的土地使用权，是以支付权益工具（股权）为代价取得的，其股权的公允价值与土地使用权的公允价值相等，其取得土地使用权支付的价款，即投资合同确认的价格。

企业取得的资产或者发生的费用必须取得合法的凭据，这里的合法凭据是指原始凭证，其中属于增值税征税范围的业务必须取得发票，反之不得开具发票。例如，工资薪金、捐赠支出、土地出让金、搬迁补偿费（或拆迁补偿费）、捐赠支出等都不得开具发票。

《财政部 国家税务总局关于土地增值税一些具体问题规定的通知》（财税字〔1995〕48号）规定，以土地使用权对外投资免征土地增值税。这是针对投资方而言的。投资方与被投资方是两个独立的法律主体，投资方无论是否免税，不影响被投资方。不得因为投资方免税而将纳税义务转移给被投资方，否则一方面会影响被投资企业其他股东的利益，另一方面，如果因为投资方免税就要求被投资方缴纳，那么税收优惠就无法落实。

针对有些企业通过土地投资增加开发成本的做法，财政部、国家税务总局已于2006年3月2日通过《财政部 国家税务总局关于土地增值税若干问题的通知》（财税〔2006〕21号）对《财政部 国家税务总局关于土地增值税一些具体问题规定的通知》（财税字〔1995〕48号）部分条款做了修订，即从

2006年3月2日起，以土地使用权投资到房地产企业用于开发项目，必须视同转让土地使用权缴纳土地增值税。根据"实体从旧原则"，该文件只适用于2006年3月2日（含本日）以后发生的投资行为，对此前发生的投资行为不做追溯。

综上所述，无论是《财政部 国家税务总局关于土地增值税若干问题的通知》（财税〔2006〕21号）实施前还是实施后，在计算土地增值税和企业所得税时，接受投资的土地都以公允价值（投资作价）作为计税基础。

7.4 房产税的税务处理

7.4.1 征收方法

（一）纳税义务人

房产税是以房屋为征税对象，按照房屋的计税余值或租金收入，向产权所有人征收的一种财产税。房产税以在征税范围内的房屋产权所有人为纳税人。具体情况如下。

（1）产权属国家所有的，由经营管理单位纳税；产权属集体和个人所有的，由集体单位和个人纳税。

所称单位，包括国有企业、集体企业、私营企业、股份制企业、外商投资企业、外国企业以及其他企业和事业单位、社会团体、国家机关、军队以及其他单位；所称个人，包括个体工商户以及其他个人。

（2）产权出典的，由承典人纳税。所谓产权出典，是指产权所有人将房屋、生产资料等的产权，在一定期限内典当给他人使用，而取得资金的一种融资业务。这种业务大多发生于出典人急需用款，但又想保留产权回赎权的情况。承典人向出典人交付一定的典价之后，在质典期内即获抵押物品的支配权，并可转典。产权的典价一般要低于卖价。出典人在规定期间内须归还典价的本金和利息，方可赎回出典房屋等的产权。由于在房屋出典期间，产权所有人已无权支配房屋，因此，税法规定由对房屋具有支配权的承典人为纳税人。

（3）产权所有人、承典人不在房屋所在地的，或者产权未确定及租典纠纷未解决的，由房产代管人或者使用人纳税。

所谓租典纠纷，是指产权所有人在房产出典和租赁关系上，与承典人、租赁人发生各种争议，特别是权利和义务的争议悬而未决的。此外还有一些产权归属不清的问题，也属于租典纠纷。对租典纠纷尚未解决的房产，规定由代管人或使用人为纳税人，主要目的在于加强征收管理，保证房产税及时入库。

（4）无租使用其他房产的问题。纳税单位和个人无租使用房产管理部门、免税单位及纳税单位的房产，应由使用人代为缴纳房产税。

（二）征税范围

房产税以房产为征税对象。房产，是指有屋面和围护结构（有墙或两边有柱），能够遮风避雨，可供人们在其中生产、学习、工作、娱乐、居住或储藏物资的场所。房地产开发企业建造的商品房，在出售前，不征收房产税；但对出售前房地产开发企业已使用或出租、出借的商品房应按规定征收房产税。

房产税的征税范围为城市、县城、建制镇和工矿区。具体规定如下。

（1）城市是指国务院批准设立的市。

（2）县城是指县人民政府所在地的地区。

（3）建制镇是指经省、自治区、直辖市人民政府批准设立的建制镇。

（4）工矿区是指工商业比较发达、人口比较集中、符合国务院规定的建制镇标准但尚未设立建制镇的大中型工矿企业所在地。开征房产税的工矿区须经省、自治区、直辖市人民政府批准。

房产税的征税范围不包括农村，这主要是为了减轻农民的负担。因为农村的房屋，除农副业生产用房外，大部分是农民居住用房。对农村房屋不纳入房产税征税范围，有利于农业发展，繁荣农村经济，促进社会稳定。

（三）税率

我国现行房产税采用的是比例税率。由于房产税的计税依据分为从价计征和从租计征两种形式，所以房产税的税率也有两种：一种是按房产原值一次减除10%～30%后的余值计征，税率为1.2%；另一种是按房产出租的租金收入计征，税率为12%。自2008年3月1日起，对个人出租住房，不区分用途，按4%的税率征收房产税。

（四）计税依据

房产税的计税依据是房产的计税价值或房产的租金收入。按照房产计税价值征税的，称为从价计征；按照房产租金收入征税的，称为从租计征。

1. 从价计征

《房产税暂行条例》规定，房产税依照房产原值一次减除10%～30%后的余值计算缴纳。各地扣除比例由当地省、自治区、直辖市人民政府确定。

（1）房产原值是指纳税人按照会计制度规定，在会计核算账簿"固定资产"

科目中记载的房屋原价。因此，凡按会计制度规定在账簿中记载有房屋原价的，应以房屋原价按规定减除一定比例后作为房产余值计征房产税；没有记载房屋原价的，按照上述原则，并参照同类房屋确定房产原值，按规定计征房产税。

值得注意的是：自2009年1月1日起，对依照房产原值计税的房产，不论是否记载在会计账簿"固定资产"科目中，均应按照房屋原价计算缴纳房产税。房屋原价应根据国家有关会计制度规定进行核算。对纳税人未按国家会计制度规定核算并记载的，应按规定予以调整或重新评估。

自2010年12月21日起，对按照房产原值计税的房产，无论会计上如何核算，房产原值均应包含地价，包括为取得土地使用权支付的价款、开发土地发生的成本费用等。宗地容积率低于0.5的，按房产建筑面积的2倍计算土地面积并据此确定计入房产原值的地价。

（2）房产原值应包括与房屋不可分割的各种附属设备或一般不单独计算价值的配套设施，主要有：暖气、卫生、通风、照明、煤气等设备；各种管线，如蒸汽、压缩空气、石油、给水排水等管道及电力、电信、电缆导线；电梯、升降机、过道、晒台等。属于房屋附属设备的水管、下水道、暖气管、煤气管等应从最近的探视井或三通管起，计算原值；电灯网、照明线从进线盒连接管起，计算原值。

自2006年1月1日起，为了维持和增加房屋的使用功能或使房屋满足设计要求，凡以房屋为载体，不可随意移动的附属设备和配套设施，如给排水、采暖、消防、中央空调、电气及智能化楼宇设备等，无论在会计核算中是否单独记账与核算，都应计入房产原值，计征房产税。对于更换房屋附属设备和配套设施的，在将其价值计入房产原值时，可扣减原来相应设备和设施的价值；对附属设备和配套设施中易损坏、需要经常更换的零配件，更新后不再计入房产原值。

（3）纳税人对原有房屋进行改建、扩建的，要相应增加房屋的原值。房产余值是房产的原值减除规定比例后的剩余价值。此外，还应注意以下两个问题。

①对投资联营的房产，在计征房产税时应予以区别对待。对于以房产投资联营，投资者参与投资利润分红，共担风险的，按房产余值作为计税依据计征房产税；对于以房产投资，收取固定收入，不承担联营风险的，实际是以联营名义取得房产租金，应根据《房产税暂行条例》的有关规定由出租方按租金收入计缴房产税。

②对融资租赁房屋的情况，由于租赁费包括购进房屋的价款、手续费、借

款利息等,与一般房屋出租的"租金"内涵不同,且租赁期满后,当承租方偿还最后一笔租赁费时,房屋产权要转移到承租方。这实际是一种变相的分期付款购买固定资产的形式,所以在计征房产税时应以房产余值计算征收。根据财税〔2009〕128号文件的规定,融资租赁的房产,由承租人自融资租赁合同约定开始日的次月起依照房产余值缴纳房产税。合同未约定开始日的,由承租人自合同签订的次月起依照房产余值缴纳房产税。

(4)居民住宅区内业主共有的经营性房产缴纳房产税。自2007年1月1日起,对居民住宅区内业主共有的经营性房产,由实际经营(包括自营和出租)的代管人或使用人缴纳房产税。其中自营的,依照房产原值减除10%~30%后的余值计征,没有房产原值或不能将业主共有房产与其他房产的原值准确划分开的,由房产所在地税务机关参照同类房产核定房产原值;出租的,依照租金收入计征。

(5)凡在房产税征收范围内的具备房屋功能的地下建筑,包括与地上房屋相连的地下建筑以及完全建在地面以下的建筑、地下人防设施等,均应当依照有关规定征收房产税。上述具备房屋功能的地下建筑是指有屋面和维护结构,能够遮风避雨,可供人们在其中生产、经营、工作、学习、娱乐、居住或储藏物资的场所。自用的地下建筑,按以下方式计税。

①工业用途房产,以房屋原价的50%~60%作为应税房产原值。应纳税额计算公式如下。

应纳房产税的税额 = 应税房产原值 × [1 - (10%~30%)] × 1.2%

②商业和其他用途房产,以房屋原价的70%~80%作为应税房产原值。应纳税额计算公式如下。

应纳房产税的税额 = 应税房产原值 × [1 - (10%~30%)] × 1.2%

房屋原价折算为应税房产原值的具体比例,由各省、自治区、直辖市和计划单列市财政和地方税务部门在上述幅度内自行确定。

③对于与地上房屋相连的地下建筑,如房屋的地下室、地下停车场、商场的地下部分等,应将地下部分与地上房屋视为一个整体,按照地上房屋建筑的有关规定计算征收房产税。

2. 从租计征

房产出租的,以房产租金收入为房产税的计税依据。

房产的租金收入,是房屋产权所有人出租房产使用权所得的报酬,包括货币收入和实物收入。

如果是以劳务或者其他形式为报酬抵付房租收入的，应根据当地同类房产的租金水平，确定一个标准租金额从租计征。

对出租房产，租赁双方签订的租赁合同约定有免收租金期限的，免收租金期间由产权所有人按照房产原值缴纳房产税。

出租的地下建筑，按照出租地上房屋建筑的有关规定计算征收房产税。

（五）应纳税额的计算

房产税的计税依据有两种，与之相适应的应纳税额计算也分为两种：一是从价计征的计算，二是从租计征的计算。

1. 从价计征的计算

从价计征是按房产的原值减除一定比例后的余值计征，其计算公式如下。

$$应纳税额 = 应税房产原值 \times (1 - 扣除比例) \times 1.2\%$$

如前所述，房产原值是"固定资产"科目中记载的房屋原价；减除一定比例是省、自治区、直辖市人民政府规定的10%~30%的减除比例；适用税率为1.2%。

【例7-10】某企业的经营用房原值为5 000万元，按照当地规定允许减除30%后按余值计征房产税，适用税率为1.2%。请计算其应纳房产税税额。

【解析】

应纳税额 = 5 000 × (1 - 30%) × 1.2% = 42（万元）。

2. 从租计征的计算

从租计征是按房产的租金收入计征，其计算公式如下。

$$应纳税额 = 租金收入 \times 12\%（或4\%）$$

【例7-11】某公司出租房屋10间，年租金收入为300 000元，适用税率为12%。请计算其应纳房产税税额。

【解析】

应纳税额 = 300 000 × 12% = 36 000（元）。

7.4.2 纳税义务发生时间

（1）纳税人将原有房产用于生产经营，从生产经营之月起，缴纳房产税。

（2）纳税人自行新建房屋用于生产经营，从建成之次月起，缴纳房产税。

（3）纳税人委托施工企业建设的房屋，从办理验收手续之次月起，缴纳房产税。

（4）纳税人购置新建商品房，自房屋交付使用之次月起，缴纳房产税。

（5）纳税人购置存量房，自办理房屋权属转移、变更登记手续，房地产权属登记机关签发房屋权属证书之次月起，缴纳房产税。

（6）纳税人出租、出借房产，自交付出租、出借房产之次月起，缴纳房产税。

（7）房地产开发企业自用、出租、出借该企业建造的商品房，自房屋使用或交付之次月起，缴纳房产税。

7.4.3 缴纳时间

房产税按年征收、分期缴纳，纳税期限由省、自治区、直辖市人民政府规定。

7.4.4 税收优惠

下列房产免征房产税。

（1）国家机关、人民团体、军队自用的房产。

（2）由国家财政部门拨付事业经费的单位自用的房产。

（3）宗教寺庙、公园、名胜古迹自用的房产。

（4）个人所有非营业用的房产。

（5）经财政部批准免税的其他房产。

房产税减免政策依据及代码目录如表7-1所示。

表7-1　　房产税减免政策依据及代码目录

序号	减免项目名称	政策名称	减免性质代码
1	地震毁损不堪和危险房屋免征房产税	《财政部 国家税务总局关于认真落实抗震救灾及灾后重建税收政策问题的通知》（财税〔2008〕62号）	08011601
2	按政府规定价格出租的公有住房和廉租住房免征房产税	《财政部 国家税务总局关于调整住房租赁市场税收政策的通知》（财税〔2000〕125号）	08011701
3	非营利性老年服务机构自用房产免征房产税	《财政部 国家税务总局关于对老年服务机构有关税收政策问题的通知》（财税〔2000〕97号）	08012701
4	企业纳税困难减免房产税	《中华人民共和国房产税暂行条例》（国发〔1986〕90号）	08019902
5	农产品批发市场农贸市场房产免征房产税	《财政部 税务总局关于继续实行农产品批发市场 农贸市场房产税 城镇土地使用税优惠政策的通知》（财税〔2019〕12号）	08019904

续表

序号	减免项目名称	政策名称	减免性质代码
6	非营利性科研机构自用的房产免征房产税	《财政部 国家税务总局关于非营利性科研机构税收政策的通知》（财税〔2001〕5号）	08021906
7	科技园自用及提供孵化企业使用房产免征房产税	《财政部 国家税务总局关于国家大学科技园税收政策的通知》（财税〔2016〕98号）	08021907
8	孵化器自用及提供孵化企业使用房产免征房产税	《财政部 国家税务总局关于科技企业孵化器税收政策的通知》（财税〔2016〕89号）	08021908
9	大型客机和大型客机发动机整机设计制造企业免征房产税	《财政部 国家税务总局关于大型客机和大型客机发动机整机设计制造企业房产税 城镇土地使用税政策的通知》（财税〔2016〕133号）	08021909
10	转制科研机构的科研开发用房免征房产税	《财政部 国家税务总局关于延长转制科研机构有关税收政策执行期限的通知》（财税〔2005〕14号）	08022001
11	青藏铁路公司及所属单位自用房产免征房产税	《财政部 国家税务总局关于青藏铁路公司运营期间有关税收等政策问题的通知》（财税〔2007〕11号）	08033301
12	大秦公司完全按市场化运作前其自用房产免征房产税	《财政部 国家税务总局关于大秦铁路改制上市有关税收问题的通知》（财税〔2006〕32号）	08052401
13	天然林二期工程的专用房产免征房产税	《财政部 国家税务总局关于天然林保护工程（二期）实施企业和单位房产税、城镇土地使用税政策的通知》（财税〔2011〕90号）	08061002
14	天然林二期工程森工企业闲置房产免征房产税	《财政部 国家税务总局关于天然林保护工程（二期）实施企业和单位房产税、城镇土地使用税政策的通知》（财税〔2011〕90号）	08061003
15	被撤销金融机构清算期间房地产免征房产税	《财政部 国家税务总局关于被撤销金融机构有关税收政策问题的通知》（财税〔2003〕141号）	08081501
16	东方资产管理公司接收港澳国际（集团）有限公司的房地产免征房产税	《财政部 国家税务总局关于中国东方资产管理公司处置港澳国际（集团）有限公司有关资产税收政策问题的通知》（财税〔2003〕212号）	08083902
17	四家金融资产管理公司及分支机构处置不良资产免征房产税	《财政部 国家税务总局关于中国信达资产管理股份有限公司等4家金融资产管理公司有关税收政策问题的通知》（财税〔2013〕56号）	08083904
18	农村饮水工程运营管理单位房产免征房产税	《财政部 国家税务总局关于继续实行农村饮水安全工程建设运营税收优惠政策的公告》（财政部 税务总局公告2019年第67号）	08092303

续表

序号	减免项目名称	政策名称	减免性质代码
19	学校、托儿所、幼儿园自用的房产免征房产税	《财政部 国家税务总局关于教育税收政策的通知》（财税〔2004〕39号）	08101401
20	高校学生公寓免征房产税	《财政部、税务总局关于高校学生公寓房产税印花税政策的通知》（财税〔2019〕14号）	08101407
21	符合条件的体育场馆减免房产税	《财政部 国家税务总局关于体育场馆房产税和城镇土地使用税政策的通知》（财税〔2015〕130号）	08102901
22	铁路运输企业免征房产税	《财政部 国家税务总局关于明确免征房产税城镇土地使用税的铁路运输企业范围的补充通知》（财税〔2006〕17号）	08121302
23	地方铁路运输企业免征房产税	《财政部 国家税务总局关于明确免征房产税城镇土地使用税的铁路运输企业范围及有关问题的通知》（财税〔2004〕36号）	08121303
24	股改铁路运输企业及合资铁路运输公司自用房产免征房产税	《财政部 国家税务总局关于股改及合资铁路运输企业房产税城镇土地使用税有关政策的通知》（财税〔2009〕132号）	08121304
25	商品储备业务自用房产免征房产税	《财政部 税务总局关于部分国家储备商品有关税收政策的公告》（财政部、税务总局公告2019年第77号）	08122604
26	血站自用的房产免征房产税	《财政部 国家税务总局关于血站有关税收问题的通知》（财税字〔1999〕264号）	08123401
27	非营利性医疗机构、疾病控制机构和妇幼保健机构等卫生机构自用的房产免征房产税	《财政部 国家税务总局关于医疗卫生机构有关税收政策的通知》（财税〔2000〕42号）	08123402
28	营利性医疗机构自用的房产，免征三年房产税	《财政部 国家税务总局关于医疗卫生机构有关税收政策的通知》（财税〔2000〕42号）	08123404
29	劳教单位的自用房产免征房产税	《财政部 税务总局关于对司法部所属的劳改劳教单位征免房产税问题的补充通知》（财税地字〔1987〕029号）	08125001
30	司法部门所属监狱等房产免征房产税	《财政部 税务总局关于对司法部所属的劳改劳教单位征免房产税问题的通知》（财税地字〔1987〕021号）	08125002
31	停止使用的毁损房屋和危险房屋免征房产税	《财政部 税务总局关于房产税若干具体问题的解释和暂行规定》（财税地字〔1986〕008号）	08129903

续表

序号	减免项目名称	政策名称	减免性质代码
32	工商行政管理部门的集贸市场用房免征房产税	《财政部 税务总局关于房产税和车船使用税几个业务问题的解释与规定》（财税地字〔1987〕003号）	08129906
33	房租调整改革前租金偏低的房管部门经租居民住房免征房产税	《财政部 税务总局关于对房管部门经租的居民住房暂缓征收房产税的通知》（财税地字〔1987〕030号）	08129907
34	地下建筑减征房产税	《财政部 国家税务总局关于具备房屋功能的地下建筑征收房产税的通知》（财税〔2005〕181号）	08129913
35	基建工地临时性房屋施工期间免征房产税	《财政部 税务总局关于房产税若干具体问题的解释和暂行规定》（财税地字〔1986〕第008号）	08129915
36	大修停用的房产免征房产税	《财政部 税务总局关于房产税若干具体问题的解释和暂行规定》（财税地字〔1986〕第008号）	08129916
37	其他	其他	08129999

7.4.5 案例分析

【例7-12】某房地产企业在A项目上建设了营销中心（会所），作为多个项目的办公及营销场所，营销中心占地面积为1 200平方米，共发生建造成本1 050万元，于2×18年6月完工投入使用。

（1）项目营销中心投入使用后，未履行申报缴纳房产税的义务。企业税务人员认为，营销中心预计A项目销售完毕后立即拆除，由于项目一直滚动开发，现作为B和C项目的营销场所，待B、C项目销售完毕后就着手拆除。并且该税务人员认为营销中心属于临建房，不需要缴纳房产税。问：未竣工验收但已使用的房产是否缴纳房产税？

（2）项目占地面积为10 000平方米，土地成本为1亿元。企业纳税申报表上申报的房产原值仅为1 050万元，每月缴纳房产税7 350元，税务人员认为营销中心的计税原值就是1 050万元，并未意识到房产原值还需分摊土地成本。问：土地价款应当并入房产原值计算房产税吗？

（3）开发商将营销中心出租给A公司，营销中心房产原值为2 250万元，租赁协议上注明了免租金条款，第一年免租、第二年和第三年每年收12万元（含增值税），但2×18年企业在会计上没有申报房产税。企业税务人员认为既然房产已经出租,就应依照房产租金收入计算缴纳房产税。问:无租使用房产是否应按规定缴纳房产税?

【解析】

对于问题(1),根据税法规定,纳税人自建的房屋,应自建成之次月起缴纳产税。营销中心投入使用后虽打算拆除,但并不属于免征房产税的列举范围,需按规定缴纳房产税。企业税务人员综合能力不足,认为该营销中心不需要缴纳房产税。笔者建议如若企业有上述情况,请尽快自查更正,并就此与税务机关沟通,避免后续更大的税务损失。

对于问题(2),对按照房产原值计税的房产,无论会计上如何核算,房产原值均应包含地价,包括为取得土地使用权支付的价款、开发土地发生的成本费用等。由于企业税务人员综合能力不足,未能充分遵循相关财税政策,因此可能存在补缴房产税税款、罚款和滞纳金等的风险。

为此,假设按占地面积分摊土地成本,扣除比例为30%,计算公式如下。

(1)分摊的土地成本=10 000×1 200÷10 000=1 200(万元)。

(2)房产原值=土地成本+建造成本=1 200+1 050=2 250(万元)。

(3)每月应交房产税=2 250×(1-30%)×1.2%÷12=1.575(万元)。

(4)2×18年7月至2×19年6月共少交房产税为:(1.575-0.735)×12=10.08(万元)。

(5)应交罚款(暂按50%):10.08×50%=5.04(万元)。

(6)应交滞纳金:10.08×0.05%×365=1.84(万元)。

(7)合计税务风险:10.08+5.04+1.84=16.96(万元)。

对于问题(3),根据相关税法规定,对出租房产,租赁双方签订的租赁合同约定有免收租金期限的,免收租金期间由产权所有人按照房产原值缴纳房产税。一般在签订租赁合同中,房地产公司在承租期内会给予租户一定免租期优惠,但免租期内是否应该缴纳以及怎样缴纳房产税并未引起重视,从而导致企业后续税务稽查时,产生滞纳金,甚至被处以应纳税额0.5倍至1倍的罚款。

7.5 城镇土地使用税的税务处理

7.5.1 纳税人

城镇土地使用税的纳税人是征税范围内拥有土地使用权的单位和个人。所称单位,包括国有企业、集体企业、私营企业、股份制企业、外商投资企业、外国企业以及其他企业和事业单位、社会团体、国家机关、军队以及其他单位;所称个人,包括个体工商户以及其他个人。

国家对城镇土地使用税的纳税人,根据用地者的不同情况分别确定为:

(1)拥有土地使用权的单位和个人;

(2)拥有土地使用权的纳税人不在土地所在地的,由代管人或实际使用人缴纳;

(3)土地使用权未确认和权属纠纷未解决的,由实际使用人缴纳;

(4)土地使用权共有的,由共有各方按其实际使用的土地面积占总面积的比例,分别计算缴纳。

土地使用者不论以何种方式取得土地使用权,无论是否缴纳了土地出让金,只要在城镇土地使用税的开征范围内,都应依照规定缴纳城镇土地使用税。

7.5.2 征税范围

城镇土地使用税的征税范围为城市、县城、建制镇和工矿区的国家所有、集体所有的土地。例如,北京市城镇土地使用税的征税范围为北京市城区、近郊区行政区域内,远郊区的区、县政府所在地(县城)和建制镇、工矿区内的土地。城区、近郊区、县城、建制镇里的范围,均以北京市人民政府确定的行政区划为依据。

城镇土地使用税的课税对象是税法规定的征税范围内的应税土地,根据《城镇土地使用税暂行条例》,凡在城市、县城、建制镇、工矿区范围内的土地,不论是国家所有的土地,还是集体所有的土地,都是城镇土地使用税的课税对象。自 2007 年 7 月 1 日起,外商投资企业、外国企业和在华机构的用地也要征收城镇土地使用税。

7.5.3 计税依据

城镇土地使用税以纳税人实际占用的土地面积为计税依据。纳税人实际占用的面积,是指市人民政府确定的单位组织测定的土地面积,具体按下列办法确定。

(1)凡由市人民政府确定的单位组织测定土地面积的,以测定的土地面积为准。

(2)未经组织测定,但纳税人持有政府部门核发的土地使用证书的,以证书确认的土地面积为准。

（3）尚未核发土地使用证书的，应由纳税人据实申报土地面积，待核发土地使用证书后再做调整。

7.5.4 税率及应纳税额的计算

（一）税率

城镇土地使用税适用地区幅度差别定额税率。

城镇土地使用税采用定额税率，即采用有幅度的差别税额。按大、中、小城市和县城、建制镇、工矿区分别规定每平方米城镇土地使用税年应纳税额。城镇土地使用税每平方米年税额标准具体规定如下：

（1）大城市1.5～30元；

（2）中等城市1.2～24元；

（3）小城市0.9～18元；

（4）县城、建制镇、工矿区0.6～12元。

（二）应纳税额的计算

应纳税额的计算公式如下。

应纳税额＝实际占用的土地面积×适用税额

城镇土地使用税根据实际使用土地的面积，按税法规定的单位税额缴纳。其计算公式如下。

应纳城镇土地使用税＝应税土地的实际占用面积×适用单位税额

房产税、车船税和城镇土地使用税均采取按年征收、分期缴纳的方法。

【例7-13】某房地产公司拥有的自用房产原值为600 000元，允许减除20%计税，房产税年税率为1.2%；小汽车2辆，每年每辆税额300元；载重汽车3辆，计净吨位15吨，每吨年税额60元；占用土地面积1 500平方米，每平方米年税额为6元。税务部门规定对房产税、车船税和城镇土地使用税在季末后10日内缴纳，1月31日计算本月应交各项税金。

【解析】

月应纳房产税＝600 000×(1－20%)×1.2%÷12＝5 760÷12＝480（元）。

月应纳车船税＝(2×300＋3×15×60)÷12＝3 300÷12＝275（元）。

月应纳城镇土地使用税＝1 500×6÷12＝9 000÷12＝750（元）。

根据计算的结果，提取应纳房产税、车船税和城镇土地使用税。会计分录如下：

  借：税金及附加   1 505
    贷：应交税费——应交房产税   480
      应交税费——应交车船税   275
      应交税费——应交城镇土地使用税   750

7.5.5　减免税规定

《城镇土地使用税暂行条例》有以下规定。

下列土地免缴城镇土地使用税：

（1）国家机关、人民团体、军队自用的土地；

（2）由国家财政部门拨付事业经费的单位自用的土地；

（3）宗教寺庙、公园、名胜古迹自用的土地；

（4）市政街道、广场、绿化地带等公共用地；

（5）直接用于农、林、牧、渔业的生产用地；

（6）经批准开山填海整治的土地和改造的废弃土地，从使用的月份起免缴土地使用税5年至10年；

（7）由财政部另行规定免税的能源、交通、水利设施用地和其他用地。

城镇土地使用税减免政策依据及代码目录如表7-2所示。

表7-2   城镇土地使用税减免政策依据及代码目录

序号	减免项目名称	政策名称	减免性质代码
1	地震造成纳税困难免征城镇土地使用税	《财政部 国家税务总局关于认真落实抗震救灾及灾后重建税收政策问题的通知》（财税〔2008〕62号）	10011605
2	棚户区改造安置住房建设用地免土地税	《财政部 国家税务总局关于棚户区改造有关税收政策的通知》（财税〔2013〕101号）	10011705
3	安置残疾人就业单位用地减免征城镇土地使用税	《财政部 国家税务总局关于安置残疾人就业单位城镇土地使用税等政策的通知》（财税〔2010〕121号）	10012701
4	福利性非营利性老年服务机构土地免征城镇土地使用税	《财政部 国家税务总局关于对老年服务机构有关税收政策问题的通知》（财税〔2000〕97号）	10012702
5	农贸市场（集贸市场）用地免征城镇土地使用税	《国家税务局关于印发〈关于土地使用税若干具体问题的补充规定〉的通知》（(89)国税地字第140号）	10019902

续表

序号	减免项目名称	政策名称	减免性质代码
6	落实私房政策后的房屋用地减免征城镇土地使用税	《国家税务局关于印发〈关于土地使用税若干具体问题的补充规定〉的通知》((89)国税地字第140号)	10019903
7	农产品批发市场、农贸市场用地免征城镇土地使用税	《财政部 税务总局关于继续实行农产品批发市场 农贸市场房产税 城镇土地使用税优惠政策的通知》(财税〔2019〕12号)	10019908
8	物流企业大宗商品仓储设施用地城镇土地使用税优惠	《财政部 税务总局关于继续实施物流企业大宗商品仓储设施用地城镇土地使用税优惠政策的公告》(财政部 税务总局公告2020年第16号)	10019909
9	非营利性科研机构自用土地免征城镇土地使用税	《财政部 国家税务总局关于非营利性科研机构税收政策的通知》(财税〔2001〕5号)	10021901
10	转制科研机构的科研开发自用土地免征城镇土地使用税	《财政部 国家税务总局关于转制科研机构有关税收政策问题的通知》(财税〔2003〕137号)	10022002
11	青藏铁路公司及其所属单位自用土地免征城镇土地使用税	《财政部 国家税务总局关于青藏铁路公司运营期间有关税收等政策问题的通知》(财税〔2007〕11号)	10033301
12	大秦公司市场化运作前其自用土地免征城镇土地使用税	《财政部 国家税务总局关于大秦铁路改制上市有关税收问题的通知》(财税〔2006〕32号)	10052401
13	广深公司承租广铁集团铁路运输用地免征城镇土地使用税	《财政部 国家税务总局关于广深铁路股份有限公司改制上市和资产收购有关税收问题的通知》(财税〔2008〕12号)	10052402
14	企业搬迁原场地不使用的免征城镇土地使用税	《国家税务局关于印发〈关于土地使用税若干具体问题的补充规定〉的通知》((89)国税地字第140号)	10052403
15	企业厂区以外的公共绿化用地免征城镇土地使用税	《国家税务局关于印发〈关于土地使用税若干具体问题的补充规定〉的通知》((89)国税地字第140号)	10061001
16	天然林二期工程专用土地免征城镇土地使用税	《财政部 国家税务总局关于天然林保护工程(二期)实施企业和单位房产税、城镇土地使用税政策的通知》(财税〔2011〕90号)	10061002
17	天然林二期工程森工企业闲置土地免征城镇土地使用税	《财政部 国家税务总局关于天然林保护工程(二期)实施企业和单位房产税、城镇土地使用税政策的通知》(财税〔2011〕90号)	10061003
18	居民供热使用土地免征城镇土地使用税	《财政部 税务总局关于延续供热企业增值税 房产税 城镇土地使用税优惠政策的通知》(财税〔2019〕38号)	10064004

续表

序号	减免项目名称	政策名称	减免性质代码
19	电力行业部分用地免征城镇土地使用税	《国家税务局关于电力行业征免土地使用税问题的规定》((89)国税地字第013号)	10064201
20	核工业总公司所属企业部分用地免征城镇土地使用税	《国家税务局关于对核工业总公司所属企业征免土地使用税问题的若干规定》((89)国税地字第007号)	10064202
21	核电站应税土地基建期内减半征城镇土地使用税	《财政部 国家税务总局关于核电站用地征免城镇土地使用税的通知》(财税〔2007〕124号)	10064203
22	4家金融资产公司处置房地产免征城镇土地使用税	《财政部 国家税务总局关于中国信达资产管理股份有限公司等4家金融资产管理公司有关税收政策问题的通知》(财税〔2013〕56号)	10083905
23	接收港澳国际(集团)有限公司的房产	《财政部 国家税务总局关于中国东方资产管理公司处置港澳国际(集团)有限公司有关资产税收政策问题的通知》(财税〔2003〕212号)	10083902
24	被撤销金融机构清算期间自有的或从债务方接收的房地产	《财政部 国家税务总局关于被撤销金融机构有关税收政策问题的通知》(财税〔2003〕141号)	10083903
25	农村饮水工程运营管理单位自用土地免征城镇土地使用税	《财政部 税务总局关于继续实行农村饮水安全工程税收优惠政策的公告》(财政部 税务总局公告〔2019〕第67号)	10092303
26	学校、托儿所、幼儿园自用土地免征城镇土地使用税	《财政部 国家税务总局关于教育税收政策的通知》(财税〔2004〕39号)	10101401
27	符合条件的体育场馆减免城镇土地使用税	《财政部 国家税务总局关于体育场馆房产税和城镇土地使用税政策的通知》(财税〔2015〕130号)	10102901
28	航空航天公司专属用地免征城镇土地使用税	《财政部 国家税务总局关于对中国航空、航天、船舶工业总公司所属军工企业免征土地使用税的若干规定的通知》(财税字〔1995〕27号)	10120702
29	地方铁路运输企业自用土地免征城镇土地使用税	《财政部 国家税务总局关于明确免征房产税城镇土地使用税的铁路运输企业范围及有关问题的通知》(财税〔2004〕36号)	10121303
30	港口的码头用地免征城镇土地使用税	《国家税务局关于对交通部门的港口用地征免土地使用税问题的规定》((89)国税地字第123号)	10121304
31	民航机场规定用地免征城镇土地使用税	《国家税务局关于对民航机场用地征免土地使用税问题的规定》((89)国税地字第032号)	10121305

续表

序号	减免项目名称	政策名称	减免性质代码
32	股改铁路运输企业及合资铁路运输公司自用的房产免征城镇土地使用税	《财政部 国家税务总局关于股改及合资铁路运输企业房产税城镇土地使用税有关政策的通知》（财税〔2009〕132号）	10121306
33	厂区外未加隔离的企业铁路专用线用地免征城镇土地使用税	《国家税务局关于印发〈关于土地使用税若干具体问题的补充规定〉的通知》（(89)国税地字第140号）	10121308
34	城市公交站场等运营用地免征城镇土地使用税	《财政部 税务总局关于继续对城市公交站场道路客运站场 城市轨道交通系统减免城镇土地使用税优惠政策的通知》（财税〔2019〕11号）	10121310
35	国家石油储备基地第一期项目用地免征城镇土地使用税	《财政部 国家税务总局关于国家石油储备基地建设有关税收政策的通知》（财税〔2005〕23号）	10122602
36	商品储备管理公司及其直属库自用土地免征城镇土地使用税	《财政部 税务总局关于部分国家储备商品有关税收政策的公告》（财政部 税务总局公告2019年第77号）	10122606
37	血站自用的土地免征城镇土地使用税	《财政部 国家税务总局关于血站有关税收问题的通知》（财税字〔1999〕264号）	10123401
38	非营利性医疗，疾病控制，妇幼保健机构自用的土地免征城镇土地使用税	《财政部 国家税务总局关于医疗卫生机构有关税收政策的通知》（财税〔2000〕42号）	10123402
39	营利性医疗机构自用的土地3年内免征城镇土地使用税	《财政部 国家税务总局关于医疗卫生机构有关税收政策的通知》（财税〔2000〕42号）	10123403
40	免税单位无偿使用的土地免征城镇土地使用税	《国家税务局关于印发〈关于土地使用税若干具体问题的补充规定〉的通知》（(89)国税地字第140号）	10125002
41	劳改劳教单位相关用地免征城镇土地使用税	《国家税务局关于对司法部所属的劳改劳教单位征免土地使用税问题的规定》（(89)国税地字第119号）	10125003
42	地下建筑用地暂按50%征收土地使用税	《财政部 国家税务总局关于房产税城镇土地使用税有关问题的通知》（财税〔2009〕128号）	10129901
43	采摘观光的种植养殖土地免征城镇土地使用税	《财政部 国家税务总局关于房产税城镇土地使用税有关政策的通知》（财税〔2006〕186号）	10129902
44	水利设施及其管护用地免征城镇土地使用税	《国家税务局关于水利设施用地征免土地使用税问题的规定》（(89)国税地字014号）	10129906

续表

序号	减免项目名称	政策名称	减免性质代码
45	防火、防爆、防毒等安全用地免征城镇土地使用税	《国家税务局关于印发〈关于土地使用税若干具体问题的补充规定〉的通知》((89) 国税地字140号)	10129907
46	矿山企业生产专用地免征城镇土地使用税	《国家税务局关于对矿山企业征免土地使用税问题的通知》((89) 国税地字122号)	10129909
47	煤炭企业规定用地免征城镇土地使用税	《国家税务局关于对煤炭企业用地征免土地使用税问题的规定》((89) 国税地字089号)	10129910
48	盐场的盐滩盐矿的矿井用地免征城镇土地使用税	《国家税务局关于对盐场、盐矿征免城镇土地使用税问题的通知》((89) 国税地字141号)	10129911
49	林业系统相关用地免征城镇土地使用税	《国家税务局关于林业系统征免土地使用税问题的通知》(国税函发〔1991〕1404号)	10129913
50	纳税人困难性减免城镇土地使用税	《国务院关于修改〈中华人民共和国城镇土地使用税暂行条例〉的决定》(中华人民共和国国务院令第483号)	10129917
51	开山填海整治土地和改造废弃土地免征城镇土地使用税	《国务院关于修改〈中华人民共和国城镇土地使用税暂行条例〉的决定》(中华人民共和国国务院令第483号)	10129918
52	企业已售房改房占地免征城镇土地使用税	《财政部 国家税务总局关于房改房用地未办理土地使用权过户期间城镇土地使用税政策的通知》(财税〔2013〕44号)	10129919
53	廉租房用地免征城镇土地使用税	《财政部 国家税务总局关于廉租住房经济适用住房和住房租赁有关税收政策的通知》(财税〔2008〕24号)	10129920
54	企业的荒山、林地、湖泊等占地减半征收城镇土地使用税	《财政部 国家税务总局关于企业范围内荒山 林地 湖泊等占地城镇土地使用税有关政策的通知》(财税〔2014〕1号)	10129921
55	石油天然气生产企业部分用地免征城镇土地使用税	《财政部 国家税务总局关于石油天然气生产企业城镇土地使用税政策的通知》(财税〔2015〕76号)	10129924
56	其他	其他	10129999

7.5.6 纳税义务发生时间

《财政部 国家税务总局关于房产税城镇土地使用税有关政策的通知》(财税〔2006〕186号)规定,以出让或转让方式有偿取得土地使用权的,应由受让方从合同约定交付土地时间的次月起缴纳城镇土地使用税;合同未约定交付土地时间的，由受让方从合同签订的次月起缴纳城镇土地使用税。是否取得土地使用证或是否全额缴款都不能作为判定纳税义务发生时间的依据。

《财政部 国家税务总局关于房产税城镇土地使用税有关问题的通知》（财税〔2008〕152 号）规定，纳税人因房产、土地的实物或权利状态发生变化而依法终止房产税、城镇土地使用税纳税义务的，其应纳税款的计算应截止到房产、土地的实物或权利状态发生变化的当月末。该规定从某种意义上讲，发生上述情况，一方终止纳税，则另一方开始纳税。具体判定依据如下。

（1）如果某纳税人将房屋或土地使用权转让给开发企业，房屋被拆除了，土地荒了，则为实物发生变化。

（2）权利发生变化，应该主要从合同签订判断。财税〔2006〕186 号文件规定了合同签订日是判定缴纳城镇土地使用税的依据，相反，出让土地的一方应该在合同签订日终止纳税义务。权利发生变化，主要判断依据是办理相关手续，即领取产权证、土地使用证或履行合同、协议。

（3）状态发生变化，应该理解为是否改变原状和实物形态。如房屋原是办公楼，现在变成商场或经营场所；土地原是耕地，现在变成撂荒地。凡是实物、权利、状态这三项中有一项发生了改变，就应当判定，一方终止纳税，另一方开始纳税。

对于纳税人取得政府划拨土地后，在没到土地管理部门办理手续前，如果实物状态未发生变化，原土地使用者还在耕种或原住户的生产生活没有改变，则没有发生纳税义务。如果房屋实施动迁，或耕地撂荒，或土地的实际经营管理权属于被划拨者所有，尽管没到土地管理部门办理手续，也应判定发生纳税义务。

房地产开发企业销售商品房，从什么时间终止缴纳城镇土地使用税也是纳税人和税务机关判定的焦点。如果从合同约定的交房时间判定，当房地产开发企业未能履约时，则应从实际交付时判定终止纳税。如果合同没有约定交房时间，就不能以签订商品房销售合同的签订时间判定终止纳税，而要按房产、土地的实物或权利状态发生变化的当月末终止纳税。具体判定，则应从房地产开发企业将钥匙交给购房人时作为终止缴纳城镇土地使用税的时间。

总结如下。

（1）经批准开山填海整治的土地和改造的废弃土地，从使用的月份起免缴城镇土地使用税 5 年至 10 年。

（2）纳税人新征用的耕地，自批准征用之日起满一年时开始缴纳城镇土使用税,其余都是从次月起缴纳。

(3)出租、出借房产,自交付出租、出借房产之次月起计征城镇土地使用税。

(4)购置新建商品房,自房屋交付使用之次月起计征城镇土地使用税。

(5)购置存量房,自办理房屋权属转移、变更登记手续,房地产权属登记机关签发房屋权属证书之次月起计征城镇土地使用税。

(6)房地产开发企业自用、出租、出借本企业建造的商品房,自房屋使用或交付之次月起计征城镇土地使用税。

7.5.7 纳税地点

城镇土地使用税由纳税人在土地所在地向主管税务机关缴纳。

7.5.8 纳税期限

城镇土地使用税按年计算、分期缴纳。具体期限由省、自治区、直辖市人民政府确定。

7.5.9 计征城镇土地使用税的期间及计税方法

《财政部 国家税务总局关于房产税城镇土地使用税有关政策的通知》(财税〔2006〕186号)第二条规定:"以出让或转让方式有偿取得土地使用权的,应由受让方从合同约定交付土地时间的次月起缴纳城镇土地使用税;合同未约定交付土地时间的,由受让方从合同签订的次月起缴纳城镇土地使用税。"对房地产开发企业来说,土地使用权出让或转让合同签订后就应按规定缴纳城镇土地使用税,而在每期开发项目建成进行预售或销售后,应纳城镇土地使用税应是逐渐减少的,直到销售完毕,纳税义务也就终止。

(一)**纳税时间**

《财政部 国家税务总局关于房产税城镇土地使用税有关政策的通知》(财税〔2006〕186号)只规定纳税义务发生时间,土地使用权出让或转让合同上的土地面积是经国土部门有关单位组织测定的。所以在申报时应以土地使用权出让或转让合同上的土地面积为计税依据,按财税〔2006〕186号文件规定的纳税义务发生时间进行申报缴纳。

(二)**免税土地面积和扣除时间**

按照《财政部 国家税务总局关于廉租住房经济适用住房和住房租赁有关税

收政策的通知》（财税〔2008〕24号）、《国家税务局关于检发〈关于土地使用税若干具体问题的解释和暂行规定〉的通知》（国税地字〔1988〕15号）和《国家税务局关于印发〈关于土地使用税若干具体问题的补充规定〉的通知》（国税地字〔1989〕140号）有关规定，对房地产开发企业按规划配套建设的交政府或业主使用的医院、学校、托儿所、幼儿园、物业用房以及在开发项目中配套建设符合免税条件的廉租住房、经济适用房，小区外的社会公用绿化用地、道路用地，免征城镇土地使用税或经各省、自治区、直辖市税务局审批，可暂免征收土地使用税。房地产开发企业应充分利用这些税收优惠政策，在申报城镇土地使用税时，对按规划配套建设的交政府或业主使用的相关项目所占用的土地在建成交付使用时免缴城镇土地使用税。对小区外的社会公用绿化用地、道路用地，应按实际占用面积从合同签订时间或合同规定交付土地时间起免缴城镇土地使用税。

（三）纳税义务终止时间及计算方法

《财政部 国家税务总局关于房产税城镇土地使用税有关问题的通知》（财税〔2008〕152号）第三条规定："纳税人因房产、土地的实物或权利状态发生变化而依法终止房产税、城镇土地使用税纳税义务的，其应纳税款的计算应截止到房产、土地的实物或权利状态发生变化的当月末。"《国家税务总局关于房产税城镇土地使用税有关政策规定的通知》（国税发〔2003〕89号）第二条第一款规定："购置新建商品房，自房屋交付使用之次月起计征房产税和城镇土地使用税。"这里明确了购置新建商品房纳税义务发生时间，对应地，作为出售方的房地产开发企业纳税义务终止，因为对同一块地是不能重复征税的。财税〔2006〕186号文件规定以合同签订时间或合同约定交付土地时间为纳税义务发生时间，那么对土地的实物或权利状态发生变化的理解也应为房地产开发企业与购房者签订购房合同时。如果合同规定房产交付时间的，应以交付时间为房地产开发企业城镇土地使用税纳税义务终止时间；如果合同未规定房产交付时间的，应以合同签订时间为房地产开发企业城镇土地使用税纳税义务终止时间。这样，纳税义务起始日和终止日衔接一致，避免重复纳税。

对房地产开发企业的一个开发项目在建成进行预售或销售后，随着房产的不断销售，应纳城镇土地使用税应是逐渐减少的，到商品房销售完毕，纳税义务也就终止。因此房地产开发企业在计算城镇土地使用税时就要注意计算方法，在计算城镇土地使用税时实行按月比例扣除法较为合理，具体计算公式如下。

本月应纳税额＝本月剩余应税占地面积×月单位税额

本月剩余应税占地面积＝占地总面积－免税占地面积－已签订合同预售或销售房屋分摊占地面积（分摊面积以合同规定交付时间或合同签订时间为准进行统计）

$$月单位税额＝年应纳税额÷12$$

已签订合同预售或销售房屋分摊占地面积＝占地总面积×（已签订合同预售或销售房屋建筑面积÷可售建筑总面积）

7.5.10 案例分析

【例7－14】房地产开发企业何时开始缴纳城镇土地使用税

2×19年3月，甲房地产开发企业与当地政府签订土地使用权出让合同，合同约定，在甲房地产开发企业缴纳土地出让金后，当地政府于当年5月交付该地块。那么，甲房地产开发企业将从何时起缴纳城镇土地使用税？若土地使用权出让合同没有明确土地交付日期，那么，甲房地产开发企业将从何时起缴纳城镇土地使用税？

【解析】

《财政部 国家税务总局关于房产税城镇土地使用税有关政策的通知》（财税〔2006〕186号）关于有偿取得土地使用权城镇土地使用税纳税义务发生时间问题的规定如下。

以出让或转让方式有偿取得土地使用权的，应由受让方从合同约定交付土地时间的次月起缴纳城镇土地使用税；合同未约定交付土地时间的，由受让方从合同签订的次月起缴纳城镇土地使用税。

因此，在实际操作中，房地产开发企业城镇土地使用税纳税期限为：自取得土地使用权之日（政府批文或签订合同之日）起，按已出售房屋（以合同签订为准）所占的土地面积进行减除，直至将所有房产出售完毕。

【例7－15】占用的集体所有建设用地是否需要缴纳城镇土地使用税

甲公司是一家房地产开发企业，为了从事楼盘项目开发，某项目既占用了已交付土地出让金取得国有土地使用权的地块，又占用了一小块集体所有建设用地，但该地块未办理土地使用权流转手续。那么，甲公司所占用的集体所有建设用地是否需要缴纳城镇土地使用税呢？

【解析】

根据《城镇土地使用税暂行条例》，在城市、县城、建制镇、工矿区范围内使用土地的单位和个人,是城镇土地使用税的纳税义务人,应依照条例的规定缴纳城镇土地使用税。

根据《财政部 国家税务总局关于集体土地城镇土地使用税有关政策的通知》(财税〔2006〕56号)规定,自2006年5月1日起,在城镇土地使用税征税范围内实际使用应税集体所有建设用地、但未办理土地使用权流转手续的,由实际使用集体土地的单位和个人按规定缴纳城镇土地使用税。

因此,城镇土地使用税的征收管理并不是只针对国有土地而言的,而是凡在城市、县城、建制镇、工矿区范围内使用土地的单位和个人均应缴纳城镇土地使用税。

【例7-16】房地产开发企业城镇土地使用税缴纳综合分析

嘉诚房地产开发公司2×18年5月份通过"招拍挂"方式受让一地块,合同签订时间为2×18年5月,约定土地交付时间为2×19年3月,实际土地交付时间为2×19年12月。2×21年3月嘉诚房地产开发公司将该地块投入开发,2×23年3月开始对外预售。

那么,嘉诚房地产开发公司应如何缴纳城镇土地使用税?何时开始缴纳?何时结束缴纳?

【解析】

1. 如何缴纳

根据《城镇土地使用税暂行条例》相关规定,城镇土地使用税以纳税人实际占用的土地面积为计税依据,依照规定税额计算征收。土地占用面积的组织测量工作,由省、自治区、直辖市人民政府根据实际情况确定。

土地使用税每平方米年税额如下:

(1) 大城市1.5元至30元;

(2) 中等城市1.2元至24元;

(3) 小城市0.9元至18元;

(4) 县城、建制镇、工矿区0.6元至12元。

根据以上政策,嘉诚房地产开发公司城镇土地使用税的缴纳以实际占用的土地面积为计税依据,根据不同地区所规定的"每平方米年税额"计算缴纳,具体"每平方米年税额"标准由省、自治区、直辖市人民政府确定。

2. 何时开始缴纳

《财政部 国家税务总局关于房产税、城镇土地使用税有关政策的通知》(财税〔2006〕186号)第二条规定:"以出让或转让方式有偿取得土地使用权的，应由受让方从合同约定交付土地时间的次月起缴纳城镇土地使用税；合同未约定交付土地时间的，由受让方从合同签订的次月起缴纳城镇土地使用税。"

根据以上政策，嘉诚房地产开发公司应该从合同约定土地交付时间的次月，即2×19年4月起缴纳城镇土地使用税。

3. 何时结束缴纳

（1）国家层面。

《财政部 国家税务总局关于房产税城镇土地使用税有关问题的通知》（财税〔2008〕152号）第三条规定："纳税人因房产、土地的实物或权利状态发生变化而依法终止房产税、城镇土地使用税纳税义务的，其应纳税款的计算应截止到房产、土地的实物或权利状态发生变化的当月末。"

（2）地方层面。

①西安：以交房为截止时间。

《西安市地方税务局关于明确房地产开发企业房地产开发用地城镇土地使用税征收起止时间有关问题的通知》（西地税发〔2009〕248号）规定："房地产开发企业房地产开发用地城镇土地使用税征收截止时间应为《商品房买卖合同》或其他协议文件约定房屋交付的当月末；未按《商品房买卖合同》或其他协议文件约定时间交付房屋的，城镇土地使用税征收截止时间为房屋实际交付的当月末。房地产开发企业商品房销售期间，应逐月统计已交付和未交付部分，并按建筑面积比例分摊计算当月应缴纳土地使用税。"

②河南：以办理产权证为截止时间。

《河南省地方税务局关于印发〈河南省地方税务局房地产开发企业城镇土地使用税征收管理办法〉的通知》（豫地税发〔2006〕84号）第八条规定：房地产开发企业应纳城镇土地使用税计算公式如下。

应纳城镇土地使用税＝开发初期应税土地总面积×城镇土地使用税单位税额标准×

（1－累计售出房屋建筑面积÷房屋建筑总面积）÷

缴纳期限

累计售出房屋建筑面积，是指按照本办法交付使用的规定，已经售出房屋的建筑面积之和。房屋交付使用，是指房地产开发企业按照售房合同的规定，将房屋已销售给购房人且购房人已办理了房屋土地使用权证或者房屋产权证，房屋所占有的土地已发生实际转移的行为。

通过对以上政策的分析可以发现，国家层面与地方层面在执行上还是有一定差异的。国家层面中的"房产、土地的实物或权利状态发生变化"，可以理解为房地产开发企业将开发的商品房转移给了买受人,具体表现主要有以下几种情况。

(1)与购房业主签订了《商品房买卖合同》(预售或销售),并在政府相关职能部门备案。也就是说,房地产开发企业对该房屋(含土地使用权)已经没有了控制权,实质上权利状态已经转移给了购房业主。

(2)房地产开发企业不仅交付了房产,且已经为购房业主办理了房屋产权证、土地使用权证。不同地域对"房产、土地的实物或权利状态发生变化"的界定是有区别的。因此,在实际工作中,房地产开发企业的城镇土地使用税何时截止缴纳,需要根据当地政策执行。

7.6 企业所得税的税务处理

7.6.1 纳税人

(一)基本规定

在中华人民共和国境内,企业和其他取得收入的组织(以下统称"企业")为企业所得税的纳税人,依照《企业所得税法》的规定缴纳企业所得税。个人独资企业、合伙企业不适用该法。

企业所得税法第一条所称个人独资企业、合伙企业,是指依照中国法律、行政法规成立的个人独资企业、合伙企业。

(二)居民企业与非居民企业

1. 一般规定

居民企业,是指依法在中国境内成立,或者依照外国(地区)法律成立但实际管理机构在中国境内的企业。

企业所得税法第二条所称依法在中国境内成立的企业,包括依照中国法律、行政法规在中国境内成立的企业、事业单位、社会团体以及其他取得收入的组织。

企业所得税法第二条所称依照外国(地区)法律成立的企业,包括依照外国(地区)法律成立的企业和其他取得收入的组织。

企业所得税法第二条所称实际管理机构,是指对企业的生产经营、人员、账务、财产等实施实质性全面管理和控制的机构。

2. 境外中资企业判定为居民企业的条件

(1)境外中资企业是指由中国境内的企业或企业集团作为主要控股投资者,

在境外依据外国（地区）法律注册成立的企业。

（2）境外中资企业同时符合以下条件的，根据企业所得税法第二条第二款和企业所得税法实施条例第四条的规定，应判定其为实际管理机构在中国境内的居民企业（以下简称"非境内注册居民企业"），并实施相应的税收管理，就其来源于中国境内、境外的所得征收企业所得税。

①企业负责实施日常生产经营管理运作的高层管理人员及其高层管理部门履行职责的场所主要位于中国境内。

②企业的财务决策（如借款、放款、融资、财务风险管理等）和人事决策（如任命、解聘和薪酬等）由位于中国境内的机构或人员决定，或需要得到位于中国境内的机构或人员批准。

③企业的主要财产、会计账簿、公司印章、董事会和股东会会议纪要档案等位于或存放于中国境内。

④企业1/2（含1/2）以上有投票权的董事或高层管理人员经常居住于中国境内。

（3）对于实际管理机构的判断，应当遵循实质重于形式的原则。

3. 非居民企业

非居民企业，是指依照外国（地区）法律成立且实际管理机构不在中国境内，但在中国境内设立机构、场所的，或者在中国境内未设立机构、场所，但有来源于中国境内所得的企业。

企业所得税法第二条所称依照外国（地区）法律成立的企业，包括依照外国（地区）法律成立的企业和其他取得收入的组织。

企业所得税法第二条第三款所称机构、场所，是指在中国境内从事生产经营活动的机构、场所，包括：管理机构、营业机构、办事机构；工厂、农场、开采自然资源的场所；提供劳务的场所；从事建筑、安装、装配、修理、勘探等工程作业的场所；其他从事生产经营活动的机构、场所。

非居民企业委托营业代理人在中国境内从事生产经营活动的，包括委托单位或者个人经常代其签订合同，或者储存、交付货物等，该营业代理人视为非居民企业在中国境内设立的机构、场所。

7.6.2 征税范围

（一）居民企业征税范围

居民企业应当就其来源于中国境内、境外的所得缴纳企业所得税。

企业所得税法第三条所称所得，包括销售货物所得、提供劳务所得、转让财产所得、股息红利等权益性投资所得、利息所得、租金所得、特许权使用费所得、接受捐赠所得和其他所得。

企业所得税法第三条所称来源于中国境内、境外的所得，按照以下原则确定。

（1）销售货物所得，按照交易活动发生地确定。

（2）提供劳务所得，按照劳务发生地确定。

（3）转让财产所得，不动产转让所得按照不动产所在地确定，动产转让所得按照转让动产的企业或者机构、场所所在地确定，权益性投资资产转让所得按照被投资企业所在地确定。

（4）股息、红利等权益性投资所得，按照分配所得的企业所在地确定。

（5）利息所得、租金所得、特许权使用费所得，按照负担、支付所得的企业或者机构、场所所在地确定，或者按照负担、支付所得的个人的住所地确定。

（6）其他所得，由国务院财政、税务主管部门确定。

（二）非居民企业征税范围

非居民企业在中国境内设立机构、场所的，应当就其所设机构、场所取得的来源于中国境内的所得，以及发生在中国境外但与其所设机构、场所有实际联系的所得，缴纳企业所得税。

非居民企业在中国境内未设立机构、场所的，或者虽设立机构、场所但取得的所得与其所设机构、场所没有实际联系的，应当就其来源于中国境内的所得缴纳企业所得税。

企业所得税法第三条所称实际联系，是指非居民企业在中国境内设立的机构、场所拥有据以取得所得的股权、债权，以及拥有、管理、控制据以取得所得的财产等。

7.6.3 税率及应纳税额的计算

（一）税率

企业所得税的税率为25%。

非居民企业取得企业所得税法第三条第三款规定的所得，适用税率为20%。

（二）应纳税额的计算

1. 基本规定

企业的应纳税所得额乘以适用税率，减除依照企业所得税法关于税收优惠的规定减免和抵免的税额后的余额，为应纳税额。

企业所得税法第二十二条规定的应纳税额的计算公式如下。

$$应纳税额 = 应纳税所得额 \times 适用税率 - 减免税额 - 抵免税额$$

公式中的减免税额和抵免税额，是指依照企业所得税法和国务院的税收优惠规定减征、免征和抵免的应纳税额。

企业取得的下列所得已在境外缴纳的所得税税额，可以从其当期应纳税额中抵免，抵免限额为该项所得依照企业所得税法规定计算的应纳税额；超过抵免限额的部分，可以在以后五个年度内，用每年度抵免限额抵免当年应抵税额后的余额进行抵补。

（1）居民企业来源于中国境外的应税所得。

（2）非居民企业在中国境内设立机构、场所，取得发生在中国境外但与该机构、场所有实际联系的应税所得。

企业所得税法第二十三条所称已在境外缴纳的所得税税额，是指企业来源于中国境外的所得依照中国境外税收法律以及相关规定应当缴纳并已经实际缴纳的企业所得税性质的税款。

企业所得税法第二十三条所称抵免限额，是指企业来源于中国境外的所得，依照企业所得税法和企业所得税法实施条例的规定计算的应纳税额。除国务院财政、税务主管部门另有规定外，该抵免限额应当分国（地区）不分项计算，计算公式如下。

$$抵免限额 = 中国境内、境外所得依照企业所得税法和企业所得税法$$
$$实施条例的规定计算的应纳税总额 \times 来源于某国（地区）的$$
$$应纳税所得额 \div 中国境内、境外应纳税所得总额$$

企业所得税法第二十三条所称五个年度，是指从企业取得的来源于中国境外的所得，已经在中国境外缴纳的企业所得税性质的税额超过抵免限额的当年的次年起连续五个纳税年度。

居民企业从其直接或者间接控制的外国企业分得的来源于中国境外的股息、红利等权益性投资收益，外国企业在境外实际缴纳的所得税税额中属于该项所得负担的部分，可以作为该居民企业的可抵免境外所得税税额，在企业所得法第二十三条规定的抵免限额内抵免。

企业所得税法第二十四条所称直接控制，是指居民企业直接持有外国企业20%以上股份。

企业所得税法第二十四条所称间接控制，是指居民企业以间接持股方式持有外国企业20%以上股份，具体认定办法由国务院财政、税务主管部门另行制定。

2. 房地产开发经营业务企业所得税税额计算

（1）预收款应当先预计计税毛利并入当期所得计算企业所得税。

预收账款是企业按照合同规定向购货方或劳务接受方预先收取的款项，用以后的商品或劳务偿付。由于房地产开发企业预收房款金额大，所得实现周期长，为了国家税收收入均衡入库，根据《国家税务总局关于印发〈房地产开发经营业务企业所得税处理办法〉的通知》（国税发〔2009〕31号）第九条的规定，企业销售未完工开发产品取得的收入，应先按预计计税毛利率分季（或月）计算出预计毛利额，计入当期应纳税所得额。

房地产企业预收定金应当不预计计税毛利。国税发〔2009〕31号第六条规定：企业通过正式签订《房地产销售合同》或《房地产预售合同》所取得的收入，应确认为销售收入的实现，具体按以下规定确认。

①采取一次性全额收款方式销售开发产品的，应于实际收讫价款或取得索取价款凭据（权利）之日，确认收入的实现。

②采取分期收款方式销售开发产品的，应按销售合同或协议约定的价款和付款日确认收入的实现。付款方提前付款的，在实际付款日确认收入的实现。

③采取银行按揭方式销售开发产品的，应按销售合同或协议约定的价款确定收入额，其首付款应于实际收到日确认收入的实现，余款在银行按揭贷款办理转账之日确认收入的实现。

④采取委托方式销售开发产品的，应按以下原则确认收入的实现。

a. 采取支付手续费方式委托销售开发产品的，应按销售合同或协议中约定的价款于收到受托方已销开发产品清单之日确认收入的实现。

b. 采取视同买断方式委托销售开发产品的，属于企业与购买方签订销售合同或协议，或企业、受托方、购买方三方共同签订销售合同或协议的，如果销售合同或协议中约定的价格高于买断价格，则应按销售合同或协议中约定的价格计算的价款于收到受托方已销开发产品清单之日确认收入的实现；如果属于前两种情况中销售合同或协议中约定的价格低于买断价格，以及属于受托方与购买方签订销售合同或协议的，则应按买断价格计算的价款于收到受托方已销开发产品清单之日确认收入的实现。

c. 采取基价（保底价）并实行超基价双方分成方式委托销售开发产品的，属于由企业与购买方签订销售合同或协议，或企业、受托方、购买方三方共同签订销售合同或协议的，如果销售合同或协议中约定的价格高于基价，则应按销售合同或协议中约定的价格计算的价款于收到受托方已销开发产品清单之日确认收入的实现，企业按规定支付受托方的分成额，不得直接从销售收入中减除；如果销售合同或协议约定的价格低于基价的，则应按基价计算的价款于收到受托方已销开发产品清单之日确认收入的实现。属于由受托方与购买方直接签订销售合同的，则应按基价加上按规定取得的分成额于收到受托方已销开发产品清单之日确认收入的实现。

d. 采取包销方式委托销售开发产品的，包销期内可根据包销合同的有关约定，参照上述 a 至 c 项规定确认收入的实现；包销期满后尚未出售的开发产品，企业应根据包销合同或协议约定的价款和付款方式确认收入的实现。

由此可见，预计计税毛利应该以签订《房地产销售合同》或《房地产预售合同》为前提。如果房地产开发企业与购房业主签订了《房地产销售合同》或《房地产预售合同》，房地产开发企业收取了业主的款项（如定金、预付款等），均应该按照规定预缴企业所得税；反之，若房地产开发企业没有与购房者签订相关合同，则所收取的款项（如订金、诚意金、会员费等）不作为预计计税毛利的基数。

但需要说明是，目前，也有些税务机关规定，定金、订金、意向金、预约保证款、合同保证金应当预计计税毛利。如《辽宁省大连市地方税务局关于明确房地产开发经营业务企业所得税相关问题的通知》（大地税函〔2009〕77号）规定：企业销售未完工开发产品取得的收入（包括预收款定金、预约保证金、合同保证金）等按预计计税毛利率分季（或月）计算出当期毛利额，扣除相关税金及附加、土地增值税后，作为纳税调整增加额计入当期应纳税所得额。

开发产品达到"已经完工"条件应当及时进行项目企业所得税清算，否则将承担一定的税收风险。国税发〔2009〕31 号第三条规定，企业房地产开发经营业务包括土地的开发、建造、销售住宅、商业用房以及其他建筑物、附着物、配套设施等开发产品。除土地开发之外，其他开发产品符合下列条件之一的，应视为已经完工：①开发产品竣工证明材料已报房地产管理部门备案。②开发产品已开始投入使用。③开发产品已取得了初始产权证明。《国家税务总局关于房地产开发企业开发产品完工条件确认问题的通知》（国税函〔2010〕201 号）规定，房地产开发企业建造、开发的开发产品，无论工程质量是否通过验收合格，或是否办理完工（竣工）备案手续及会计决算手续，当企业开始办理开发产品交付手续（包括入住手续）或已开始实际投入使用时，为开发产品开始投入使用，应视为开发产品已经完工。房地产开发企业应按规定及时结算开发产品计税成本，并计算企业当年度应纳税所得额。

（2）房地产开发企业进行项目企业所得税清算时，部分成本费用发票未取得的，可以以依法预提作为税前扣除的依据。

房地产开发企业成本很多，在项目清算时，发票往往不能及时到位。考虑到房地产开发企业的特殊情形，允许项目清算时可以以依法预提作为税前扣除的依据。具体包括：①出包工程未最终办理结算而未取得全额发票的，在有相关合同、协议或其他证明资料的前提下，可以预提合同总金额的10%，计入成本对象的开发成本。②公共配套设施尚未建造或尚未完工的，可以按照预算造价合理预提建造费用。该公共配套设施必须符合在售房合同、协议或广告、模型中明确承诺建造并且不可撤销，或按照法律法规规定必须配套建造的条件。③应向政府上交但尚未上交的报批报建费用、物业完善费用可以按规定预提。物业完善费用是指按规定应由房地产开发企业承担的物业管理基金、公共维修基金或其他专项基金。

（3）预收房款可以作为业务招待费、广告费和业务宣传费扣除基数。

非房地产开发企业的业务招待费、广告费和业务宣传费以实现的主营业务收入、其他业务收入以及视同销售收入作为税前扣除基数。但房地产开发企业通过正式签订《房地产销售合同》或《房地产预售合同》所取得的收入，应确认为销售收入的实现。对采取一次性全额收款方式销售开发产品的，应于实际收讫价款或取得索取价款凭据（权利）之日，确认收入的实现；采取分期收款方式销售开发产品的，应按销售合同或协议约定的价款和付款日确认收入的实现；付款方提前付款的，在实际付款日确认收入的实现。因此，房地产开发企业通过正式签订《房地产销售合同》或《房地产预售合同》所取得的预售收入，应确认为销售收入，可以确认为业务招待费、广告费和业务宣传费扣除基数。但开发产品交付结转销售收入时，已作为计提基数的未完工开发产品的销售收入不得重复作为计算业务招待费、广告费和业务宣传费扣除的基数。企业正常生产经营期间发生的业务招待费、广告费和业务宣传费当期扣除基数的计算公式如下。

企业正常生产经营期间发生的业务招待费、广告费和业务宣传费当期扣除基数＝销售（营业）收入＋视同销售（营业）收入＋（房地产开发企业销售未完工产品的收入－销售未完工产品转完工产品确认的销售收入）

（4）土地增值税清算后，对以前年度企业所得税少扣或多扣土地增值税应当追溯调整。

一般来说，企业预缴税款在预缴当期税前扣除，而不追溯该预缴税款是属于哪个年度实现的企业所得税。但土地增值税清算后，对以前预缴的土地增值税则需要追溯到所属年度，并按照配比原则确认应扣除的土地增值税，进而确认应退或应补企业所得税。《国家税务总局关于房地产开发企业土地增值税清算涉及企业所得税退税有关问题的公告》（国家税务总局公告 2016 年第 81 号）规定：企业按规定对开发项目进行土地增值税清算后，当年企业所得税汇算清缴出现亏损且有其他后续开发项目（正在开发以及中标的项目）的，该亏损应按照税法规定向以后年度结转，用以后年度所得弥补；企业按规定对开发项目进行土地增值税清算后，当年企业所得税汇算清缴出现亏损，且没有后续开发项目的，对该项目由于土地增值税导致的项目开发各年度多缴企业所得税税款，并申请退税。由此可见，房地产开发企业按规定对开发项目进行土地增值税清算后，当年企业所得税汇算清缴出现亏损且有其他后续开发项目的，该亏损应按照税法规定向以后年度结转，用以后年度所得弥补。企业按规定对开发项目进行土地增值税清算后，当年企业所得税汇算清缴出现亏损，且没有后续开发项目的，可以申请退税，具体应退税款计算如下。

首先，确认各年度应扣除的土地增值税。房地产开发企业平时预缴土地增值税，按照实际预缴的土地增值税予以税前扣除。待土地增值税清算后，才能确定应缴纳的土地增值税。相应要根据土地增值税清算结果分别确认以前年度应扣除的土地增值税。所缴纳的土地增值税应按照该项目开发各年度实现的项目销售收入占整个项目销售收入总额的比例，在项目开发各年度进行分摊，具体按以下公式计算。

各年度应分摊的土地增值税＝土地增值税总额×(项目年度销售收入÷整个项目销售收入总额)

所称销售收入包括视同销售房地产的收入，但不包括企业销售的增值额未超过扣除项目金额 20% 的普通标准住宅的销售收入。

其次，该项目开发各年度应分摊的土地增值税减去该年度已经在企业所得税税前扣除的土地增值税后，余额属于当年应补充扣除的土地增值税；企业应调整当年度的应纳税所得额，并按规定计算当年度应退的企业所得税税款；当年度已缴纳的企业所得税税款不足退税的，应作为亏损向以后年度结转，并调整以后年度的应纳税所得额。

但进行土地增值税分摊调整后，相应年度应纳税所得额出现正数的，应按规定计算缴纳企业所得税。按上述方法计算的累计退税额，不得超过其在该项目开发各年度累计实际缴纳的企业所得税；超过部分作为项目清算年度产生的亏损，向以后年度结转。

7.6.4 减免税规定

国家对重点扶持和鼓励发展的产业和项目，给予企业所得税优惠。

（1）企业的下列收入为免税收入：

①国债利息收入；

②符合条件的居民企业之间的股息、红利等权益性投资收益；

③在中国境内设立机构、场所的非居民企业从居民企业取得与该机构、场所有实际联系的股息、红利等权益性投资收益；

④符合条件的非营利组织的收入。

（2）企业的下列所得，可以免征、减征企业所得税：

①从事农、林、牧、渔业项目的所得；

②从事国家重点扶持的公共基础设施项目投资经营的所得；

③从事符合条件的环境保护、节能节水项目的所得；

④符合条件的技术转让所得。

（3）符合条件的小型微利企业，减按20%的税率征收企业所得税。

国家需要重点扶持的高新技术企业，减按15%的税率征收企业所得税。

（4）民族自治地方的自治机关对本民族自治地方的企业应缴纳的企业所得税中属于地方分享的部分，可以决定减征或者免征。自治州、自治县决定减征或者免征的，须报省、自治区、直辖市人民政府批准。

（5）企业的下列支出，可以在计算应纳税所得额时加计扣除：

①开发新技术、新产品、新工艺发生的研究开发费用；

②安置残疾人员及国家鼓励安置的其他就业人员所支付的工资。

（6）创业投资企业从事国家需要重点扶持和鼓励的创业投资，可以按投资额的一定比例抵扣应纳税所得额。

（7）企业的固定资产由于技术进步等原因，确需加速折旧的，可以缩短折旧年限或者采取加速折旧的方法。

（8）企业综合利用资源，生产符合国家产业政策规定的产品所取得的收入，可以在计算应纳税所得额时减计收入。

（9）企业购置用于环境保护、节能节水、安全生产等专用设备的投资额，可以按一定比例实行税额抵免。

（10）根据国民经济和社会发展的需要，或者由于突发事件等原因对企业经营活动产生重大影响的，国务院可以制定企业所得税专项优惠政策，报全国人民代表大会常务委员会备案。

（11）企业所得税法第二十六条第（一）项所称国债利息收入，是指企业持有国务院财政部门发行的国债取得的利息收入。

（12）企业所得税法第二十六条第（二）项所称符合条件的居民企业之间的股息、红利等权益性投资收益，是指居民企业直接投资于其他居民企业取得的投资收益。企业所得税法第二十六条第（二）项和第（三）项所称股息、红利等权益性投资收益，不包括连续持有居民企业公开发行并上市流通的股票不足 12 个月取得的投资收益。

（13）企业所得税法第二十六条第（四）项所称符合条件的非营利组织，是指同时符合下列条件的组织：

①依法履行非营利组织登记手续；

②从事公益性或者非营利性活动；

③取得的收入除用于与该组织有关的、合理的支出外，全部用于登记核定或者章程规定的公益性或者非营利性事业；

④财产及其孳息不用于分配；

⑤按照登记核定或者章程规定，该组织注销后的剩余财产用于公益性或者非营利性目的，或者由登记管理机关转赠给与该组织性质、宗旨相同的组织，并向社会公告；

⑥投入人对投入该组织的财产不保留或者享有任何财产权利；

⑦工作人员工资福利开支控制在规定的比例内，不变相分配该组织的财产。

非营利组织的认定管理办法由国务院财政、税务主管部门会同国务院有关部门制定。

（14）企业所得税法第二十六条第（四）项所称符合条件的非营利组织的收入，不包括非营利组织从事营利性活动取得的收入，但国务院财政、税务主管部门另有规定的除外。

（15）企业所得税法第二十七条第（一）项规定的企业从事农、林、牧、渔业项目的所得，可以免征、减征企业所得税，具体如下。

①企业从事下列项目的所得，免征企业所得税：

a. 蔬菜、谷物、薯类、油料、豆类、棉花、麻类、糖料、水果、坚果的

种植;

  b. 农作物新品种的选育;

  c. 中药材的种植;

  d. 林木的培育和种植;

  e. 牲畜、家禽的饲养;

  f. 林产品的采集;

  g. 灌溉、农产品初加工、兽医、农技推广、农机作业和维修等农、林、牧、渔服务业项目;

  h. 远洋捕捞。

  ②企业从事下列项目的所得,减半征收企业所得税:

  a. 花卉、茶以及其他饮料作物和香料作物的种植;

  b. 海水养殖、内陆养殖。

  (16) 企业所得税法第二十七条第 (二) 项所称国家重点扶持的公共基础设施项目,是指《公共基础设施项目企业所得税优惠目录》规定的港口码头、机场、铁路、公路、城市公共交通、电力、水利等项目。

  企业从事前款规定的国家重点扶持的公共基础设施项目的投资经营的所得,自项目取得第一笔生产经营收入所属纳税年度起,第一年至第三年免征企业所得税,第四年至第六年减半征收企业所得税。

  企业承包经营、承包建设和内部自建自用本条规定的项目,不得享受本条规定的企业所得税优惠。

  (17) 企业所得税法第二十七条第 (三) 项所称符合条件的环境保护、节能节水项目,包括公共污水处理、公共垃圾处理、沼气综合开发利用、节能减排技术改造、海水淡化等。项目的具体条件和范围由国务院财政、税务主管部门商国务院有关部门制定,报国务院批准后公布施行。

  企业从事前款规定的符合条件的环境保护、节能节水项目的所得,自项目取得第一笔生产经营收入所属纳税年度起,第一年至第三年免征企业所得税,第四年至第六年减半征收企业所得税。

  (18) 企业所得税法第二十七条第 (四) 项所称符合条件的技术转让所得免征、减征企业所得税,是指一个纳税年度内,居民企业技术转让所得不超过500万元的部分,免征企业所得税;超过500万元的部分,减半征收企业所得税。

  (19) 非居民企业取得企业所得税法第二十七条第 (五) 项规定的所得,减按10%的税率征收企业所得税。

下列所得可以免征企业所得税：

①外国政府向中国政府提供贷款取得的利息所得；

②国际金融组织向中国政府和居民企业提供优惠贷款取得的利息所得；

③经国务院批准的其他所得。

（20）企业所得税法第二十八条第一款所称符合条件的小型微利企业，是指从事国家非限制和禁止行业，且同时符合年度应纳税所得额不超过 300 万元、从业人数不超过 300 人、资产总额不超过 5 000 万元等三个条件的企业。

（21）企业所得税法第二十八条第二款所称国家需要重点扶持的高新技术企业，是指拥有核心自主知识产权，并同时符合下列条件的企业：

①产品（服务）属于《国家重点支持的高新技术领域》规定的范围；

②研究开发费用占销售收入的比例不低于规定比例；

③高新技术产品（服务）收入占企业总收入的比例不低于规定比例；

④科技人员占企业职工总数的比例不低于规定比例；

⑤高新技术企业认定管理办法规定的其他条件。

《国家重点支持的高新技术领域》和高新技术企业认定管理办法由国务院科技、财政、税务主管部门商国务院有关部门制定，报国务院批准后公布施行。

（22）企业所得税法第二十九条所称民族自治地方，是指依照《中华人民共和国民族区域自治法》的规定，实行民族区域自治的自治区、自治州、自治县。

对民族自治地方内国家限制和禁止行业的企业，不得减征或者免征企业所得税。

（23）企业所得税法第三十条第（一）项所称研究开发费用的加计扣除，是指企业为开发新技术、新产品、新工艺发生的研究开发费用，未形成无形资产计入当期损益的，在按照规定据实扣除的基础上，按照研究开发费用的 75% 加计扣除；形成无形资产的，按照无形资产成本的 175% 摊销。

（24）企业所得税法第三十条第（二）项所称企业安置残疾人员所支付的工资的加计扣除，是指企业安置残疾人员的，在按照支付给残疾职工工资据实扣除的基础上，按照支付给残疾职工工资的 100% 加计扣除。残疾人员的范围适用《中华人民共和国残疾人保障法》的有关规定。

企业所得税法第三十条第（二）项所称企业安置国家鼓励安置的其他就业人员所支付的工资的加计扣除办法，由国务院另行规定。

（25）企业所得税法第三十一条所称抵扣应纳税所得额，是指创业投资企业采取股权投资方式投资于未上市的中小高新技术企业 2 年以上的，可以按照其投资额的70%在股权持有满2年的当年抵扣该创业投资企业的应纳税所得额；当年不足抵扣的，可以在以后纳税年度结转抵扣。

（26）企业所得税法第三十二条所称可以采取缩短折旧年限或者采取加速折旧的方法的固定资产，包括：

①由于技术进步，产品更新换代较快的固定资产；

②常年处于强震动、高腐蚀状态的固定资产。

采取缩短折旧年限方法的，最低折旧年限不得低于企业所得税法实施条例第六十条规定折旧年限的60%；采取加速折旧方法的，可以采取双倍余额递减法或者年数总和法。

（27）企业所得税法第三十三条所称减计收入，是指企业以《资源综合利用企业所得税优惠目录》规定的资源作为主要原材料，生产国家非限制和禁止并符合国家和行业相关标准的产品取得的收入，减按90%计入收入总额。其中原材料占生产产品材料的比例不得低于《资源综合利用企业所得税优惠目录》规定的标准。

（28）企业所得税法第三十四条所称税额抵免，是指企业购置并实际使用《环境保护专用设备企业所得税优惠目录》《节能节水专用设备企业所得税优惠目录》《安全生产专用设备企业所得税优惠目录》规定的环境保护、节能节水、安全生产等专用设备的，该专用设备的投资额的10%可以从企业当年的应纳税额中抵免；当年不足抵免的，可以在以后5个纳税年度结转抵免。

享受此规定的企业所得税优惠的企业，应当实际购置并自身实际投入使用前款规定的专用设备；企业购置上述专用设备在5年内转让、出租的，应当停止享受企业所得税优惠，并补缴已经抵免的企业所得税税款。

（29）企业同时从事适用不同企业所得税待遇的项目的，其优惠项目应当单独计算所得，并合理分摊企业的期间费用；没有单独计算的，不得享受企业所得税优惠。

7.6.5 纳税义务发生时间

企业应纳税所得额的计算，以权责发生制为原则：属于当期的收入和费用，不论款项是否收付，均作为当期的收入和费用；不属于当期的收入和费用，即使款项已经在当期收付，均不作为当期的收入和费用。企业所得税法实施条例和国务院财政、税务主管部门另有规定的除外。

股息、红利等权益性投资收益，除国务院财政、税务主管部门另有规定外，按照被投资方做出利润分配决定的日期确认收入的实现。

利息收入，按照合同约定的债务人应付利息的日期确认收入的实现。

租金收入，按照合同约定的承租人应付租金的日期确认收入的实现。

特许权使用费收入，按照合同约定的特许权使用人应付特许权使用费的日期确认收入的实现。

接受捐赠收入，按照实际收到捐赠资产的日期确认收入的实现。

企业的下列生产经营业务可以分期确认收入的实现：①以分期收款方式销售货物的，按照合同约定的收款日期确认收入的实现；②企业受托加工制造大型机械设备、船舶、飞机，以及从事建筑、安装、装配工程业务或者提供其他劳务等，持续时间超过 12 个月，按照纳税年度内完工进度或者完成的工作量确认收入的实现。

采取产品分成方式取得收入的，按照企业分得产品的日期确认收入的实现，其收入额按照产品的公允价值确定。

根据房地产项目销售特点，以房地产公司将不动产交付给买受人的当天作为应税行为发生的时间。具体交房时间以《商品房买卖合同》上约定的交房时间为准；若实际交房时间早于合同约定时间，按实际交房时间为准。

7.6.6 纳税地点

（一）居民企业纳税地点

除税收法律、行政法规另有规定外，居民企业以企业登记注册地为纳税地点；但登记注册地在境外的，以实际管理机构所在地为纳税地点。

居民企业在中国境内设立不具有法人资格的营业机构的，应当汇总计算并缴纳企业所得税。

企业所得税法第五十条所称企业登记注册地，是指企业依照国家有关规定登记注册的住所地。

（二）非居民企业纳税地点

非居民企业取得企业所得税法第三条第二款规定的所得，以机构、场所所在地为纳税地点。非居民企业在中国境内设立两个或者两个以上机构、场所，符合国务院税务主管部门规定条件的，可以选择由其主要机构、场所汇总缴纳企业所得税。

非居民企业取得企业所得税法第三条第三款规定的所得，以扣缴义务人所在地为纳税地点。

企业所得税法第五十一条所称主要机构、场所，应当同时符合下列条件：

（1）对其他各机构、场所的生产经营活动负有监督管理责任；

（2）设有完整的账簿、凭证，能够准确反映各机构、场所的收入、成本、费用和盈亏情况。

企业所得税分月或者分季预缴，由税务机关具体核定。

企业根据企业所得税法第五十四条规定分月或者分季预缴企业所得税时，应当按照月度或者季度的实际利润额预缴；按照月度或者季度的实际利润额预缴有困难的，可以按照上一纳税年度应纳税所得额的月度或者季度平均额预缴，或者按照经税务机关认可的其他方法预缴。预缴方法一经确定，该纳税年度内不得随意变更。

7.6.7 纳税期限

（一）居民企业汇算清缴时限

纳税人应当自纳税年度终了之日起5个月内，进行企业所得税汇算清缴，结清应缴应退企业所得税税款。

纳税人在年度中间发生解散、破产、撤销等终止生产经营情形，需进行企业所得税清算的，应在清算前报告主管税务机关，并自实际经营终止之日起60日内进行企业所得税汇算清缴，结清应缴应退企业所得税税款。纳税人有其他情形依法终止纳税义务的，应当自停止生产、经营之日起60日内，向主管税务机关办理当期企业所得税汇算清缴。

纳税人12月份或者第四季度的企业所得税预缴纳税申报，应在纳税年度终了后15日内完成，预缴申报后进行当年企业所得税汇算清缴。

（二）非居民企业汇算清缴时限

（1）企业应当自年度终了之日起5个月内，向税务机关报送年度企业所得税纳税申报表，并汇算清缴，结清应缴应退税款。

（2）企业在年度中间终止经营活动的，应当自实际经营终止之日起60日内，向税务机关办理当期企业所得税汇算清缴。

7.6.8 案例分析

【例7-17】收到土地返还款的企业所得税处理

2×19年甲房地产公司通过"招拍挂"方式购入土地100亩，与相关部门签订的出让合同价格为10 000万元，房地产公司已缴纳10 000万元。协议约定，土地出让金入库后以财政支持的方式给予房地产公司 3 000 万元补助，在该项目土地上建设回迁房，回迁房建成后无偿移交给动迁户。

【解析】

大部分房地产开发企业的土地是通过"招拍挂"方式的公开竞价取得的，但是，有的地方政府或进行招商引资或为了专项用以安置拆迁户，往往通过财政返还土地出让金的形式变相给予房地产开发企业一定补偿。由于政府与房地产开发企业之间约定返还的条件和形式不同，对企业取得的返还款是认定为财政性资金，还是认定为经营性收入存在争议，其财务和税务处理也不尽相同。

该案例中，土地出让金返还用于建设购买安置回迁房的实质是房地产开发企业将开发的回迁房销售给政府，政府通过土地出让金返还的形式支付给房地产企业销售回迁房的销售款，然后政府无偿把回迁房移交给拆迁户。

该业务属于政府主导的拆迁安置工作，由政府部门将土地出让金部分返还给房地产开发企业，用于购买房地产开发企业开发的回迁房。因此，房地产开发企业取得的土地出让金返还款应当并入当期所得计征企业所得税。

根据《财政部 国家税务总局关于财政性资金行政事业性收费政府性基金有关企业所得税政策问题的通知》（财税〔2008〕151号）的规定，对企业取得的由国务院财政、税务主管部门规定专项用途并经国务院批准的财政性资金，准予作为不征税收入，在计算应纳税所得额时从收入总额中减除。

《财政部 国家税务总局关于专项用途财政性资金企业所得税处理问题的通知》（财税〔2011〕70号）对此进一步明确。企业从县级以上各级人民政府财政部门及其他部门取得的应计入收入总额的财政性资金，凡同时符合以下条件的，可以作为不征税收入，在计算应纳税所得额时从收入总额中减除：企业能够提供规定资金专项用途的资金拨付文件；财政部门或其他拨付资金的政府部门对该资金有专门的资金管理办法或具体管理要求；企业对该资金以及以该资金发生的支出单独进行核算。

对照上述规定，我们可以发现，该业务实质属于政府采购行为，不属于不征税收入所对应的财政性资金。甲房地产公司收到的土地款返还款实际是回迁房的销售款，不属于不征税的财政性资金，应当作为应税收入计算缴纳企业所得税。

如该例变更为：土地出让金入库后以财政支持的方式给予房地产公司3 000万元补助，用于日常经营开支，其他条件不变。

则取得的补助是取得与企业日常经营活动相关的政府补助，用于补助已发生的费用,应当计入其他收益,而不是冲减开发成本,且同样需要缴纳企业所得税。

【例7-18】 房地产开发企业企业所得税的计算

某房地产开发企业开发的一项目,预计毛利率15%,2×17年预售收入1 000万元,期间费用、税金及附加120万元,当年预缴企业所得税7.5万元。2×18年预售收入2 000万元,期间费用及税金200万元,当年预缴企业所得税25万元。2×19年1—4月预售收入2 000万元,2×19年5—12月预售收入2 100(含税)万元,全年期间费用、税金及附加共250万元,营改增后预征增值税60万元,当年预缴企业所得税89万元{[2 000×15%+(2 100-60)×15%-250]×25%}。

2×20年1月该项目竣工,交付业主使用,当年将全部预售收入转收入,项目计税成本4 900万元,企业所得税税率25%,问:2×20年应补多少企业所得税?

【解析】

1. 2×20年1月应交增值税

应交增值税:2 100÷(1+9%)×9%-60=113(万元)。

2. 应转收入总数

应转收入总数=1 000+2 000+2 000+(2 100-100)=7 000(万元)。

3. 实际毛利

实际毛利=7 000-4 900=2 100(万元)。

4. 预计毛利合计数

预计毛利合计数=1 000×15%+2 000×15%+2 000×15%+(2 100-60)×15%=1 056(万元)。

5. 实际毛利与预计毛利的差

实际毛利与预计毛利的差=2 100-1 056=1 044(万元)。

6. 应补交企业所得税

应补交企业所得税=1 044×25%=261(万元)。

补充:在计算房地产开发企业的企业所得税时需要注意的几个问题。

(1) 不含税收入如何计算?

营改增后,房地产开发企业实际销售收入为不含增值税收入:适用增值税一般计税方法的纳税人,其转让收入为不含增值税销项税额;适用简易计税方法的纳税人,其转让房地产的应税收入为不含增值税应纳税额。

(2) 在按预计毛利额计算应交企业所得税时,预缴的城市维护建设税及教育费附加和土地增值税能否在当期扣除？

房地产开发企业预缴的城市维护建设税及教育费附加和土地增值税,在会计上虽未计入当期损益,允许在预计毛利额中扣除。

(3) 房地产开发企业销售未完工产品收入,可否作为计提业务招待费和广告费的基数？

企业通过正式签订《房地产销售合同》或《房地产预售合同》所取得的收入,应确认为销售收入的实现。因此,房地产开发企业销售未完工产品的收入,可以作为计提业务招待费和广告费的基数,但当该预售收入结转收入时不得重复计提业务招待费和广告费。

第8章
土地增值税清算

8.1 土地增值税清算概述

8.1.1 土地增值税的清算对象、清算条件及土地增值税清算常见问题

(一) 土地增值税的清算对象

土地增值税以国家有关部门审批的房地产开发项目为单位进行清算,对于分期开发的项目,以分期项目为单位清算。

开发项目中同时包含普通住宅和非普通住宅的,应分别计算增值额。

对于符合土地增值税清算条件,属于分批取得立项批文、整体开发、统一核算的房地产项目,清算时原则上应作为一个清算单位。

(二) 土地增值税的清算条件

(1) 符合下列情形之一的,纳税人应进行土地增值税的清算:

①房地产开发项目全部竣工、完成销售的;

②整体转让未竣工决算房地产开发项目的;

③直接转让土地使用权的。

(2) 符合下列情形之一的,主管税务机关可要求纳税人进行土地增值税清算:

①已竣工验收的房地产开发项目,已转让的房地产建筑面积占整个项目可售建筑面积的比例在85%以上,或该比例虽未超过85%,但剩余的可售建筑面积已经出租或自用的;

②取得销售(预售)许可证满三年仍未销售完毕的;

③纳税人申请注销税务登记但未办理土地增值税清算手续的;

④省税务机关规定的其他情况。

(三) 土地增值税清算常见问题

1. 如何确认分期开发项目清算

对于分期开发房地产项目,符合下列情形之一的,应视为分期项目。

(1) 同一开发项目内,房地产开发企业以分期销售形式开发并能够分别核算各期收入和扣除项目的。

(2) 同一开发项目内,房地产开发企业分期取得初始产权登记证明的。

2. 分期项目符合土地增值税清算条件且未清算应当如何处理

对于分期开发房地产项目,以分期项目作为清算单位;但是,如果分期项目符合土地增值税清算条件且未清算的,清算时应将符合清算条件的各分期项目合并作为一个清算单位。

3. 报建时没有进行分期项目的备案但是企业自行划分了项目分期建设,如何确定清算单位

房地产开发企业的建设工程,在工程项目登记备案时,没有进行分期项目的备案,但是,企业自行划分了项目分期建设,在做土地增值税清算时,是否可以自行划分的分期建设为项目单位进行汇算?

《国家税务总局关于房地产开发企业土地增值税清算管理有关问题的通知》(国税发〔2006〕187号) 规定,土地增值税以国家有关部门审批的房地产开发项目为单位进行清算,对于分期开发的项目,以分期项目为单位清算。

8.1.2 土地增值税清算的时点

土地增值税的纳税人应在转让房地产合同签订后的7日内,到房地产所在地主管税务机关办理纳税申报,并向税务机关提交房屋及建筑物产权、土地使用权证书,土地转让、房产买卖合同,房地产评估报告及其他与转让房地产有关的资料。

纳税人因经常发生房地产转让而难以在每次转让后申报的,经税务机关审核同意后,可以定期进行纳税申报,具体期限由税务机关根据相关规定确定。

纳税人因经常发生房地产转让而难以在每次转让后申报,是指房地产开发企业因分次转让开发建造的房地产而频繁发生纳税义务、难以在每次转让后申报纳税的情况。该情况下,土地增值税可按月或按各省、自治区、直辖市和计划单列市税务局规定的期限申报缴纳。纳税人选择定期申报方式的,应向纳税所在地的税务机关备案。定期申报方式确定后,一年之内不得变更。

此外，根据《土地增值税暂行条例实施细则》关于"纳税人在项目全部竣工结算前转让房地产取得的收入……可以预征土地增值税……具体办法由各省、自治区、直辖市地方税务局根据当地情况制定"的规定，对于纳税人预售房地产所取得的收入，凡当地税务机关规定预征土地增值税的，纳税人应当到主管税务机关办理纳税申报，并按规定比例预交，待办理决算后，多退少补；凡当地税务机关规定不预征土地增值税的，也应在取得收入时先到税务机关登记或备案。

2016年7月7日，国家税务总局下发了《关于修订土地增值税纳税申报表的通知》。该通知包括适用于从事房地产开发纳税人预征的《土地增值税纳税申报表（一）》、适用于从事房地产开发的纳税人清算的《土地增值税纳税申报表（二）》及适用于非从事房地产开发纳税人的《土地增值税纳税申报表（三）》。国家税务总局同时规定，纳税人必须按照税法的有关规定，向房地产所在地主管税务机关如实申报转让房地产所取得的收入、扣除项目金额以及应纳土地增值税税额，并按期缴纳税款。

8.2 土地增值税清算成本的确认

8.2.1 计算增值额的扣除项目

（一）取得土地使用权所支付的金额

取得土地使用权所支付的金额包括以下两方面的内容。

（1）纳税人为取得土地使用权所支付的地价款。地价款的确定有三种方式：①以协议、招标、拍卖等出让方式取得土地使用权的，地价款为纳税人所支付的土地出让金；②以行政划拨方式取得土地使用权的，地价款为按照国家有关规定补交的土地出让金；③以转让方式取得土地使用权的，地价款为向原土地使用权人实际支付的地价款。

（2）纳税人在取得土地使用权时按国家统一规定缴纳的有关费用和税金。有关费用和税金是指纳税人在取得土地使用权过程中为办理有关手续，必须按国家统一规定缴纳的有关登记、过户手续费和契税。

（二）房地产开发成本

房地产开发成本，是指纳税人开发房地产项目实际发生的成本，包括土地征用费及拆迁补偿费、前期工程费、建筑安装工程费、基础设施费、公共配套设施费、开发间接费用等。

（1）土地征用费及拆迁补偿费，包括土地征用费，耕地占用税，劳动力安置费及有关地上、地下附着物拆迁补偿的净支出，安置动迁用房支出等。

（2）前期工程费，包括规划、设计、项目可行性研究和水文、地质、勘察、测绘、"三通一平"等支出。

（3）建筑安装工程费，是指以出包方式支付给承包单位的建筑安装工程费，以自营方式发生的建筑安装工程费。

（4）基础设施费，包括开发小区内道路、供水、供电、供气、排污、排洪、通信、照明、环卫、绿化等工程发生的支出。

（5）公共配套设施费，包括不能有偿转让的开发小区内公共配套设施发生的支出。

（6）开发间接费用，是指直接组织、管理开发项目发生的费用，包括工资、职工福利费、折旧费、修理费、办公费、水电费、劳动保护费、周转房摊销等。

（三）房地产开发费用

房地产开发费用，是指与房地产开发项目有关的销售费用、管理费用和财务费用。根据现行财务会计制度的规定，这三项费用作为期间费用，按照实际发生额直接计入当期损益。但在计算土地增值税时，房地产开发费用并不是按照纳税人实际发生额进行扣除的，应分别按以下两种情况扣除。

（1）财务费用中的利息支出，凡能够按转让房地产项目计算分摊并提供金融机构证明的，允许据实扣除，但最高不能超过按商业银行同类同期贷款利率计算的金额。其他房地产开发费用，按规定计算的金额之和（即取得土地使用权所支付的金额和房地产开发成本，下同）的5%以内计算扣除。计算扣除的具体比例，由各省、自治区、直辖市人民政府规定。计算公式如下。

允许扣除的房地产开发费用＝利息＋(取得土地使用权所支付的金额＋
房地产开发成本)×省级政府确定的比例

（2）财务费用中的利息支出，凡不能按转让房地产项目计算分摊利息支出或不能提供金融机构证明的，房地产开发费用按规定计算的金额之和的10%以内计算扣除。计算扣除的具体比例，由各省、自治区、直辖市人民政府规定。计算公式如下。

允许扣除的房地产开发费用＝(取得土地使用权所支付的金额＋
房地产开发成本)×省级政府确定的比例

财政部、国家税务总局对扣除项目金额中利息支出的计算问题做了两点专门规定：一是利息的上浮幅度按国家的有关规定执行，超过上浮幅度的部分不允许扣除；二是对于超过贷款期限的利息部分和加罚的利息不允许扣除。

（四）与转让房地产有关的税金及附加

与转让房地产有关的税金，是指在转让房地产时缴纳的城市维护建设税、印花税。因转让房地产缴纳的教育费附加，也可视同税金予以扣除。《土地增值税暂行条例》等规定的土地增值税扣除项目涉及的增值税进项税额，允许在销项税额中计算抵扣的，不计入扣除项目，不允许在销项税额中计算抵扣的，可以计入扣除项目。

（五）财政部规定的其他扣除项目

对从事房地产开发的纳税人可按规定计算的金额之和，加计20%的扣除。此优惠只适用于从事房地产开发的纳税人，除此之外的其他纳税人不适用。

8.2.2 土地增值税与企业所得税税前扣除项目差异分析

（一）成本扣除时间不同

土地增值税采取预征税款，达到清算条件时，进行土地增值税清算的做法；企业所得税采取对未完工收入乘以预计计税毛利率计入应纳税所得额，完工时对预计毛利进行纳税调整的做法。

土地增值税清算与企业所得税汇算清缴时，可能会存在即使是同一个项目，成本扣除时间也不同的情况。那么，要正确计算土地增值税和企业所得税，首先要确定项目应当清算、完工的时间。

1. 土地增值税清算时间

土地增值税清算分为应当清算和可以清算两种情形。

根据《国家税务总局关于房地产开发企业土地增值税清算管理有关问题的通知》（国税发〔2006〕187号）第二条"土地增值税的清算条件"的规定，符合以下情形之一的，纳税人应进行土地增值税的清算：

（1）房地产开发项目全部竣工、完成销售的；

（2）整体转让未竣工决算房地产开发项目的；

（3）直接转让土地使用权的。

符合下列情形之一的，主管税务机关可要求纳税人进行土地增值税清算：

（1）已竣工验收的房地产开发项目，已转让的房地产建筑面积占整个项目可售建筑面积的比例在85%以上，或该比例虽未超过85%，但剩余的可售建筑面积已经出租或自用的；

（2）取得销售（预售）许可证满三年仍未销售完毕的；

（3）纳税人申请注销税务登记但未办理土地增值税清算手续的；

（4）省税务机关规定的其他情况。

2. 企业所得税中完工标准的确定

由于房地产开发企业开发期长，预计毛利率与实际毛利率受市场和政策等多方面影响，多数情况是不一致的，因此完工标准的确定是房地产开发企业最为关心的根本性问题，也是核心问题。

根据规定，企业在开发产品完工以后，可在完工年度企业所得税汇算清缴前选择确定计税成本核算的终止日，不得滞后。企业所得税的计税成本与完工标准息息相关，只有在开发产品完工以后，才可按规定结转成本。

《房地产开发经营业务企业所得税处理办法》第三条规定，除土地开发之外，其他开发产品符合下列条件之一的，应视为已经完工：

（1）开发产品竣工证明材料已报房地产管理部门备案；

（2）开发产品已开始投入使用；

（3）开发产品已取得了初始产权证明。

《国家税务总局关于房地产企业开发产品完工标准税务确认条件的批复》（国税函〔2009〕342号）规定，房地产开发企业建造、开发的开发产品无论工程质量是否通过验收合格，或是否办理完工（竣工）备案手续以及会计决算手续，当其开发产品开始投入使用时均应视为已经完工。房地产开发企业应按规定及时结算开发产品计税成本并计算此前以预售方式销售开发产品所取得收入的实际毛利额，同时将开发产品实际毛利额与其对应的预计毛利额之间的差额，计入当年（完工年度）应纳税所得额。

（二）计算原则不同

首先，房地产企业实行年度税制。现行企业所得税关于房地产行业的规定，坚持以年度作为纳税期间的理念，不允许项目清算退税，但是在实操中，还是有预缴税款的退税或留抵的情况存在。而土地增值税的纳税期间则为整个项目的建设期。这是企业所得税同土地增值税的不同之处。其次，房地产企业实行综合税制。企业所得税按照年度纳税，不同的楼盘只要属于一家企业，都要统一计算税款；而土地增值税按照项目清算，无论发生在哪个年度，只要是一个项目就进行统一清算。

1. 土地增值税清算原则

例如，某项目在2019年底取得商品房销售许可证的其中两栋楼销售比例达到100%，但是项目总体累计销售面积占可售面积的比例为48%，那么，土地增值税究竟是以一栋楼作为清算单位还是以一个项目作为清算单位呢？

根据国税发〔2006〕187号文件的规定，土地增值税是按照房地产开发项目为单位进行清算的（分期开发项目，以分期项目为单位清算），房地产开发项目中包含普通和非普通住宅的，应该分别计算土地增值额。现行政策中，多以三分法为标准，分别计算土地增值额，即分为普通住宅、非普通住宅和其他。

《国家税务总局关于印发〈土地增值税清算管理规程〉通知》（国税发〔2009〕91号）第十七条规定，清算审核时，应审核房地产开发项目是否以国家有关部门审批、备案的项目为单位进行清算；对于分期开发的项目，是否以分期项目为单位清算；对不同类型房地产是否分别计算增值额、增值率，缴纳土地增值税。

上述规定包含两层含义。一是土地增值税以开发项目为单位清算，因此上述项目虽然其中的两栋楼全部售出，但是按照整个项目来看，销售比例只有48%，未达到清算标准。二是如果项目是分期的，以分期项目为单位进行清算，但从上述项目具体情况来看已经销售的两栋楼并没有单独分期。而实践中对分期建设一般以建设工程规划许可证分期为准。

2. 企业所得税计税成本确定原则

为减少行政审批项目，减轻微观主体负担，提升政府管理效能，国家税务总局在房地产开发企业开发成本对象管理方面，由事先备案改为事后报送专项报告方式。开发产品成本对象的确定直接关系到开发产品成本核算的合理性和准确性，是应纳税所得额计算确定的基础。因此，房地产开发企业需合理确定已完工开发产品的成本对象，并对确定原则、依据，共同成本分配原则、方法，以及开发项目基本情况、开发计划等出具专项报告，在开发产品完工当年企业所得税年度纳税申报时报送主管税务机关。

根据《房地产开发经营业务企业所得税处理办法》（国税发〔2009〕31号）第十一条的规定，企业在进行成本、费用的核算与扣除时，必须按规定区分期间费用和开发产品计税成本、已销开发产品计税成本与未销开发产品计税成本。

企业所得税的计税成本是指企业在开发、建造开发产品过程中所发生的按照税收规定进行核算与计量的应归入某项成本对象的各项费用。确定成本对象，是计算房地产企业计税成本的起点。

计税成本的核算需要确定计税的成本对象，计税的成本对象根据以下原则进行确定。

（1）可售原则。开发产品能够对外经营销售的，应作为独立的计税成本对象进行成本核算；不能对外经营销售的，可先作为过渡性成本对象进行归集，然后再将其相关成本摊入能够对外经营销售的成本对象。

在实际计算中，可售的成本对象会形成可售面积，不可售的成本对象不纳入可售面积，而是将其成本作为公共配套设施费在其他成本对象中分摊。

可售原则实际上是配比原则的反映，只有可售的才可以作为成本对象，否则没有收入与之配比。配套设施由于没有收入与其配比，不能作为独立的成本对象，但是出于效率原则，没有必要每发生一笔费用就进行分配，而应将配套设施作为中间的成本对象，先进行归集，完工后再进行分配。

以地下基础设施修建的车库所发生的费用可以作为公共配套设施费处理，而不必计入可售面积。目前，各地均有专门针对人防与非人防车位的相关规定。比如，山东省规定，房地产开发项目按规定建设的人防工程产权应属于国家所有，其投资者处置利用地下人防设施建造的车库（位）等设施不能实现产权转移，取得的收入不应视为转让房地产收入。房地产开发企业处置利用地下人防设施建造的车库（位）等设施取得的收入，不预征土地增值税。在清算申报时，房地产开发企业处置利用地下人防设施建造的车库（位）等设施取得的收入，不计入土地增值税收入，凡按规定无偿移交给政府、公共事业单位用于非营利性社会公共事业的，准予扣除相关成本、费用。有的地方允许扣除成本，但是实际操作难度较大。

但是对于增值税来说，《国家税务总局关于土地价款扣除时间等增值税征管问题的公告》（国家税务总局2016年第86号）明确，房地产项目可供销售建筑面积，是指计容积率地上建筑面积，不包括地下车位建筑面积。

（2）分类归集原则。对同一开发地点、竣工时间相近、产品结构类型没有明显差异的群体开发的项目，可作为一个成本对象进行核算。

分类归集原则为效率原则的体现，也是成本对象划分的重要原则。竣工时间相近，是指两个成本对象至少不能跨年度，否则无法考察该成本对象的具体完工年度。

（3）功能区分原则。开发项目某组成部分相对独立，且具有不同使用功能时，可以作为独立的成本对象进行核算。

（4）定价差异原则。开发产品类型或功能不同等而导致其预期售价存在较大差异的，应分别作为成本对象进行核算。

（5）成本差异原则。开发产品因建筑上存在明显差异可能导致其建造成本出现较大差异的,要分别作为成本对象进行核算。比如框架结构和砖混结构的房子,就要作为不同的成本对象。

(6) 权益区分原则。开发项目属于受托代建的或多方合作开发的,应结合上述原则分别划分成本对象进行核算。

除以上计税成本的确定原则外,共同成本如何分配也有相应的方法。其中土地成本原则上按照占地面积法来分摊,具体使用方法视项目自身情况,经沟通同意后确定。而一次性取得土地,分期开发的土地开发成本,在征得税务机关同意后,可以按照土地整体预算成本进行分配,待全部完工后再行调整;配套设施应该按照建筑面积法进行分摊;贷款利息可以按照直接成本法或预定造价法进行分摊;其余的共同成本的分摊方法由企业在上述方法中自行确定。鉴于篇幅限制,此处不再展开详细论述。

8.3 旧房转让的土地增值税计征

8.3.1 什么是旧房

旧房,是指已建成并办理房屋产权证或取得购房发票的房产以及虽未办理房屋产权证但已建成并交付使用的房产。

《财政部 国家税务总局关于土地增值税一些具体问题规定的通知》(财税字〔1995〕48号)规定,新建房是指建成后未使用的房产。凡是已使用一定时间或达到一定磨损程度的房产均属旧房。使用时间和磨损程度标准可由各省、自治区、直辖市财政厅(局)和地方税务局具体规定。

各地对新房和旧房的判定标准的政策不同,分别如下。

(1) 深圳市。《深圳市地方税务局关于发布土地增值税征管工作规程(试行)的公告》(深圳市地方税务局公告2015年第1号)第四十七条规定:从房地产二级市场购入、自建房使用超过1年(不含1年)的房产以及从房地产三级市场购入的房产,其转让适用旧房转让土地增值税政策。从房地产三级市场购买的房产再转让不受1年时间限制。

自建房使用时间超过1年是指竣工验收时间至转让合同签订时间超过1年。从房地产二级市场购入时间超过1年是指购买合同签订时间至转让合同签订时间超过1年。

(2) 广西壮族自治区。《广西壮族自治区财政厅 自治区国家税务局 自治地方税务局转发〈财政部 国家税务总局关于土地增值税一些具体问题规定的通知〉》(桂财财税字〔1995〕第28号)规定：凡房屋建成后至第一次办理产权证完毕，这段时间属于新建房。如再办理产权转移的，不论时间长短与磨损程度如何，一律视为旧房。

（3）云南省。《国家税务总局，云南省税务局关于土地增值税征管若干事项的公告》(国家税务总局云南省税务局2020年第7号)规定：房地产开发企业建造并转让的商品房，应按照转让新建房的政策规定缴纳土地增值税。其中，对房地产开发企业已列入固定资产或者作为投资性房地产的房屋，自投入使用之日超过5年以上转让的，按旧房转让处理；非房地产开发企业、单位和个人自建房屋，自投入使用之日起超过3年以上转让的，以及企业、单位和个人购买房屋再转让的，属转让旧房。

（4）浙江省。《浙江省国家税务局 浙江省地方税务局关于土地增值税若干问题的补充通知》(〔95〕浙国税外第127号、〔95〕浙地税第38号)对新旧房按以下标准界定：凡新建完工可投入使用的房产为新建房，新建房连续使用一年以上或未使用三年以上的房产视作旧房。

（5）河南省。《河南省财政厅 河南省地方税务局关于土地增值税中新旧房划分标准的通知》(豫财税政字〔1998〕61号)对土地增值税中新旧房划分标准明确如下：①凡房屋建成后，使用时间在1年(含1年)以内的视为新房。②凡房屋建成后，使用时间在1年(不含1年)以上的为旧房。如果房屋使用在1年以内由于磨损程度较大或遭受重大损坏的，由市地地方税务局上报省地方税务局审批后，也可视为旧房。

（6）海南省。《海南省地方税务局关于土地增值税有关问题的通知》(琼地税发〔2009〕104号)规定：二手房、房地产开发企业所开发的商品房已转为自用，作为固定资产核算的房产、非房地产开发企业自建自用超过一年的房产，均适用转让旧房的土地增值税政策。

（7）河北省。《河北省地方税务局 河北省财政厅 河北省国家税务局转发〈财政部 国家税务总局关于土地增值税一些具体问题规定〉的通知》(冀地税发〔1995〕71号)规定：建成后未使用的房产为新房。凡已经使用的房产，不论其使用时间和磨损程度如何，一律为旧房。

（8）辽宁省。《辽宁省地方税务局关于印发〈辽宁省房地产开发企业土地增值税清算管理办法〉的通知》(辽地税发〔2007〕102号)规定：房地产开发企业纳税人建造商品房，已自用或出租使用年限在1年以上再出售的，应按照转让旧房及建筑物的政策规定缴纳土地增值税，不再列入土地增值税清算的范围。

（9）江苏省。《江苏省地方税务局公告关于土地增值税若干问题的公告》（苏地税规〔2015〕8号）规定：房地产开发企业建造的商品房（不含已列入固定资产或作为投资性房地产的房屋），应按照转让新建房的政策规定缴纳土地增值税。非房地产开发企业自建房屋，自房屋竣工之日起3年内（含）转让的，可按照转让新建房的政策规定缴纳土地增值税。

（10）湖南省。《湖南省财政厅 湖南省地方税务局关于土地增值税新旧房界定问题的通知》（湘财税〔2015〕13号）规定：新建非商品房取得房屋所有权证后、新建商品房实现销售（或视同销售）取得房屋所有权证（或办理房屋产权登记）后，即为旧房，转让时按照旧房的有关规定征收土地增值税。

（11）天津市。《天津市地方税务局关于土地增值税相关政策的公告》（天津市地方税务局公告2016年第22号）规定如下。

存量房转让，按照其不同的取得方式，应分别按下列方法归集扣除项目金额。扣除项目涉及的增值税进项税额，允许在销项税额中计算抵扣的，不计入扣除项目，不允许在销项税额中计算抵扣的，可以计入扣除项目。

①自建房转让扣除项目金额包括以下方面。

a. 取得土地使用权所支付的金额。

b. 房地产评估机构评定的自建房重置成本价乘以成新度折扣率后的价格。

c. 自建房的评估费。

d. 与转让自建房有关的税金。

②购置房转让时，凡未提供评估价格但提供购房发票的，其扣除项目金额包括以下方面。

a. 购置房原发票载明的金额。

b. 按规定加计的金额。

c. 与转让购置房有关的税金。

房地产开发企业转让取得房地权证的自建商品房，不论使用时间和磨损程度如何，凡签署存量房买卖合同（协议）的均属于存量房，按存量房转让计征土地增值税。

纳税人在存量房转让环节，无法按用本公告上述条款据实征收土地增值税的，主管税务机关按8%的核定征收率计算征收税款。

（12）安徽省。《安徽省地方税务局关于发布〈安徽省土地增值税清算管理办法〉的公告》（安徽省地方税务局公告 2017 年第 6 号）第五十条规定：对房地产开发项目中的房地产，纳税人出租、自用或借予他人使用超过 1 年的，转让时应按销售旧房处理。

目前，转让旧房免征土地增值税的政策如下。

《财政部 国家税务总局关于棚户区改造有关税收政策的通知》（财税〔2013〕101 号）规定：企事业单位、社会团体以及其他组织转让旧房作为改造安置住房房源且增值额未超过扣除项目金额 20% 的，免征土地增值税。改造安置住房是指相关部门和单位与棚户区被征收人签订的房屋征收（拆迁）补偿协议或棚户区改造合同（协议）中明确用于安置被征收人的住房或通过改建、扩建、翻建等方式实施改造的住房。

除此之外，都需计征土地增值税。

8.3.2 转让旧房确定应纳税额的四种情形及对比分析

（一）按照评估价格确定扣除项目

《财政部 国家税务总局关于土地增值税一些具体问题规定的通知》（财税字〔1995〕48 号）规定：转让旧房的，应按房屋及建筑物的评估价格、取得土地使用权所支付的地价款和按国家统一规定交纳的有关费用以及在转让环节缴纳的税金作为扣除项目金额计征土地增值税。对取得土地使用权时未支付地价款或不能提供已支付的地价款凭据的，不允许扣除取得土地使用权所支付的金额。其中，旧房及建筑物的评估价格，是指在转让已使用的房屋和建筑物时，由政府批准设立的房地产评估机构评定的重置成本价乘以成新度折扣率后的价格。

对于能提供评估价格的，已缴纳的契税在计算土地增值税时不允许扣除。《深圳市地方税务局关于发布土地增值税征管工作规程（试行）的公告》（深圳市地方税务局公告 2015 年第 1 号）规定，以评估价作为扣除项目的，按政府批准设立的房地产评估机构评定的重置成本价乘以成新度折扣率后的价格作为扣除项目。具体包括：建筑物重置成本价乘以成新度折扣率，取得土地使用权所支付的地价款，按国家统一规定交纳的有关费用，包含原房产登记环节和转让环节缴纳的费用，在转让环节缴纳的税金。

按评估价作为扣除项目，评估价是指建筑物的评估价，不包含土地价款。

（二）按照发票所载金额确定扣除项目

根据《财政部 国家税务总局关于土地增值税若干问题的通知》（财税〔2006〕21 号）的规定，纳税人转让旧房及建筑物，凡不能取得评估价格，但能提供购房发票的，经当地税务部门确认，《土地增值税暂行条例》第六条第（一）项、第（三）项规定的扣除项目的金额，可按发票所载金额并从购买年度起至转让年度止每年加计5%计算。（注：营改增后，这里的"发票所载金额"也不应包括可抵扣的进项税额。）对纳税人购房时缴纳的契税，凡能提供契税完税凭证的，准予作为"与转让房地产有关的税金"予以扣除。但不得作为加计5%的基数。即转让旧房不能提供评估价格但能提供购房发票的扣除项目金额包括三项：一是购房发票所载金额（实际上包含了《土地增值税暂行条例》中第六条所称的"取得土地使用权所支付的金额"及"旧房及建筑物的评估价格"两部分）；二是加计扣除金额（加计扣除金额 = 购房发票所载金额 × 5% × 自购买年度起至转让年度止的年数）；三是与转让房地产有关的税金（包括转让旧房时缴纳的城市维护建设税、印花税、契税以及教育费附加，营改增后包括转让旧房时缴纳的城市维护建设税、印花税、契税以及教育费附加，不含增值税。上述税金及附加扣除必须提供相应的完税凭证。

其中，每年的确定按购房发票所载日期起至售房发票开具之日止，每满12个月计1年；超过1年，未满12个月但超过6个月的，可以视同为1年。比如，29个月的为2年，31个月的为3年。

《深圳市地方税务局关于发布土地增值税征管工作规程（试行）的公告》（深圳市地方税务局公告2015年第1号）规定，纳税人转让旧房及建筑物，如果土地使用权价款与房产建造价格无法区分，不能取得房产建造评估价格，但能提供购房发票的，经当地税务部门确认，可以按发票所载金额并从购买时间起至转让时间止，每年加计5%计算扣除项目。未满12个月但超过6个月（含6个月）的，可以视同为1年，不足6个月的按实际天数所占全年比例确定加计扣除比例。

购买时间和转让时间以房地产转让合同记载的时间为准。扣除项目具体包括：购买原价，加计扣除数额，按国家统一规定交纳的有关费用，包含原房产登记环节和转让环节缴纳的税费。

从房地产二级市场购入、自建房使用未超过1年（含1年）的房产，其转让不适用旧房转让土地增值税政策，其扣除项目为取得土地使用权支付的地价、购买原价、自建房建造价格，以及按国家统一规定交纳的有关费用，包含原房产登记环节和转让环节缴纳的税费。

房地产转让过程中发生的合理费用可作为扣除项目，具体包括：税收法律法规明确可扣除项目，以及有关法律文书、房地产转让合同、拍卖成交确认书等明确由受让方代缴的税款和费用。对已经作为扣除项目的凭证应当加盖已抵扣章。

土地增值税扣除项目的计算公式如下。

土地增值税扣除项目 = 发票所载金额 × [1 + (转让年度 − 购买年度) × 5%] +
与房地产转让有关的税金 + 与房地产转让有关的费用

其中，与房地产转让有关的税金、费用除要注意营改增后不含增值税外，还要注意当地政府规定。例如《大连市地方税务局关于进一步明确土地增值税若干问题的通知》（大地税函〔2007〕200号）规定："与房地产转让有关税金"，包括转让方在房地产转让时缴纳的城市维护建设税、印花税、转让方购房时缴纳的契税；"与房地产转让有关的费用"，包括转让方在房地产转让时缴纳的教育费附加、地方教育附加、交易费、土地收益金、土地出让金、转让合同公证费等；"转让年度"指完税凭证上注明的年度，"购买年度"指购房发票开具年度。

（三）按照核定征收率确定应纳土地增值税税额

转让旧房及建筑物既没有评估价格，又不能提供购房发票的，地方税务机关可以根据《税收征收管理法》第三十五条的规定，实行核定征收。

此外，《土地增值税暂行条例》规定，对于隐瞒、虚报房地产成交价格的，提供扣除项目金额不实的，转让房地产的成交价格低于房地产评估价格又无正当理由的，主管税务机关也可以按照房地产评估价格计算征收土地增值税。

上述规定中所称"隐瞒、虚报房地产成交价格的"，是指纳税人不报或有意低报转让土地使用权、地上建筑物及其附着物价款的行为；所称"提供扣除项目金额不实的"，是指纳税人在纳税申报时不据实提供扣除项目金额的行为；所称"转让房地产的成交价格低于房地产评估价格又无正当理由的"，是指纳税人申报的转让房地产的实际成交价低于房地产评估机构评定的交易价，纳税人又不能提供凭据或无正当理由的行为。

隐瞒、虚报房地产成交价格的，应由评估机构参照同类房地产的市场交易价格进行评估，税务机关根据评估价格确定转让房地产的收入。提供扣除项目金额不实的，应由评估机构按照房屋重置成本价乘以成新度折扣率计算的房屋成本价和取得土地使用权时的基准地价进行评估，税务机关根据评估价格确定扣除项目金额。转让房地产的成交价格低于房地产评估价格又无正当理由的，由税务机关参照房地产评估价格确定转让房地产的收入。

深圳市地方税务局公告2015年第1号规定如下。

对转让旧房过程中有下列情形之一的，可以按照核定征收方式计征土地增值税。

（1）未能提供合法、有效的房屋购买合同和构成房屋原值的相关凭证，不能正确计算房屋原值的。

（2）未能提供支付合理费用的相关凭证，不能正确计算合理费用的。

核定征收包括核定扣除项目、核定征收率。

核定征收率是指对符合核定征收条件的按不低于我市土地增值税核定征收率标准计算应当缴纳的土地增值税所使用的征收率：住宅类中普通标准住宅为6%，非普通标准住宅为8%；商业类为10%，其他类型为5%。分类标准以国土产权管理部门产权证书的分类为准。

旧房转让属于核定征收的，由主管税务机关确定。

（四）按照核定扣除项目确定应纳土地增值税税额

《江苏省地方税务局关于个人转让非住宅旧房涉及土地增值税问题的批复》（苏地税函〔2007〕194号）规定，对个人转让非住宅类的其他类型的旧房及建筑物，既没有评估价格，又不能提供购房发票的，按转让收入的80%~95%作为扣除项目金额计征土地增值税，具体比例由各省辖市确定。

深圳市地方税务局公告2015年第1号规定如下。

核定扣除项目，指纳税人不能提供购房发票，主管税务机关在确定其加计扣除基数时可以依据房产证登记价格或在国土产权管理部门查询的原购买价格核定。

属于自建房的，主管税务机关可以依据房产建造价格以及原地价款，核定加计扣除的基数。

旧房转让属于核定征收的，由主管税务机关确定。

8.4 土地增值税清算案例分析

【例8-1】 金域华府小区2×19年4月底主体完工，取得了商品房预售许可证，开始预售。截止到2×19年9月预售总额（含税）为1 706 619 450元，预缴增值税税率为3%，计46 971 178元，本项目累计进项税额留抵额为85 520 000元。2×19年10月项目竣工验收并报房管部门备案，与施工企业的工程决算已经完成，取得了全部扣除凭证，转让面积为206 500平方米，已经超过可售面积230 000平方米的85%，符合土地增值税应当清算的条件。

(取得土地使用权支付地价款 220 000 000 元)

【解析】

1. 增值税相关计算

国家税务总局公告 2016 年第 18 号采用"实耗扣除法"解决土地成本中含进项税额的抵扣问题。房地产开发企业计算应交增值税时,应将扣除土地成本抵减的销项税额从与之配比的"主营业务成本"中扣除。

(1) 截至 2×19 年 9 月收到预收款 1 706 619 450 元,预缴增值税计算如下。

销售额 = 1 706 619 450 ÷ (1 + 9%) = 1 565 705 917.43 (元)。

预缴增值税额 = 1 565 705 917.43 × 3% = 46 971 177.52 (元)。

(2) 2×19 年 9 月,开具发票并交房确认销售,计算销售额及销项税额。

销售额 = 1 706 619 450 ÷ (1 + 9%) = 1 565 705 917.43 (元)。

销项税额 = 1 565 705 917.43 × 9% = 140 913 532.57 (元)。

(3) 计算扣除土地价款后的销售额和销项税额。

当期允许扣除的土地价款 = 当期销售房地产项目建筑面积 ÷ 房地产项目可供销售建筑面积 × 支付的土地价款 = 206 500 ÷ 230 000 × 220 000 000 = 197 521 739.13 (元)。

每平方米可售面积土地成本 = 197 521 739.13 ÷ 206 500 = 956.52 (元)。

扣除土地价款后的销售额 = (全部价款和价外费用 - 当期允许扣除的土地价款) ÷ (1 + 9%) = (1 706 619 450 - 197 521 739.13) ÷ (1 + 9%) = 1 384 493 312.72 (元)。

扣除土地价款的销项税额 = 1 384 493 312.72 × 9% = 124 604 398.14 (元)。

扣除土地价款的销项税额与增值税发票的销项税额的差额 = 140 913 532.57 - 124 604 398.14 = 16 309 134.43 (元)。

(4) 扣除土地价款使销项税额减少额。

销项税额抵减额 = 197 521 739.13 ÷ (1 + 9%) × 9% = 16 309 134.42 (元)。

实际销项税额 = 140 913 532.57 - 16 309 134.42 = 124 604 398.15 (元)。

(5) 下月申报期内应缴纳增值税。

应缴未缴增值税额 = 39 084 398.14 - 46 971 177.52 = -7 886 779.38 (元)。

(6) 实缴增值税额 = 124 604 398.14 - 85 520 000 = 39 084 398.14（元）。

2. 土地增值税应税收入总额的确定

国家税务总局公告 2016 年第 70 号规定，适用增值税一般计税方法的纳税人，其转让房地产的土地增值税应税收入不含增值税的销项税额。应当认识到这里的"不含增值税的销项税额"指的是实缴销项税额。公式表示如下。

土地增值税应税收入总额 = 全部价款及价外费用 - 实缴销项税额

实缴销项税额 = 发票的销项税额 - 销项税额抵减额

应税收入总额 = 1 706 619 450 - (140 913 532.57 - 16 309 134.42) = 1 706 619 450 - 124 604 398.15 = 1 582 015 051.85（元）。

应税收入总额与主营业务收入差额 = 1 582 015 051.85 - 1 565 705 917.43 = 16 309 134.42（元）。

该差额恰好等于"销项税额抵减额"。

结论：

一般纳税人选择适用一般计税方法的，土地增值税清算时，"应税收入总额"是在企业所得税"主营业务收入（不含税）"的基础上，调增"销项税额抵减额"得到的，公式表示如下。

土地增值税的"应税收入总额" = 所得税的"主营业务收入（不含税）" + 销项税额抵减额

该项目土地增值税的"应税收入总额" = 1 565 705 917.43 + 16 309 134.42 = 1 582 015 051.85（元）。

【例 8-2】甲房地产开发企业为增值税一般纳税人，开发的 A 项目按一般计税方法计税，土地增值税清算时，取得项目销售收入（含增值税）88.8 亿元。假设增值税允许扣除的土地价款和拆迁补偿费用为 27.75 亿元，房地产开发成本为 15 亿元。甲房地产开发企业不能按转让房地产项目计算分摊利息支出或不能提供金融机构证明，房地产开发费用按"取得土地使用权所支付的金额"与"房地产开发成本"金额之和的 10% 以内计算扣除，不考虑其他情况，则：

(1) 土地增值税清算收入 = 88.8 - (88.8 - 27.75) ÷ (1 + 9%) × 9% = 88.8 - 5.04 = 83.76（亿元）。

(2) 计入取得土地使用权所支付的金额和房地产开发成本（开发土地和新建房及配套设施的成本）中的土地价款和拆迁补偿费用为 27.75 亿，不是 25.46 亿元 [27.75 - 27.75 ÷ (1 + 9%) × 9%]，则：

其他扣除项目金额=(取得土地使用权所支付的金额+开发成本)×20%=(27.75+15)×20%=8.55(亿元),并不是8亿元[(25+15)×20%]。

(3)房地产开发费用=(27.75+15)×10%=4.275(亿元)。

【解析】

1.房地产开发企业土地增值税清算收入的确认

根据《国家税务总局关于营改增后土地增值税若干征管规定的公告》(国家税务总局公告2016年第70号)规定,适用简易计税方法的房地产开发企业纳税人,其转让房地产的土地增值税清算收入不含增值税应纳税额,公式表示如下。

土地增值税清算收入=含税销售收入-增值税应纳税额
　　　　　　　　　=含税销售收入-含税销售收入÷(1+5%)×5%
　　　　　　　　　=含税销售收入÷(1+5%)

采用一般计税方法计税的房地产开发企业纳税人,其转让房地产的土地增值税清算收入不含增值税销项税额,公式表示如下。

土地增值税清算收入=含增值税销售收入-销项税额
　　　　　　　　　=含税销售收入-销售额×税率
　　　　　　　　　=含税销售收入-(全部价款和价外费用-
　　　　　　　　　　土地价款以及拆迁补偿费用)÷(1+9%)×9%

根据上述分析,按规定允许土地价款扣减销售额而减少的销项税额,应调增土地增值税清算收入,不是调减纳税人在土地增值税清算时确认的土地成本。

2.采用一般计税方法,计算缴纳土地增值税的影响

(1)按照《土地增值税暂行条例实施细则》规定,对从事房地产开发的纳税人,可按取得土地使用权所支付的金额与房地产开发成本之和加计20%扣除。按规定选择"允许以本项目土地价款扣减销售额而减少的销项税额,应调增土地增值税清算收入",而不是选择"调减纳税人在土地增值税清算时确认的土地成本",虽收入调增和土地成本调减数额大小一样,但是计算"其他扣除项目"时,土地成本可以加计20%扣除,进而使土地成本调减数额为原数额的120%。

(2)根据《国家税务总局关于土地增值税清算有关问题的通知》(国税函[2010]220号)第三条第(一)项规定,财务费用中的利息支出,凡能够按转让房地产项目计算分摊并提供金融机构证明的,允许据实扣除,但最高不能超过按商业银行同类同期贷款利率计算的金额。其他房地产开发费用,在按照

"取得土地使用权所支付的金额"与"房地产开发成本"金额之和的5%以内计算扣除。

第（二）项规定，凡不能按转让房地产项目计算分摊利息支出或不能提供金融机构证明的，房地产开发费用在按"取得土地使用权所支付的金额"与"房地产开发成本"金额之和的10%以内计算扣除。

因此，按规定允许以本项目土地价款扣减销售额而减少的销项税额，应调增土地增值税的清算收入，而不是选择调减纳税人在土地增值税清算时确认的土地成本，进而影响"房地产开发费用"或"其他房地产开发费用"的计算基数。选择"调增土地增值税清算收入"与选择"调减纳税人在土地增值税清算时确认的土地成本"相比，在计算土地增值税时，"房地产开发费用"或"其他房地产开发费用"扣除金额更大。

（3）通过上述两项分析，按规定允许以本项目土地价款扣减销售额而减少的销项税额，应调增土地增值税的清算收入，而不是选择调减纳税人在土地增值税清算时确认的土地成本，既影响了房地产开发企业一般计税方法计税项目在计算土地增值税的可扣除成本，又影响了土地增值税计算的增值额。

同时考虑到土地增值税实行四级超率累进税率，以增值额与扣除项目金额的比例确定企业适用的税率，所以上述因素还影响土地增值税清算适用的税率。

3．其他需要关注事项

（1）在计算土地增值税清算收入（不含税销售额）时，含税销售额减除的不是销售发票上注明的增值税税额，而是根据含税销售额减去上述差额计税办法计算出的销项税额，从而计算出不含税销售额。

（2）《财政部关于印发〈增值税会计处理规定〉的通知》（财会〔2016〕22号）明确，增值税差额纳税的，按照规定土地价款等允许抵扣的税额，冲减房地产企业存货成本（即土地成本），实务中需要注意土地增值税清算时的税务处理和会计处理的差异。

第 9 章 利润形成及分配阶段税务与会计处理

9.1 利润形成阶段的税务处理

9.1.1 利润的构成

利润是指企业在一定会计期间的经营成果。利润包括收入减去费用后的净额、直接计入当期利润的利得和损失等。

利得是指由企业非日常活动所形成的、会导致所有者权益增加的、与所有者投入资本无关的经济利益的流入。注意利得与收入的区分，利得是非日常活动形成的，而收入是日常活动形成的。

损失是指由企业非日常活动所发生的、会导致所有者权益减少的、与向所有者分配利润无关的经济利益的流出。注意损失与费用的区分，损失是非日常活动形成的，而费用是日常活动形成的。

按《企业会计准则》的规定，利润可分为营业利润、利润总额和净利润三个层次，它们反映利润形成过程中的三个主要环节。利润的具体构成如下。

（一）营业利润

营业利润的计算公式如下。

营业利润 = 营业收入 – 营业成本 – 税金及附加 – 销售费用 – 管理费用 – 财务费用 – 资产减值损失 + 公允价值变动收益（– 公允价值变动损失）+ 投资收益（– 投资损失）+ 其他收益

在这个公式当中：

营业收入，包括主营业务收入和其他业务收入。

营业成本，包括主营业务成本和其他业务成本。

资产减值损失是指企业计提各项资产减值准备所形成的损失。

公允价值变动收益（损失）是指企业交易性金融资产等公允价值变动形成的应计入当期损益的利得（损失）。

投资收益（损失）是指企业以各种方式对外投资所取得的收益（发生的损失）。

其他收益主要是指与企业日常活动相关，除冲减相关成本费用以外的政府补助。

（二）利润总额

利润总额的计算公式如下。

$$利润总额 = 营业利润 + 营业外收入 - 营业外支出$$

在这个公式当中：

营业外收入是指企业发生的与其日常活动无直接关系的各项利得。营业外收入主要包括：非流动资产处置利得、盘盈利得、捐赠利得、债务重组利得、非货币性资产交换利得等。非流动资产处置利得包括固定资产、无形资产的处置利得。盘盈利得，仅限于无法查明原因的现金盘盈。

营业外支出是指企业发生的与其日常活动无直接关系的各项损失。营业外支出主要包括：非流动资产处置损失、公益性捐赠支出、盘亏损失、非常损失、非货币性资产交换损失、债务重组损失、罚款支出等。非流动资产处置损失包括固定资产、无形资产的处置损失。非常损失，是指企业由客观因素（比如自然灾害等）造成的，扣除保险公司赔偿后，应计入营业外支出的净损失。

（三）净利润

净利润的计算公式如下。

$$净利润 = 利润总额 - 所得税费用$$

净利润是利润总额减去企业所得税（即计入本期损益的所得税费用）后的余额。

需要指出的是，上述"利润"计算的结果若为负数，则称为亏损，以"–"号表示。

9.1.2 企业所得税的计算

企业所得税的计税依据是应纳税所得额，即企业每一纳税年度的收入总额，减除不征税收入、免税收入、各项扣除以及允许弥补的以前年度亏损后的余额，计算公式如下。

应纳税所得额 = 收入总额 - 不征税收入 - 免税收入 -

各项扣除 - 以前年度亏损

企业应纳税所得额的计算，以权责发生制为原则：属于当期的收入和费用，不论款项是否收付，均作为当期的收入和费用；不属于当期的收入和费用，即使款项已经在当期收付，也不作为当期的收入和费用。在计算应纳税所得额时，企业财务、会计处理办法与税收法律法规的规定不一致的，应当依照税收法律法规的规定计算。

（一）收入总额

企业收入总额是指以货币形式和非货币形式从各种来源取得的收入。收入总额包括：销售货物收入，提供劳务收入，转让财产收入，股息、红利等权益性投资收益，利息收入，租金收入，特许权使用费收入，接受捐赠收入以及其他收入。

企业取得收入的货币形式，包括现金、银行存款、应收账款、应收票据、准备持有至到期的债券投资以及债务的豁免等。

企业取得收入的非货币形式，包括固定资产、生物资产、无形资产、股权投资、存货、不准备持有至到期的债券投资、劳务以及有关权益等。非货币形式收入应当按照公允价值确定收入额。

（二）不征税收入

下列收入为不征税收入。

1. 财政拨款

财政拨款，是指各级人民政府对纳入预算管理的事业单位、社会团体等组织拨付的财政资金，但国务院和国务院财政、税务主管部门另有规定的除外。

2. 依法收取并纳入财政管理的行政事业性收费、政府性基金

行政事业性收费，是指依照法律法规等有关规定，按照国务院规定程序批准，在实施社会公共管理，以及在向公民、法人或者其他组织提供特定公共服务过程中，向特定对象收取并纳入财政管理的费用。政府性基金，是指企业依照法律、行政法规等有关规定，代政府收取的具有专项用途的财政资金。

3. 国务院规定的其他不征税收入

国务院规定的其他不征税收入，是指企业取得的、由国务院财政、税务主管部门规定专项用途并经国务院批准的财政性资金。

县级以上人民政府将国有资产无偿划入企业，凡指定专门用途并按规定进行管理的，企业可作为不征税收入进行企业所得税处理。其中，该项资产属于

非货币性资产的,应按政府确定的接收价值计算不征税收入。

（三）税前扣除项目

企业实际发生的与取得收入有关的、合理的支出,包括成本、费用、税金、损失和其他支出,准予在计算应纳税所得额时扣除。合理的支出,是指符合生产经营活动常规,应当计入当期损益或者有关资产成本的必要和正常的支出。除另有规定外,企业实际发生的成本、费用、税金、损失和其他支出,不得重复扣除。

企业发生的支出应当区分收益性支出和资本性支出。收益性支出在发生当期直接扣除；资本性支出应当分期扣除或者计入有关资产成本,不得在发生当期直接扣除。

企业的不征税收入用于支出所形成的费用或者财产,不得扣除或者计算对应的折旧、摊销扣除。

（1）成本,是指企业在生产经营活动中发生的销售成本、销货成本、业务支出以及其他耗费,即企业销售商品（产品、材料、下脚料、废料、废旧物资等）、提供劳务、转让固定资产、转让无形资产的成本。

（2）费用,是指企业在生产经营活动中发生的销售费用、管理费用和财务费用。已经计入成本的有关费用除外。

（3）税金,是指企业发生的除企业所得税和允许抵扣的增值税以外的各项税金及其附加。税金即纳税人按照规定缴纳的消费税、资源税、土地增值税、关税、城市维护建设税、教育费附加及房产税、车船税、城镇土地使用税、印花税等。企业缴纳的增值税属于价外税,故不在扣除之列。

（4）损失,是指企业在生产经营活动中发生的固定资产和存货的盘亏、毁损、报废损失,转让财产损失,呆账损失,坏账损失,自然灾害等不可抗力因素造成的损失以及其他损失。

企业发生的损失,减除责任人赔偿和保险赔款后的余额,依照国务院财政、税务主管部门的规定扣除。企业已经作为损失处理的资产,在以后纳税年度又全部收回或者部分收回时,应当计入当期收入。

（5）其他支出,是指除成本、费用、税金、损失外,企业在生产经营活动中发生的与生产经营活动有关的、合理的支出。

（四）扣除标准

1. 工资、薪金支出

企业发生的合理的工资、薪金支出,准予扣除。工资、薪金,是指企业每一纳税年度支付给在本企业任职或者受雇的员工的所有现金形式或者非现金形式的劳动报酬,包括基本工资、奖金、津贴、补贴、年终加薪、加班工资,以及与员工任职或者受雇有关的其他支出。

2. 职工福利费、工会经费、职工教育经费

企业发生的职工福利费、工会经费、职工教育经费按标准扣除。未超过标准的按实际发生数额扣除,超过扣除标准的只能按标准扣除。

3. 社会保险费

(1)企业依照国务院有关主管部门或者省级人民政府规定的范围和标准为职工缴纳的基本养老保险费、基本医疗保险费、失业保险费、工伤保险费、生育保险费等基本社会保险费和住房公积金,准予扣除。

(2)自 2008 年 1 月 1 日起,企业根据国家有关政策规定,为在本企业任职或者受雇的全体员工支付的补充养老保险费、补充医疗保险费,分别在不超过职工工资总额 5% 标准内的部分,在计算应纳税所得额时准予扣除;超过的部分,不予扣除。

4. 借款费用

(1)企业在生产经营活动中发生的合理的不需要资本化的借款费用,准予扣除。

(2)企业为购置、建造固定资产、无形资产和经过 12 个月以上的建造才能达到预定可销售状态的存货发生借款的,在有关资产购置、建造期间发生的合理的借款费用,应当作为资本性支出计入有关资产的成本,并依照《企业所得税法实施条例》的有关规定扣除。

5. 利息费用

企业在生产经营活动中发生的下列利息支出,准予扣除。

(1)非金融企业向金融企业借款的利息支出、金融企业的各项存款利息支出和同业拆借利息支出、企业经批准发行债券的利息支出可据实扣除。

(2)非金融企业向非金融企业借款的利息支出,不超过按照金融企业同期同类贷款利率计算的数额的部分可据实扣除,超过部分不许扣除。

(3)企业向股东或其他与企业有关联关系的自然人借款的利息支出,应根据《企业所得税法》及《财政部 国家税务总局关于企业关联方利息支出税前扣除标准有关税收政策问题的通知》规定的条件,计算企业所得税扣除额。

企业向除股东或其他与企业有关联关系的自然人以外的内部职工或其他人员借款的利息支出,其借款情况同时符合以下条件的,其利息支出在不超过按

照金融企业同期同类贷款利率计算的数额的部分，准予扣除。

①企业与个人之间的借贷是真实、合法、有效的，并且不具有非法集资目的或其他违反法律、法规的行为。

②企业与个人之间签订了借款合同。

6. 汇兑损失

企业在货币交易中，以及纳税年度终了时将人民币以外的货币性资产、负债按照期末即期人民币汇率中间价折算为人民币时产生的汇兑损失，除已经计入有关资产成本以及与向所有者进行利润分配相关的部分外，准予扣除。

7. 公益性捐赠

公益性捐赠，是指企业通过公益性社会组织或者县级以上人民政府及其部门，用于符合法律规定的慈善活动、公益事业的捐赠。

企业当年发生以及以前年度结转的公益性捐赠支出，不超过年度利润总额12%的部分，在计算应纳税所得额时准予扣除；超过年度利润总额12%的部分，准予结转以后三年内在计算应纳税所得额时扣除。企业在对公益性捐赠支出计算扣除时，应先扣除以前年度结转的捐赠支出，再扣除当年发生的捐赠支出。

年度利润总额，是指企业依照国家统一会计制度的规定计算的年度会计利润。

8. 业务招待费

企业发生的与生产经营活动有关的业务招待费支出，按照发生额的60%扣除，但最高不得超过当年销售（营业）收入的5‰。

企业在筹建期间，发生的与筹办活动有关的业务招待费支出，可按实际发生额的60%计入企业筹办费，并按有关规定在税前扣除。

9. 广告费和业务宣传费

企业发生的符合条件的广告费和业务宣传费支出，除国务院财政、税务主管部门另有规定外，不超过当年销售（营业）收入15%的部分，准予扣除；超过部分，准予在以后纳税年度结转扣除。企业在筹建期间发生的广告费和业务宣传费，可按实际发生额计入企业筹办费，并按有关规定在税前扣除。

10. 环境保护专项资金

企业依照法律、行政法规有关规定提取的用于环境保护、生态恢复等方面的专项资金，准予扣除。上述专项资金提取后改变用途的，不得扣除。

11. 保险费

企业参加财产保险,按照规定缴纳的保险费,准予扣除。

12. 租赁费

企业根据生产经营活动的需要租入固定资产支付的租赁费,按照具体规定方法扣除。

13. 劳动保护费

企业发生的合理的劳动保护支出,准予扣除。

14. 有关资产的费用

企业转让各类固定资产发生的费用,允许扣除。企业按规定计算的固定资产折旧费、无形资产和递延资产的摊销费,准予扣除。

(五) 不得扣除项目

在计算应纳税所得额时,下列支出不得扣除。

(1) 向投资者支付的股息、红利等权益性投资收益款项。

(2) 企业所得税税款。

(3) 税收滞纳金。税收滞纳金具体是指纳税人违反税收法规,被税务机关处以的滞纳金。

(4) 罚金、罚款和被没收财物的损失。罚金、罚款和被没收财物的损失是指纳税人违反国家有关法律、法规规定,被有关部门处以的罚款,以及被司法机关处以的罚金和被没收的财物。

(5) 超过规定标准的捐赠支出。

(6) 赞助支出。赞助支出具体是指企业发生的与生产经营活动无关的各种非广告性质的支出。

(7) 未经核定的准备金支出。未经核定的准备金支出具体是指不符合国务院财政、税务主管部门规定的各项资产减值准备、风险准备等准备金支出。

(8) 企业之间支付的管理费、企业内营业机构之间支付的租金和特许权使用费,以及非银行企业内营业机构之间支付的利息,不得扣除。

(9) 与取得收入无关的其他支出。

(六) 亏损弥补

亏损,是指企业将每一纳税年度的收入总额减除不征税收入、免税收入和各项扣除后小于零的数额。税法规定,企业某一纳税年度发生的亏损可以用下一年度的税前利润弥补,下一年度的税前利润不足以弥补的,可以逐年延续弥补，但最长不得超过5年。企业在汇总计算缴纳企业所得税时，其境外营业机构的亏损不得抵减境内营业机构的盈利。

9.2 利润分配阶段的税务处理

9.2.1 利润分配的流程

利润分配，是指企业将可分配的利润（本年实现的净利润加上以前年度累积的未分配利润）按国家有关规定进行分配的过程。利润分配顺序如下。

（一）弥补以前年度亏损

《企业所得税法》规定：公司发生的年度亏损，可以用以后年度的税前利润弥补，超过5年仍未弥补完的，可从第6年开始用税后利润弥补，若税后利润仍不足弥补的，可用发生亏损之前提取的盈余公积弥补。

（二）提取法定盈余公积

法定盈余公积按照当年税后利润10%的比例提取，如果以前年度有亏损，以补亏后剩余部分提取。法定盈余公积累计提取额达到注册资本的50%时，可以不再提取。

（三）提取任意盈余公积

经公司的股东大会或类似机构决议，提取法定盈余公积后，公司还可提取任意盈余公积，具体提取数额由公司自行决定。

（四）向投资者分配股利

公司以前年度未分配的利润，可以并入本年度向投资者分配，股利分配的具体数额由公司自行决定，当年未分配完的利润则形成公司未分配利润累积到下年。

9.2.2 利润分配的税务处理

（一）股利分配的税务处理

支付股利时，应该根据不同的股东进行相应的税务处理。

（1）自然人股东，需要代扣代缴20%的个人所得税。

（2）居民企业，不需要代扣代缴款，属于税后利润分配，免征企业所得税。

（3）非居民企业，需要代扣代缴10%的企业所得税。

（二）境外投资者以分配利润直接投资暂不征收预提所得税

《财政部 税务总局 国家发展改革委 商务部关于扩大境外投资者以分配利

润直接投资暂不征收预提所得税政策适用范围的通知》（财税〔2018〕102号）规定：对境外投资者从中国境内居民企业分配的利润，用于境内直接投资暂不征收预提所得税政策的范围，由外商投资鼓励类项目扩大至所有非禁止外商投资的项目和领域。

境外投资者暂不征收预提所得税须同时满足以下条件。

（1）境外投资者以分得利润进行的直接投资，包括境外投资者以分得利润进行的增资、新建、股权收购等权益性投资行为，但不包括新增、转增、收购上市公司股份（符合条件的战略投资除外）。具体是指：

①新增或转增中国境内居民企业实收资本或者资本公积；

②在中国境内投资新建居民企业；

③从非关联方收购中国境内居民企业股权；

④财政部、税务总局规定的其他方式。

（2）境外投资者分得的利润属于中国境内居民企业向投资者实际分配已经实现的留存收益而形成的股息、红利等权益性投资收益。

（3）境外投资者用于直接投资的利润以现金形式支付的，相关款项从利润分配企业的账户直接转入被投资企业或股权转让方账户，在直接投资前不得在境内外其他账户周转；境外投资者用于直接投资的利润以实物、有价证券等非现金形式支付的，相关资产所有权直接从利润分配企业转入被投资企业或股权转让方，在直接投资前不得由其他企业、个人代为持有或临时持有。

9.3 利润形成及分配的税务与会计处理

9.3.1 案例分析

【例9-1】近日，审计人员在为甲企业进行2×19年度企业所得税汇算清缴审计时，发现"应付股利"科目产生汇兑损失20.6万元，应属于"与向所有者进行利润分配相关的部分"汇兑损失。根据《企业所得税法实施条例》第三十九条规定，企业在货币交易中，以及纳税年度终了时将人民币以外的货币性资产、负债按照期末即期人民币汇率中间价折算为人民币时产生的汇兑损失，除已经计入有关资产成本以及与向所有者进行利润分配相关的部分外，准予扣除。于是，审计人员要求甲企业就汇兑损失进行纳税调整，增加当年应纳税所得额。

【解析】

甲企业是中外合资房地产企业，2×19年4月30日股东大会做出决议，向B国投资者分配200万美元股利，股利支付日为2×19年5月31日。2×19年4月30日人民币兑美元汇率为1：6.478，2×19年5月31日人民币兑美元汇率为1：6.581，做如下会计处理：（单位：万元）

2×19年4月30日：

借：利润分配——未分配利润　　　　　　　　　　1 295.6
　　　贷：应付股利——B国投资者　　　　　　　　1 295.6

2×19年5月31日：

借：应付股利——B国投资者　　　　　　　　　　1 295.6
　　财务费用——汇兑损益　　　　　　　　　　　　20.6
　　　贷：银行存款　　　　　　　　　　　　　　1 316.2

甲企业财税人员认为，《企业所得税法实施条例》第三十九条并没有规定"与向所有者进行利润分配相关的部分"不予扣除。因此，不同意将"应付股利"产生的汇兑损失做纳税调整。

审计人员指出，《企业所得税法实施条例》第三十九条规定，采用列举式的排除法方式，其中不包括"已经计入有关资产成本以及与向所有者进行利润分配相关的部分"。《中华人民共和国企业所得税法实施条例释义及适用指南》对三十九条明确，已经计入有关资产成本以及与向所有者进行利润分配相关部分的汇兑损失，不予扣除。该条解释：一般而言，汇兑损失属于企业生产经营活动过程中所发生的必要与正常的支出，应准予扣除。但是，企业在会计处理时，有些汇兑损失已经通过其他途径体现在企业的支出中，或者有时候产生的所谓汇兑损失，虽然也与企业所拥有的资产数额有关联，但其是企业税后利润的组成部分，产生的所谓汇兑损失只会对所有者权益产生一定的影响，对于这些情况下的所谓汇兑损失，是不应允许扣除的，否则就违背了税前扣除中的不得重复扣除原则和相关性原则。企业发生的汇兑损失，如果已经计入资产成本，那么这部分损失已经通过资产的折旧或者摊销等方式予以税前扣除；如果企业发生的损失是由向所有者进行利润分配相关的部分所产生的，考虑到这部分属于所有者权益，在一定程度上与企业资产相脱离，不属于企业的资产，其产生的所谓汇兑损失，也不应该作为企业支出在税前扣除。

【例9-2】企业取得股票股利如何进行会计税务处理

2×19年3月，甲银行股份有限公司（非上市公司）股东大会通过决议，分配2×18年股利,其主要内容:每100股发放现金股利2.6元;以100股配发10.4股股票股利。乙房地产有限公司通过直接投资持有甲公司1000万股股份,每股面值1元。当月收到现金股利26万元,股票股利104万股。

【解析】

乙公司的会计处理如下:

借:银行存款　　　　　　　　　　　　　　　　260 000
　　贷:投资收益　　　　　　　　　　　　　　　　　260 000

另取得的股票股利104万股在备查簿中登记。

2×20年3月,乙公司将分回的现金股利26万元,向主管税务机关办理了免税收入备案手续,并按"正常申报"方式,自行申报2×19年度《中华人民共和国年度企业所得税纳税申报表》(A类),但没有对股票股利做相应的税务处理。

审计人员与乙公司财务经理讨论股票股利如何进行税务处理。财务经理解释,股票股利在会计上不做会计处理,而税法未明确股票股利的税务处理。因此,乙公司对股票股利按会计核算规定进行税务处理并无不妥之处。

审计人员认为,企业所得税法实施条例第八十三条规定,企业所得税法第二十六条第(二)款所称符合条件的居民企业之间的股息、红利等权益性投资收益,是指居民企业直接投资于其他居民企业取得的投资收益,应理解为包括现金股利和股票股利。就股票股利而言,视为投资者用现金购买股票,被投资单位再以现金发放股利。因此,取得股票股利与取得现金股利的税务处理相同。再从转让股份分析。《国家税务总局关于贯彻落实企业所得税法若干税收问题的通知》(国税函〔2010〕79号)规定,根据《企业所得税法实施条例》第二十七条、第二十八条的规定,企业取得的各项免税收入所对应的各项成本费用,除另有规定外,可以在计算企业应纳税所得额时扣除。乙公司2×19年取得股票股利104万股,以每股面值1元计算,其计税成本为104万元。如果在2×19年度汇算清缴时没有税务处理,在未来转让该股票时,不能税前扣除投资成本104万元。

审计人员提出股票股利的税务处理意见,应通过纳税申报调整。乙公司向主管税务机关补办免税收入104万元备案手续后,再填写下列报表。

《纳税调整项目明细表》(A105000)。在"收入类调整项目""其他"行次的"账载金额""税收金额""调增金额"栏分别填列0元、104万元和104万元。

《免税、减计收入及加计扣除优惠明细表》（A107010）和《符合条件的居民企业之间的股息、红利等权益性投资收益优惠明细表》（A107011）。与取得现金股利填报相同。但在（A107011）表"投资成本"栏增加填报104万元。

乙公司对股票股利以"一增一减"方式列报，即纳税调增收入104万元，免税收入纳税调减104万元，虽然对2×19年应纳税所得额无影响，但体现了规范申报要求，为税务部门了解公司以后年度转让股份提供了成本信息资料。

乙公司同意审计人员建议，以"更正申报"方式，申报2×19年度企业所得税纳税申报表。

9.3.2 利润形成及分配的会计处理

（一）结转本年利润的方法

会计期末，结转本年利润的方法有表结法和账结法两种。

1. 表结法

表结法下，各损益类科目每月月末只需结计出本月发生额和月末累计余额，不结转到"本年利润"科目，只有在年末时才将全年累计余额结转入"本年利润"科目。但每月月末要将损益类科目的本月发生额合计数填入利润表的本月数栏，同时将本月末累计余额填入利润表的本年累计数栏，通过利润表计算反映各期的利润（或亏损）。表结法下，月份终了损益类科目无须结转入"本年利润"科目，从而减少了转账环节和工作量，同时并不影响利润表的编制及有关损益指标的利用。

2. 账结法

账结法下，每月月末均需编制转账凭证，将在账上结计出的各损益类科目的余额结转入"本年利润"科目。结转后"本年利润"科目的本月余额反映当月实现的利润或发生的亏损，"本年利润"科目的本年余额反映本年累计实现的利润或发生的亏损。账结法下，各月均可通过"本年利润"科目提供当月及本年累计的利润（或亏损）额，但增加了转账环节和工作量。

（二）结转本年利润的账务处理

企业应设置"本年利润"科目，核算企业本年度实现的净利润（或发生的净亏损）。

会计期末，企业应将"主营业务收入""其他业务收入""其他收益""营业外收入"等科目的余额分别转入"本年利润"科目的贷方，将"主营业务成本""其他业务成本""税金及附加""销售费用""管理费用""财务费用"

"信用减值损失""资产减值损失""营业外支出""所得税费用"等科目的余额分别转入"本年利润"科目的借方。企业还应将"投资收益""公允价值变动损益""资产处置损益"科目的净收益转入"本年利润"科目的贷方,将"投资收益""公允价值变动损益""资产处置损益"科目的净损失转入"本年利润"科目的借方。结转后"本年利润"科目如为贷方余额,表示当年实现的净利润;如为借方余额,表示当年发生的净亏损。

年度终了,企业还应将"本年利润"科目的本年累计余额转入"利润分配——未分配利润"科目。如"本年利润"科目为贷方余额,借记"本年利润"科目,贷记"利润分配——未分配利润"科目;如为借方余额,做相反的会计分录,借记"利润分配——未分配利润"科目,贷记"本年利润"科目。结转后,"本年利润"科目应无余额。

【例9-3】乙公司2×19年有关损益类科目的年末余额如表9-1所示(该企业采用表结法年末一次结转损益类科目,企业所得税税率为25%)。

表9-1　　　　　　　　　　会计科目余额表

单位:元

科目名称	借或贷	结账前余额
主营业务收入	贷	6 000 000
其他业务收入	贷	700 000
其他收益	贷	150 000
投资收益	贷	1 000 000
营业外收入	贷	50 000
主营业务成本	借	4 000 000
其他业务成本	借	400 000
税金及附加	借	80 000
销售费用	借	500 000
管理费用	借	770 000
财务费用	借	300 000
营业外支出	借	250 000

【解析】

乙公司2×19年年末结转本年利润,应编制如下会计分录。

(1)将各损益类科目年末余额结转至"本年利润"科目。

①结转各项收入、利得类科目。

借:主营业务收入　　　　　　　　　　　　　6 000 000
　　其他业务收入　　　　　　　　　　　　　　700 000

其他收益	150 000
投资收益	1 000 000
营业外收入	50 000
贷：本年利润	7 900 000

②结转各项费用、损失类科目。

借：本年利润	6 300 000
贷：主营业务成本	4 000 000
其他业务成本	400 000
税金及附加	80 000
销售费用	500 000
管理费用	770 000
财务费用	300 000
营业外支出	250 000

（2）经过上述结转后，"本年利润"科目的贷方发生额合计7 900 000元减去借方发生额合计6 300 000元后的差额即为税前会计利润1 600 000元。

（3）假设乙公司2×19年度不存在所得税纳税调整以及递延所得税因素。

（4）应交企业所得税=1 600 000×25%=400 000（元）。

①确认所得税费用。

借：所得税费用	400 000
贷：应交税费——应交所得税	400 000

②将所得税费用转入"本年利润"科目。

借：本年利润	400 000
贷：所得税费用	400 000

（5）将"本年利润"科目年末余额1 200 000元（7 900 000-6 300 000-400 000）转入"利润分配——未分配利润"科目。

借：本年利润	1 200 000
贷：利润分配——未分配利润	1 200 000

第 10 章
企业所得税的预缴与汇算清缴

10.1 企业所得税的预缴与汇算清缴概述

10.1.1 企业所得税的预缴

根据《企业所得税法》及其实施条例,企业所得税应当按照月度或者季度的实际利润额预缴;按照月度或者季度的实际利润额预缴有困难的,可以按照上一纳税年度应纳税所得额的月度或者季度平均额预缴,或者按照经税务机关认可的其他方法预缴。为确保税款足额及时入库,各级税务机关对纳入当地重点税源管理的企业,原则上应按照实际利润额预缴方法征收企业所得税。

根据现行的税收政策,不论是内资企业的企业所得税,还是外资企业的企业所得税,其税率均按年设计,但为了保证国家的财政支出,纳税人要按主管税务机关确认的纳税期预缴企业所得税。内资企业可按月或按季预缴企业所得税,外商投资企业和外国企业要按季预缴企业所得税。

(一)企业所得税的会计处理

日常预缴企业所得税的会计处理:借记"应交税费——应交所得税"科目,贷记"银行存款"科目。

房地产企业在开发过程中,销售未完工开发产品取得的收入,根据《国家税务总局关于印发〈房地产开发经营业务企业所得税处理办法〉的通知》(国税发〔2009〕31号)的规定,应先按预计计税毛利率分季(或月)计算出预计毛利额,计入当期应纳税所得额,缴纳企业所得税。

预收房款时,房地产企业应按预收房款计算的计税毛利额扣除相关的税金和费用,计算应预缴企业所得税金额。待开发产品完工后再进行项目企业所得税清算调整。若房地产企业在核算所得税时按照可抵扣暂时性差异来确认对未来期间应纳所得税金额的影响,对预缴的所得税应确认为递延所得税资产。缴纳时:借记"应交税费——应交所得税"科目,贷记"银行存款"科目。年终对未达到收入确认条件的预收账款对应的已上交的所得税从"应交税费——应交所得税"科目转入"递延所得税资产——预售房预缴所得税"科目,会计分录:借记"递延所得税资产——预售房预缴所得税"科目,贷记"应交税费——应交所得税"科目。

【例10-1】星辰房地产公司2×19年度发生管理费用100万元,销售费用300万元,营业外收入195万元,税金及附加115万元,营业外支出150万元,资产减值损失30万元,销售未完工产品取得预收款5 000万元。本年度累计已预缴企业所得税50万元。递延所得税资产期初数及递延所得税负债期初数为0元。以上金额均为不含税金额,无增值税进项税额,不考虑以前年度损益。本年度需调整事项如下。

(1) 计提坏账准备30万元,未实际发生。

(2) "管理费用——业务招待费"科目借方发生额为50万元,其中20万元与生产经营无关,不得税前扣除。

(3) 营业外支出列支规划部门行政罚款60万元。

(4) 主管税务机关规定计税毛利率为20%;增值税预征率为3%,城市维护建设税税率(市区)为7%,教育费附加征收率为3%,土地增值税预征率(非普通标准住宅)为2%。

【解析】

会计处理如下。

(1) 编制星辰房地产公司2×19年利润表,如表10-1所示。

表10-1　　　　　星辰房地产公司2×19年利润表

单位:万元

项目	本年累计金额
一、营业收入	
减:营业成本	
税金及附加	115
销售费用	300
管理费用	100
财务费用	
资产减值损失	30
加:公允价值变动收益(损失以"-"号填列)	

续表

项目	本年累计金额
投资收益（损失以"－"号填列）	
其中：对联营企业和合营企业的投资收益	
二、营业利润（亏损以"－"号填列）	－545
加：营业外收入	195
减：营业外支出	150
其中：非流动资产处置损失	
三、利润总额（亏损以"－"号填列）	－500
减：所得税费用	50
四、净利润（净亏损以"－"号填列）	－550
五、每股收益：	
（一）基本每股收益	
（二）稀释每股收益	

（2）2×19年度纳税调整。

①坏账准备贷方发生额30万元，为未经核准的准备金，不得税前扣除。调增应纳税所得额30万元。

②"管理费用——业务招待费"科目借方发生额为50万元，其中20万元与生产经营无关，调增应纳税所得额20万元。

业务招待费扣除限额18万元（30×60%）＜营业收入的0.5%，即25万元（5 000×0.5%），调增应纳税所得额12万元。

③营业外支出列支规划部门行政罚款60万元，不得税前扣除。调增应纳税所得额60万元。

（3）递延所得税资产：坏账准备贷方发生额30万元为可抵扣暂时性差异；预收账款调增应纳税所得额为5 000×20%＝1 000（万元），作为可抵扣暂时性差异，则本期递延所得税资产增加额计算如下。

本期递延所得税资产增加额＝可抵扣暂时性差异×25%
$$=(30+5\,000\times20\%)\times25\%$$
$$=257.50（万元）$$

（4）应纳税所得额＝－500＋5 000×20%＋30＋20＋12＋60＝622（万元），应交所得税＝622×25%＝155.50（万元）。

（5）所得税费用＝155.50＋0－257.50＝－102（万元）。

借：递延所得税资产　　　　　　　　　　　　　　2 575 000

　　　　贷：应交税费——应交所得税　　　　　　　　　　　1 555 000
　　　　　　所得税费用　　　　　　　　　　　　　　　　1 020 000
　　(6) 企业所得税汇算补交所得税105.50万元 (155.5 - 50)。
　　借：应交税费——应交所得税　　　　　　　　　　　1 055 000
　　　　贷：银行存款　　　　　　　　　　　　　　　　1 055 000

（二）期末所得税的会计处理

期末一般是指季末、半年末和年末。

（1）根据会计利润与调整事项计算出应交税费，借记"所得税费用"科目，贷记"应交税费——应交所得税"科目。

（2）计算出本期递延所得税负债增加额，借记"所得税费用"科目，贷记"递延所得税负债"科目。

（3）计算出本期递延所得税资产增加额，借记"递延所得税资产"科目，贷记"所得税费用"科目。

以上业务可做以下合并会计分录：

　　借：所得税费用（实际应交企业所得税额+递延所得税负债本期增加额-递延所得税资产本期增加额）
　　　　递延所得税资产（本期可抵扣暂时性差异×税率）
　　　　贷：递延所得税负债（本期应纳税暂时性差异×税率）
　　　　　　应交税费——应交所得税（实际应交额）

10.1.2　企业所得税的汇算清缴

根据国家税务总局颁布的《企业所得税汇算清缴管理办法》等有关规定，年末，企业应认真进行企业所得税汇算清缴。企业所得税的汇算清缴，由纳税人自行计算年度应纳税所得额和应纳所得税额，根据预缴税款情况，计算全年应纳、应退税额，并填写纳税申报表，在税法规定的申报期内向税务机关进行年度纳税申报；也可以委托社会中介机构代理申报，经税务机关受理并审核后，办理结算税款手续。之后，税务机关根据选案标准、平时及审核中掌握的情况，有针对性地进行纳税检（稽）查。企业所得税汇算清缴，应以企业会计核算为基础，以税收法规为依据。

（一）汇算清缴的基础

企业所得税汇算清缴，是指房地产开发企业自纳税年度终了之日起5个月内或实际经营终止之日起60日内，依照税收法律、法规、规章及其他有关企业所得税的规定，自行计算本纳税年度应纳税所得额和应纳所得税额，根据月度或季度预缴企业所得税的数额，确定本纳税年度应补或者应退税额，并填写企业所得税年度纳税申报表，向主管税务机关办理企业所得税年度纳税申报、提供税务机关要求提供的有关资料、结清全年企业所得税税款的行为。

根据《企业所得税法》的规定，企业的应纳税所得额为每一纳税年度的收入总额，减除不征税收入、免税收入、各项扣除以及允许弥补的以前年度亏损后的余额，企业的应纳税额为应纳税所得额乘以适用税率，减除依照《企业所得税法》关于税收优惠的规定减免和抵免的税额后的余额，这种计算方法为直接法。实务中，房地产开发企业通常在自纳税年度终了之日起 5 个月内或自实际经营终止之日起 60 日内，在会计利润的基础上，按照企业所得税相关法规的规定进行纳税调整，计算出当期应纳所得税额，这种方法为间接法。

实行查账征收和实行核定应税所得率征收企业所得税的房地产开发企业，无论是否在减税、免税期间，也无论是盈利还是亏损，都应进行企业所得税汇算清缴。实行查账征收的企业，填写 A 类申报表。实行核定定额征收企业所得税的企业，也需要进行企业所得税汇算清缴，填写 B 类申报表。

（二）收入的汇算清缴

1. 收入的确认原则

（1）权责发生制原则。

企业应纳税额的计算，以权责发生制为原则，即：属于当期的收入和费用，不论款项是否收付，均作为当期的收入和费用；不属于当期的收入和费用，即使款项已经在当期收付，也不作为当期的收入和费用。

但有以下例外情形。

第一，按合同约定收款日确认。

利息收入、租金收入、特许权使用费收入及以分期收款方式销售货物收入的确认，应以合同约定的日期确认收入实现。

第二，按工作量或完工进度确认。

企业受托加工制造大型机械设备、船舶、飞机等，以及从事建筑、安装、装配工程业务或者提供劳务等，持续时间超过 12 个月的，应按照纳税年度内完工进度或者完成的工作量确认收入的实现。

第三，按分得产品时间确认。

采取产品分成方式取得收入的，按照企业分得产品的时间确认收入的实现，其收入额按照产品的公允价值（市场价格）确定。

第四,按实际收到捐赠资产时间确认。

接受捐赠收入,在实际收到捐赠资产时确认收入的实现。

第五,按利润分配日确认。

股息、红利等权益性投资收益,除国务院财政、税务主管部门另有规定外,按照被投资企业股东会或者股东大会做出利润分配或转股决定的日期确认收入的实现,而不论企业是否实际收到股息、红利等收益款项。

(2)实质重于形式原则。

《国家税务总局关于确认企业所得税收入若干问题的通知》(国税函〔2008〕875号)明确指出,除《企业所得税法》及其实施条例另有规定外,企业销售收入的确认,必须遵循权责发生制原则和实质重于形式原则。实质重于形式原则,是指企业应当按照交易或者事项的经济实质进行会计确认、计量和报告,不应仅以交易或者事项的法律形式为依据。

2. 收入总额的内容

企业所得税法中的"收入"是指企业以货币形式和非货币形式从各种来源取得的收入。所称企业取得收入的货币形式,包括现金、存款、应收账款、应收票据、准备持有至到期的债券投资以及债务的豁免等。所称企业取得收入的非货币形式,包括固定资产、生物资产、无形资产、股权投资、存货、不准备持有至到期的债券投资、劳务以及有关权益等。企业以非货币形式取得的收入,应当按照公允价值确定收入额。公允价值,是指按照市场价格确定的价值。

3. 免税、减税收入

(1)国债利息收入。

企业从发行者处直接投资购买的国债持有至到期,其从发行者处取得的国债利息收入,全额免征企业所得税。

企业到期前转让国债或者从非发行者处投资购买的国债,其按以下公式计算的国债利息收入,免征企业所得税。

$$国债利息收入 = 国债金额 \times (适用年利率 \div 365) \times 持有天数$$

上述公式中的"国债金额"按国债发行面值或发行价格确定;"适用年利率"按国债票面年利率或折合年收益率确定;如果企业在不同时间多次购买同一品种国债,"持有天数"可按平均持有天数计算确定。

(2)符合条件的居民企业之间的股息、红利等权益性投资收益。

符合条件的居民企业之间的股息、红利等权益性投资收益,是指居民企业直接投资于其他居民企业取得的投资收益。《企业所得税法》第二十六条第

(二)项和第(三)项所称股息、红利等权益性投资收益,不包括连续持有居民企业公开发行并上市流通的股票不足 12 个月取得的投资收益。

所称符合条件,是指三个条件:一是居民企业之间,不包括投资到合伙企业等非居民企业;二是直接投资,不包括间接投资;三是连续持有居民企业公开发行并上市流通的股票在一年(12 个月)以上取得的投资收益。

所称权益性投资,是指为获取其他企业的权益或净资产所进行的投资,如对其他企业的普通股股票投资、为获取其他企业股权的联营投资等。企业进行这种投资是为取得对另一企业的控制权,或实施对另一个企业的重大影响,或其他目的。

此外,根据《财政部 国家税务总局关于地方政府债券利息免征所得税问题的通知》(财税〔2013〕5 号),对企业和个人取得的 2012 年及以后年度发行的地方政府债券利息收入,免征企业所得税和个人所得税。地方政府债券是指经国务院批准同意,以省、自治区、直辖市、计划单列市政府为发行和偿还主体的债券。

(三)扣除项目的汇算清缴

1. 税前扣除的基本原则

(1)税法优先原则。

税法优先原则要求在计算应纳税所得额时,企业财务、会计处理办法与税收法律、行政法规的规定不一致时,应当依照税收法律、行政法规的规定计算。税法规定不明确的,在没有明确规定之前,暂按企业财务、会计规定计算。

(2)权责发生制原则。

企业应纳税所得额的计算,以权责发生制为原则:属于当期的收入和费用,不论款项是否收付,均作为当期的收入和费用;不属于当期的收入和费用,即使款项已经在当期收付,也不作为当期的收入和费用。《企业所得税法实施条例》和国务院财政、税务主管部门另有规定的除外。

(3)实际发生原则。

实际发生原则包括真实性、确定性两层含义。真实性,即支出是真实发生的。一般来说,发票是证明业务真实发生的重要凭据,是合法有效的票据的第一选择,但不是唯一的凭据,不能认为没有发票相关支出就不能在税前扣除。企业发生的支出,相关业务如不属于增值税征收范围,或者不属于《中华人民共和国发票管理办法》(以下简称《发票管理办法》)规定开具发票的行为,可以以企业提供的合同、支票等作为适当凭据。确定性,即纳税人可扣除的费用不论何时支付,其金额都必须是确定的。

(4) 相关性原则。

相关性原则是判定支出项目能否在税前扣除的基本原则,其要义是指支出必须从性质和根源上同收入直接相关,具体包括以下两层含义:第一,与企业生产经营无关的支出,不管是否开具发票,均不得在税前扣除,如企业的非公益性赞助支出、企业为雇员承担的个人所得税、已出售给职工的住房的折旧费用等;第二,属于个人消费性质的支出不允许在税前扣除,如老板、企业高级管理人员的个人娱乐支出、健身费用、家庭消费等。

2. 税前扣除的凭证

税前扣除凭证,是指纳税人申报扣除的任何费用必须能够提供证明其支出确实已经实际发生的合法、有效凭证。合法、有效凭证要根据实际情况来判定。比如,根据《中华人民共和国会计法》和《发票管理办法》的规定,必须提供发票的,发票就是合法有效凭证;可以自制凭证的,如工资费用分配表等,自制凭证就是合法有效的凭证。未按规定取得合法有效凭证的不得在税前扣除。

所有单位和从事生产、经营活动的个人在购买商品、接受服务以及从事其他经营活动支付款项时,应当向收款方取得发票。取得发票时,不得要求变更品名和金额。对于不符合规定的发票,包括虚假发票、非法代开发票和没有填开付款方全称的发票,一律不得用于税前扣除、抵扣税款、办理出口退税和财务报销。根据《国家税务总局关于增值税发票开具有关问题的公告》(国家税务总局公告2017年第16号),自2017年7月1日起,购买方为企业的,索取增值税普通发票时,应向销售方提供纳税人识别号或统一社会信用代码;销售方为其开具增值税普通发票时,应在"购买方纳税人识别号"栏填写购买方的纳税人识别号或统一社会信用代码。该公告仅适用于通过增值税税控开票系统开具的增值税普通发票,对于使用印有企业名称发票的行业,如电商、成品油经销等,可暂不填写购买方纳税人识别号,仍按照企业现有方式开具发票。

单位和个人从中国境外取得的与纳税有关的发票或者凭证,税务机关在纳税审查时有疑义的,可以要求其提供境外公证机构或者注册会计师的确认证明,经税务机关审核认可后,方可作为记账核算的凭证。

企业当年度实际发生的相关成本、费用,由于各种原因未能及时取得该成本、费用的有效凭证,企业在预缴季度所得税时,可暂按账面发生金额进行核算;但在汇算清缴时,应补充提供该成本、费用的有效凭证。

根据《税收征收管理法》的有关规定,对企业发现以前年度实际发生的、按照税收规定应在企业所得税前扣除而未扣除或者少扣除的支出，企业做出专项申报及说明后，准予追补至该项目发生年度计算扣除，但追补确认期限不得超过5年。企业由于上述原因多缴的企业所得税税款，可以在追补确认年度企业所得税应纳税款中抵扣，不足抵扣的，可以向以后年度递延抵扣或申请退税。亏损企业追补确认以前年度未在企业所得税前扣除的支出，或盈利企业经过追补确认后出现亏损的，应首先调整该项支出所属年度的亏损额，然后再按照弥补亏损的原则计算以后年度多缴的企业所得税款，并按税法规定处理。

（四）成本费用的汇算清缴

1. 可以税前扣除的成本费用

企业实际发生的与取得收入有关的、合理的支出，包括成本、费用、税金、损失和其他支出，准予在计算应纳税所得额时扣除。

企业在进行成本、费用的核算与扣除时，必须按规定区分期间费用和开发产品计税成本、已销开发产品计税成本与未销开发产品计税成本。

企业发生的期间费用、已销开发产品计税成本、税金及附加、土地增值税准予当期按规定扣除。

2. 借款费用应区分收益性支出和资本性支出进行税务处理

企业为建造开发产品借入资金而发生的符合税收规定的借款费用，可按企业会计准则的规定进行归集和分配：其中属于财务费用性质的借款费用，可直接在税前扣除；符合资本化条件的，应计入相关资产成本，不得在发生当期直接扣除。

企业集团或其成员企业统一向金融机构借款分摊集团内部其他成员企业使用的，借入方凡能出具从金融机构取得借款的证明文件，可以在使用借款的企业间合理地分摊利息费用，使用借款的企业分摊的合理利息准予在税前扣除。

3. 预售收入可作为计算业务招待费、广告费和业务宣传费的基数

企业发生的与生产经营活动有关的业务招待费支出，按照发生额的60%扣除，但最高不得超过当年销售（营业）收入的5‰。

企业发生的符合条件的广告费和业务宣传费支出，除国务院财政、税务主管部门另有规定外，不超过当年销售（营业）收入15%的部分，准予扣除；超过部分，准予在以后纳税年度结转扣除。

企业所得税年度纳税申报时，预售收入可作为计算业务招待费、广告费和业务宣传费的基数。但需要注意，在计算开发产品完工年度计算基数时，应相应冲减当期主营业务收入中已包含的未完工产品转完工产品确认的收入。房地

产开发企业作为计算业务招待费、广告费和业务宣传费等费用扣除限额计算基数的销售收入（营业收入）的计算公式如下：

计税销售收入（营业收入）= 当年主营业务收入 + 其他业务收入 +
视同销售收入 + 销售未完工开发产品
取得的收入 - 未完工产品转完工产品收入

4. 未清算项目自行预提的土地增值税不得税前扣除

企业在土地增值税清算前采用预征方式缴纳入库的土地增值税，属于当期实际发生的税金，准予税前扣除。企业依据财务会计制度对未清算项目自行预提的土地增值税因未实际发生，不得在计算应纳税所得额时扣除，应作为税会差异在相应年度全额进行纳税调增。

（五）开发产品已完工的汇算清缴

1. 开发产品已完工的界定条件

除土地开发之外，其他开发产品符合下列条件之一的，应视为已经完工。

（1）开发产品竣工证明材料已报房地产管理部门备案。

（2）开发产品已开始投入使用。

（3）开发产品已取得了初始产权证明。

房地产开发企业建造、开发的开发产品，无论工程质量是否通过验收合格，或是否办理完工（竣工）备案手续以及会计决算手续，当企业开始办理开发产品交付手续（包括入住手续）或已开始实际投入使用时，为开发产品开始投入使用，应视为开发产品已经完工。房地产开发企业应按规定及时结算开发产品计税成本，并计算企业当年度应纳税所得额。

2. 开发产品完工年度必要的税务处理

开发产品完工以后，企业可在完工年度企业所得税汇算清缴前选择确定计税成本核算的终止日，不得滞后。凡已完工开发产品在完工年度未按规定结算计税成本，主管税务机关有权确定或核定其计税成本，据此进行纳税调整，并按《税收征收管理法》的有关规定对其进行处理。

企业在结算计税成本时其实际发生的支出应当取得但未取得合法凭据的，不得计入计税成本，待实际取得合法凭据时，再按规定计入计税成本。

除以下几项预提（应付）费用外，计税成本均应为实际发生的成本。

（1）出包工程未最终办理结算而未取得全额发票的，在证明资料充分的前提下，其发票不足金额可以预提，但最高不得超过合同总金额的10%。

（2）公共配套设施尚未建造或尚未完工的，可按预算造价合理预提建造费用。此类公共配套设施必须符合已在售房合同、协议或广告、模型中明确承诺建造且不可撤销，或按照法律法规规定必须配套建造的条件。

（3）应向政府上交但尚未上交的报批报建费用、物业完善费用可以按规定预提。物业完善费用是指按规定应由企业承担的物业管理基金、公建维修基金或其他专项基金。

（六）关于以前年度亏损弥补问题

1. 预售阶段可以弥补以前年度亏损

企业纳税年度发生的亏损，准予向以后年度结转，用以后年度的所得弥补，但结转年限最长不得超过五年。

所称亏损，是指企业依照企业所得税法和企业所得税法实施条例的规定将每一纳税年度的收入总额减除不征税收入、免税收入和各项扣除后小于零的数额。企业预售阶段可以弥补以前年度亏损。

2. 税务机关检查调增的应纳税所得额可以弥补以前年度亏损

税务机关对企业以前年度纳税情况进行检查时调增的应纳税所得额，凡企业以前年度发生亏损且该亏损属于企业所得税法规定允许弥补的，应允许调增的应纳税所得额弥补该亏损。弥补该亏损后仍有余额的，按照企业所得税法规定计算缴纳企业所得税。对检查调增的应纳税所得额应根据其情节，依照《税收征收管理法》有关规定进行处理或处罚。

（七）汇算清缴的程序和期间

1. 汇算清缴程序

根据《企业所得税法》及其实施条例、《税收征收管理法》、《房地产开发经营业务企业所得税处理办法》及《国家税务总局企业所得税汇算清缴管理办法》等法律法规的规定，企业所得税的汇算清缴应按以下程序进行。

（1）进行税收纳税调整。

房地产开发企业以财务报表的会计利润为基础，按照《企业所得税法》及其实施条例、《房地产开发经营业务企业所得税处理办法》等相关税收法律法规进行税收纳税调整后计算出当期应纳税所得额，按照当期应纳税所得额与适用所得税税率计算确定当期应纳所得税额。

（2）填写纳税申报表。

房地产开发企业根据《国家税务总局关于修订〈中华人民共和国企业所得税年度纳税申报表（A类，2017年版）〉部分表单样式及填报说明的公告》（国家税务总局公告2018年第57号）等税收法规的相关规定，自行填写年度纳税申报表及其附表后，应向主管税务机关办理年度纳税申报。

（3）税务机关受理申请，并审核所报送材料。

主管税务机关收到房地产开发企业报送的纳税申报表后，应对其进行审核。审核中如发现纳税申报表有计算错误或有漏项，应及时通知房地产开发企业进行调整、补充、修改或限期重新申报。房地产开发企业应按税务机关的通知做出相应的修正。主管税务机关经审核确认无误后，确定房地产开发企业当年度应纳所得税额及应当补缴的企业所得税款，或者对多缴的企业所得税税款予以退还或抵顶下年度企业所得税。

（4）纠正申报错误，结清税款。

房地产开发企业办理年度纳税申报后，在汇算清缴期内税务机关检查之前，如果发现申报出现错误或自行检查发现申报不实的，可在汇算清缴期内重新办理企业所得税年度纳税申报，税务机关据此调整其全年应纳所得税额及应补、应退税额。房地产开发企业根据主管税务机关确定的全年应纳所得税额及应补、应退税额，在年度终了后5个月内清缴税款。房地产开发企业预缴的税款少于全年应缴税款的，在5月底以前将应补缴的税款缴入国库；预缴税款超过全年应缴税款的，办理抵顶或退税手续。

2. 汇算清缴的期间

房地产开发企业12月或者第四季度的企业所得税预缴纳税申报，应在纳税年度终了后15日内完成。预缴申报后开始进行当年企业所得税汇算清缴，企业所得税汇算清缴应当自纳税年度终了之日起5个月内进行，并结清应缴应退企业所得税税款。房地产开发企业在年度中间发生解散、破产或撤销等终止生产经营情形，需进行企业所得税清算的，应在清算前报告主管税务机关，并自实际经营终止之日起60日内进行汇算清缴，结清应缴应退企业所得税款；企业有其他情形依法终止纳税义务的，应当自停止生产、经营之日起60日内，向主管税务机关办理当期企业所得税汇算清缴。

10.2 企业所得税汇算清缴的纳税调整

10.2.1 收入确认的纳税调整

会计与税务在收入确认的时间上存在明显的差异，具体如下。

（1）通过正式签订房地产销售合同或房地产预售合同，销售未完工开发产品所取得的收入，在会计上作为合同负债反映；税务上则根据《房地产开发经营业务企业所得税处理办法》的规定，销售未完工开发产品取得的收入，应先按预计计税毛利率分季（或月）计算出预计毛利额，计入当期应纳税所得额。开发产品完工后，企业应及时结算其计税成本并计算此前销售收入的实际毛利额，在此，税务上确认收入的时间比会计上确认收入的时间要早。

（2）在会计上按照收入确认的原则来确认收入，税务上则一般按照实际收讫价款或取得索取价款凭据（权利）之日，或者销售合同或协议约定的付款日确认收入的实现，委托销售是按照收到代销清单之日确认收入实现。在此，要结合具体业务对税法规定的收入确认时间与会计规定的收入确认时间进行认真分析。在进行企业所得税纳税调整时，需按照税法规定对收入确认的时间差异进行相应的纳税调整。

10.2.2　视同销售的纳税调整

税法规定，房地产开发企业将开发产品用于捐赠、赞助、职工福利、奖励、对外投资、分配给股东或投资人、抵偿债务、换取其他企事业单位和个人的非货币性资产等行为，应视同销售，于开发产品所有权或使用权转移或者实际取得利益权利时确认收入（或利润）的实现。确认收入（或利润）的方法和顺序为：按本企业近期或本年度最近月份同类开发产品市场销售价格确定；由主管税务机关参照当地同类开发产品市场公允价值确定；按开发产品的成本利润率确定。开发产品的成本利润率不得低于15%，具体比例由主管税务机关确定。在会计处理上，有些业务要视同销售进行处理，有些业务则不做收入核算。会计上不做收入核算的，就导致会计确认收入的范围与税务上存在差异，在企业所得税汇算清缴时，应做纳税调整。

10.2.3　业务招待费、广告费和业务宣传费的纳税调整

在会计处理上，企业发生的业务招待费支出按照《企业会计准则》计入期间费用，而税务上考虑到业务招待与个人消费之间难以区分，为加强管理，同时借鉴国际经验，规定了业务招待费的税前扣除标准，企业发生的与生产经营活动有关的业务招待费支出，按照发生额的60%扣除，但最高不得超过当年销售（营业）收入的0.5%。业务招待费发生额超过税前扣除标准的部分，应调增应纳税所得额。

企业发生的符合条件的广告费和业务宣传费支出，除国务院财政、税务主

管部门另有规定外，不超过当年销售（营业）收入15%的部分，准予扣除；超过部分，准予在以后纳税年度结转扣除。

房地产开发企业当年销售（营业）收入包括营业收入和视同销售收入，营业收入包括主营业务收入和其他业务收入，对于当年销售（营业）收入是否包括销售未完工开发产品取得的收入，税法并未做出明确规定，实务中对此问题的关注度很高，各地执行标准不统一。销售未完工开发产品取得的收入可作为业务招待费、广告费的扣除基数，其理由为《房地产开发经营业务企业所得税处理办法》规定，企业通过正式签订房地产销售合同或房地产预售合同所取得的收入，应确认为销售收入，应当作为业务招待费、广告费的扣除基数。

房地产开发企业在2008年1月1日以后销售未完工开发产品取得的收入，可以作为计提业务招待费、广告费和业务宣传费的基数，但开发产品完工时会计核算将合同负债转入销售收入时，已经作为计提基数的未完工开发产品的销售收入不得重复作为计提业务招待费、广告费和业务宣传费的基数。

10.2.4　利息支出的纳税调整

会计处理中，企业向非金融机构及金融机构的借款，实际发生的计入财务费用的利息支出准予在当期税前扣除；而税法规定，向非金融机构借款的利息支出，不超过金融机构同期同类贷款利率一倍的部分可据实扣除，超过部分应进行纳税调整，调增应纳税所得额。

10.2.5　罚金、罚款和被没收财物损失的纳税调整

罚金、罚款和被没收财物的损失，不允许税前扣除。罚金、罚款和被没收财物的损失，是指企业违反国家有关法律、法规规定，被有关部门处以罚款以及被司法机关收取的罚金和被没收财物，不包括企业按照经济合同规定支付的违约金（包括银行罚息）、罚款和诉讼费。企业实际发生的罚金、罚款和被没收财物损失应进行纳税调整，调增应纳税所得额。

10.2.6　税收滞纳金的纳税调整

税收滞纳金不允许税前扣除。税收滞纳金，是指企业违反税收法规，被税务机关收取的滞纳金。企业实际发生的税收滞纳金应进行纳税调整，调增应纳税所得额。

10.2.7 准备金的纳税调整

为如实反映企业的财务状况和经营成果，使财务报表上列示的各项资产符合资产的定义，在会计处理中，企业要合理地预计各项资产可能发生的损失，资产的可收回金额低于其账面价值的，应当将资产的账面价值减记至可收回金额，按减记的金额提取准备金。而《企业所得税法》第十条规定，未经核定的准备金支出，在计算应纳税所得额时不得扣除。《企业所得税法实施条例》第五十五条规定，未经核定的准备金支出，是指不符合国务院财政、税务主管部门规定的各项资产减值准备、风险准备等准备金支出，如资产发生减值，但没有实际发生资产的损失时，在计算应纳税所得额时不得扣除，只有资产实际发生了损失，其损失金额才允许在计算应纳税所得额时税前扣除。资产计提减值准备或转回减值准备时，存在税会差异，应进行纳税调整。资产减值准备本期计提数大于本期转回额时，应调增应纳税所得额；资产减值准备本期计提数小于本期转回额时，应调减应纳税所得额。

10.2.8 销售未完工开发产品取得收入的纳税调整

在会计处理中，房地产开发企业销售未完工开发产品取得的预售收入不确认为收入，而是作为合同负债进行核算；待开发产品符合收入确认条件时，再确认销售收入。而《房地产开发经营业务企业所得税处理办法》规定，房地产开发企业销售未完工开发产品取得的收入，应先按预计计税毛利率分季（或月）计算出预计毛利额，计入当期应纳税所得额。开发产品完工后，应及时结算其计税成本并计算此前销售收入的实际毛利额，同时将其实际毛利额与其对应的预计毛利额之间的差额，计入当年度企业本项目与其他项目合并计算的应纳税所得额。根据《企业会计准则》与税法的不同规定，房地产开发企业在所得税汇算时需要对销售未完工开发产品取得的收入进行纳税调整，具体调整步骤和内容如下。

（1）计算当年的销售未完工开发产品的预计毛利额，预计毛利额应调增应纳税所得额，计算公式如下。

销售未完工开发产品的预计毛利额 = 销售未完工开发产品取得的收入 ×
预计计税毛利率

（2）计算开发产品完工年度的实际毛利额与其对应的预计毛利额的差额。实际毛利额大于预计毛利额的，应调增应纳税所得额；实际毛利额小于预计毛利额的，应调减应纳税所得额。

（3）销售未完工开发产品预计毛利额调整备查簿。

因房地产开发企业利润总额是按年度计算的，不是按房地产开发项目分别计算的，在房地产开发企业存在多个项目连续滚动开发的情况下，所得税的计算就比较复杂。因此，必要时房地产开发企业可单独设置销售未完工开发产品预计毛利额调整备查簿，分项目登记每一笔预计毛利额产生、转回的时间及金额。根据税法规定，开发产品完工年度，在年度纳税申报时，企业须出具对该项开发产品实际毛利额与预计毛利额之间差异调整情况的报告以及税务机关需要的其他相关资料。

10.2.9 未取得发票及其他不合规票据的纳税调整

查案必查票，查账必查票。发票是税务机关审查的重点，发票的合法性和有效性是税务机关检查要点，即有没有、真不真（合规）、实不实（真票虚开——长期未支付，查资金流）是税务机关检查的要点。

10.2.10 因土地增值税清算而退还企业所得税的纳税调整

房地产开发企业土地增值税清算导致多缴企业所得税的退税问题处理如下。

（1）房地产开发企业按规定对开发项目进行土地增值税清算后，当年企业所得税汇算清缴出现亏损且有其他后续开发项目的，该亏损应按照税法规定向以后年度结转，用以后年度所得弥补。

（2）房地产开发企业按规定对开发项目进行土地增值税清算后，当年企业所得税汇算清缴出现亏损，且没有后续开发项目的，可以按照以下方法，计算出该项目土地增值税导致的项目开发各年度多缴企业所得税税款，并申请退税。

①该项目缴纳的土地增值税总额，应按照该项目开发各年度实现的销售收入占项目销售收入总额的比例，在项目开发各年度进行分摊，具体按以下公式计算。

各年度应分摊的土地增值税 = 土地增值税总额 ×（项目年度销售收入 ÷ 项目销售收入总额）

②该项目开发各年度应分摊的土地增值税，减去该年度已经在企业所得税税前扣除的土地增值税后，余额属于当年应补充扣除的土地增值税；房地产开发企业应调整当年度的应纳税所得额，并按规定计算当年度应退的企业所得税款；当年度已缴纳的企业所得税税款不足退税的，应作为亏损向以后年度结转，

并调整以后年度的应纳税所得额。按照上述方法进行土地增值税分摊调整后，导致相应年度应纳税所得额出现正数的，应按规定计算缴纳企业所得税。房地产开发企业按上述方法计算的累计退税额，不得超过该项目开发各年度累计实际缴纳的企业所得税；超过部分作为项目清算年度产生的亏损，向以后年度结转。

③房地产开发企业在申请退税时，应向主管税务机关提供书面材料，说明应退企业所得税款的计算过程，包括该项目缴纳的土地增值税总额、项目销售收入总额、项目年度销售收入额、各年度应分摊的土地增值税和已经税前扣除的土地增值税，以及是否存在后续开发项目等情况。

10.3 企业所得税预缴与汇算清缴案例分析

【例 10-2】 季度预缴企业所得税可否扣除税金及附加。

恒兴房地产公司 2×19 年第一季度取得未完工不含税收入 1 亿元，预计计税毛利率为 15%，缴纳税金及附加、土地增值税共 760 万元，本季度发生期间费用 500 万元。问：缴纳的税金及附加、土地增值税未记入"税金及附加"科目，而是记入"应交税费"科目，在季度预缴企业所得税时是否能扣除？

【解析】

该公司季度利润表中，主营业务收入为 0，税金及附加为 0，期间费用为 500 万元，当年利润总额为 −500 万元，而不是 −1 260 万元（−760 − 500）。该公司第一季度实际利润额 = 利润总额（−500）+ 特定业务计算的应纳税所得额 [1 500（10 000×15%）] = 1 000（万元）。

《中华人民共和国企业所得税月（季）度预缴纳税申报表》填报说明明确：第 4 行"特定业务计算的应纳税所得额"，从事房地产开发等特定业务的纳税人，填报按照税收规定计算的特定业务的应纳税所得额。房地产开发企业销售未完工开发产品取得的预售收入，按照税收规定的预计计税毛利率计算的预计毛利额填入此行。

注意：这里没有说减销售未完工开发产品实际申报的税金及附加、土地增值税。那么问题来了，实际利润额 = 利润总额 + 特定业务计算的应纳税所得额 = −500 + 10 000×15% = 1 000（万元），预缴企业所得税 = 1 000×25% = 250（万元）。季度预缴企业所得税申报时税金及附加没有能够即时扣除。

假定该公司 2×19 年度再无其他业务。年度企业所得税纳税申报时，应纳税所得额＝利润总额＋纳税调整额。

【例10-3】接【例10-2】，恒兴房地产公司2×19年未完工不含税收入为1亿元，已经按照15%的预计计税毛利率计入2×19年度应纳税所得额。2×20年第一季度该项目完工且在会计上结转了收入，经过计算，项目毛利润为4 000万元，即项目毛利率为40%，同时将应交税费760万元结转至"税金及附加"科目。

问：2×20年第一季度可否调减未完工收入预计毛利额？

【解析】

利润总额＝4 000－760＝3 240（万元）。

《中华人民共和国企业所得税月（季）度预缴纳税申报表》填报说明明确：第4行"特定业务计算的应纳税所得额"，从事房地产开发等特定业务的纳税人，填报按照税收规定计算的特定业务的应纳税所得额。房地产开发企业销售未完工开发产品取得的预售收入，按照税收规定的预计计税毛利率计算的预计毛利额填入此行。

注意：这里特别强调未完工开发产品完工转主营业务收入后预计毛利额只能在汇算清缴时调整。

那么，实际利润额为3 240万元，第4行"特定业务计算的应纳税所得额"为0，应交企业所得税＝3 240×25%＝810（万元）。

【例10-4】昆仑房地产公司2×19年销售开发产品，第一季度预收款不含税收入18 000万元，已经按照15%的预计计税毛利率计入2×19年第一季度实际利润额2 700万元，第二季度无预收款。2×19年6月结转销售收入10 000万元，结转建造成本8 000万元，假设不考虑税金及附加。

问：2×19年第二季度如何填报预缴企业所得税纳税申报表？

【解析】

第一季度预缴申报表第4行"特定业务计算的应纳税所得额"为2 700万元。

第一季度实际利润额为2 700万元。

第一季度应交企业所得税＝2 700×25%＝675（万元）。

第二季度利润总额＝10 000－8 000＝2 000（万元）。

按情理预缴申报表第二季度第4行"特定业务计算的应纳税所得额"＝2 700－1 500＝800（万元）。

第二季度实际利润额＝2 000＋800＝2 800（万元）。

第二季度应交企业所得税 = 2 800 × 25% = 700（万元）。

由于 2×19 年 7 月 1 日之前第 4 行 "特定业务计算的应纳税所得额" 的填报说明为："从事房地产开发等特定业务的纳税人，填报按照税收规定计算的特定业务的应纳税所得额。房地产开发企业销售未完工开发产品取得的预售收入，按照税收规定的预计计税毛利率计算的预计毛利额填入此行。企业开发产品完工后，其未完工预售环节按照税收规定的预计计税毛利率计算的预计毛利额在汇算清缴时调整，月（季）度预缴纳税申报时不调整。本行填报金额不得小于本年上期申报金额"，因此第二季度第 4 行 "特定业务计算的应纳税所得额" 只能填报 2 700 万元。虽然第二季度未收款，但第二季度结转了第一季度收入 10 000 万元，第二季度实际利润额 = 2 000 + 2 700 = 4 700（万元）。第二季度应交企业所得税 = 4 700 × 25% = 1 175（万元），比原来预计的 700 万元多计算 475 万元，多缴纳的税款只能等年度汇算清缴时申请退回了。

自 2×19 年 7 月 1 日起，第 4 行 "特定业务计算的应纳税所得额" 的填报说明修改为：从事房地产开发等特定业务的纳税人，填报按照税收规定计算的特定业务的应纳税所得额。房地产开发企业销售未完工开发产品取得的预售收入，按照税收规定的预计计税毛利率计算的预计毛利额填入此行。因此如果该案例发生在 2×19 年及以后年度，则第二季度应缴纳企业所得税为 700 万元。

第 11 章
房地产企业特殊业务的税务与会计处理

11.1 企业分立的税务处理

11.1.1 企业分立的类型

企业分立,是指一个企业依照有关法律、法规的规定,分立为两个或两个以上的企业的法律行为。根据被分立企业是否解散,企业分立可分为存续分立(又称分拆分立)和新设分立(又称解散分立)。

（一）存续分立

存续分立,即企业以其部分财产和业务另设一个新的企业,原企业存续。存续分立下,一个企业分立成两个或两个以上的企业,原企业继续存在,并设立一个或一个以上的新企业（见图 11-1）。

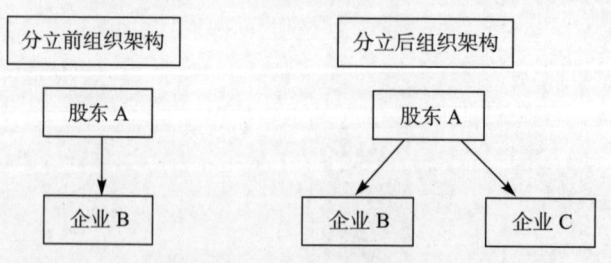

图 11-1 企业存续分立

（二）新设分立

新设分立,即企业全部财产分别归入两个以上的新设企业,原企业解散。新设分立下,一个企业分立成两个或两个以上的企业,原企业解散,并设立两个或两个以上的新企业（见图 11-2）。

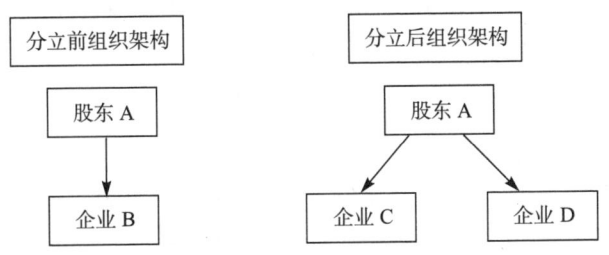

图 11-2 企业新设分立

11.1.2 企业分立的流程

此处以存续分立为例讲解企业分立的流程,具体如下。

(一) 公司分立的批准

根据《公司法》第三十七条、第四十三条及第一百零三条的规定,公司分立应当由公司董事会拟订分立方案并交由公司股东会以特别决议的方式,即必须经出席会议的股东所持表决权的三分之二以上审议通过。

同时根据《中华人民共和国企业国有资产法》(以下简称《企业国有资产法》)的相关规定,若拟分立公司涉及国有独资公司的,则需要获得履行出资人职责的国有资产监督管理机构决定。

上述存续公司的股东会决议至少需要包含:同意公司进行存续性分立、分立后存续注册资本的变化、拟划入新设公司的资产明细、新设公司的名称及注册资本、分立前债权债务的承担等。

(二) 确立分立基准日,编制资产负债表及财产清单并通知债权人

根据《公司法》第一百七十五条的规定,公司分立时应当编制资产负债表及财产清单,公司应当自做出分立决议之日起十日内通知债权人,并于三十日内在报纸上公告。

(三) 聘请评估机构对拟分立的资产进行评估

根据《企业国有资产法》第四十七条的规定,在确认拟分立的财产后,若房地产开发公司属于国有资本控股公司,则应在进行分立时按照规定对有关资产进行评估。

(四) 存续公司、新设公司(筹)以及新设公司的股东签署分立协议

各方应在分立协议中约定分立方式、分立基准日,以及资产分割、分立后各公司的注册资本及股权结构、债务的承继方式、过渡期间的安排、职工安置、各方承诺及保证、违约责任、争议解决、协议生效条件等内容。分立协议中明

确约定被分立公司的全部债权债务都由存续公司承担，与新设公司无关。

（五）至税务有关部门进行汇算清缴

根据相关法律法规的规定且因拟分立公司为房地产开发公司，主要资产为商品房，所以在分立前需至税务有关部门进行汇算清缴。

（六）办理新公司设立工商登记以及存续公司变更登记

存续公司、新设公司以及新设公司的股东就公司分立相关事宜签署分立协议后，新设公司及存续公司应根据分立协议的相关约定，依法办理相应的设立、变更工商登记手续。

（七）根据分立方案，分割公司业务、资产、负债及人员，调整分立后公司法人治理结构

此时需要根据分立方案，将拟分立的商品房剥离至新设公司名下，至房地产交易中心办理过户手续。

（八）新设公司可以用于对外进行股权转让

11.1.3 企业分立的税务处理

（一）企业所得税处理

企业分立按税法规定分为一般分立和特殊分立。一般分立，分立后新分立企业资产以公允价值入账，被分立企业按公允价值转让资产处理。特殊分立，分立后企业以账面价值入账，被分立企业不按转让资产处理。实际操作中，应熟悉特殊分立相关规定，按照特殊分立进行处理。

1. 一般分立的处理规定

（1）被分立企业对分立出去的资产应按公允价值确认资产转让所得或损失。

（2）分立企业应按公允价值确认接受资产的计税基础。

（3）被分立企业继续存在时，其股东取得的对价应视同被分立企业分配进行处理。

（4）被分立企业不再继续存在时，被分立企业及其股东都应按清算进行所得税处理。

（5）相关企业的亏损不得相互结转弥补。

2. 特殊分立的处理规定

企业分立，被分立企业所有股东按原持股比例取得分立企业的股权，分立企业和被分立企业均不改变原来的实质经营活动，且被分立企业股东在该企业分立发生时取得的股权支付金额不低于其交易支付总额的85%，可以选择按以下规定处理。

(1) 分立企业接受被分立企业资产和负债的计税基础，以被分立企业的原有计税基础确定。

(2) 被分立企业已分立出去的资产相应的所得税事项由分立企业承继。

(3) 被分立企业未超过法定弥补期限的亏损额可按分立资产占全部资产的比例进行分配，由分立企业继续弥补。

(4) 被分立企业的股东取得分立企业的股权（以下简称"新股"），如需部分或全部放弃原持有的被分立企业的股权（以下简称"旧股"），新股的计税基础应以放弃旧股的计税基础确定。如不需要放弃旧股，则其取得新股的计税基础可从以下两种方法中选择确定：直接将新股的计税基础确定为零；或者以被分立企业分立出去的净资产占被分立企业全部净资产的比例先调减原持有的旧股的计税基础，再将调减的计税基础平均分配到新股。

（二）增值税处理

《国家税务总局关于纳税人资产重组有关增值税问题的公告》（国家税务总局公告2011年第13号）规定：纳税人在资产重组过程中，通过合并、分立、出售、置换等方式，将全部或者部分实物资产以及与其相关联的债权、负债和劳动力一并转让给其他单位和个人，不属于增值税的征税范围，其中涉及的货物转让，不征收增值税。

《营业税改征增值税试点有关事项的规定》（财税〔2016〕36号文件附件2）第一条第二款第五项规定：在资产重组过程中，通过合并、分立、出售、置换等方式，将全部或者部分实物资产以及与其相关联的债权、负债和劳动力一并转让给其他单位和个人，其中涉及的不动产、土地使用权转让行为不征增值税。

特殊重组交易中股权支付暂不确认有关资产的转让所得或损失的，其非股权支付仍应在交易当期确认相应的资产转让所得或损失，并调整相应资产的计税基础，具体计算公式如下。

非股权支付对应的资产转让所得或损失 =（被转让资产的公允价值 − 被转让资产的计税基础）×（非股权支付金额÷被转让资产的公允价值）

如果合并方会计处理时对"未分配利润"做了转增股本处理，则需要征收个人所得税。

（三）土地增值税处理

《财政部 税务总局关于继续实施企业改制重组有关土地增值税政策的通知》

（财税〔2018〕57号）规定：企业分设为两个或两个以上与原企业投资主体相同的企业，对原企业将房地产转移、变更到分立后的企业，暂不征土地增值税。无论是存续分立，还是新设分立，企业分立都是资产、负债、劳动力等要素的同时转移，被分立企业分离时未取得相应的收入和其他经济利益，因此不缴纳土地增值税。但是，房地产开发企业的分立活动不适用上述免税政策，即企业分立需要就分立中的资产增值部分，计算缴纳土地增值税。

（四）契税处理

《财政部 税务总局关于继续支持企业事业单位改制重组有关契税政策的通知》（财税〔2018〕17号）规定：公司依照法律规定、合同约定分立为两个或两个以上与原公司投资主体相同的公司，对分立后公司承受原公司土地、房屋权属，免征契税。

（五）印花税处理

《财政部 国家税务总局关于企业改制过程中有关印花税政策的通知》（财税〔2003〕183号）规定：以合并或分立方式成立的新企业，其新启用的资金账簿记载的资金，凡原已贴花的部分可不再贴花，未贴花的部分和以后新增加的资金按规定贴花。

11.2 企业合并的税务处理

11.2.1 企业合并及其特征

（一）企业合并

企业合并，是指一家企业取得另外一家或几家企业全部资产、负债的行为，是合并方与被合并方股东之间的交易。

（二）企业合并的特点

（1）企业合并是参与交易的一方转让其全部资产、负债的经济事项。

（2）合并业务发生后被合并方法律主体地位消失。

11.2.2 企业合并的流程

操作流程上，企业合并一般参照以下流程办理。

（1）企业内部决议，签订合并协议，并编制资产负债表及财产清单。

（2）自做出合并决议之日起10日内通知债权人，并于30日内在报纸上公告。

（3）实施合并：移交资产、召开股东会、修改章程等。

（4）向登记机关办理变更登记（企业解散的，办理注销登记；企业新设的，办理设立登记）。

实际操作过程中，由于企业合并属于重大变更事项，因此股东会决议必须经代表 2/3 以上有表决权的股东通过。同时，为了保护债权人的利益，若债权人对企业合并有异议，可以要求企业清偿债务或者提供相应的担保。企业合并后，合并各方的债权、债务由存续的企业或新设的企业承继。

11.2.3　企业合并具体税务处理

（一）增值税处理

国家税务总局公告 2011 年第 13 号规定：纳税人在资产重组过程中，通过合并、分立、出售、置换等方式，将全部或者部分实物资产以及与其相关联的债权、负债和劳动力一并转让给其他单位和个人，不属于增值税的征税范围，其中涉及的货物转让，不征收增值税。

《国家税务总局关于纳税人资产重组有关增值税问题的公告》（国家税务总局公告 2013 年第 66 号）规定：纳税人在资产重组过程中，通过合并、分立、出售、置换等方式，将全部或者部分实物资产以及与其相关联的债权、负债经多次转让后，最终的受让方与劳动力接收方为同一单位和个人的，仍适用国家税务总局公告 2011 年第 13 号的相关规定，其中货物的多次转让行为均不征收增值税。资产的出让方需将资产重组方案等文件资料报其主管税务机关。

《国家税务总局关于纳税人资产重组增值税留抵税额处理有关问题的公告》（国家税务总局公告 2012 年第 55 号）规定：增值税一般纳税人（以下称"原纳税人"）在资产重组过程中，将全部资产、负债和劳动力一并转让给其他增值税一般纳税人（以下称"新纳税人"），并按程序办理注销税务登记的，其在办理注销登记前尚未抵扣的进项税额可结转至新纳税人处继续抵扣。

（二）土地增值税处理

财税〔2018〕57 号文件规定：按照法律规定或者合同约定，两个或两个以上企业合并为一个企业，且原企业投资主体存续的，对原企业将房地产转移、变更到合并后的企业，暂不征土地增值税。但该项改制重组有关土地增值税政策不适用于房地产开发企业。

（三）契税处理

财税〔2018〕17 号文件规定：两个或两个以上的公司，依照法律规定、合同约定,合并为一个公司,且原投资主体存续的,对合并后公司承受原合并各方土地、房屋权属,免征契税。

(四)个人所得税处理

如果企业股东为自然人,或者为个人独资企业或合伙企业,则涉及个人所得税。根据《财政部 国家税务总局关于企业重组业务企业所得税处理若干问题的通知》(财税〔2009〕59号)、《国家税务总局关于发布〈企业重组业务企业所得税管理办法〉的公告》(国家税务总局公告2010年第4号)的规定,符合特殊性税务处理条件的,被合并方不需要进行清算。在会计处理中,被合并方资产、负债、所有者权益中有关数据,基本上按原账面数额转移到合并方企业,在此过程中"未分配利润"没有发生分配行为,不需征收个人所得税;如果在免税重组过程中,合并方会计处理时对"未分配利润"做了转增股本处理,则需要征收个人所得税。

(五)企业所得税处理

企业合并分为一般性税务处理和特殊性税务处理两种情况。

1. 一般性税务处理

合并企业应按公允价值确定接受被合并企业各项资产和负债的计税基础。被合并企业的亏损不得在合并企业结转弥补。被合并企业及其股东都应按清算进行所得税处理。具体来说,企业全部资产的可变现价值或交易价格减除清算费用、职工的工资、社会保险费用和法定补偿金,结清清算所得税、以前年度欠税等税款、清偿企业债务,按规定计算可以向所有者分配的剩余资产。被清算企业的股东分得的剩余资产的金额,其中相当于被清算企业累计未分配利润和累计盈余公积中按该股东所占股份比例计算的部分,应确认为股息所得;剩余资产减除股息所得后的余额,超过或低于股东投资成本的部分,应确认为股东的投资转让所得或损失。被收购方应确认资产转让所得或损失;收购方取得资产的计税基础应以公允价值为基础确定;被收购企业的相关所得税事项原则上保持不变。

2. 特殊性税务处理

特殊性税务处理的适用条件:第一,具有合理的商业目的,且不以减少、免除或者推迟缴纳税款为主要目的。第二,企业重组后的连续12个月内不改变重组资产原来的实质性经营活动。第三,企业重组中取得股权支付的原主要股东,在重组后连续12个月内,不得转让所取得的股权。第四,企业股东在该企业合并发生时取得的股权支付金额不低于其交易支付总额的85%,以及同一控制下且不需要支付对价的企业合并。

特殊性税务处理方法如下。

（1）合并企业接受被合并企业资产和负债的计税基础，以被合并企业的原有计税基础确定。

（2）被合并企业合并前的相关所得税事项由合并企业承继。其中，对税收优惠政策承继处理问题，凡属于依照《企业所得税法》第五十七条规定就企业整体（即全部生产经营所得）享受税收优惠过渡政策的，合并或分立后的企业性质及适用税收优惠条件未发生改变的，可以继续享受合并前各企业或分立前被分立企业剩余期限的税收优惠。

（3）可由合并企业弥补的被合并企业亏损限额 = 被合并企业净资产公允价值 × 截至合并业务发生当年年末国家发行的最长期限的国债利率。

（4）被合并企业股东取得合并企业股权的计税基础，以其原持有的被合并企业股权的计税基础确定。

《财政部 国家税务总局关于落实降低企业杠杆率税收支持政策的通知》（财税〔2016〕125号）规定如下。

（1）企业符合税法规定条件的股权（资产）收购、合并、债务重组等重组行为，可按税法规定享受企业所得税递延纳税优惠政策。

（2）企业以非货币性资产投资，可按规定享受5年内分期缴纳企业所得税政策。

（3）企业破产、注销，清算企业所得税时，可按规定在税前扣除有关清算费用及职工工资、社会保险费用、法定补偿金。

11.3 特殊业务税务处理案例分析

【例11-1】A房地产公司投资建设B酒店，B酒店的产权在A房地产公司名下。A房地产公司根据战略和经营调整需要，拟独立经营B酒店，需要通过企业分立模式将B酒店分离出来，单独成立一家酒店公司运营。下面阐述企业分立的税务操作。

【解析】

（1）B酒店分立，企业向当地税务机关申请免征土地增值税时，税务机关批复为"应征收土地增值税"，依据的是财税〔2018〕57号文件，因该文件不适用于房地产公司。

经过与税务机关沟通，最终决定采用评估的方法实现零税款缴纳。由中介机构出具房地产估价报告，按照重置成本与历史成本的增值额征收土地增值税。评估值高于账面价值即可。经过评估和纳税认证，获得土地增值税零税款的涉税证明。

（2）契税的免税处理：向税务机关契税征管窗口递交相关资料，计税基础超过一亿元须报市税务机关审批，根据市税务机关的审批，最后在中介机构的税务代理与协助下，取得契税的免税批复。

【例11-2】A工业企业以名下土地使用权分立成立B企业，分立前土地性质已经由工业用地变更为建设用地。分立后B企业变更经营范围，申请房地产开发资质，在分立取得地块上从事房地产项目开发。A工业企业在分立环节没有申报土地增值税，税务机关认为A工业企业虽然不是房地产开发企业，但是其名下土地的用途已变更为建设用地，并且分立后B企业变更为房地产开发企业，根据实质性课税原则，应该补缴分立环节土地增值税。税务机关要求是否合理？

【解析】

分立环节由于适用财税〔2018〕57号文件规定的暂免征收土地增值税政策，企业分立后从事房地产开发的，也不需要补缴分立环节土地增值税。

根据土地增值税暂行条例，转让国有土地使用权、地上的建筑物及其附着物（以下简称"转让房地产"）并取得收入的单位和个人，为土地增值税的纳税义务人（以下简称"纳税人"），应当依照该条例缴纳土地增值税。

根据财税〔2018〕57号文件，按照法律规定或者合同约定，企业分设为两个或两个以上与原企业投资主体相同的企业，对原企业将房地产转移、变更到分立后的企业，暂不征土地增值税。上述改制重组有关土地增值税政策不适用于房地产转移任意一方为房地产开发企业的情形。

根据上述两个文件，土地增值税在土地转让环节缴纳，如果分立时符合财税〔2018〕57号文件所要求的分立前后投资主体相同且不是房地产开发企业，可以适用暂免政策。而案例中A企业是工业企业，分立成立的B企业也是工业企业，从行业分类上看不是房地产开发企业；另外，实质判断也不是房地产开发企业。房地产开发企业区别于一般企业的显著标志是拥有房地产开发资质和经营范围包括房地产开发，A、B企业都不具备。实质性课税原则是税法法定原则的必要补充，目的是避免经济形式与经济实质不相符导致的税款损失，而案例中B企业开发完成再进行清算，并不导致土地增值税少交。

因此，我们认为案例中 A 企业分立 B 企业过程中，可以适用土地增值税暂免政策，B 企业变更为房地产开发企业后 A 企业也不需要补交分立环节土地增值税。

【例 11-3】A 房地产公司是一家以房地产为主业的境内民营集团公司，名下有 11 处在运营的商业资产及 2 个房地产开发项目，集团公司股东会决定，将 11 处商业资产分立出来成立 1 个全资控股的商业管理公司，独立经营，单独核算。该集团公司注册资本 5 亿元，分立后商业管理公司注册资本 1 亿元，分立日 11 处商业资产对应抵押银行贷款 1.2 亿元尚未偿还，被分立的 11 处商业资产账面价值 3.6 亿元，市场评估价 7 亿元。如何评价案例中 A 公司的分立情况和涉税情况？

【解析】

上述情形在房地产企业实务中比较常见。一些房地产企业在开发过程中将住宅部分销售完毕后，剩余大量商业资产选择自持，这些自持的商业资产与后续开发的在建项目在同一个开发主体名下，易出现管理混乱、融资受限、不利于形成统一商业品牌的情况，企业从长期经营管理角度需要对不同类型的资产进行分类管理，企业分立就成了部分企业的实操选项。本案例中集团公司将商业资产分立出来成立商业管理公司，原集团公司因继续存在需要做变更登记，商业管理公司需要做新设登记。

增值税：按照财税〔2016〕36 号文件的规定，在资产重组过程中，通过合并、分立、出售、置换等方式，将全部或者部分实物资产以及与其相关联的债权、负债和劳动力一并转让给其他单位和个人，其中涉及的不动产、土地使用权转让行为不征收增值税。所以本案例中被分立公司涉及 11 处商业资产与该资产对应的 1.2 亿元银行贷款同时剥离，符合财税〔2016〕36 号文件的规定，不征收增值税。

土地增值税：按照财税〔2018〕57 号文件，按照法律规定或者合同约定，企业分设为两个或两个以上与原企业投资主体相同的企业，对原企业将房地产转移、变更到分立后的企业，暂不征土地增值税。但是上述政策不适用房地产转移任意一方为房地产开发企业的情形。因此，该集团公司的分立行为应该按照市场评估价 7 亿元扣除计税成本 3.6 亿元来计算缴纳土地增值税。

契税：根据财税〔2018〕17 号文件，公司依照法律规定、合同约定分立为两个或两个以上与原公司投资主体相同的公司，对分立后公司承受原公司土地、房屋权属，免征契税。分立后的商业管理公司可以享受免征契税优惠政策。

印花税：根据财税〔2003〕183号文件，以合并或分立方式成立的新企业，其新启用的资金账簿记载的资金，凡原已贴花的部分可不再贴花，未贴花的部分和以后新增加的资金按规定贴花。

企业所得税：根据财税〔2009〕59号文件规定，企业重组同时符合下列条件的，适用特殊性税务处理规定：①具有合理的商业目的，且不以减少、免除或者推迟缴纳税款为主要目的。②被收购、合并或分立部分的资产或股权比例符合本通知规定的比例。③企业重组后的连续12个月内不改变重组资产原来的实质性经营活动。④重组交易对价中涉及股权支付金额符合本通知规定比例。⑤企业重组中取得股权支付的原主要股东，在重组后连续12个月内，不得转让所取得的股权。